HELGE TOUTENBURG · EGMAR RÖDEL

Mathematisch-statistische Methoden in der Ökonomie

Akademie-Verlag
Berlin

HELGE TOUTENBURG · EGMAR RÖDEL

Mathematisch-statistische Methoden in der Ökonomie

Mathematisch-statistische Methoden in der Ökonomie

Modellwahl · Parameteridentifikation · Vorhersage

von

Dr. sc. Helge Toutenburg
Zentralinstitut für Mathematik und Mechanik
der Akademie der Wissenschaften der DDR

und

Dr. rer. nat. Egmar Rödel
Rechenzentrum der Humboldt-Universität zu Berlin

Mit 7 Abbildungen und 3 Tabellen

AKADEMIE-VERLAG · BERLIN
1978

Erschienen im Akademie-Verlag, 108 Berlin, Leipziger Straße 3–4

Lizenznummer: 202 · 100/538/78
Gesamtherstellung: IV/2/14 VEB Druckerei »Gottfried Wilhelm Leibniz«,
445 Gräfenhainichen · 5070
Bestellnummer: 762 373 1 (6375) · LSV 1075
Printed in GDR
DDR 28,– M

Vorwort

Die gründlichere Erforschung der ökonomischen Gesetze und die effektivere Umsetzung der Erkenntnisse der Grundlagenforschung auf dem Gebiet der Ökonomie, speziell ihr Wirksamwerden im Prozeß der Planung, ist die generelle Aufgabe, die vor den Wirtschaftswissenschaftlern steht, wobei die Volkswirtschaft als Ganzes ebenso wie ihre Zweige und andere Substrukturen in Betracht zu ziehen sind.

Eine spezifische Aufgabe erwächst dabei aus der ökonomisch akzentuierten Weiterentwicklung des mathematischen Instrumentariums und der Anwendung der bekannten Methoden der ökonomisch-mathematischen Modellierung (etwa der Ökonometrie) auf den Prozeß der Volkswirtschaftsplanung.

Während die disziplinär orientierte Grundlagenforschung auf Teilgebieten der Ökonomie einerseits und der Mathematik (speziell in der Mathematischen Statistik, aber auch der Kybernetik und der Operationsforschung) andererseits, Ergebnisse hervorbringt, die die o. g. Problematik tangieren und die jeweils in diesen Disziplinen zu einer Weiterentwicklung der Methoden und zu einem Erkenntniszuwachs führen, kann der Entwicklungsstand der Forschung auf der Querschnittsdisziplin „Ökonometrie" in vieler Hinsicht, insbesondere vom Standpunkt der Anwender, noch nicht befriedigen. Diesen Eindruck bestätigt u. a. eine Analyse (vgl. Bilow u. a. [1]) über den Grad der Nutzung mathematisch-statistischer Verfahren bei der Planung.

Es ist daher zu begrüßen, daß in zunehmendem Maße in sozialistischen Ländern erfolgreiche Ansätze zum verstärkten Einsatz mathematisch-statistischer Methoden in ökonomischen Modellen vorliegen. Wir werden in diesem Buch auf ein von Wölfling [1] erarbeitetes ökonometrisches Modell der Volkswirtschaft der DDR eingehen, wobei uns die ökonomischen Hintergründe nicht in dem Maße interessieren werden wie die Anwendung von neuen praktikablen Verfahren zur verbesserten Parameteridentifikation.

Berücksichtigt man den eingangs erwähnten unbefriedigenden Stand der ökonometrischen Forschung, so gibt es dafür zwei Ursachenkomplexe. Einerseits waren die bisherigen Modellierungsansätze von seiten der Ökonomie vorwiegend auf spezielle Teilmodelle der Volkswirtschaft beschränkt. Andererseits basieren die Weiterentwicklungen der mathematischen Verfahren in der Ökonometrie überwiegend auf innermathematischen Überlegungen und Verallgemeinerungen, wobei der Trend zu einer Verselbständigung der hier entwickelten Theorien, d. h. einer gewissen Loslösung vom ökonomischen Hintergrund der Modelle zu beobachten ist. Die Weiterentwicklung der mathematischen Theorie innerhalb der Ökonometrie schafft damit einen methodischen Vorlauf, der für die Ökonomie selbst jedoch nur dann bedeutungsvoll wird, wenn die praktische Umsetzung methodisch vorbereitet und realisiert wird. Hierzu sind Beiträge sowohl von Ökonomen als auch von Mathematikern zu erbringen.

Das Anliegen des vorliegenden Buches ist darin zu sehen, vor allem einen Beitrag zur Weiterentwicklung der Schätz- und Vorhersagemethodik und zur Modellwahl in ökonometrischen Modellen und linearen Teilmodellen durch Vorgabe und Nutzung von ökonomisch sinnvollen Zusatzinformationen zu erbringen. Dabei wird besonderer Wert auf die Praktikabilität der Methoden gelegt, wobei der Begriff Praktikabilität in dem Sinne verstanden wird, die Anwendung der Verfahren einschränkende Voraussetzungen, wie etwa die Erwartungstreue von Schätzungen und Vorhersagen, zum Teil fallenzulassen und den Bedingungen der Praxis entsprechende Informationen bzw. Restriktionen zu nutzen. Die Einbeziehung der Zeitreihenanalyse sowie von Fragen der Modellwahl dürfte ebenfalls den Bedingungen der praktischen Anwendung entsprechen.

Für das Verständnis des Buches sind Grundkenntnisse in der Statistik und der linearen Algebra, insbesondere der Matrixalgebra, erforderlich. Der an Anwendungen der Methoden interessierte Leser sollte die Beweise, die wir schon stark eingeschränkt haben, überschlagen und sich vielmehr mit den Modellvoraussetzungen, den Verfahren und ihrer Interpretation vertraut machen. Obwohl die Sprachweise und die Beispiele auf die Belange der Ökonomie zugeschnitten sind, dürften die Verfahren zur Parameteridentifikation in Regressionsmodellen auch für einen breiteren Leserkreis von Interesse sein.

Die Kapitel 1 bis 6, Abschnitt 8.11. sowie der Anhang A sind im wesentlichen selbständig von H. Toutenburg und Kapitel 7 und 8 sowie Anhang B von E. Rödel verfaßt worden.

Es ist den Verfassern ein Bedürfnis, an dieser Stelle den Herren Prof. Dr. habil. P. Franken und Dr. sc. oec. M. Wölfling für viele wertvolle Hinweise zu danken. Frau R. Radke und Frau B. Wüst gebührt Dank für die Sorgfalt, mit der sie die Reinschrift des Manuskripts besorgten.

Schließlich möchten wir dem Akademie-Verlag und insbesondere Frau Dipl.-Math. R. Helle und Herrn Dr. R. Höppner unseren Dank für die gute Zusammenarbeit aussprechen.

Berlin, im März 1977

H. Toutenburg, E. Rödel

Inhaltsverzeichnis

1.	**Einleitung**	9
2.	**Klassische lineare Regression**	
2.1.	Das empirische Regressionsproblem	12
2.2.	Prinzip der kleinsten Quadrate	16
2.3.	Algebraische und geometrische Eigenschaften der Kleinste-Quadrat-Schätzung	21
2.4.	Beste lineare erwartungstreue Schätzung	22
3.	**Das verallgemeinerte Regressionsmodell**	
3.1.	AITKEN-Schätzung	24
3.2.	Autoregression und Heteroskedastie	29
3.3.	Fehlspezifikation der Kovarianzmatrix	37
4.	**Schätzung unter linearen Restriktionen**	
4.1.	Restriktionen und Zusatzinformation	39
4.2.	Stochastische Restriktionen und Information über σ^2	41
4.3.	Exakte Restriktionen	47
4.4.	Zusatzschätzung und schrittweise Regression	48
4.5.	Minimax-lineare Schätzung und nichtlineare Restriktionen	51
4.6.	Minimax-lineare Schätzung im restriktiven Regressionsmodell	60
4.7.	Einzelgleichungsschätzung unter Zusatzinformation in einem ökonometrischen Modell der Volkswirtschaft der DDR	65
5.	**Vorhersage und Modellwahl**	
5.1.	Optimale Vorhersagen	81
5.2.	Prüfen linearer Hypothesen	87
5.3.	Schätzung und Modellwahl	91
5.4.	Restriktive Vorhersage und Modellwahl	95
5.5.	2-Phasen-Schätzung und Modellwahl	100
6.	**Probleme der Schätzung und Vorhersage in linearen stochastischen Modellen**	
6.1.	Restriktionen und Systeminformation	103
6.2.	Lineare Regression mit stochastischen Regressoren	105
6.3.	Multivariate Regression mit nichtstochastischen Regressoren	109
6.4.	Das multivariate (klassische) gleichzeitig unkorrelierte Regressionsmodell	113
7.	**Zeitreihenanalyse**	
7.1.	Einführung in die Problemstellung	116

7.2. Die Schätzung der Trendfunktion 117
7.3. Die Variate-Difference-Methode von TINTNER. Orthogonale Polynome 119
7.4. Das Modell der verborgenen Periodizitäten 124
7.5. Schätzung des Mittelwertes von Zeitreihen ohne Trend 129
7.6. Die Schätzung der Kovarianzfunktionen von Zeitreihen ohne Trend 131
7.7. Schätzung der Spektraldichte des Fehlerprozesses bei Zeitreihen ohne Trend 131
7.8. Schätzung der Spektraldichte bei Zeitreihen mit Trend und ihre asymptotischen Eigenschaften 135
7.9. Ein Beispiel 137
7.10. Über die Glättung von Zeitreihen 137

8. Simultane Gleichungssysteme – Das allgemeine ökonometrische Modell

8.1. Einführung 140
8.2. Das allgemeine simultane Gleichungssystem 142
8.3. Die reduzierte Form 144
8.4. Identifikation 146
8.5. KQS und indirekte KQS 148
8.6. Die zweistufige KQS (2-KQS) 150
8.7. Asymptotische Eigenschaften der 2-KQS 154
8.8. Das KEYNESsche Modell 154
8.9. Rekursive Systeme 155
8.10. Ein Beispiel 157
8.11. Restriktive 2-KQS 159

Tabellen 168
Anhang A 170
Anhang B 181
Literaturverzeichnis 186
Sachverzeichnis 190

1. Einleitung

Für die Behandlung von Identifikationsproblemen in der Ökonomie hat sich eine selbständige mathematisch-statistische Methodik – die Ökonometrie – herausgebildet und als Grenzdisziplin zwischen Ökonomie und Mathematischer Statistik etabliert. *„Ökonometrie ist der Name für einen Wissenschaftszweig, in dem mathematisch-ökonomische und mathematisch-statistische Forschung kombiniert angewendet werden"* (TINBERGEN [1]).

Ökonometrie – oder, wie im Buchtitel ausgedrückt, *Mathematisch-statistische Methoden in der Ökonomie* – beinhaltet also sowohl Elemente der Wirtschaftsmathematik als auch der Mathematischen Statistik.

Ausgangspunkt der Ökonometrie war die Weiterentwicklung der klassischen Regressionstheorie, insbesondere ihre Verallgemeinerung für stochastische und multivariate Modelle. Die Berücksichtigung des Systemzusammenhangs von ökonomischen Relationen erweitert den Einflußbereich der Modelle, erfordert andererseits aber auch völlig neue Methoden zur Schätzung der Parameter und allgemein zur Handhabung der Effekte, die durch die multivariate Betrachtungsweise ins Spiel kommen.

Somit sind die in der Ökonometrie benutzten statistischen Verfahren in hohem Maße auf die spezifischen ökonomischen Probleme ausgerichtet. Diese ökonomisch orientierte Akzentuierung des statistischen Instrumentariums umfaßt sowohl die Verfahren zur Modellbildung und -prüfung als auch zur Schätzung und Vorhersage.

Mit diesem Buch soll ein Überblick über moderne mathematisch-statistische Methoden gegeben werden, wie sie in der Ökonomie, aber auch in anderen Wissenschaften zum Einsatz kommen. Selbstverständlich kann hier nur eine Auswahl von Problemen und Verfahren behandelt werden.

Der Schwerpunkt des Inhalts wird durch Einzelgleichungsmethoden zur Parameteridentifikation geprägt, wobei praktikable Methoden zur Verwendung von ökonomisch sinnvoller Zusatzinformation angegeben werden, die eine bessere Datenanpassung durch das Modell gestatten.

Im Kapitel 2 werden die Grundprinzipien der klassischen Regressionstheorie erläutert und im Kapitel 3 auf das verallgemeinerte Modell ausgedehnt. Der Fortfall der einschränkenden Bedingung unkorrelierter Fehler erweitert den Einsatzbereich der Regression in der Praxis erheblich. Deshalb wird insbesondere dem autoregressiven Fehlerprozeß besondere Aufmerksamkeit gewidmet.

Das Kapitel 4 gibt eine Methodensammlung zur Schätzung der Modellparameter unter verschiedenen Typen von Zusatzinformation. Dabei werden Hinweise zum Aufspüren von linearen Restriktionen oder Abschätzungen vermittelt, die für den praktischen Einsatz der sehr effektiven restriktiven Schätzverfahren notwendig sind. Die im Kapitel 4 enthaltenen Methoden erschließen exakte lineare Restriktionen, stochastische Restriktionen (im Sinne einer Gültigkeit im statistischen Mittel) und Zusatzinformation in Gestalt von Abschätzungen aller Komponenten des Parametervektors. Der Nutzen dieser restriktiven Verfahren ebenso wie ihre leichte Handhabbarkeit werden an einem Block eines ökonometrischen Modells der Volkswirtschaft der DDR demonstriert.

Kapitel 5 untersucht das Problem der Auswahl von alternativen Regressionsmodellen. Dabei hängt das Kriterium zur Modellwahl vom Ziel des Wissenschaftlers ab. Interessieren die Prognosewerte, so wird man das Modell wählen, das eine möglichst geringe Unsicherheit bei der Vorhersage von endogenen Variablen zeigt. Zu dieser Problemstellung sind 3 Kriterien angegeben, die eine Modellwahl zwischen einem vorgegebenen und einem daraus hergeleiteten modifizierten Modell gestatten. Analog werden Modellwahlverfahren angegeben, die nach dem Prinzip der optimalen Anpassung bei der Schätzung zwischen den Alternativen wählen.

Der Einsatz von Restriktionen gestattet die einheitliche Darstellung der Modellwahlproblematik und zeigt den engen Zusammenhang zur Prüfung linearer Hypothesen, d. h. den Zusammenhang Modellwahl–Tests, auf.

Im Kapitel 6 werden die Erweiterungen des Regressionsmodells behandelt, die – abgestuft – zum ökonometrischen Modellsystem führen. Hierzu zählen stochastische Regressoren, die multivariate Regression und spezielle Fehlerverteilungen.

Den Inhalt des Kapitels 7 bilden verschiedene Methoden der Zeitreihenanalyse. Es wurde hierbei ausschließlich das Modell untersucht, in dem sich die Zeitreihe additiv aus einer deterministischen Trendfunktion und einer Fehlervariablen zusammensetzt. Neben Verfahren der Bestimmung der Trendfunktion werden Schätzungen für die Spektraldichte des Fehlerprozesses hergeleitet. Dieses Kapitel ist in erster Linie als eine Zusammenfassung der wichtigsten Methoden des angegebenen Zeitreihenmodells konzipiert worden, weshalb auch zum großen Teil auf Beweise verzichtet wurde.

Im Kapitel 8 wird das allgemeine ökonometrische Modell (simultane lineare Gleichungssysteme) beschrieben. Auch hier beschränkten wir uns auf eine Darstellung der wesentlichen Zusammenhänge, die den Leser in die Lage versetzen sollte, sich auch weitergehende Publikationen zu erarbeiten. Das bezieht sich vor allem auf die Aneignung weiterer Schätzmethoden (3-stufige Kleinste-Quadrat-Schätzung usw.), denn es wurden nur die Indirekte-Kleinste-Quadrat-Schätzung und die 2-stufige Kleinste-Quadrat-Schätzung beschrieben. Die Herleitung der 2-stufigen Kleinste-Quadrat-Schätzung unter Zusatzinformation, d. h. unter Beachtung linearer Nebenbedingungen an die zu schätzenden Parameter, vervollständigt den Inhalt.

Im Anhang A werden bekannte Sätze über quadratische Formen (insbesondere Kriterien der Definitheit), Sätze aus der Matrixalgebra (einschließlich Differentiationsregeln) sowie Sätze über die Verteilung von quadratischen Formen und Linearformen aus normalverteilten Variablen angeführt. Diese Sätze werden z. T. im Text für Beweise benötigt; sie geben andererseits dem interessierten Leser die Möglichkeit, sich dieses Handwerkzeug anzueignen.

Im Anhang B wird ein Überblick der wichtigsten Eigenschaften stationärer stochastischer Prozesse gegeben, der zum Verständnis des Kapitels 7 unbedingt erforderlich ist.

2. Klassische lineare Regression

2.1. Das empirische Regressionsproblem

In der ökonomischen Praxis begegnen wir häufig der Frage, in welcher Beziehung gewisse interessierende Variablen zueinander stehen. Dabei kann eine Abhängigkeit zwischen Variablen sowohl aus der Theorie begründet als auch durch empirische Überlegungen belegt sein. Den Ökonomen interessiert an einer Abhängigkeit ihre Reproduzierbarkeit und die mathematische Formulierung, etwa durch ein Modell. Die Modellierung setzt nun die Meßbarkeit der Variablen voraus.

Beispiele:

a) Produktionsfunktion: $Y=f(A, B)$. Das Produktionsvolumen Y eines Produktes ist eine Funktion des benötigten Arbeitsaufwandes A und des eingesetzten Finanzaufwandes B.

b) Kostenfunktion: $K=g(m)$. Die Produktionskosten K zur Herstellung eines Gutes sind abhängig von der produzierten Menge m dieses Gutes.

Die meisten in der Praxis auftretenden Abhängigkeiten zwischen ökonomischen Variablen werden sich nicht durch eine Funktion $y=f(x)$ beschreiben lassen, bei der jedem Wert der unabhängigen Variablen x *eindeutig* ein Wert der abhängigen Variablen y zugeordnet wird. Vielmehr werden Modelle verwendet, die eine ökonomische Relation im Mittel annähern, so daß etwa das statistische Modell

$$y=f(x)+u$$

zu verwenden ist. Hierbei ist u eine Fehlervariable mit dem Mittelwert 0, d. h., $y=f(x)$ gilt im Mittel.

Die Einbeziehung eines Fehlers in das Modell darf nun nicht als Schwäche der Modellierung interpretiert werden. Wir müssen vielmehr darauf verweisen, daß einerseits die Variablen mit einem Beobachtungsfehler behaftet gemessen werden und daß andererseits durch Vernachlässigung wesentlicher Variablen und durch echte Zufallseinflüsse (Preisschwankungen auf dem Weltmarkt, Havarien, Krankenstand, etc.) jede funktionale Relation zwischen Variablen zerstört werden kann.

Die Einbeziehung einer Fehlervariablen entspricht damit den realen Möglichkeiten des Ökonomen und macht die entwickelten Modelle überhaupt erst praktikabel.

Eine offene Frage ist natürlich, in welcher Form die Fehlervariable in das Modell eingepaßt werden soll. Die in der Praxis gewählte additive Überlagerung des funktionalen Zusammenhangs durch den Fehlerprozeß erfolgt hauptsächlich aus Erwägungen der mathematischen Handhabbarkeit.

Damit wären wir bei der generellen Frage nach der Form eines ökonomischen Modells. Wir wollen annehmen, daß die statistische Abhängigkeit zwischen $K+1$ Variablen $\boldsymbol{y}$, $\boldsymbol{X}_1, \ldots, \boldsymbol{X}_K$ zu modellieren sei. Wir setzen voraus, daß alle $K+1$ Variablen jeweils T-mal beobachtet bzw. vorgegeben wurden. Die Beobachtungen (Messungen, Realisierungen) fassen wir in der Matrix

$$(\boldsymbol{y}, \boldsymbol{X}) = \begin{pmatrix} y_1 & x_{11} & \ldots & x_{K1} \\ \vdots & \vdots & & \vdots \\ y_T & x_{1T} & \ldots & x_{KT} \end{pmatrix} \tag{2.1.1}$$

zusammen. Wir wollen annehmen, daß die Variable $\boldsymbol{y}$ von den Variablen $\boldsymbol{X}_1, \ldots, \boldsymbol{X}_K$ abhängig ist. $\boldsymbol{y}$ ist also eine *endogene* Variable, $\boldsymbol{X}_1, \ldots, \boldsymbol{X}_K$ sind *exogene* Variablen (wir gehen später auf die genaue Definition ein).

Durch die Beobachtungsmatrix (2.1.1) wird ein Punkteschwarm im $(K+1)$-dimensionalen Euklidischen Raum $\mathbf{R}^K$ gegeben. Bei *einer* exogenen Einflußgröße (also im Fall $K=1$) hat man also T Punkte in der (x, y)-Ebene (vgl. Abb. 2.1.).

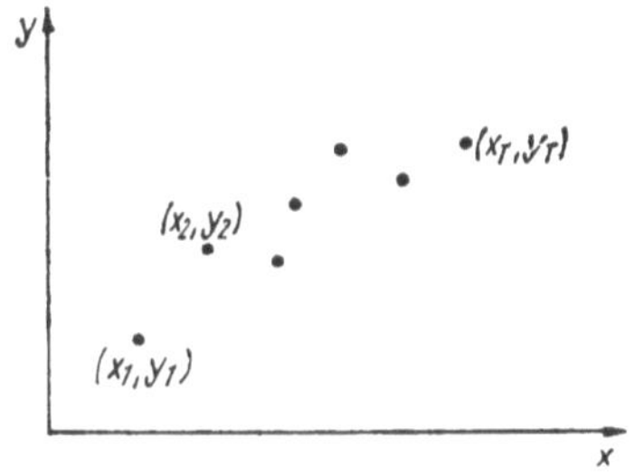

Abb. 2.1. Beobachtungspunkte bei einer exogenen Variablen

Wir wollen die Abhängigkeit zwischen $\boldsymbol{y}$ und den $\boldsymbol{X}_i$ durch eine Funktion f erfassen: $\boldsymbol{y} = f(\boldsymbol{X}_1, \ldots, \boldsymbol{X}_K)$. Bei der Wahl des Funktionstyps f läßt man sich davon leiten, daß sowohl eine gute Annäherung an den tatsächlichen Verlauf des Punkteschwarms $(y_t, x_{1t}, \ldots, x_{Kt})$, $t=1, \ldots, T$, erreicht als auch eine möglichst gute mathematische Handhabbarkeit garantiert wird.

In der Praxis bewährt sind vor allem lineare oder linearisierte Modelle. Ein Modell heißt *linear*, wenn die endogene Variable linear von den zu schätzenden Parametern abhängt. Ein lineares Modell hat damit die Gestalt

$$\boldsymbol{y} = \boldsymbol{X}_1\beta_1 + \ldots + \boldsymbol{X}_K\beta_K + \boldsymbol{u}. \tag{2.1.2}$$

Die unbekannten Koeffizienten $\beta_1, \ldots, \beta_K$ heißen *Regressionsparameter*. Sie widerspiegeln die Stärke und die Richtung des Einflusses der unabhängigen (exogenen) Variablen $\boldsymbol{X}_k$ auf $\boldsymbol{y}$. Betrachtet man zum Beispiel den Einfluß von $\boldsymbol{X}_1$ auf $\boldsymbol{y}$ bei fixierten Werten von $\boldsymbol{X}_2, \ldots, \boldsymbol{X}_K$, so führt eine

Erhöhung von X_1 um eine Einheit zu einer Erhöhung von y um β_1 Einheiten, wenn $\beta_1 > 0$ ist bzw. zu einer Erniedrigung von y um β_1 Einheiten, wenn $\beta_1 < 0$ ist. Je größer $|\beta_1|$ ist, um so größer ist der Einfluß von X_1 auf y.

Ein lineares Modell (2.1.2) liefert einen einfach zu handhabenden mathematischen Ansatz und ist auch insofern gerechtfertigt, als sich viele Funktionstypen gut durch lineare Funktionen approximieren lassen. Zum anderen ist die Theorie linearer Modelle mathematisch-statistisch sehr weit entwickelt und liefert Schätzungen und Tests mit wünschenswerten Eigenschaften (z. B. Konsistenz, Erwartungstreue, beste lineare erwartungstreue Schätzungen usw.). Dagegen ist die Theorie nichtlinearer Modelle noch nicht genug entwickelt, wobei in vielen Fällen bereits erkennbar ist, daß Schätzungen mit ähnlich guten Eigenschaften wie in linearen Modellen überhaupt nicht existieren.

Der Ökonom steht damit bei der Wahl des Modelltyps an einem Scheideweg: Wählt er ein lineares Modell, so steht ihm der hochentwickelte Apparat der Theorie linearer Modelle zur Verfügung, der die Ableitung optimaler Schätzungen und Tests ermöglicht. Weichen nun die Beobachtungsdaten von einem linearen Modell ab und wird ein nichtlineares Modell gewählt, so ist zwar theoretisch eine bessere Anpassung an die Datenmenge möglich. Jedoch wird die Schätzung der Parameter häufig sehr kompliziert wenn nicht gar unmöglich sein.

Zwischen diesen beiden Extremfällen, nämlich *„Optimale Schätzungen in einem* (u. U. falschen) *linearen Modell"* und *„Kompliziertheit bzw. Unmöglichkeit der Schätzung in einem* (zwar richtigen) *nichtlinearen Modell"* muß ein Kompromiß gefunden werden. Einen Ansatz in dieser Richtung bietet die Verwendung von Zusatzinformation über die Modellvariablen und die Parameter bei Beibehaltung des linearen Modells (vgl. z. B. Toutenburg, [9]). Auf diese Problematik wird in Kapitel 3 ausführlicher eingegangen.

Wir wollen nun einige Bemerkungen zu den Modellvariablen machen.

Die *exogenen* Variablen X_i werden häufig als deterministisch vorgegebene Größen interpretiert. Dieses Grundmodell entspricht vielen praktischen Belangen und soll zunächst beibehalten werden. Auf mögliche Erweiterungen gehen wir später im Modell mit stochastischen (zufälligen) Regressoren und vor allem in den ökonometrischen Modellen ein. Der Fall nichtstochastischer exogener Variablen spiegelt Situationen wider, in denen die Werte der Variablen X_i vorgegeben werden können. Dies ist bei Versuchen in vielen naturwissenschaftlichen Disziplinen, in der Landwirtschaft oder der Medizin (z. B. bei Behandlung mit festen Dosen von Medikamenten) aber auch in der Ökonomie der Fall. Hier sind etwa Steuersätze, Weltmarktpreise, Arbeitskräftefonds, usw. als fest vorgegebene Größen anzusehen. Ein einfaches Beispiel für eine nichtstochastische Variable ist die Zeitvariable $x = t$, für die $y = f(t) + u$ die bekannte *Trendfunktion* wird.

Die *zufällige Fehlervariable* u beeinflußt direkt die endogene Variable y, da durch das Modell $y = f(X_1, \ldots, X_K) + u$ die Wahrscheinlichkeitsverteilung von $\boldsymbol{y}$ durch die Verteilung von $\boldsymbol{u}$ bestimmt wird. Wir wollen zunächst voraussetzen, daß der Fehler $\boldsymbol{u}$ nicht von den exogenen Variablen $\boldsymbol{X}_i$ abhängt, d. h. daß die $\boldsymbol{X}_i$ und $\boldsymbol{u}$ stochastisch unabhängig sind. Diese Forderung impliziert die weitaus schwächere Annahme, daß Mittelwert und Varianz der Fehlervariablen $\boldsymbol{u}$ bei festen Werten der $\boldsymbol{X}_i$ konstant sind. Wenn wir, wie bereits vorher als sinnvoll erwiesen, voraussetzen, daß $\boldsymbol{u}$ den Mittelwert 0 hat, und wenn wir die Varianz von $\boldsymbol{u}$ mit σ^2 bezeichnen, so ist die obige Annahme folgendermaßen darstellbar:

$$\mathsf{E}(\boldsymbol{u} \mid \boldsymbol{X}_1, \ldots, \boldsymbol{X}_K) = 0, \tag{2.1.3}$$

$$\mathsf{V}(\boldsymbol{u} \mid \boldsymbol{X}_1, \ldots, \boldsymbol{X}_K) = \sigma^2. \tag{2.1.4}$$

Diese beiden Annahmen sind schwächer als die Forderung der Unabhängigkeit von $\boldsymbol{u}$ und den $\boldsymbol{X}_i$. Folgt $\boldsymbol{u}$ jedoch einer Normalverteilung, so bedeuten (2.1.3) und (2.1.4) die Unabhängigkeit von $\boldsymbol{u}$ und den $\boldsymbol{X}_i$.

Da die Beziehungen (2.1.3) und (2.1.4) für *alle* festen Werte von $\boldsymbol{X}_1, \ldots, \boldsymbol{X}_K$ gelten, folgt durch Mittelung über die $\boldsymbol{X}_i$

$$\mathsf{E}\boldsymbol{u} = 0, \tag{2.1.5}$$

$$\mathsf{E}(\boldsymbol{u}\boldsymbol{X}_i) = 0 \quad (i = 1, \ldots, K). \tag{2.1.6}$$

Betrachten wir die Kovarianz zwischen $\boldsymbol{u}$ und $\boldsymbol{X}_i$, d. h.

$$\operatorname{cov}(\boldsymbol{u}, \boldsymbol{X}_i) = \mathsf{E}[(\boldsymbol{u} - \mathsf{E}\boldsymbol{u})\,(\boldsymbol{X}_i - \mathsf{E}\boldsymbol{X}_i)] = \mathsf{E}(\boldsymbol{u}\boldsymbol{X}_i),$$

so bedeutet (2.1.6) also gerade die Unkorreliertheit von $\boldsymbol{u}$ und $\boldsymbol{X}_i$ (alle i). Natürlich ist Unkorreliertheit eine weitaus schwächere Bedingung als die stochastische Unabhängigkeit.

Kehren wir nun zum Kernproblem zurück, der Fixierung von numerischen Werten für die unbekannten Regressionsparameter β_i im Modell (2.1.2).

Die empirische Regressionsanalyse geht davon aus, daß die Werte der β_i frei wählbar sind. Sie strebt eine Wahl der Koeffizienten $\boldsymbol{\beta}' = (\beta_1, \ldots, \beta_K)$ in der Weise an, daß die Differenzen (Residuen)

$$e_t = y_t - \boldsymbol{x}_t'\boldsymbol{\beta}_0 \quad (t = 1, \ldots, T), \quad \boldsymbol{x}_t' = (x_{1t}, \ldots, x_{Kt})$$

oder in Matrizenschreibweise

$$\boldsymbol{e} = \boldsymbol{y} - \boldsymbol{X}\boldsymbol{\beta}_0$$

mit $\boldsymbol{e}' = (e_1, \ldots, e_T)$ in ihrer „*Gesamtheit*" möglichst klein werden, wobei $\boldsymbol{\beta}_0$ der speziell gewählte Wert für $\boldsymbol{\beta}$ ist.

Der Vektor $\boldsymbol{e}$ ist ein Ausdruck für die Abweichung der Beobachtung $\boldsymbol{y}$ von der Regressionshyperebene $\tilde{\boldsymbol{y}} = \boldsymbol{X}\boldsymbol{\beta}_0$ (im Fall $K = 1$ ist $\tilde{y} = \boldsymbol{x}'\boldsymbol{\beta}_0$ eine Gerade).

Man könnte nun vermuten, daß die optimale Wahl von $\boldsymbol{\beta}_0$ alle Residuen gleich Null werden läßt. Da jedoch die Anzahl T der Beobachtungen vernünftigerweise größer als die Anzahl K der unbekannten Koeffizienten β_i sein wird, kann nicht erwartet werden, daß für alle T Beobachtungen exakt die lineare Beziehung

$$y_t = \boldsymbol{x}_t'\boldsymbol{\beta}, \quad \text{d. h.} \quad e_t = 0 \quad (t = 1, \ldots, T)$$

erfüllt ist, wie auch immer die β_i gewählt sein mögen. Aus diesem Grunde nehmen wir die Residuen e_t von vornherein in unseren linearen Ansatz mit auf:

$$y_t = \boldsymbol{x}_t'\boldsymbol{\beta} + e_t \quad (t = 1, \ldots, T)$$

oder in Matrizenschreibweise zusammengefaßt

$$\boldsymbol{y} = \boldsymbol{X\beta} + \boldsymbol{e}. \tag{2.1.7}$$

Je weniger die e_t im Sinne eines Maßes von Null abweichen, desto besser ist für das in $(\boldsymbol{y}, \boldsymbol{X})$ gegebene Beobachtungsmaterial die durch die Wahl $\boldsymbol{\beta}_0$ mit dem linearen Ansatz erzielte Anpassung. Als Maße für die Güte der Anpassung sind z. B. denkbar

$$\sum_{t=1}^{T} |e_t|, \quad \max_t |e_t|, \quad \sum_{t=1}^{T} e_t^2 = \boldsymbol{e}'\boldsymbol{e}.$$

Auf der Minimierung des dritten Maßes (der quadratischen Form des Residuenvektors $\boldsymbol{e}$) basiert das bekannte Prinzip der kleinsten Quadrate, das auf GAUSS zurückgeht.

2.2. Prinzip der kleinsten Quadrate

Es sei $\mathfrak{B}$ die Menge aller möglichen Koeffizientenvektoren $\boldsymbol{\beta}$. Liegen keine Restriktionen an $\boldsymbol{\beta}$ vor, so ist $\mathfrak{B} = \mathrm{R}^K$ (also der vollständige K-dimensionale EUKLIDische Raum, d. h., es gilt $-\infty < \beta_i < \infty$ für alle Komponenten β_i von $\boldsymbol{\beta}$). Wir bestimmen aus der Menge $\mathfrak{B}$ einen Vektor $\boldsymbol{b}' = (b_1, \ldots, b_K)$ so, daß die Quadratsumme der Residuen

$$S(\boldsymbol{\beta}) = \sum_{t=1}^{T} e_t^2 = \boldsymbol{e}'\boldsymbol{e} = (\boldsymbol{y} - \boldsymbol{X\beta})'\,(\boldsymbol{y} - \boldsymbol{X\beta}) \tag{2.2.1}$$

bei fester Beobachtungsmatrix $(\boldsymbol{y}, \boldsymbol{X})$ ein Minimum wird. Die Existenz eines endlichen absoluten Minimums ist gesichert, da $S(\boldsymbol{\beta})$ eine reellwertige nichtnegative quadratische Funktion ist.

Wir formen $S(\boldsymbol{\beta})$ um:

$$S(\boldsymbol{\beta}) = \boldsymbol{y}'\boldsymbol{y} + \boldsymbol{\beta}'\boldsymbol{X}'\boldsymbol{X\beta} - 2\boldsymbol{\beta}'\boldsymbol{X}'\boldsymbol{y}$$

und differenzieren nach $\boldsymbol{\beta}$ (Sätze A24, A25)

$$\frac{\partial S(\boldsymbol{\beta})}{\partial \boldsymbol{\beta}} = 2\boldsymbol{X}'\boldsymbol{X\beta} - 2\boldsymbol{X}'\boldsymbol{y}.$$

Aus der notwendigen Bedingung für ein Minimum (Verschwinden der partiellen Ableitungen erster Ordnung) erhalten wir die sogenannten *Normalgleichungen*, denen der gesuchte Koeffizientenvektor $\boldsymbol{\beta} = \boldsymbol{b}$ genügen muß:

$$\boldsymbol{X}'\boldsymbol{Xb} = \boldsymbol{X}'\boldsymbol{y}. \tag{2.2.2}$$

Damit ist zunächst die Existenz eines im Sinne der Minimierung von $S(\boldsymbol{\beta})$ optimalen Vektors $\boldsymbol{\beta} = \boldsymbol{b}$ bewiesen.

Wir wollen nun die Lösungen der Normalgleichungen bestimmen.

Voraussetzung: Es sei Rang $\underset{T \times K}{X} = p$ $(0 \leq p \leq K)$.

Das bedeutet, daß p Spalten von X linear unabhängig sind. Wir können annehmen, daß gerade die ersten p Spalten $x_1, \ldots, x_p$ linear unabhängig sind. Damit können wir folgende Aufspaltung vornehmen:

$$\begin{aligned} X &= (X_1, X_2) \text{ und } b' = (b_1', b_2') \text{ mit} \\ \underset{T \times p}{X_1} &= (x_1, \ldots, x_p), \quad \underset{T \times (K-p)}{X_2} = (x_{p+1}, \ldots, x_K) \\ b_1' &= (b_1, \ldots, b_p), \quad b_2' = (b_{p+1}, \ldots, b_K). \end{aligned}$$

Wegen Rang $X =$ Rang $X_1 = p$ sind die Spalten in X_2 als Linearkombinationen der Spalten in X_1 darstellbar, d. h., es gilt $X_2 = X_1 L$, wobei L eine $p \times (K-p)$-Matrix ist. Wir nehmen die Aufspaltung in die Normalgleichungen (2.2.2) herein und erhalten

$$\begin{pmatrix} X_1'X_1 & X_1'X_2 \\ X_2'X_1 & X_2'X_2 \end{pmatrix} \begin{pmatrix} b_1 \\ b_2 \end{pmatrix} = \begin{pmatrix} X_1'y \\ X_2'y \end{pmatrix}$$

und weiter bei Berücksichtigung von $X_2 = X_1 L$

$$\begin{pmatrix} X_1'X_1 & X_1'X_1L \\ L'X_1'X_1 & L'X_1'X_1L \end{pmatrix} \begin{pmatrix} b_1 \\ b_2 \end{pmatrix} = \begin{pmatrix} X_1'y \\ L'X_1'y \end{pmatrix}.$$

Die p ersten Zeilen dieses Gleichungssystems sind

$$X_1'X_1b_1 + X_1'X_1Lb_2 = X_1'y. \tag{2.2.3}$$

Die $(K-p)$ letzten Zeilen gehen hieraus durch Linksmultiplikation mit L' hervor, so daß jede Lösung $b' = (b_1', b_2')$ der ersten Gleichungen auch eine Lösung der letzten Gleichungen ist.

Wegen Rang $X_1 = p$ ist $X_1'X_1$ regulär; durch Linksmultiplikation von (2.2.3) mit $(X_1'X_1)^{-1}$ erhalten wir

$$b_1 = (X_1'X_1)^{-1} X_1'y - Lb_2. \tag{2.2.4}$$

Wegen Rang $X = p$ lassen sich die $(K-p)$ Komponenten des Teilvektors b_2 von b willkürlich wählen. Es ergibt sich also eine $(K-p)$-dimensionale Mannigfaltigkeit von Lösungen b der Normalgleichungen. Ist b_2 gewählt, so sind die p Komponenten von b_1 gemäß (2.2.4) eindeutig bestimmt.

Hat die Matrix X vollen Rang, d. h., gilt Rang $X = p = K$, so wird $X_1 = X$; X_2 und Lb_2 verschwinden. Nur in diesem Fall erhalten wir eine eindeutige Lösung der Normalgleichungen

$$b = (X'X)^{-1} X'y. \tag{2.2.5}$$

Dies ist die bekannte *Kleinste-Quadrat-Schätzung*.

Für den allgemeinen Fall Rang $X = p < K$ sind die Lösungen der Normalgleichung zwar nicht eindeutig, spannen jedoch dieselbe *Hyperebene* Xb auf. D. h., für je zwei Lösungen b und b^* der Normalgleichung gilt

$$Xb = Xb^*, \quad \text{also} \quad y - Xb = y - Xb^* = e. \tag{2.2.6}$$

Der Beweis ist einfach: Sind $\boldsymbol{b}$ und $\boldsymbol{b}^*$ Lösungen der Normalgleichungen, so gilt

$$X'Xb = X'y \quad \text{und} \quad X'Xb^* = X'y.$$

Wir bilden die Differenz der Gleichungen

$$X'X(b - b^*) = 0,$$

woraus nach Satz A1

$$X(b - b^*) = 0 \quad \text{oder} \quad Xb = Xb^*$$

folgt.

Im Fall Rang $X = K$ gilt sowieso $b = b^*$ und damit stets $Xb = Xb^*$.

Mit (2.2.6) erhalten wir für die beiden Fehlerquadratsummen

$$S(b) = (y - Xb)'(y - Xb) = (y - Xb^*)'(y - Xb^*) = S(b^*).$$

Damit haben wir folgenden Satz bewiesen.

Satz 2.1. *Der Koeffizientenvektor* $\boldsymbol{\beta} = \boldsymbol{b}$ *minimiert die Fehlerquadratsumme genau dann, wenn er Lösung der Normalgleichungen* $X'Xb = X'y$ *ist. Je zwei Lösungen* $\boldsymbol{b}$ *und* $\boldsymbol{b}^*$ *der Normalgleichungen spannen dieselbe Hyperebene* $Xb = Xb^*$ *auf.*

Die Lösungen $\boldsymbol{b}$ der Normalgleichungen werden als empirische Regressionskoeffizienten oder als *empirische Kleinste-Quadrat-Schätzung* von $\boldsymbol{\beta}$ und $y = Xb$ als die empirische Regressionshyperebene bezeichnet. Folgende Zerlegung der Fehlerquadratsumme $S(\boldsymbol{b})$ ist von Interesse. Die Residuen $y - Xb$ bezeichnen wir mit $\hat{e}$. Dann gilt

$$y'y = \hat{y}'\hat{y} + \hat{e}'\hat{e} \text{ bzw. } \sum y_i^2 = \sum \hat{y}^2 + \sum \hat{e}_i^2 . \tag{2.2.7}$$

Deutung:

Die Quadratsumme der Beobachtungswerte $y'y$ der abhängigen Variablen setzt sich also additiv zusammen aus der durch die empirische Regression erklärten Quadratsumme $\hat{y}'\hat{y}$ und der durch die Regression nicht erklärten Quadratsumme $\hat{e}'\hat{e}$ der Residuen.

Die Beziehung (2.2.7) folgt aus

$b'X'Xb = b'X'y$ (Linksmultiplikation von (2.2.2) mit b') und

$\hat{y}'\hat{y} = (Xb)'(Xb) = b'X'Xb = b'X'y$ gemäß

$$S(b) = \hat{e}'\hat{e} = (y - Xb)'(y - Xb) = y'y - 2b'X'y' + b'X'Xb$$

$$= y'y - b'X'y = y'y - \hat{y}'\hat{y}.$$

Die Relation (2.2.7) wird auch als *Streuungszerlegung* (analysis of variance) bezeichnet.

Das Bestimmtheitsmaß

Aus der Streuungszerlegung (2.2.7) läßt sich folgende Maßzahl für die Güte der Anpassung, die durch die lineare Regression erzielt wird, herleiten:

$$R^2 = \frac{s_{\hat{y}}^2}{s_y^2} = 1 - \frac{s_{\hat{e}}^2}{s_y^2}, \tag{2.2.8}$$

wobei $s_{\hat{y}}^2$ bzw. s_y^2 die Stichprobenvarianzen der geschätzten Werte $\hat{y}_1, \ldots, \hat{y}_T$ bzw. der Beobachtungswerte $y_1, \ldots, y_T$ sind.

Es gilt stets $s_{\hat{y}}^2 \leqq s_y^2$ (vgl. (2.2.7)), so daß das Bestimmtheitsmaß R^2 stets zwischen 0 und 1 liegt. Je größer der Wert von R^2 ist, desto besser ist die Anpassung der empirischen Regression an die Beobachtungswerte ($\boldsymbol{y}$, $\boldsymbol{X}$). Im Fall $R^2 = 1$ liegen alle Beobachtungswerte ($\boldsymbol{y}$, $\boldsymbol{X}$) auf der Regressionsebene $\boldsymbol{y} = \boldsymbol{X\beta}$. Ist dagegen $R^2 = 0$ bzw. liegt R^2 in der Nähe von Null, so wird mit Sicherheit kein linearer Zusammenhang zwischen $\boldsymbol{y}$ und den $\boldsymbol{X}_i$ bestehen.

Hinweis: Es muß dringend davor gewarnt werden, die Aussagekraft des Bestimmtheitsmaßes R^2 zu überschätzen, insbesondere R^2 als Maßstab für die Eignung eines bestimmten Modells bei Vorliegen mehrerer Alternativen zu wählen. Für die Beurteilung der Güte eines linearen Regressionsmodells sollte stets zusätzlich zu R^2 ein Streuungsmaß herangezogen werden.

Liegen z. B. zwei verschiedene lineare Regressionsmodelle vor, wobei im Modell I $R^2 = 0{,}90$ und im Modell II $R^2 = 0{,}95$ errechnet wird, so darf aus dem größeren Wert von R^2 im Modell II nicht von vornherein auf eine unbedingte Bevorzugung dieses Modells geschlossen werden. Vielmehr sind die Varianzen der Schätzungen von $\boldsymbol{\beta}$ in beiden Modellen zu berechnen und zu vergleichen. Ein Wert von R^2 nahe Eins deutet lediglich darauf hin, daß beide linearen Modelle eine hinreichend gute Anpassung an das Beobachtungsmaterial liefern.

Bisher haben wir den Fall nicht gesondert hervorgehoben, daß sich unter den exogenen Variablen $\boldsymbol{X}_i$ im Modell (2.1.2) bzw. im empirischen Regressionsmodell (2.1.7) eine konstante Scheinvariable befindet, die ein Absolutglied in die Regression einführt.

Beispiel:

Die Arbeitsproduktivität AP im produzierenden Bereich hängt in folgender Weise von der Grundfondsausstattung g im produzierenden Bereich ab

$$\mathrm{AP} = \beta_0 + \beta_1 g + u.$$

β_0 ist der Regressionskoeffizient der (konstanten) Scheinvariablen $x_{0t} = 1$ für alle t.

Regressionsmodelle mit Absolutglied wollen wir als *inhomogen* bezeichnen (sie sind nicht invariant gegenüber Skalenveränderungen, d. h. Multiplikation mit Konstanten). Regressionsmodelle ohne Absolutglied heißen *homogen*. Wir wollen annehmen, daß bei einem inhomogenen Regressionsmodell stets die erste Variable $\boldsymbol{X}_1$ die Scheinvariable ist, und wählen $\boldsymbol{X}_{1t} = 1$ für alle $t = 1, \ldots, T$. Bezeichnen wir mit $\mathbf{1}$ den $(T \times 1)$-Vektor aus Einsen, so hat die erste der K Normalgleichungen $\boldsymbol{X'Xb} = \boldsymbol{X'y}$ (2.2.2) das Aussehen

$$\mathbf{1}'\boldsymbol{Xb} = \mathbf{1}'\boldsymbol{y}. \tag{2.2.9}$$

Wegen $\boldsymbol{Xb} = \hat{\boldsymbol{y}}$ und $\hat{\boldsymbol{u}} = \boldsymbol{y} - \hat{\boldsymbol{y}}$ gilt

$$\sum_t \hat{u}_t = \mathbf{1}'\hat{\boldsymbol{u}} = \mathbf{1}'(\boldsymbol{y} - \hat{\boldsymbol{y}}) = 0 \tag{2.2.10}$$

oder, nach Division durch T, $\bar{\hat{y}} = \bar{y}$.

Die Kleinste-Quadrat-Residuen $\hat{u}_t$ summieren sich also nach (2.2.10) im Falle der inhomogenen Regression zu Null, d. h., es gilt auch $\bar{\hat{u}} = 0$.

Als *Stichprobenstreuung* oder -varianz in der Beobachtungsreihe $y_1, \ldots, y_T$ definieren wir

$$s_y^2 = T^{-1} \sum_{t=1}^{T} (y_t - \bar{y})^2.$$

Es gilt

$$s_y^2 = T^{-1} \boldsymbol{y}'\boldsymbol{y} - \bar{y}^2$$

und entsprechend

$$s_{\hat{y}}^2 = T^{-1} \hat{\boldsymbol{y}}'\hat{\boldsymbol{y}} - \bar{\hat{y}}^2, \quad s_{\hat{u}}^2 = T^{-1} \hat{\boldsymbol{u}}'\hat{\boldsymbol{u}} - \bar{\hat{u}}^2.$$

Wegen $\bar{\hat{y}} = \bar{y}$ und $\bar{\hat{u}} = 0$ erhalten wir daraus und bei Beachtung von (2.2.7) die Beziehung

$$s_y^2 = s_{\hat{y}}^2 + s_{\hat{u}}^2 \,. \tag{2.2.11}$$

Hierauf basiert die Definition des Bestimmtheitsmaßes R^2 in (2.2.8). Beachten wir ferner die Relation

$$(y_t - \bar{y}) = (\hat{y}_t - \bar{\hat{y}}) + (\hat{u}_t - \bar{\hat{u}}) \tag{2.2.12}$$

sowie die Orthogonalitätsbeziehung

$$\hat{\boldsymbol{y}}'\hat{\boldsymbol{u}} = \boldsymbol{b}'\boldsymbol{X}' (\boldsymbol{y} - \hat{\boldsymbol{y}}) = \boldsymbol{b}' (\boldsymbol{X}'\boldsymbol{y} - \boldsymbol{X}'\boldsymbol{X}\boldsymbol{b}) = 0$$

(die Gleichung in der letzten Klammer ist gerade die Normalgleichung (2.2.2)), so folgt aus (2.2.12) durch Multiplikation mit $(\hat{y}_t - \bar{\hat{y}})$ und anschließende

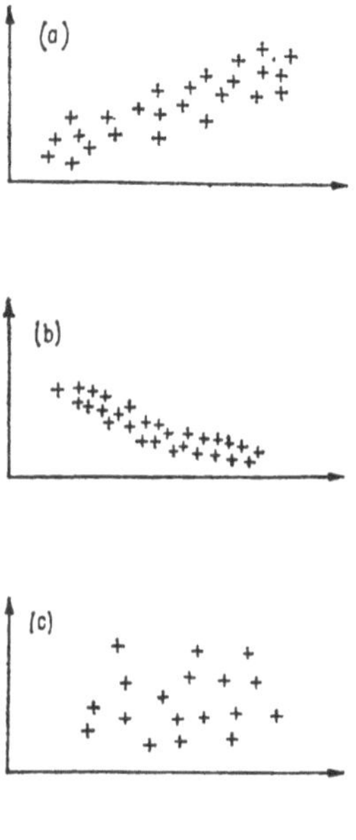

Abb. 2.2. Streudiagramm
a) schwach positive Korrelation
b) stark negative Korrelation
c) ohne nachweisbare Korrelation

Summation über t

$$s_{y\hat{y}} = s_{\hat{y}}^2. \tag{2.2.13}$$

Diese Beziehung setzen wir in die folgende Definitionsgleichung des gewöhnlichen Korrelationskoeffizienten zwischen den Reihen $\boldsymbol{y}$ und $\hat{\boldsymbol{y}}$ ein:

$$r_{y\hat{y}}^2 = \frac{s_{y\hat{y}}^2}{s_y^2 s_{\hat{y}}^2} \tag{2.2.14}$$

und erhalten daraus

$$r_{y\hat{y}}^2 = R^2. \tag{2.2.15}$$

Deshalb wird R^2 in der Literatur auch häufig als empirischer multipler Korrelationskoeffizient bezeichnet.

2.3. Algebraische und geometrische Eigenschaften der Kleinste-Quadrat-Schätzung

Das empirische Prinzip der Kleinsten Quadrate besteht darin, die Funktion $S(\boldsymbol{\beta}) = (\boldsymbol{y} - \boldsymbol{X\beta})'(\boldsymbol{y} - \boldsymbol{X\beta})$ durch geeignete Wahl von $\boldsymbol{\beta}$ zu minimieren und damit eine (unter diesem Prinzip) optimale Anpassung der linearen Regression an die Beobachtungsmatrix $(\boldsymbol{yX})$ zu erzielen. Die Kleinste-Quadrat-Schätzung $\boldsymbol{b}$ (2.2.5) besitzt dabei eine Reihe günstiger algebraischer und geometrischer Eigenschaften, die unabhängig von irgendwelchen Verteilungs- und Modellannahmen, wie sie später eingeführt werden, gelten. Mit diesen Eigenschaften wollen wir uns nun näher beschäftigen.

Wir bezeichnen wieder mit $\hat{\boldsymbol{e}}$ die Kleinste-Quadrat-Residuen

$$\hat{\boldsymbol{e}} = \boldsymbol{y} - \boldsymbol{Xb} = \boldsymbol{y} - \hat{\boldsymbol{y}} \tag{2.3.1}$$

(die Bezeichnung $\boldsymbol{e}$ soll den Unterschied zu den Fehlern u_t deutlich machen, die echte Zufallsvariablen sind). Die KQ-Residuen $\hat{\boldsymbol{e}}$ erfüllen stets die beiden folgenden *Orthogonalitätsrelationen*

$$\boldsymbol{X}'\hat{\boldsymbol{e}} = \boldsymbol{0}, \tag{2.3.2}$$

$$\boldsymbol{y}'\hat{\boldsymbol{e}} = 0. \tag{2.3.3}$$

(Wir erinnern an die Definition der Orthogonalität zweier Vektoren: Zwei Vektoren $\mathfrak{a}_1$ und $\mathfrak{a}_2$ heißen orthogonal, wenn für ihr Skalarprodukt $\mathfrak{a}_1'\mathfrak{a}_2 = 0$ gilt.)

Der Beweis der beiden Orthogonalitätsrelationen ist einfach:

$$\begin{aligned} \boldsymbol{X}'\hat{\boldsymbol{e}} &= \boldsymbol{X}'(\boldsymbol{y} - \hat{\boldsymbol{y}}) \\ &= \boldsymbol{X}'(\boldsymbol{y} - \boldsymbol{Xb}) \quad [\hat{\boldsymbol{y}} = \boldsymbol{Xb} \text{ eingesetzt}] \\ &= \boldsymbol{X}'\boldsymbol{y} - \boldsymbol{X}'\boldsymbol{Xb} = \boldsymbol{0} \quad [\text{vgl. Normalgleichung (2.2.2)}]\,. \end{aligned}$$

Für die zweite Relation gilt

$$\boldsymbol{y}'\hat{\boldsymbol{e}} = \boldsymbol{\beta}'\boldsymbol{X}'\hat{\boldsymbol{e}} = \boldsymbol{\beta}'[\boldsymbol{X}'\hat{\boldsymbol{e}}] = 0 \quad [\text{wegen (2.3.2)}].$$

2.4. Beste lineare erwartungstreue Schätzung

Im Unterschied zur deskriptiven Regression, bei der die Regressionskoeffizienten $\boldsymbol{\beta}$ als frei wählbar interpretiert und nach dem Prinzip der kleinsten Quadrate optimal bestimmt wurden, setzt das klassische lineare Regressionsmodell die Koeffizienten $\boldsymbol{\beta}$ als *feste Modellparameter* voraus. Ihre Schätzung wird über die Minimierung von Risikofunktionen durchgeführt, wobei die empirische KQ-Schätzung $\boldsymbol{b}$ eine zentrale Rolle spielt.

Die Annahmen über die Parameter und die Modellvariablen lauten:

$$\begin{cases} \boldsymbol{y} = \boldsymbol{X\beta} + \boldsymbol{u}, \\ \mathsf{E}\boldsymbol{u} = \boldsymbol{0}, \quad \mathsf{E}\boldsymbol{uu}' = \sigma^2 \boldsymbol{I}, \\ \boldsymbol{X} \text{ nichtstochastisch, Rang } \boldsymbol{X} = K. \end{cases} \tag{2.4.1}$$

Da $\boldsymbol{X}$ als eine nichtstochastische Matrix vorausgesetzt wird, sind insbesondere $\boldsymbol{X}$ und $\boldsymbol{u}$ unabhängig, d. h., es gilt

$$\mathsf{E}(\boldsymbol{u} \mid \boldsymbol{X}) = \mathsf{E}\boldsymbol{u} = \boldsymbol{0}, \tag{2.4.2}$$

$$\mathsf{E}(\boldsymbol{X}'\boldsymbol{u} \mid \boldsymbol{X}) = \boldsymbol{X}'\mathsf{E}\boldsymbol{u} = \boldsymbol{0} \tag{2.4.3}$$

und

$$\mathsf{E}(\boldsymbol{uu}' \mid \boldsymbol{X}) = \mathsf{E}\boldsymbol{uu}' = \sigma^2 \boldsymbol{I}. \tag{2.4.4}$$

Die Rangbedingung an $\boldsymbol{X}$ besagt, daß zwischen den K Regressoren $\boldsymbol{X}_1, \ldots, \boldsymbol{X}_K$ keine exakten linearen Beziehungen auftreten; insbesondere existiert die Inverse $(\boldsymbol{X}'\boldsymbol{X})^{-1}$ (eine $K \times K$-Matrix).

Mit (2.4.1) und (2.4.2) erhalten wir den bedingten Erwartungswert

$$\mathsf{E}(\boldsymbol{y} \mid \boldsymbol{X}) = \boldsymbol{X\beta} + \mathsf{E}(\boldsymbol{u} \mid \boldsymbol{X}) = \boldsymbol{X\beta} \tag{2.4.5}$$

und mit (2.4.4) gilt für die Kovarianzmatrix von $\boldsymbol{y}$

$$\mathsf{E}[(\boldsymbol{y} - \mathsf{E}\boldsymbol{y})(\boldsymbol{y} - \mathsf{E}\boldsymbol{y})' \mid \boldsymbol{X}] = \mathsf{E}(\boldsymbol{uu}' \mid \boldsymbol{X}) = \sigma^2 \boldsymbol{I}. \tag{2.4.6}$$

Die Aufgabe des Statistikers ist es, den wahren aber unbekannten Wert des Vektors $\boldsymbol{\beta}$ der Regressionsparameter auf Grund der vorliegenden, im Modell (2.4.1) zusammengefaßten Beobachtungen und Modellannahmen durch eine Stichprobenfunktion $\hat{\boldsymbol{\beta}}$ geeignet zu schätzen. Daraus erhält man eine Schätzung des bedingten Erwartungswertes $\mathsf{E}(\boldsymbol{y} \mid \boldsymbol{X}) = \boldsymbol{X\beta}$ und eine Schätzung für die Fehlervarianz σ^2. Wir wählen eine in $\boldsymbol{y}$ lineare Schätzfunktion $\hat{\boldsymbol{\beta}}$, verwenden also den Ansatz

$$\hat{\boldsymbol{\beta}} = \underset{K \times T}{\boldsymbol{C}'} \boldsymbol{y}. \tag{2.4.7}$$

$\boldsymbol{C}$ ist eine nichtstochastische Matrix, die durch Minimierung der Risikofunktion

$$R = \mathsf{E}\hat{\boldsymbol{u}}'\hat{\boldsymbol{u}} = \mathsf{E}\,(\boldsymbol{y} - \boldsymbol{X}\hat{\boldsymbol{\beta}})'\,(\boldsymbol{y} - \boldsymbol{X}\hat{\boldsymbol{\beta}}) \tag{2.4.8}$$

optimal zu bestimmen ist. Wir fordern zusätzlich die Erwartungstreue von $\hat{\boldsymbol{\beta}}$, d. h., $\mathsf{E}(\hat{\boldsymbol{\beta}} \mid \boldsymbol{\beta}) = \boldsymbol{\beta}$ soll immer erfüllt sein, wie auch das wahre $\boldsymbol{\beta}$ im Modell

(2.4.1) sein möge. Da $\boldsymbol{\beta}$ unbekannt ist, muß $\hat{\boldsymbol{\beta}}$ dieser Forderung für alle im Modell möglichen $\boldsymbol{\beta}$ (im allgemeinen gilt $-\infty < \beta_k < \infty$ für $k = 1, \ldots, K$) genügen. Die Erwartungstreue fordert also

$$\mathsf{E}(\hat{\boldsymbol{\beta}} \mid \boldsymbol{\beta}) = \boldsymbol{C}'\mathsf{E}\boldsymbol{y} \tag{2.4.9}$$

$$= \boldsymbol{C}'\boldsymbol{X}\boldsymbol{\beta} = \boldsymbol{\beta} \quad \text{für alle } \boldsymbol{\beta}, \text{ d. h.}$$

$$\boldsymbol{C}'\boldsymbol{X} = \boldsymbol{I}. \tag{2.4.10}$$

Eingesetzt in (2.4.7) ergibt sich

$$\boldsymbol{y} - \boldsymbol{X}\hat{\boldsymbol{\beta}} = \boldsymbol{X}\boldsymbol{\beta} + \boldsymbol{u} - \boldsymbol{X}\boldsymbol{C}'\boldsymbol{X}\boldsymbol{\beta} - \boldsymbol{X}\boldsymbol{C}'\boldsymbol{u}$$

$$= \boldsymbol{u} - \boldsymbol{X}\boldsymbol{C}'\boldsymbol{u}.$$

Hieraus erhalten wir für die Risikofunktion

$$R = \mathsf{E}\,(\boldsymbol{u} - \boldsymbol{X}\boldsymbol{C}'\boldsymbol{u})'\,(\boldsymbol{u} - \boldsymbol{X}\boldsymbol{C}'\boldsymbol{u}) \tag{2.4.11}$$

$$= \operatorname{sp} \mathsf{E}\,(\boldsymbol{u} - \boldsymbol{X}\boldsymbol{C}'\boldsymbol{u})\,(\boldsymbol{u} - \boldsymbol{X}\boldsymbol{C}'\boldsymbol{u})' \quad \text{[Satz A14]}$$

$$= \sigma^2 \operatorname{sp}\,(\boldsymbol{I} + \boldsymbol{X}\boldsymbol{C}'\boldsymbol{C}\boldsymbol{X}' - 2\boldsymbol{X}\boldsymbol{C}').$$

Das optimale $\boldsymbol{C}$ wird als Lösung des quadratischen Optimierungsproblems

$$\min_{\boldsymbol{C}} \{\operatorname{sp}\,(\boldsymbol{X}\boldsymbol{C}'\boldsymbol{C}\boldsymbol{X}' - 2\boldsymbol{X}\boldsymbol{C}') \mid \boldsymbol{C}'\boldsymbol{X} - \boldsymbol{I} = \boldsymbol{0}\}$$

nach bekannten Sätzen als

$$\hat{\boldsymbol{C}}' = (\boldsymbol{X}'\boldsymbol{X})^{-1}\,\boldsymbol{X}' \tag{2.4.12}$$

bestimmt. Daraus erhalten wir entsprechend unserem Ansatz (2.4.7) die Schätzung

$$\hat{\boldsymbol{\beta}}_{\text{opt}} = \hat{\boldsymbol{C}}'\boldsymbol{y} = (\boldsymbol{X}'\boldsymbol{X})^{-1}\,\boldsymbol{X}'\boldsymbol{y}, \tag{2.4.13}$$

die mit der empirischen KQ-Schätzung $\boldsymbol{b}$ übereinstimmt. Die Schätzung $\boldsymbol{b}$ ist erwartungstreu,

$$\boldsymbol{C}'\boldsymbol{X} = (\boldsymbol{X}'\boldsymbol{X})^{-1}\,\boldsymbol{X}'\boldsymbol{X} = \boldsymbol{I},$$

und besitzt die $K \times K$-Kovarianzmatrix

$$\mathsf{V}(\boldsymbol{b}) = \mathsf{E}\,(\boldsymbol{b} - \boldsymbol{\beta})\,(\boldsymbol{b} - \boldsymbol{\beta})'$$

$$= \mathsf{E}(\boldsymbol{X}'\boldsymbol{X})^{-1}\,\boldsymbol{X}'\boldsymbol{u}\boldsymbol{u}'\boldsymbol{X}(\boldsymbol{X}'\boldsymbol{X})^{-1}$$

$$= \sigma^2(\boldsymbol{X}'\boldsymbol{X})^{-1}.$$

Der wesentliche Grund für die Bevorzugung der KQ-Schätzung $\boldsymbol{b}$ gegenüber allen anderen linearen erwartungstreuen Schätzungen liegt in einer *Minimumeigenschaft* der Kovarianzmatrix $\mathsf{V}(\boldsymbol{b})$, nach der $\boldsymbol{b}$ unter allen linearen erwartungstreuen Schätzungen $\tilde{\boldsymbol{\beta}}$ die kleinste Varianz besitzt. [Wir verweisen auf das analoge Problem im verallgemeinerten Regressionsmodell, insbesondere auf Satz 3.2.]

3. Das verallgemeinerte Regressionsmodell

3.1. Aitken-Schätzung

Im Abschnitt 2.4. wurde das klassische lineare Regressionsmodell (2.4.1) betrachtet, das als wesentliche Annahme die Unkorreliertheit des Fehlerprozesses $\{u_t\}$ enthält: $\mathsf{E}\boldsymbol{uu}' = \sigma^2\boldsymbol{I}$. Diese Struktur der Kovarianzmatrix trifft sicher auf zahlreiche Modelle zu. Sie gestattet jedoch nicht die Beschreibung von *zeitabhängigen* oder *trendbehafteten Fehlerprozessen,* wie sie gerade in der ökonomischen Praxis häufig auftreten. Ein wichtiges Beispiel hierfür ist der *autokorrelierte* Fehlerprozeß, auf den wir noch eingehen.

Das verallgemeinerte lineare Regressionsmodell läßt sich also analog zum Modell (2.4.1) zusammengefaßt darstellen als

$$\begin{cases} \boldsymbol{y} = \boldsymbol{X\beta} + \boldsymbol{u}, \\ \mathsf{E}\boldsymbol{u} = 0, \quad \mathsf{E}\boldsymbol{uu}' = \sigma^2\boldsymbol{W}, \\ \boldsymbol{W} \text{ regulär}, \\ \boldsymbol{X} \text{ nichtstochastisch, Rang } \boldsymbol{X} = K. \end{cases} \tag{3.1.1}$$

Durch die Einführung der allgemeinen Kovarianzmatrix $\sigma^2\boldsymbol{W}$ erhöhen wir zwangsläufig die Zahl der unbekannten Parameter um maximal $T(T+1)/2$, während die Anzahl T der Beobachtungen fest bleibt. Damit wären insgesamt $\{K+1+T(T+1)/2\}$ Parameter (nämlich $\boldsymbol{\beta}$, σ, $\boldsymbol{W}$) zu schätzen, eine Aufgabe, die in Spezialfällen durch schrittweise Verfahren zu lösen ist (vgl. Schönfeld [1]). In der ökonometrischen Praxis begegnet man dieser Situation wie folgt:

Es wird zunächst vorausgesetzt, daß die Matrix $\boldsymbol{W}$ bekannt ist. Damit wären nur $\boldsymbol{\beta}$ und σ^2 zu schätzen. Da die Komponenten von σ^2 und $\boldsymbol{W}$ bei der Aufspaltung von $\mathsf{E}\boldsymbol{uu}' = \sigma^2\boldsymbol{W}$ im allgemeinen nicht eindeutig bestimmt sind, müssen die Elemente von $\boldsymbol{W}$ vorher geeignet normiert werden. Üblich sind die Normierungen sp $\boldsymbol{W} = T$ oder $w_{11} = 1$. Die resultierende Schätzung von $\boldsymbol{\beta}$ hängt von der Matrix $\boldsymbol{W}$ ab: $\hat{\boldsymbol{\beta}}(\boldsymbol{W})$.

Im zweiten Schritt analysiert man die Struktur von $\boldsymbol{W}$ und prüft, ob $\{u_t\}$ den Annahmen eines *autoregressiven* bzw. eines *heteroskedastischen* bzw. eines noch komplizierteren Fehlerprozesses genügt. Wird eine dieser Annahmen bestätigt, so läßt sich eine Schätzung $\widehat{\boldsymbol{W}}$ bestimmen, die dann in die entsprechende Schätzung $\hat{\boldsymbol{\beta}}(\widehat{\boldsymbol{W}})$ einfließt (vgl. die Ausführungen zur *Autoregression*).

Das Schätzproblem

Wir legen zunächst die Schätzfunktion $\hat{\boldsymbol{\beta}}$ als lineare homogene Funktion von $\boldsymbol{y}$ fest, d. h. $\hat{\boldsymbol{\beta}}=f(\boldsymbol{y})=\boldsymbol{C}'\boldsymbol{y}$, wobei die $T\times K$-Matrix $\boldsymbol{C}$ durch Minimierung einer geeignet gewählten Risikofunktion gewonnen wird. WALLACE [1] schlägt drei alternative quadratische Risikofunktionen vor, die jeweils Varianten des *Mean-Square-Error-(MSE)-Prinzips* sind (vgl. auch Abschnitt 5.3). In TOUTENBURG [9] werden ähnliche Varianten für das Risiko und die Verlustfunktion gewählt, wobei dort die Theorie linearer homogener und inhomogener Schätzungen behandelt wird. Wir beschränken uns hier auf ein Schätzkriterium, dessen Lösung die anderen Kriterien in gewisser Weise mit erfaßt.

Gegeben sei ein Schätzvektor $\hat{\boldsymbol{\beta}}$ für den Parametervektor $\boldsymbol{\beta}$. Als Verlust wird die quadratische Form

$$\mathsf{V}(\hat{\boldsymbol{\beta}})=(\hat{\boldsymbol{\beta}}-\boldsymbol{\beta})'\boldsymbol{A}\,(\hat{\boldsymbol{\beta}}-\boldsymbol{\beta}) \tag{3.1.2}$$

definiert, wobei $\boldsymbol{A}$ eine nach sachlogischen Erwägungen vorgegebene reguläre $K\times K$-Matrix ist. Ist zum Beispiel $\boldsymbol{A}=\operatorname{diag}(a_1,\ldots,a_n)$ mit $a_1>\ldots>a_n$, so erfolgt eine Wichtung der einzelnen Komponenten von $\hat{\boldsymbol{\beta}}-\boldsymbol{\beta}$. Ist eine a-priori-Wertung dieser Komponenten nicht möglich oder notwendig, so wird man $\boldsymbol{A}=\boldsymbol{I}$ wählen.

Die Risikofunktion erhält man durch Erwartungswertbildung als

$$R(\hat{\boldsymbol{\beta}},\boldsymbol{\beta})=R(\hat{\boldsymbol{\beta}})=\mathsf{E}\,(\hat{\boldsymbol{\beta}}-\boldsymbol{\beta})'\boldsymbol{A}\,(\hat{\boldsymbol{\beta}}-\boldsymbol{\beta})\,. \tag{3.1.3}$$

Die Risikofunktion $R(\hat{\boldsymbol{\beta}})$ ist eine Verallgemeinerung der aus der empirischen Regressionsanalyse bekannten Fehlerquadratsumme $S(\boldsymbol{\beta})$. Da $\boldsymbol{A}$ als regulär vorausgesetzt wird, beeinflußt die Matrix $\boldsymbol{A}$ die Schätzung nicht. Bei der Bestimmung des Risikos bezüglich einer festen Schätzung hat die Wahl von $\boldsymbol{A}\neq\boldsymbol{I}$ durchaus eine praktische Bedeutung im o. g. Sinne einer a-priori-Bewertung der Komponenten von $\boldsymbol{\beta}$. Diese Problematik ist jedoch noch interessanter bei der Ableitung von Vorhersagen. Wir gehen später darauf ein.

Kehren wir zum Problem der optimalen linearen Schätzung $\hat{\boldsymbol{\beta}}=\boldsymbol{C}'\boldsymbol{y}$ zurück. Wir fordern zusätzlich, daß $\hat{\boldsymbol{\beta}}$ erwartungstreu ist. Ohne diese Nebenbedingung würden wir eine Lösung der Gestalt

$$\hat{\boldsymbol{\beta}}=\boldsymbol{\beta}\boldsymbol{\beta}'\boldsymbol{X}'\,(\boldsymbol{X}\boldsymbol{\beta}\boldsymbol{\beta}'\boldsymbol{X}'+\sigma^2\boldsymbol{W})^{-1}\,\boldsymbol{y}\,,$$

also eine vom unbekannten Parameter $\sigma^{-1}\boldsymbol{\beta}$ abhängende Schätzung, erhalten. In einem zweiten Schritt wäre dann durch Einsatz starker und recht unhandlicher Zusatzinformation die Ersetzung von $\sigma^{-1}\boldsymbol{\beta}$ durch einen konstanten Vektor durchzuführen. Wir verweisen hierzu auf TOUTENBURG [9], S. 75ff.

Die Nebenbedingung der Erwartungstreue bedeutet

$$\mathsf{E}\,(\hat{\boldsymbol{\beta}}-\boldsymbol{\beta})=\mathbf{0}\quad\text{für alle }\boldsymbol{\beta}\,,$$

also

$$\mathsf{E}\,(\boldsymbol{C}'\boldsymbol{X}\boldsymbol{\beta}+\boldsymbol{C}'\boldsymbol{u}-\boldsymbol{\beta})=(\boldsymbol{C}'\boldsymbol{X}-\boldsymbol{I})\,\boldsymbol{\beta}=\mathbf{0}\,,$$

d. h.

$$C'X - I = 0 .$$

Unter dieser Nebenbedingung an C ist die Risikofunktion $R(\hat{\beta})$ (3.1.3) zu minimieren. Definieren wir den $K \times 1$-Vektor λ aus LAGRANGE-Multiplikatoren, so haben wir folgendes Optimierungsproblem

$$\min_{C,\lambda} \tilde{R}(\hat{\beta}) = \min_{C,\lambda} \{R(\hat{\beta}) - 2\lambda' (C'X - I)\} . \tag{3.1.4}$$

Es gilt

$$\begin{aligned}\tilde{R}(\hat{\beta}) &= \operatorname{sp} A E (\hat{\beta} - \beta)(\hat{\beta} - \beta)' - 2\lambda' (C'X - I) \\ &= \operatorname{sp} A\sigma^2 C'WC - 2\lambda' (C'X - I) .\end{aligned}$$

Die Ableitung nach C bzw. λ führt zu den Normalgleichungen (vgl. Sätze A25, A37)

$$0 = \sigma^2 AC'W - \lambda X' ,$$

$$0 = C'X - I ,$$

woraus wir das optimale C als

$$\hat{C}' = (X'W^{-1}X)^{-1} X'W^{-1} = S^{-1}X'W^{-1}$$

und damit die optimale Schätzung als

$$\hat{\beta} = \hat{C}'y = S^{-1}X'W^{-1}y = b$$

berechnen.

Satz 3.1. GAUSS-MARKOFF-AITKEN-*Theorem. Im verallgemeinerten linearen Regressionsmodell* (3.1.1) *hat die beste lineare erwartungstreue Schätzung oder* AITKEN-*Schätzung die Gestalt*

$$b = (X'W^{-1}X)^{-1} X'W^{-1}y = S^{-1}X'W^{-1}y . \tag{3.1.5}$$

b ist erwartungstreu, d. h.

$$\mathsf{E}b = S^{-1}X'W^{-1}\mathsf{E}y = S^{-1}S\beta = \beta ,$$

und besitzt die Kovarianzmatrix

$$\mathsf{V}(b) = \mathsf{E}\,(b - \beta)(b - \beta)' = \sigma^2 S^{-1} .$$

Worauf bezieht sich die Eigenschaft von b, *beste lineare erwartungstreue Schätzung* zu sein? Betrachten wir die Menge aller linearen erwartungstreuen Schätzungen $\tilde{\beta} = \tilde{C}'y$ mit $\tilde{C}'X - I = 0$. *Dann ist b die beste Schätzung in dieser Menge in dem Sinne, daß sie die kleinste Varianz besitzt.* In welchem Sinne dies gilt, zeigt der folgende Satz.

Satz 3.2. *Es sei $\tilde{\beta}$ eine beliebige lineare erwartungstreue Schätzung mit der Kovarianzmatrix $\mathsf{V}(\tilde{\beta})$ und a ein beliebiger nichttrivialer $K \times 1$-Vektor. Mit* $\operatorname{var}(b_k)$ *bzw.* $\operatorname{var}(\tilde{\beta}_k)$ *bezeichnen wir die Hauptdiagonalelemente von* $\mathsf{V}(b)$ *bzw.* $\mathsf{V}(\tilde{\beta})$. *Dann gelten folgende äquivalente Beziehungen:*

a) *Die Differenz* $\mathsf{V}(\tilde{\boldsymbol{\beta}}) - \mathsf{V}(\boldsymbol{b})$ *ist stets nichtnegativ definit.*

b) *Es ist* $\operatorname{var}(\tilde{\beta}_k) - \operatorname{var}(b_k) \geqq 0$ *für alle* k.

c) *Die Varianz der Linearform* $\boldsymbol{a}'\boldsymbol{b}$ *ist niemals größer als die Varianz der Linearform* $\boldsymbol{a}'\tilde{\boldsymbol{\beta}}$:

$$\boldsymbol{a}'\mathsf{V}(\boldsymbol{b})\,\boldsymbol{a} \leqq \boldsymbol{a}'\,\mathsf{V}(\tilde{\boldsymbol{\beta}})\,\boldsymbol{a}\,.$$

Wir beweisen hier Teil a). Es sei $\tilde{\boldsymbol{\beta}} = \tilde{\boldsymbol{C}}'\boldsymbol{y}$ eine beliebige erwartungstreue Schätzung. Dann können wir schreiben

$$\tilde{\boldsymbol{C}}' = \hat{\boldsymbol{C}}' + \boldsymbol{D}\,,$$

wobei $\hat{\boldsymbol{C}}' = \boldsymbol{S}^{-1}\boldsymbol{X}'\boldsymbol{W}^{-1}$ die Matrix aus $\boldsymbol{b} = \hat{\boldsymbol{C}}'\boldsymbol{y}$ ist. Die Erwartungstreue von $\tilde{\boldsymbol{\beta}}$ erfordert die Erfüllung von

$$\tilde{\boldsymbol{C}}'\boldsymbol{X} = \hat{\boldsymbol{C}}'\boldsymbol{X} + \boldsymbol{D}'\boldsymbol{X} = \boldsymbol{I}\,,$$

also notwendigerweise $\boldsymbol{D}'\boldsymbol{X} = \boldsymbol{0}$.

Damit wird die Kovarianzmatrix von $\boldsymbol{\beta}$

$$\begin{aligned}\mathsf{V}(\tilde{\boldsymbol{\beta}}) &= \mathsf{E}\,(\tilde{\boldsymbol{C}}'\boldsymbol{y} - \boldsymbol{\beta})\,(\tilde{\boldsymbol{C}}'\boldsymbol{y} - \boldsymbol{\beta})' \\ &= \mathsf{E}(\tilde{\boldsymbol{C}}'\boldsymbol{u})\,(\boldsymbol{u}'\tilde{\boldsymbol{C}}) \\ &= \sigma^2\,[\boldsymbol{S}^{-1}\boldsymbol{X}'\boldsymbol{W}^{-1} + \boldsymbol{D}']\,\boldsymbol{W}\,[\boldsymbol{W}^{-1}\boldsymbol{X}\boldsymbol{S}^{-1} + \boldsymbol{D}] \\ &= \mathsf{V}(\boldsymbol{b}) + \sigma^2\boldsymbol{D}'\boldsymbol{W}\boldsymbol{D}\,.\end{aligned}$$

Die Matrix $\sigma^2\boldsymbol{D}'\boldsymbol{W}\boldsymbol{D}$ ist aber nach Satz A8 nichtnegativ definit.

Schätzung von σ^2

Zur Schätzung der Kovarianzmatrix $\mathsf{V}(\boldsymbol{b}) = \sigma^2\boldsymbol{D}^{-1}$ benötigen wir nur noch eine Schätzung von σ^2, da $\boldsymbol{W}$ in $\boldsymbol{S}^{-1} = (\boldsymbol{X}'\boldsymbol{W}^{-1}\boldsymbol{X})^{-1}$ als bekannt vorausgesetzt war und $\boldsymbol{X}$ natürlich sowieso bekannt ist.

Die gewichtete Quadratsumme $\hat{\boldsymbol{u}}'\boldsymbol{W}\hat{\boldsymbol{u}}$ der geschätzten Fehler $\hat{\boldsymbol{u}} = \boldsymbol{y} - \hat{\boldsymbol{y}}$ mit $\hat{\boldsymbol{y}} = \boldsymbol{X}\boldsymbol{b}$ bietet sich als Grundlage für eine Schätzung von σ^2 in natürlicher Weise an. Wir normieren noch mit $(T-K)^{-1}$ und erhalten als erwartungstreue Schätzung von σ^2

$$s^2 = \hat{\boldsymbol{u}}'\boldsymbol{W}^{-1}\hat{\boldsymbol{u}}\,(T-K)^{-1} = (\boldsymbol{y} - \boldsymbol{X}\boldsymbol{b})'\,\boldsymbol{W}^{-1}\,(\boldsymbol{y} - \boldsymbol{X}\boldsymbol{b})\,(T-K)^{-1}\,. \qquad (3.1.6)$$

Wir berechnen den Erwartungswert von s^2 wie folgt:

$$\begin{aligned}\boldsymbol{y} - \boldsymbol{X}\boldsymbol{b} &= \boldsymbol{X}\boldsymbol{\beta} + \boldsymbol{u} - \boldsymbol{X}\,(\boldsymbol{\beta} + \boldsymbol{S}^{-1}\boldsymbol{X}'\boldsymbol{W}^{-1}\boldsymbol{u}) \\ &= (\boldsymbol{I} - \boldsymbol{X}\boldsymbol{S}^{-1}\boldsymbol{X}'\boldsymbol{W}^{-1})\,\boldsymbol{u} \\ &= \boldsymbol{M}\boldsymbol{u}\,,\end{aligned}$$

$$\boldsymbol{M}'\boldsymbol{W}^{-1}\boldsymbol{M} = \boldsymbol{W}^{-1}\boldsymbol{M}\,,$$

$$\begin{aligned}\mathsf{E}s^2\,(T-K) &= \mathsf{E}\boldsymbol{u}'\boldsymbol{M}'\boldsymbol{W}^{-1}\boldsymbol{M}\boldsymbol{u} \\ &= \operatorname{sp}\,\boldsymbol{W}^{-1}\boldsymbol{M}\mathsf{E}\boldsymbol{u}\boldsymbol{u}' \quad [\text{Satz A14}]\end{aligned}$$

$$= \sigma^2 \operatorname{sp} (\boldsymbol{I}_T - \boldsymbol{W}^{-1}\boldsymbol{X}\boldsymbol{S}^{-1}\boldsymbol{X}')$$
$$= \sigma^2 \operatorname{sp} \boldsymbol{I}_T - \sigma^2 \operatorname{sp} \boldsymbol{S}^{-1}\boldsymbol{X}'\boldsymbol{W}^{-1}\boldsymbol{X}$$
$$= \sigma^2 \operatorname{sp} \boldsymbol{I}_T - \sigma^2 \operatorname{sp} \boldsymbol{I}_K = \sigma^2 (T-K) .$$

($\boldsymbol{I}_T$ und $\boldsymbol{I}_K$ sind die T- bzw. K-dimensionale Einheitsmatrix.)

Also gilt $\mathsf{E}s^2 = \sigma^2$.

Damit erhalten wir als erwartungstreue Schätzung für die Kovarianzmatrix

$$\hat{\boldsymbol{V}}(\boldsymbol{b}) = s^2\boldsymbol{S}^{-1} . \tag{3.1.7}$$

Schätzung einer linearen Funktion von $\boldsymbol{\beta}$

Als Grundlage für die später erfolgenden Untersuchungen zur Vorhersage in linearen Modellen betrachten wir hier zunächst die Schätzung einer linearen Funktion

$$d = \boldsymbol{a}'\boldsymbol{\beta}$$

mit einem festen $K \times 1$-Vektor $\boldsymbol{a}$. Damit wird man zur Schätzung von d lediglich eine Schätzung von $\boldsymbol{\beta}$ benötigen. Nach Satz 3.2. (c) wissen wir bereits, daß die Aitken-Schätzung auch die beste lineare erwartungstreue Schätzung $\hat{d} = \boldsymbol{a}'\boldsymbol{b}$ von d mit der Varianz var $(\hat{d}) = \boldsymbol{a}'\mathsf{V}(\boldsymbol{b})\,\boldsymbol{a}$ liefert.

Auf der Grundlage des Satzes 3.2. (c) können wir also sofort auch die beste lineare erwartungstreue Schätzung des bedingten Erwartungswertes des Regressanden $\boldsymbol{Y}$ für einen festen $K \times 1$-Vektor $\boldsymbol{x}_*$ der Regressoren angeben.

Es gelte für einen Index T^* das Vorhersagemodell

$$y_* = \boldsymbol{x}_*'\boldsymbol{\beta} + u_* \quad \text{mit} \quad \mathsf{E}u_* = 0, \quad \mathsf{E}u_*^2 = \sigma_*^2 . \tag{3.1.8}$$

Dann ist der bedingte Erwartungswert

$$\mathsf{E}(\boldsymbol{y} \mid \boldsymbol{x}_*) = \boldsymbol{x}_*'\boldsymbol{\beta}$$

eine lineare Funktion in $\boldsymbol{\beta}$.

Satz 3.3. *Die beste lineare erwartungstreue Schätzung des bedingten Erwartungswertes* $\mathsf{E}(\boldsymbol{y} \mid \boldsymbol{x}_*)$ *– also die beste erwartungstreue klassische Vorhersage – hat die Gestalt*

$$\hat{y}_* = \boldsymbol{x}_*'\boldsymbol{b} \text{ mit var } (\hat{y}_*) = \boldsymbol{x}_*'\mathsf{V}(\boldsymbol{b})\,\boldsymbol{x}_* .$$

Klassische Vorhersage wollen wir stets als Schätzung des bedingten Erwartungswertes, also der systematischen Komponente des Regressanden $\boldsymbol{y}_*$ zu einem *Vorhersageindex* T^* interpretieren. Der Index T^* soll auf den Vorhersagezeitraum hinweisen und den Unterschied zum *Stichprobenindex* $t = 1, \ldots, T$ deutlich machen. In dem wesentlichen Spezialfall einer *ex-post-Vorhersage* ist $T^* \in \{1, \ldots, T\}$ im allgemeinen einer der letzten Indizes. Sonst wird man bei zeitlich geordneten Indizes annehmen, daß $T^* \geqq T$ gilt. Auf die Bedeutung der ex-post-Vorhersage für die Analyse und Modellwahl gehen wir noch ausführlich ein.

Wir wollen abschließend feststellen, daß die AITKEN-*Schätzung* $\boldsymbol{b} = \boldsymbol{S}^{-1}\boldsymbol{X}'\boldsymbol{W}^{-1}\boldsymbol{y}$ *von* $\boldsymbol{\beta}$ *die optimale Schätzung im verallgemeinerten Regressionsmodell* (3.1.1) *ist, wenn keine andere als die im Modell enthaltene und die Stichprobeninformation zur Verfügung steht.*

3.2. Autoregression und Heteroskedastie

Wie bereits einleitend in 3.1. erwähnt, entspricht die Erweiterung des klassischen Regressionsmodells zu dem verallgemeinerten Modell (3.1.1) dem Bestreben, *Modelle mit größerer Praxisnähe* zu schaffen. Durch die Annahme $\boldsymbol{W} \neq \boldsymbol{I}$, d. h., die Fehlervariablen u_t sind korreliert, erreicht man eine bessere Beschreibung der in der ökonomischen Praxis herrschenden Bedingungen, etwa der zeitlichen Abhängigkeit von endogenen ökonomischen Variablen über dem Beobachtungszeitraum. Dabei wird man sich nicht auf völlig regellose Abhängigkeiten einzustellen brauchen. Im allgemeinen weisen die Zeitreihen der Variablen starke Abhängigkeiten zwischen zwei aufeinanderfolgenden Jahren auf, während die Abhängigkeit bei größeren Zeitdifferenzen nahezu abklingt. Dieses Verhalten zeigen ökonomische Zeitreihen, wenn *Autoregression* 1. *Ordnung* vorliegt.

Autoregression 1. *Ordnung*

Es sei $\{v_t\}$ $(t = \ldots, -1, -2, 0, 1, 2, \ldots)$ ein zufälliger Prozeß mit

$$\mathsf{E}v_t = 0, \quad \mathsf{E}v_t^2 = \sigma_v^2, \quad \mathsf{E}v_t v_{t'} = 0 \quad \text{für} \quad t \neq t' . \tag{3.2.1}$$

Mit $\{v_t\}$ werde der folgende stationäre zufällige Prozeß erzeugt:

$$u_t - \mu = \varrho\,(u_{t-1} - \mu) + v_t \,, \tag{3.2.2}$$

wobei $|\varrho| < 1$ und ϱ eine Prozeßkonstante ist. Durch wiederholte Substitution dieses Modells in sich selbst finden wir die Relation

$$u_t - \mu = \sum_{s=0}^{\infty} \varrho^s v_{t-s}$$

und daraus

$$\mathsf{E}u_t = \mu + \sum_{s=0}^{\infty} \varrho^s \mathsf{E}v_{t-s} = \mu \quad \text{(im allgemeinen gilt } \mu = 0) \,,$$

$$\begin{aligned}\mathsf{E}\,(u_t - \mu)^2 &= \sum_{s=0}^{\infty}\sum_{r=0}^{\infty} \varrho^{s+r}\mathsf{E}v_{t-s}v_{t-r} \\ &= \sigma_v^2 \sum_{s=0}^{\infty} \varrho^{2s} = \sigma_v^2\,(1-\varrho^2)^{-1} = \sigma^2 .\end{aligned}$$

Damit besitzt der Vektor $\boldsymbol{u}' = (u_1, \ldots, u_T)$ den Erwartungswert $\mathsf{E}\boldsymbol{u}' = (\mu, \ldots, \mu)$ und die Kovarianzmatrix $\boldsymbol{\Sigma} = \sigma^2 \boldsymbol{W}$ mit

$$\boldsymbol{W} = \begin{pmatrix} 1 & \varrho & \varrho^2 & \cdots & \varrho^{T-1} \\ \varrho & 1 & \varrho & \cdots & \varrho^{T-2} \\ \vdots & \vdots & \vdots & & \vdots \\ \varrho^{T-1} & \varrho^{T-2} & \varrho^{T-3} & \cdots & 1 \end{pmatrix}, \tag{3.2.3}$$

deren Inverse von der Gestalt $\boldsymbol{\Sigma}^{-1}=\sigma^{-2}\boldsymbol{W}^{-1}$ mit

$$\boldsymbol{W}^{-1}=\frac{1}{1-\varrho^2}\begin{pmatrix} 1 & -\varrho & 0 & \dots & 0 & 0 \\ -\varrho & 1+\varrho^2 & -\varrho & \dots & 0 & 0 \\ 0 & -\varrho & 1+\varrho^2 & \dots & 0 & 0 \\ \vdots & \vdots & \vdots & & \vdots & \vdots \\ 0 & 0 & 0 & \dots & 1+\varrho^2 & -\varrho \\ 0 & 0 & 0 & \dots & -\varrho & 1 \end{pmatrix} \qquad (3.2.4)$$

ist, wovon man sich leicht durch Nachrechnen der Beziehung $\boldsymbol{W}\boldsymbol{W}^{-1}=\boldsymbol{I}$ überzeugt.

Wir entnehmen aus (3.2.3) die Korrelation zwischen u_t und $u_{t-\tau}$ als ϱ^τ, d. h., die Kovarianzen zwischen u_t und $u_{t-\tau}$ hängen nur von der zeitlichen Differenz $|\tau|$ ab. Ferner sehen wir, daß die Erwartungswerte und die Varianzen der u_t von der Zeit unabhängig, also konstant sind. Diese Eigenschaften zeichnen einen *schwach stationären* stochastischen Prozeß aus. Ursache hierfür ist die implizit in der Summation $\sum\limits_0^\infty$ enthaltene Annahme, daß der Prozeß $\{v_t\}$ eine bis $t=-\infty$ zurückreichende Startperiode besitzt und daß dieser Startpunkt ohne Einfluß auf den aktuellen Prozeßverlauf ist.

Die Matrix $\boldsymbol{W}$ (3.2.3) enthält damit das *Korrelogramm* des autoregressiven Prozesses 1. Ordnung, das für $\varrho>0$ in Abbildung 3.1. dargestellt ist (vgl. auch SCHNEEWEISS [1], S. 182).

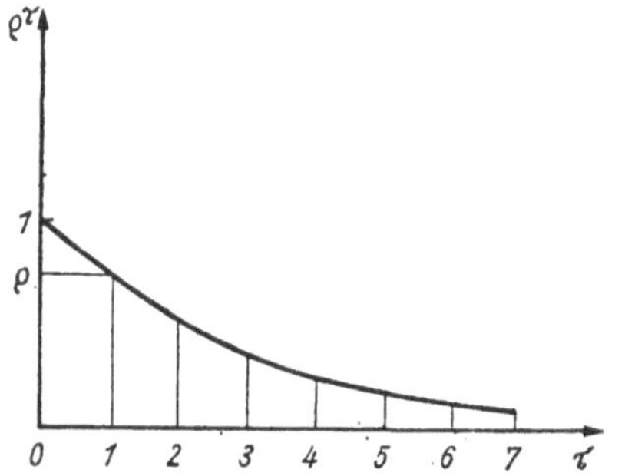

Abb. 3.1. Korrelogramm

Mit Hilfe der Matrix $\boldsymbol{W}^{-1}$ aus (3.2.4) können wir nun die AITKEN-Schätzung (3.1.5)

$$\boldsymbol{b}=(\boldsymbol{X}'\boldsymbol{W}^{-1}\boldsymbol{W})^{-1}\,\boldsymbol{X}'\boldsymbol{W}^{-1}\boldsymbol{y}$$

und die Schätzung s^2 (3.1.6) für σ^2

$$s^2=\hat{\boldsymbol{u}}'\boldsymbol{W}^{-1}\hat{\boldsymbol{u}}\,(T-K)^{-1}$$

konstruieren.

Diese Schätzungen setzen allerdings voraus, daß ϱ und damit $\boldsymbol{W}$ bekannt sind. In der Praxis wählt man unter verschiedenen Möglichkeiten (u. a.

Maximum-Likelihood-Schätzung) das *Prinzip der zweistufigen Schätzung* aus: Man schätzt die Regressionsgleichung $\boldsymbol{y}=\boldsymbol{X\beta}+\boldsymbol{u}$ zunächst nach der gewöhnlichen KQ-Methode $\boldsymbol{b}_0=(\boldsymbol{X}'\boldsymbol{X})^{-1}\boldsymbol{X}'\boldsymbol{y}$, berechnet die Residuen $\hat{\boldsymbol{u}}=$ $=\boldsymbol{y}-\boldsymbol{X}\boldsymbol{b}_0$ und setzt diese Residuen in das obige Modell des stochastischen Prozesses ein ($\mu=0$ gewählt):

$$\hat{u}_t=\varrho\hat{u}_{t-1}+v_t \quad (t=2,\ldots,T)\,.$$

Hieraus schätzt man ϱ nach der Methode der klassischen KQ-Schätzung durch

$$\hat{\varrho}=\sum_{t=2}^{T}\hat{u}_{t-1}\hat{u}_t\Big/\sum_{t=2}^{T}\hat{u}_{t-1}^2\,. \tag{3.2.5}$$

Diese Schätzung $\hat{\varrho}$ wird in die Matrix $\boldsymbol{W}^{-1}$ eingesetzt und ergibt $\widehat{\boldsymbol{W}}^{-1}$ (ϱ durch $\hat{\varrho}$ ersetzt). Damit erhalten wir endgültig die zweistufige Aitken-Schätzung von $\boldsymbol{\beta}$ als

$$\boldsymbol{b}\ (2\ S\text{-Aitken})=(\boldsymbol{X}'\widehat{\boldsymbol{W}}^{-1}\boldsymbol{X})^{-1}\,(\boldsymbol{X}'\widehat{\boldsymbol{W}}^{-1}\boldsymbol{y})\,. \tag{3.2.6}$$

Wie Schneeweiss [1] ausführt, kann sich eine mehrmalige Iteration dieses Vorgehens erforderlich machen und zwar so lange, bis sich die Werte von $\hat{\varrho}$ und $\boldsymbol{b}$ (2 S-Aitken) stabilisiert haben. Unter allgemeinen Bedingungen führt die zweistufige Methode zu konsistenten Schätzungen (vgl. Schönfeld [1]).

Ein anderes Verfahren, das in der ökonometrischen Praxis häufig bei Vorliegen von Autoregression in den Fehlervariablen angewendet wird, zielt auf eine Transformation des Modells in folgender Weise ab:

Die gegebene Regression $\boldsymbol{y}=\boldsymbol{X\beta}+\boldsymbol{u}$ oder ausführlicher geschrieben

$$y_t=\beta_0+\beta_1x_{1t}+\ldots+\beta_Kx_{Kt}+u_t$$

wird transformiert zu

$$\Delta_\varrho y_t=\beta_0\,(1-\varrho)+\beta_1\Delta_\varrho x_{1t}+\ \ldots+\beta_K\Delta_\varrho x_{Kt}+v_t \tag{3.2.7}$$

über die Transformation der Variablen

$$\begin{aligned}\Delta_\varrho y_t&=y_t-\varrho y_{t-1}\\ \Delta_\varrho x_{it}&=x_{it}-\varrho x_{it-1}\\ v_t&=u_t-u_{t-1}\,.\end{aligned}$$

Die v_t sind nach unseren obigen Annahmen *homoskedastisch*, d. h., es gilt

$$\mathsf{E}vv'=\sigma_v^2\boldsymbol{I}\,.$$

Damit ist (3.2.7) ein klassisches Regressionsmodell, das nach der gewöhnlichen KQ-Methode geschätzt werden kann, sofern (wie vorher beschrieben) eine Schätzung $\hat{\varrho}$ ermittelt und in (3.2.7) zur Berechnung der $\Delta_\varrho y_t$ und $\Delta_\varrho x_{it}$ eingesetzt wird. Die Methode der Variablentransformation führt also auch wieder zu einem zweistufigen Schätzverfahren: 1. Stufe – Berechnung von $\hat{\varrho}$ nach (3.2.5), 2. Stufe – Schätzung von $\boldsymbol{\beta}$ in (3.2.7) nach der gewöhnlichen KQ-Methode.

Es zeigt sich in der Praxis, daß die Schätzungen nach diesem Verfahren nur wenig von den zweistufigen AITKEN-Schätzungen abweichen.

Liegt der Autokorrelationskoeffizient ϱ nahe 1, so arbeitet man in der Praxis häufig mit dem Grenzfall der obigen Transformation für $\varrho=1$. Damit erhalten wir die sogenannten *ersten Differenzen*

$$\Delta y_t = y_t - y_{t-1}$$
$$\Delta x_{it} = x_{it} - x_{it-1}$$

und damit die *homogene Differenzen-Regression*

$$\Delta y_t = \beta_1 \Delta x_{1t} + \ldots + \beta_K \Delta x_{Kt} + v_t \,,$$

die wieder mit der gewöhnlichen KQ-Methode behandelt wird. Einen weiteren praktischen Vorteil zeigt diese Differenzenbildung auch in der Hinsicht, daß die neuen exogenen Variablen Δx_{it} nur schwach untereinander korreliert sind, so daß diese Methode gleichzeitig einen Weg zur Überwindung von *Kollinearität* bietet.

Test auf Autoregression

Wie wir noch untersuchen werden, hat eine *Fehlspezifikation* der Kovarianzmatrix von $\boldsymbol{u}$ starke Auswirkungen auf die Güte der Schätzungen. Haben die Fehler u_t eine nichtsphärische Verteilung, d. h., gilt $\boldsymbol{W} \neq \boldsymbol{I}$, so besitzt die klassische KQ-Schätzung nicht mehr die Eigenschaft einer besten Schätzung, und es treten Verzerrungen bei der damit verbundenen Schätzung von σ^2 auf. Vor jeder Schätzung muß deshalb eine Prüfung der über $\boldsymbol{W}$ getroffenen Annahmen erfolgen, wobei in Ermangelung eines allgemeinen Tests auf sphärische Verteilung spezifische Nullhypothesen gegen abgegrenzte Alternativen, also in unserem Fall bezüglich des Koeffizienten ϱ des autoregressiven Prozesses, getestet werden.

Der DURBIN-WATSON-Test für

$$H_0: \varrho = 0 \quad \text{gegen} \quad H_1: \varrho > 0$$

basiert auf der Test-Statistik

$$d = \frac{\sum_{t=2}^{T} (\hat{u}_t - \hat{u}_{t-1})^2}{\sum_{t=1}^{T} \hat{u}_t^2}\,, \tag{3.2.8}$$

wobei die $\hat{u}_t$ die geschätzten Fehler aus der klassischen Regression sind. d ist in Anlehnung an den *empirischen Autokorrelationskoeffizienten* $\hat{\varrho}$ des Stichprobenvektors $\hat{\boldsymbol{u}} = \boldsymbol{y} - \boldsymbol{X}(\boldsymbol{X}'\boldsymbol{X})^{-1}\boldsymbol{X}'\boldsymbol{y}$ konstruiert:

$$\hat{\varrho} = \frac{\sum_{t=2}^{T} \hat{u}_t \hat{u}_{t-1}}{\sqrt{\sum_{t=2}^{T} \hat{u}_t^2}\sqrt{\sum_{t=2}^{T} \hat{u}_{t-1}^2}}\,. \tag{3.2.9}$$

Verwendet man die Näherung

$$\sum_{t=1}^{T} \hat{u}_t^2 \approx \sum_{t=2}^{T} \hat{u}_t^2 \approx \sum_{t=2}^{T} \hat{u}_{t-1}^2 ,$$

so wird

$$d \approx \frac{2\sum_{t=1}^{T} \hat{u}_t^2 - 2\sum_{t=2}^{T} \hat{u}_t \hat{u}_{t-1}}{\sum_{t=1}^{T} \hat{u}_t^2} = 2\,(1-\hat{\varrho}) .$$

Es gilt $0<d<4$; für $\hat{\varrho}=0$ wird $d=2$.

Die Verteilung von d liegt für festes T und K zwischen den Verteilungen zweier anderer Statistiken d_l und d_u, für die kritische Werte d_l^*, d_u^* von DURBIN, WATSON ([1], [2]) tabelliert wurden.

Der einseitige Test der Hypothese H_0: $\varrho=0$ gegen H_1: $\varrho>0$ hat die Gestalt

H_0 annehmen, wenn $d \geqq d_u^*$,

H_0 ablehnen, wenn $d \leqq d_l^*$,

keine Entscheidung, wenn $d_l^* < d < d_u^*$

(*vgl. auch* SCHÖNFELD [1]).

Die folgende Tabelle enthält eine Auswahl von 5%-Signifikanzpunkten, wobei K^* die Anzahl der echten Regressoren ist (vgl. DURBIN/WATSON [2]).

Tabelle: *Ausgewählte 5%-Signifikanzpunkte d_u^* und d_l^**

	$K^*=1$		$K^*=2$		$K^*=3$		$K^*=4$		$K^*=5$	
T	d_l^*	d_u^*	d_l^*	d_u^*	d_l^*	d_u^*	d_l^*	d_u^*	d_l^*	d_u^*
15	1,08	1,36	0,95	1,54	0,82	1,75	0,69	1,97	0,56	2,21
20	1,20	1,41	1,10	1,54	1,00	1,68	0,90	1,83	0,79	1,99
30	1,35	1,49	1,28	1,57	1,21	1,65	1,14	1,74	1,07	1,83
40	1,44	1,54	1,39	1,60	1,34	1,66	1,29	1,72	1,23	1,79
50	1,50	1,59	1,46	1,63	1,42	1,67	1,38	1,72	1,34	1,77

Ergibt die Stichprobe einen negativen Autokorrelationskoeffizienten $\hat{\varrho}$, so wird der Test der Hypothese H_0: $\varrho=0$ gegen H_1: $\varrho<0$ analog zum Test gegen H_1: $\varrho>0$ durchgeführt, wobei einfach als Testgröße nicht d, sondern $\tilde{d}=4-d$ verwendet wird.

Beispiel: Wir führen an dem folgenden Beispiel den Test auf Autoregression durch. Es sei ein Modell mit einer Scheinvariablen und einem echten Regressor

$$y_t = \beta_0 + \beta_1 X_{1t} + u_t, \quad u_t \sim N(0, \sigma_t^2)$$

und folgende $T=6$-dimensionale Stichprobe gegeben:

$$y=\begin{pmatrix}1\\3\\2\\3\\0\\2\end{pmatrix},\qquad X=\begin{pmatrix}1&-4\\1&3\\1&4\\1&5\\1&3\\1&3\end{pmatrix}.$$

Wir berechnen

$$X'X=\begin{pmatrix}6&14\\14&84\end{pmatrix},\qquad X'y=\begin{pmatrix}11\\34\end{pmatrix},$$

$$|X'X|=308\,,$$

$$S^{-1}=(X'X)^{-1}=\frac{1}{308}\begin{pmatrix}84&-14\\-14&6\end{pmatrix},$$

$$b=(X'X)^{-1}X'y=\frac{1}{308}\begin{pmatrix}448\\50\end{pmatrix}=\begin{pmatrix}1{,}45\\0{,}16\end{pmatrix}.$$

Wir berechnen die geschätzten Residuen $\hat{u}$:

$$\hat{y}=Xb=\begin{pmatrix}0{,}81\\1{,}93\\2{,}09\\2{,}25\\1{,}93\\1{,}93\end{pmatrix},\qquad \hat{u}=y-Xb=\begin{pmatrix}0{,}19\\1{,}07\\-0{,}09\\0{,}75\\-1{,}93\\0{,}07\end{pmatrix}.$$

Es ist $\sum\hat{u}_t=0{,}06$. Die Abweichung von 0 ist auf Rundungsfehler zurückzuführen. Somit wird der geschätzte Autokorrelationskoeffizient $\hat{\varrho}$ nach (3.2.9) zu

$$\hat{\varrho}=\frac{-1{,}54}{\sqrt{5{,}47}\,\sqrt{5{,}44}}=-0{,}28\,.$$

Wir erhalten also für die Teststatistik von DURBIN/WATSON den Wert $d=2\,(1-\hat{\varrho})=2{,}56$, also $\tilde{d}=4-d=1{,}44$. Aus der obigen Tabelle entnehmen wir für $K^*=1$ (*ein* echter Regressor) und $T=6$, daß der kritische Wert $d_u^*<1{,}36$ und damit $\tilde{d}>d_u^*$ ist, so daß die Hypothese $\varrho=0$ angenommen, d. h. die Alternative $H_1:\varrho<0$ abgelehnt wird.

Prognose bei Autoregression

Das Vorhandensein von Autoregression kompliziert zwar die Schätzung, bietet jedoch andererseits Möglichkeiten zur Verbesserung der Prozeßidentifikation und vor allem der Vorhersage. Wie wir im Problemkreis „Optimale Vorhersage" noch ausführlich darstellen werden, liefert der geschätzte Autoregressionskoeffizient $\hat{\varrho}$ eine über die geschätzte Regression hinausgehende Information. Ohne Kenntnis von $\hat{\varrho}$ können wir nur mit Hilfe der Regression allein prognostizieren: $\hat{Y}_{T+1} = \boldsymbol{X}'_{T+1}\boldsymbol{b}$. Nun sind wir aber in der Lage, den Fehler u_T zu schätzen ($\hat{u}_T$) und damit den Fehler u_{T+1} der Vorhersageperiode $T+1$ durch $\hat{\varrho}\hat{u}_T$ zu schätzen. Somit erhalten wir insgesamt als Vorhersage

$$\hat{Y}_{T+1} = \boldsymbol{X}'_{T+1}\boldsymbol{b} + \hat{\varrho}\hat{u}_T .$$

Heteroskedastizität

Ein weiterer für die ökonomische Praxis bedeutsamer Fall einer Kovarianzmatrix $\boldsymbol{W} \neq \boldsymbol{I}$ liegt vor, wenn die Fehlervariablen zwar zeitlich unkorreliert sind, jedoch verschiedene Varianzen besitzen, d. h. wenn *Heteroskedastizität* vorliegt.

Der Fehlerprozeß $\{u_t\}$ heißt *heteroskedastisch*, wenn

$$\mathsf{E}u_t u_{t'} = \begin{cases} \sigma_t^2 & \text{für} \quad t = t' \\ 0 & \text{für} \quad t \neq t' \end{cases}$$

gilt. Damit wird die Kovarianzmatrix

$$\mathsf{E}\boldsymbol{u}\boldsymbol{u}' = \sigma^2 \boldsymbol{W} = \sigma^2 \begin{pmatrix} k_1 & 0 & \dots & 0 \\ 0 & k_2 & \dots & 0 \\ \vdots & \vdots & & \vdots \\ 0 & 0 & \dots & k_T \end{pmatrix} = \sigma^2 \operatorname{diag}(k_1, \dots, k_T)$$

mit $k_t = \sigma_t^2/\sigma^2$.

Wählt man die Normierung sp $\boldsymbol{W} = T$, so wird

$$\sum_{t=1}^{T} k_t = \sum_{t=1}^{T} \sigma_t^2/\sigma^2 = T \quad \text{und damit} \quad \sigma^2 = \sum_{t=1}^{T} \sigma_t^2/T$$

der Mittelwert der Varianzen. Die verallgemeinerte KQ-Schätzung hat wegen

$$\boldsymbol{W}^{-1} = \operatorname{diag}(k_1^{-1}, \dots, k_T^{-1})$$

und mit $\boldsymbol{X}' = (x_1, \dots, x_T)$ die Gestalt

$$\boldsymbol{b} = \left(\sum_{t=1}^{T} x_t x_t' \cdot \frac{1}{k_t} \right)^{-1} \left(\sum_{t=1}^{T} x_t y_t \cdot \frac{1}{k_t} \right), \tag{3.2.10}$$

so daß $\boldsymbol{b}$ eine gewogene Regressionsschätzung darstellt, die die gewogene Fehlerquadratsumme

$$s^2 (T - K) = \hat{\boldsymbol{u}}' \boldsymbol{W}^{-1} \hat{\boldsymbol{u}} = \sum_{t=1}^{T} \hat{u}_t^2 \cdot \frac{1}{k_t}$$

minimiert.

Schneeweiss [1] und Schönfeld [1] beschreiben Methoden der Variablentransformation, die bei *linearen Trends* der Varianzen zu einer unmittelbaren Schätzung der Matrix $\boldsymbol{W}$ und damit zu einer zweistufigen Aitken-Schätzung führen.

Diese Transformationen (ähnlich zu (3.2.7) oder die Schätzformel (3.2.10)) setzen natürlich voraus, daß die σ_t^2 oder die k_t bekannt sind bzw. sich hinreichend genau schätzen lassen. Das ist dann möglich, wenn die σ_t^2 einem einfachen Gesetz gehorchen. Sind die σ_t^2 eine Funktion $f(t)$ der Zeit t und

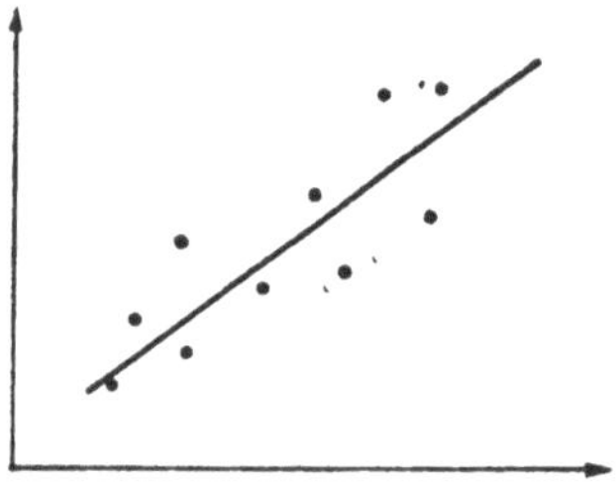

Abb. 3.2. Heteroskedastie

läßt sich diese Funktion durch $\hat{f}(t)$ annähern, so ist $\sigma_t^2 = f(t)$ durch eine Schätzung $\hat{\sigma}_t^2 = \hat{f}(t)$ zu approximieren. Ein anderer Fall von Heteroskedastie zeichnet sich dadurch aus, daß σ_t^2 eine Funktion von x_{it} ist. Bei einer einfachen linearen Regression $y_t = \alpha + \beta x_t + u_t$ nimmt die Varianz von u_t häufig mit wachsendem x_t zu. Nehmen wir an, daß σ_t proportional zu x_t ist: $\sigma_t = c \cdot x_t$. Dann ist die Formel (3.2.10) direkt anzuwenden mit $k_t = x_t$. Andererseits führt die Transformation $\tilde{y}_t = y_t/x_t$, $\tilde{x}_{0t} = 1/x_t$, $\tilde{u}_t = u_t/x_t$ zur Regression

$$\tilde{y}_t = \alpha \frac{1}{x_t} + \beta + \tilde{u}_t \quad \text{mit} \quad \sigma^2(\tilde{u}_t) = c^2 .$$

α und β können dann nach der gewöhnlichen KQ-Methode geschätzt werden, so daß daraus $\hat{\tilde{u}}_t$ und damit eine Schätzung $\sigma^2(\hat{\tilde{u}}_t) = \hat{c}^2 = \frac{1}{T-2} \sum \hat{\tilde{u}}_t^2$ zu berechnen ist.

Als ein wichtiges und in der ökonomischen Praxis häufig auftretendes Beispiel für Heteroskedastie soll hier der Fall genannt sein, daß die Beobachtungen in m Gruppen zerfallen, wobei die Varianzen innerhalb einer Gruppe gleich sind. Der Fehlerprozeß besitzt dann eine spezielle *blockdiagonale* Kovarianzmatrix:

$$\begin{pmatrix} \sigma_1^2 \boldsymbol{I} & 0 & \dots & 0 \\ 0 & \sigma_2^2 \boldsymbol{I} & \dots & 0 \\ \vdots & \vdots & & \vdots \\ 0 & 0 & \dots & \sigma_m^2 \boldsymbol{I} \end{pmatrix} = \operatorname{diag}\,(\sigma_1^2 \boldsymbol{I}, \dots, \sigma_m^2 \boldsymbol{I}) .$$

Ein Modell mit dieser Kovarianzmatrix läßt sich leicht auf ein m-dimensionales Regressionsmodell zurückführen und in diesem Fall nach den *Einzelgleichungsmethoden* behandeln.

3.3. Fehlspezifikation der Kovarianzmatrix

Wir setzen das verallgemeinerte Regressionsmodell (3.1.1) und damit speziell $\boldsymbol{W}$ als wahr voraus und untersuchen den Einfluß einer falchen Wahl der Kovarianzmatrix auf die Güte der damit verbundenen Schätzungen von $\boldsymbol{\beta}$ bzw. σ^2 im Vergleich zur AITKEN-Schätzung $\boldsymbol{b}$ (3.1.5) bzw. s^2 (3.1.6).

Die Ursachen für diese Fehlspezifikation, die in der Praxis sehr häufig auftritt, können darin begründet sein, daß

- der korrelative Zusammenhang zwischen den Fehlern u_t nicht erkannt oder (etwa aus Gründen der Rechenerleichterung) vernachlässigt und die klassische KQ-Schätzung verwendet wurde,
- der korrelative Zusammenhang allgemein durch eine Matrix $\tilde{\boldsymbol{W}} \neq \boldsymbol{W}$ beschrieben wird,
- die Matrix $\boldsymbol{W}$ unbekannt ist und aus einer Vorstichprobe stochastisch unabhängig von $\boldsymbol{y}$ durch $\hat{\boldsymbol{W}}$ geschätzt wird.

In jedem Fall erhalten wir eine Schätzung der Gestalt

$$\hat{\boldsymbol{\beta}} = (\boldsymbol{X}'\boldsymbol{A}\boldsymbol{X})^{-1}\boldsymbol{X}'\boldsymbol{A}\boldsymbol{y}\,, \tag{3.3.1}$$

wobei wir $\boldsymbol{A} \neq \boldsymbol{W}^{-1}$, symmetrisch, nichtstochastisch und so gewählt voraussetzen, daß $(\boldsymbol{X}'\boldsymbol{A}\boldsymbol{X})$ regulär ist. Dann gilt

$$\mathsf{E}\hat{\boldsymbol{\beta}} = \boldsymbol{\beta} \quad \text{und}$$

$$\mathsf{V}(\hat{\boldsymbol{\beta}}) = \sigma^2(\boldsymbol{X}'\boldsymbol{A}\boldsymbol{X})^{-1}\boldsymbol{X}'\boldsymbol{A}\boldsymbol{W}\boldsymbol{A}\boldsymbol{X}(\boldsymbol{X}'\boldsymbol{A}\boldsymbol{X})^{-1}\,.$$

Der durch den Satz 3.2. gesicherte Verlust an Wirksamkeit durch Verwendung von $\hat{\boldsymbol{\beta}}$ anstelle der AITKEN-Schätzung $\boldsymbol{b} = \boldsymbol{S}^{-1}\boldsymbol{X}'\boldsymbol{W}^{-1}\boldsymbol{y}$ wird

$$\begin{aligned}\mathsf{V}(\hat{\boldsymbol{\beta}}) - \mathsf{V}(\boldsymbol{b}) = \sigma^2\, &[(\boldsymbol{X}'\boldsymbol{A}\boldsymbol{X})^{-1}\boldsymbol{X}'\boldsymbol{A} - \boldsymbol{S}^{-1}\boldsymbol{X}'\boldsymbol{W}^{-1}]\\ &\times \boldsymbol{W}[(\boldsymbol{X}'\boldsymbol{A}\boldsymbol{X})^{-1}\boldsymbol{X}'\boldsymbol{A} - \boldsymbol{S}^{-1}\boldsymbol{X}'\boldsymbol{W}^{-1}]'\,.\end{aligned} \tag{3.3.2}$$

Diese Matrix ist nach Satz 3.2. und nach Satz A8 nichtnegativ definit. Kein Verlust an Wirksamkeit tritt ein, wenn

$$(\boldsymbol{X}'\boldsymbol{A}\boldsymbol{X})^{-1}\boldsymbol{X}'\boldsymbol{A} = \boldsymbol{S}^{-1}\boldsymbol{X}'\boldsymbol{W}^{-1}$$

oder noch allgemeiner, wenn $\hat{\boldsymbol{\beta}} = \boldsymbol{b}$ gilt.

Für den in der ökonomischen Praxis sehr häufig auftretenden Fall der inhomogenen Regression ($\boldsymbol{X}_1$: Scheinvariable mit $x_{1t} = 1$ für alle t) gilt bei Voraussetzung von $\boldsymbol{A} = \boldsymbol{I}$ folgender Satz (McELROY [1]):

Satz 3.3. *Die klassische KQ-Schätzung* $\boldsymbol{b} = (\boldsymbol{X}'\boldsymbol{X})^{-1}\boldsymbol{X}'\boldsymbol{y}$ *ist* AITKEN-*Schätzung im verallgemeinerten linearen Regressionsmodell genau dann, wenn*

$$\boldsymbol{W} = (1-\varrho)\,\boldsymbol{I} + \varrho\boldsymbol{1}\boldsymbol{1}'$$

mit $0 \leq \varrho < 1$ *und* $\boldsymbol{1}' = (1, 1, \ldots, 1)$ *gilt.*

Mit anderen Worten, es gilt

$$(\boldsymbol{X}'\boldsymbol{X})^{-1}\boldsymbol{X}'\boldsymbol{y} = (\boldsymbol{X}'\boldsymbol{W}^{-1}\boldsymbol{X})^{-1}\boldsymbol{X}'\boldsymbol{W}^{-1}\boldsymbol{y}$$

genau dann, wenn die Fehler u_t gleiche Varianzen σ^2 und gleiche nichtnegative Kovarianzen $\sigma^2\varrho$ besitzen.

Betrachten wir nun den Verlust an Wirksamkeit bei der Schätzung von σ^2 durch eine Statistik $\hat{\sigma}^2$, die auf der Basis von (3.3.1) gewonnen wird.

Es wird

$$\hat{\boldsymbol{u}} = \boldsymbol{y} - \boldsymbol{X}\hat{\boldsymbol{\beta}} = (\boldsymbol{I} - \boldsymbol{X}(\boldsymbol{X}'\boldsymbol{A}\boldsymbol{X})^{-1}\boldsymbol{X}'\boldsymbol{A})\,\boldsymbol{u}\,,$$

$$(T-K)\hat{\sigma}^2 = \hat{\boldsymbol{u}}'\hat{\boldsymbol{u}} = \operatorname{sp}(\boldsymbol{I} - \boldsymbol{X}(\boldsymbol{X}'\boldsymbol{A}\boldsymbol{X})^{-1}\boldsymbol{X}'\boldsymbol{A})\,\boldsymbol{u}\boldsymbol{u}'(\boldsymbol{I} - \boldsymbol{A}\boldsymbol{X}(\boldsymbol{X}'\boldsymbol{A}\boldsymbol{X})^{-1}\boldsymbol{X}')\,,$$

$$\mathsf{E}\hat{\sigma}^2(T-K) = \sigma^2 \operatorname{sp}(\boldsymbol{W} - \boldsymbol{X}(\boldsymbol{X}'\boldsymbol{A}\boldsymbol{X})^{-1}\boldsymbol{X}'\boldsymbol{A})$$

$$+ \operatorname{sp}[\sigma^2\boldsymbol{X}(\boldsymbol{X}'\boldsymbol{A}\boldsymbol{X})^{-1}\boldsymbol{X}'\boldsymbol{A}(\boldsymbol{I} - 2\boldsymbol{W}) + \boldsymbol{X}\boldsymbol{V}(\hat{\boldsymbol{\beta}})\boldsymbol{X}']\,. \tag{3.3.3}$$

Wählt man die Normierung $\operatorname{sp}(\boldsymbol{W}) = T$, so wird der erste Ausdruck in (3.3.3) gleich $T-K$ (Satz A13). Für den Fall $\hat{\boldsymbol{\beta}} = (\boldsymbol{X}'\boldsymbol{X})^{-1}\boldsymbol{X}'\boldsymbol{y}$ (d. h. $\boldsymbol{A} = \boldsymbol{I}$) erhalten wir

$$\mathsf{E}\hat{\sigma}^2 = \sigma^2 + \frac{\sigma^2}{T-K}\operatorname{sp}[\boldsymbol{X}(\boldsymbol{X}'\boldsymbol{X})^{-1}\boldsymbol{X}'(\boldsymbol{I} - \boldsymbol{W})]\,. \tag{3.3.4}$$

Die mittlere Verzerrung der Schätzung von σ^2 auf der Basis der mit der klassischen KQ-Schätzung gebildeten Statistik $\hat{\sigma}^2$ wird also durch den zweiten Ausdruck in (3.3.4) gegeben. Diese Größe wird bei Fehlerprozessen mit positiven Korrelationen im allgemeinen negativ sein, so daß eine Unterschätzung der wahren Varianz vorliegt und damit eine bessere Anpassung vorgetäuscht wird (vgl. hierzu die Beispiele in GOLDBERGER [1], S. 238ff. für die Fälle der Heteroskedastie und der Autoregression 1. Ordnung).

4. Schätzung unter linearen Restriktionen

4.1. Restriktionen und Zusatzinformation

Wie aus den Beispielen der Praxis und den bisherigen Ausführungen deutlich wird, spielen *externe Informationen* über das Modell, insbesondere über die Variablen und die Parameter eine entscheidende Rolle bei der *Identifizierung* von ökonomischen Gleichungen und ihrer Fehlerprozesse, bei der Überwindung von Multikollinearität und bei der Konstruktion von Schätzverfahren, die effektiver oder „sensibler“ als die klassischen Lösungen wie gewöhnliche KQ-Schätzung oder AITKEN-Schätzung sind. *Verfügt der Statistiker nur über die im Stichprobenmodell (z. B.* (3.1.1)) *repräsentierten Informationen, so ist die* AITKEN-*Schätzung optimal.*

In der Praxis wird jedoch darüber hinaus weitere Information zur Verfügung stehen, die der Ökonom entweder aus der Theorie ableiten oder aus vorhergehenden empirischen Untersuchungen bzw. vergleichbaren Stichproben entnehmen kann, wobei ihr Einsatz unter dem Gesichtspunkt erfolgt, die bekannten Schätzungen und damit auch Vorhersagen zu verbessern. Diese a-priori-Information kann sich auf die Regressionskoeffizienten oder auf die Verteilung der zufälligen Fehler beziehen. So sind häufig die Werte oder zumindest das Vorzeichen gewisser Koeffizienten β_i von $\boldsymbol{\beta}$, der Wert des Verhältnisses von Koeffizienten oder der Wert einer Linearkombination der β_i a-priori bekannt oder als aus der Theorie abzuleitende (d. h. sachlogisch gerechtfertigte) Restriktion gegeben.

Diese Restriktionen können in Gleichungsform bzw. in Gestalt von Ungleichungen auftreten. Dadurch wird der Einsatz von LAGRANGE-Multiplikatoren bzw. der Theorie der quadratischen Optimierung unter linearen Restriktionen in Form von Ungleichungen erforderlich, wobei die Lösungen der letztgenannten Probleme über einen Simplexalgorithmus erhalten werden und somit im allgemeinen nicht in geschlossener Form darstellbar sind.

Wir behandeln hier den für die Praxis wesentlichen Fall von Zusatzinformation über gewisse Koeffizienten β_i von $\boldsymbol{\beta}$ in Form von J unabhängigen linearen Restriktionen

$$\boldsymbol{r} = \boldsymbol{R}\boldsymbol{\beta} + \boldsymbol{d}\,. \tag{4.1.1}$$

Dabei ist

$\boldsymbol{r}$ ein (realisierter und damit bekannter) $J \times 1$-Vektor,

$\boldsymbol{R}$ eine (bekannte) $J \times K$-Matrix vom Rang $J < K$

und

$\boldsymbol{d}$ ein zufälliger $J \times 1$-Fehlervektor.

Über $\boldsymbol{d}$ treffen wir die Annahmen

$$\mathsf{E}\boldsymbol{d}=0, \quad \mathsf{E}\boldsymbol{d}\boldsymbol{d}'=\boldsymbol{V}, \quad \mathsf{E}\boldsymbol{d}\boldsymbol{u}'=0\,. \tag{4.1.2}$$

Die Annahme der Unkorreliertheit der Fehler $\boldsymbol{u}$ und $\boldsymbol{d}$ ist durch den als extern vorausgesetzten Charakter der Zusatzinformation (Restriktion) gerechtfertigt. Die Annahmen über die Kovarianzmatrix $\boldsymbol{V}$ werden bei Bedarf noch präzisiert, wobei man in der Praxis die Matrix $\boldsymbol{V}$ häufig als bekannt bzw. hinreichend genau geschätzt voraussetzen kann.

Die Einführung des zufälligen Fehlers $\boldsymbol{d}$ gestattet die einheitliche Behandlung sowohl von exakten Restriktionen ($\boldsymbol{d}=\boldsymbol{0}$, $\boldsymbol{V}=\boldsymbol{0}$) als auch von stochastischen Zusatzinformationen wie Schätzungen aus Vorstichproben, Schwankungsbereiche für gewisse β_i usw. Wir sehen allgemein, daß der Fehler $\boldsymbol{d}$ auftritt, wenn die Restriktionen $\boldsymbol{r}=\boldsymbol{R}\boldsymbol{\beta}$ nicht exakt erfüllt sind. $\boldsymbol{r}$ ist dann wegen (4.1.2) als erwartungstreue Schätzung von $\boldsymbol{R}\boldsymbol{\beta}$ aufzufassen.

Beispiele für Restriktionen

a) *Exakte Kenntnis eines Teilvektors* $\boldsymbol{\beta}_1$ von $\boldsymbol{\beta}$, z. B.

$$\underset{K_1 \times 1}{\boldsymbol{\beta}_1} = \boldsymbol{b}_1^* \quad (K_1+K_2=K)\,.$$

Mit Hilfe von (4.1.1) schreiben wir

$$\boldsymbol{b}_1^* = (\boldsymbol{I}_{K_1}, \underset{K_1 \times K_2}{\boldsymbol{0}})\,\boldsymbol{\beta}\,, \tag{4.1.3}$$

d. h., es ist $\boldsymbol{r}=\boldsymbol{b}_1^*$, $\boldsymbol{R}=(\boldsymbol{I}, \boldsymbol{0})$, $J=K_1$.

Ein typisches Beispiel für die exakte Kenntnis von Koeffizienten ist gegeben, wenn alternative Modellansätze aus einer vorgegebenen Gesamtmenge von Regressoren konstruiert werden. Die nicht in dem konkreten Modell auftretenden exogenen Variablen erhalten als zugehörigen Koeffizienten $\beta_i=0$. Diese Frage spielt eine noch größere Rolle bei Systemen von Regressionsgleichungen. Hier werden die Koeffizienten β_i derjenigen exogenen Variablen, die nicht in der m-ten Gleichung des Systems auftreten, gleich Null gesetzt. Die Vorteile dieses Vorgehens, das die „*Nullrestriktionen*" in die allgemeine Theorie restriktiver Schätzung einbettet, werden im folgenden nachgewiesen.

Ein anderes Beispiel für exakte Kenntnis von Parameterwerten sind Definitionsgleichungen in strukturellen Systemen.

b) *Kenntnis einer Zusatzschätzung* $\boldsymbol{b}_1^*=\boldsymbol{\beta}_1+\boldsymbol{d}$ *eines Teilvektors* $\underset{K_1 \times 1}{\boldsymbol{\beta}_1}$ *von* $\boldsymbol{\beta}' = (\boldsymbol{\beta}_1', \boldsymbol{\beta}_2')$:

$$\boldsymbol{b}_1^* = (\boldsymbol{I}_{K_1}, \boldsymbol{0})\,\boldsymbol{\beta}+\boldsymbol{d} \quad (J=K_1). \tag{4.1.4}$$

c) *Exakte Kenntnis des Verhältnisses gewisser Koeffizienten* β_i und β_j, etwa $\beta_1/\beta_2=a$, $\beta_2/\beta_3=b$.

Damit erhalten wir die Restriktion als $\boldsymbol{r}=\boldsymbol{R\beta}$ mit $J=2$ und

$$\boldsymbol{r}=\begin{pmatrix}0\\0\end{pmatrix},\quad \boldsymbol{R}=\begin{pmatrix}1 & -a & 0 & 0 & \dots & 0\\ 0 & 1 & -b & 0 & \dots & 0\end{pmatrix}. \tag{4.1.5}$$

d) *Exakte Kenntnis des Wertes einer Linearkombination von Koeffizienten* β_i, etwa in der Gestalt (vgl. AHRENS [1]) $\sum_{i=1}^{K}\beta_i=c$:

$$r=c,\quad \boldsymbol{R}=(1,\dots,1),\quad J=1\,. \tag{4.1.6}$$

Hierfür läßt sich sofort die bekannte *Produktionsfunktion* $\boldsymbol{y}=c\boldsymbol{A}^{\beta_1}\boldsymbol{B}^{\beta_2}e^{\boldsymbol{u}}$ oder, anders geschrieben,

$$\ln(\boldsymbol{Y}c^{-1})=\beta_1\ln\boldsymbol{A}+\beta_2\ln\boldsymbol{B}+\boldsymbol{u}$$

als Beispiel anführen. Im Fall *gleichbleibender Produktionsintensität* wird $\beta_1+\beta_2=1$ (vgl. auch NAGAR/KAKWANI [1] und CHIPMAN/RAO [1]).

e) *Kenntnis eines Schwankungsbereiches*

In der ökonometrischen Theorie lassen sich häufig a-priori-Grenzen für einzelne β_i angeben, in denen die β_i mit großer Sicherheit (etwa innerhalb der 3σ-Grenze der Verteilung von $\boldsymbol{d}$) liegen werden. Es sei z. B. für den ersten Koeffizienten β_1 ein Intervall $[a,b]$ bekannt, in dem β_1 „fast sicher" liegt. Wir greifen auf die Darstellung (4.1.1) zurück und können damit diese a-priori-Information wie folgt umformulieren:

$$\begin{cases} r=a+\dfrac{b-a}{2}=\beta_1+d, & \boldsymbol{R}=(1,0,\dots,0)\\ \mathsf{E}d=0,\ \mathsf{E}d^2=\sigma_d^2, & 3\sigma_d=\dfrac{b-a}{2}\,. \end{cases} \tag{4.1.7}$$

Damit ist hier $V=\sigma_d^2=(b-a)/6$ bekannt. Schwieriger wird es schon, die Kovarianzen zwischen den Fehlern $d_1, d_2, \dots$ a-priori vorzugeben, wenn für mehrere Koeffizienten β_i eine Information der Form (4.1.7) vorliegt (vgl. auch THEIL [2]).

4.2. Stochastische Restriktionen und Information über σ^2

Wir behandeln zunächst den allgemeinen Fall *stochastischer* (*nicht-exakter*) *Restriktionen* $\boldsymbol{r}=\boldsymbol{R\beta}+\boldsymbol{d}$ unter der Voraussetzung

$$\mathsf{E}\boldsymbol{dd}'=\boldsymbol{V}\ \text{ positiv definit.} \tag{4.2.1}$$

Diese Voraussetzung gestattet die Erweiterung des verallgemeinerten linearen Regressionsmodells (3.1.1) um die Zusatzinformation (4.1.1):

$$\begin{pmatrix}\boldsymbol{y}\\ \boldsymbol{r}\end{pmatrix}=\begin{pmatrix}\boldsymbol{X}\\ \boldsymbol{R}\end{pmatrix}\boldsymbol{\beta}+\begin{pmatrix}\boldsymbol{u}\\ \boldsymbol{d}\end{pmatrix}. \tag{4.2.2}$$

Wir führen die Bezeichnungen

$$\underset{(T+J)\times 1}{\tilde{y}}\,,\quad \underset{(T+J)\times 1}{\tilde{u}}\,,\quad \underset{(T+J)\times K}{\tilde{X}}$$

für die entsprechenden erweiterten Matrizen aus (4.2.2) ein und erhalten als restriktives Modell (bei Beachtung von (4.1.2) und (4.2.1)):

$$\begin{cases} \tilde{y} = \tilde{X}\beta + \tilde{u}\,, \\ \mathsf{E}\tilde{u} = 0, \quad \mathsf{E}\tilde{u}\tilde{u}' = \sigma^2\Phi = \sigma^2\begin{pmatrix} W & 0 \\ 0 & \sigma^{-2}V \end{pmatrix}, \\ \text{Rang } \tilde{X} = K,\ \Phi \textit{ positiv definit.} \end{cases} \tag{4.2.3}$$

Damit liegt wieder ein verallgemeinertes lineares Regressionsmodell der Gestalt (3.1.1) vor, wobei die in (4.1.2) enthaltene Annahme über die Unkorreliertheit der Fehler u und d jedoch sichert, daß (4.2.3) ein qualitativ neues Modell und nicht nur eine einfache Erweiterung der Dimension des Modells (3.1.1) darstellt.

Dennoch können wir die optimale restriktive Schätzung, d. h. die Aitken-Schätzung im restriktiven Modell (4.2.3), sofort nach Satz 3.1. angeben. Wir berücksichtigen lediglich die transformierten Variablen $\tilde{y}$, $\tilde{X}$, $\tilde{u}$ und die neue Kovarianzmatrix $\sigma^2\Phi$ und erhalten

Satz 4.1. *Im verallgemeinerten restriktiven Regressionsmodell* (4.2.3) *hat die* Aitken-*Schätzung von* β *die Gestalt*

$$b_1 = (\tilde{X}'\Phi^{-1}\tilde{X})^{-1}\,\tilde{X}'\Phi^{-1}\tilde{y}\,,$$

also nach Rücktransformation in die Ausgangsvariablen,

$$b_1 = (\sigma^{-2}S + R'V^{-1}R)^{-1}\,(\sigma^{-2}X'W^{-1}y + R'V^{-1}r) \tag{4.2.4}$$

mit

$$\mathsf{E}b_1 = \beta$$

$$\mathsf{V}(b_1) = (\sigma^{-2}S + R'V^{-1}R)^{-1}$$

und dem Risiko

$$R(b_1) = \mathsf{E}\,(b_1 - \beta)'\,A\,(b_1 - \beta) = \operatorname{sp} A\mathsf{V}(b_1)\,.$$

Gewinn an Wirksamkeit

Die Berücksichtigung der Zusatzinformation $r = R\beta + d$ erfolgte unter der Zielstellung, eine bessere Schätzung von β im Vergleich zur Aitken-Schätzung b zu erhalten.

In (3.1.3) hatten wir als Risikofunktion einer linearen Schätzung

$$R(\hat{\beta}) = \mathsf{E}\,(\hat{\beta} - \beta)'\,A\,(\hat{\beta} - \beta) = \operatorname{sp} A\mathsf{E}\,(\hat{\beta} - \beta)\,(\hat{\beta} - \beta)'$$

definiert. Diese Risikofunktion liefert damit die Basis für den Effizienzvergleich zweier konkurrierender Schätzungen.

Definition. Eine lineare Schätzung $\hat{\beta}$ heißt *effizienter* als eine andere lineare Schätzung $\tilde{\beta}$, wenn

$$R(\tilde{\beta}) - R(\hat{\beta}) = \operatorname{sp} A\,\{\mathsf{E}\,(\tilde{\beta} - \beta)\,(\tilde{\beta} - \beta)' - \mathsf{E}\,(\hat{\beta} - \beta)\,(\hat{\beta} - \beta)'\} \geqq 0 \tag{4.2.5}$$

ist. Sind die Schätzungen erwartungstreu mit den Kovarianzmatrizen $\mathsf{V}(\hat{\boldsymbol{\beta}})$ bzw. $\mathsf{V}(\tilde{\boldsymbol{\beta}})$, so gilt

$$R(\tilde{\boldsymbol{\beta}}) - R(\hat{\boldsymbol{\beta}}) \geqq 0 \tag{4.2.6}$$

genau dann, wenn $\mathsf{V}(\tilde{\boldsymbol{\beta}}) - \mathsf{V}(\hat{\boldsymbol{\beta}})$ nichtnegativ definit ist.

Wenden wir dieses Kriterium auf die AITKEN-Schätzung $\boldsymbol{b} = \boldsymbol{S}^{-1}\boldsymbol{X}'\boldsymbol{W}^{-1}\boldsymbol{y}$ im nichtrestriktiven Modell (3.1.1) und auf die AITKEN-Schätzung $\boldsymbol{b}_1$ (4.2.4) im restriktiven Modell (4.2.3) an, so erhalten wir

$$\mathsf{V}(\boldsymbol{b}) - \mathsf{V}(\boldsymbol{b}_1) = \sigma^2\boldsymbol{S}^{-1} - (\sigma^{-2}\boldsymbol{S} + \boldsymbol{R}'\boldsymbol{V}^{-1}\boldsymbol{R})^{-1} .$$

Die Matrix $\boldsymbol{R}'\boldsymbol{V}^{-1}\boldsymbol{R}$ ist nichtnegativ definit, denn wir haben die Relation

$$[\mathsf{V}(\boldsymbol{b}_1)]^{-1} = \sigma^{-2}\boldsymbol{S} + \boldsymbol{R}'\boldsymbol{V}^{-1}\boldsymbol{R} = [\mathsf{V}(\boldsymbol{b})]^{-1} + \boldsymbol{R}'\boldsymbol{V}^{-1}\boldsymbol{R} ,$$

also gilt nach Satz A11 b)

$$\mathsf{V}(\boldsymbol{b}) - \mathsf{V}(\boldsymbol{b}_1) \text{ nichtnegativ definit.}$$

Somit haben wir nachgewiesen, daß durch Verwendung der stochastischen Restriktion $\boldsymbol{r} = \boldsymbol{R}\boldsymbol{\beta} + \boldsymbol{d}$ eine Schätzung $\boldsymbol{b}_1$ gewonnen wurde, die der nur auf Stichprobeninformation basierenden Schätzung $\boldsymbol{b}$ überlegen im Sinne einer kleineren Varianz ist. Wir erinnern an den Satz 3.2. b), aus dem folgt, daß damit auch alle Komponenten von $\boldsymbol{b}_1$ eine kleinere Varianz als die entsprechenden Komponenten von $\boldsymbol{b}$ haben.

Zusatzinformation über σ^2

Wie wir sofort aus der Gestalt von $\boldsymbol{b}_1$ in (4.2.4) ersehen, enthält $\boldsymbol{b}_1$ den unbekannten Varianzfaktor σ^2 und ist damit nicht unmittelbar in der Praxis zu nutzen. Wir werden also danach streben müssen, σ^2 durch eine geeignet zu wählende Schätzung zu ersetzen.

Betrachten wir zunächst einen Spezialfall. Wenn wir annehmen können, daß die Kovarianzmatrix $\boldsymbol{V}$ des Fehlers $\boldsymbol{d}$ die Gestalt hat

$$\boldsymbol{V} = \sigma^2\tilde{\boldsymbol{V}},\ \tilde{\boldsymbol{V}} \text{ bekannt,}$$

so wird

$$\boldsymbol{b}_1 = (\boldsymbol{S} + \boldsymbol{R}'\tilde{\boldsymbol{V}}^{-1}\boldsymbol{R})^{-1}\,(\boldsymbol{X}'\boldsymbol{W}^{-1}\boldsymbol{y} + \boldsymbol{R}'\tilde{\boldsymbol{V}}^{-1}\boldsymbol{r})$$

vollständig bekannt sein. Damit würde sich hier eine Ersetzung von σ^2 erübrigen. Dieser Fall würde jedoch lediglich bedeuten, daß es sich bei dem restriktiven Modell (4.2.3) um eine Aufstockung des nichtrestriktiven Regressionsmodells (3.1.1) um die Regression $\boldsymbol{r} = \boldsymbol{R}\boldsymbol{\beta} + \boldsymbol{d}$ aus derselben Fehlergrundgesamtheit handelt. Sie ist nur in Spezialfällen von Zusatzinformationen – etwa bei einer Schätzung aus einer Vorstichprobe – gerechtfertigt.

Für den uns hier interessierenden allgemeinen Fall $\boldsymbol{E}\boldsymbol{d}\boldsymbol{d}' = \boldsymbol{V}$, wobei $\boldsymbol{V}$ bekannt ist, ist das folgende Vorgehen praktikabel. Die Schätzung $\boldsymbol{b}_1$ ist Lösung der Normalgleichung

$$\sigma^{-2}\boldsymbol{X}'\boldsymbol{W}^{-1}\boldsymbol{y} + \boldsymbol{R}'\boldsymbol{V}^{-1}\boldsymbol{r} = (\sigma^{-2}\boldsymbol{S} + \boldsymbol{R}'\boldsymbol{V}^{-1}\boldsymbol{R})\,\hat{\boldsymbol{\beta}} . \tag{4.2.7}$$

Wir ersetzen hierin σ^{-2} durch eine zunächst nichtstochastische Größe $c = 0$ und definieren durch die Klasse von Normalgleichungen

$$c\boldsymbol{X}'\boldsymbol{W}^{-1}\boldsymbol{y} + \boldsymbol{R}'\boldsymbol{V}^{-1}\boldsymbol{r} = (c\boldsymbol{S} + \boldsymbol{R}'\boldsymbol{V}^{-1}\boldsymbol{R})\,\hat{\boldsymbol{\beta}}_c$$

eine Klasse $\boldsymbol{K}_c = \{\hat{\boldsymbol{\beta}}_c\}$ von Schätzungen, die keine unbekannten Parameter mehr enthalten und somit praktikabel sind. Wegen Rang $R = J$ ist die Matrix

$$\underset{K\times K}{\boldsymbol{M}_c} = (c\boldsymbol{S} + \boldsymbol{R}'\boldsymbol{V}^{-1}\boldsymbol{R})$$

für alle $c \geqq 0$ positiv definit und damit regulär (Satz A5). Wir erhalten die Lösungen von (4.2.7) als

$$\begin{aligned}\hat{\boldsymbol{\beta}}_c &= \boldsymbol{M}_c^{-1}(c\boldsymbol{X}'\boldsymbol{W}^{-1}\boldsymbol{y} + \boldsymbol{R}'\boldsymbol{V}^{-1}\boldsymbol{r}) \\ &= \boldsymbol{\beta} + \boldsymbol{M}_c^{-1}(c\boldsymbol{X}'\boldsymbol{W}^{-1}\boldsymbol{u} + \boldsymbol{R}'\boldsymbol{V}^{-1}\boldsymbol{d})\,.\end{aligned} \tag{4.2.8}$$

Damit sind alle $\boldsymbol{\beta}_c \in K_c$ erwartungstreu und haben als Kovarianzmatrix

$$\mathsf{V}(\hat{\boldsymbol{\beta}}_c) = \boldsymbol{M}_c^{-1}(c^2\sigma^2\boldsymbol{S} + \boldsymbol{R}'\boldsymbol{V}^{-1}\boldsymbol{R})\,\boldsymbol{M}_c^{-1}\,. \tag{4.2.9}$$

Wegen der GAUSS-MARKOFF-AITKEN-Eigenschaft von $\boldsymbol{b}_1$ gilt von vornherein

$$\mathsf{V}(\hat{\boldsymbol{\beta}}_c) - \mathsf{V}(\boldsymbol{b}_1) \text{ nichtnegativ definit} \tag{4.2.10}$$

und damit

$$R(\hat{\boldsymbol{\beta}}_c) - R(\boldsymbol{b}_1) = \operatorname{sp} \boldsymbol{A}\,[\mathsf{V}(\hat{\boldsymbol{\beta}}_c) - \mathsf{V}(\boldsymbol{b}_1)] \geqq 0\,. \tag{4.2.11}$$

Interessant sind die beiden Grenzwerte $c \to 0$ und $c \to \infty$. Für $c \to \infty$ dominiert die mit c gewichtete Stichprobeninformation. Für hinreichend groß gewähltes c gilt

$$c\boldsymbol{X}'\boldsymbol{W}^{-1}\boldsymbol{y} + \boldsymbol{R}'\boldsymbol{V}^{-1}\boldsymbol{r} \approx c\boldsymbol{X}'\boldsymbol{W}^{-1}\boldsymbol{y}$$

und

$$c\boldsymbol{S} + \boldsymbol{R}'\boldsymbol{V}^{-1}\boldsymbol{R} \approx c\boldsymbol{S}\,,$$

so daß

$$\lim_{c\to\infty} \hat{\boldsymbol{\beta}}_c = \hat{\boldsymbol{\beta}}_\infty = \boldsymbol{b} = \boldsymbol{S}^{-1}\boldsymbol{X}'\boldsymbol{W}^{-1}\boldsymbol{y} \tag{4.2.12}$$

die nur noch auf der Stichprobeninformation basierende AITKEN-Schätzung liefert. Damit wird

$$\lim_{c\to\infty} \boldsymbol{R}(\hat{\boldsymbol{\beta}}_c) = \boldsymbol{R}(\boldsymbol{b})\,.$$

Für $c \to 0$ gilt

$$\lim_{c\to 0} \hat{\boldsymbol{\beta}}_c = \hat{\boldsymbol{\beta}}_0 = (\boldsymbol{R}'\boldsymbol{V}^{-1}\boldsymbol{R})^{-1}\,\boldsymbol{R}'\boldsymbol{V}^{-1}\boldsymbol{r} \tag{4.2.13}$$

mit

$$\mathsf{V}(\hat{\boldsymbol{\beta}}_0) = (\boldsymbol{R}'\boldsymbol{V}^{-1}\boldsymbol{R})^{-1}\,, \tag{4.2.14}$$

so daß die Schätzung im Grenzfall nur noch die Zusatzinformation berücksichtigt.

Die Ersetzung von σ^{-2} in $\boldsymbol{b}_1$ durch c ist natürlich nur dann sinnvoll, wenn die Schätzung $\hat{\boldsymbol{\beta}}_c$ besser als die nur auf der Stichprobeninformation basierende Schätzung $\boldsymbol{b}$ ist. Wir führen die Bezeichnung

$$\boldsymbol{\Delta}(c) = \mathsf{V}(\boldsymbol{b}) - \mathsf{V}(\hat{\boldsymbol{\beta}}_c)$$

ein.

Wir beachten

$$\boldsymbol{M}_c\boldsymbol{S}^{-1}\boldsymbol{M}_c = c^2\boldsymbol{S} + (\boldsymbol{R}'\boldsymbol{V}^{-1}\boldsymbol{R})\,\boldsymbol{S}^{-1}(\boldsymbol{R}'\boldsymbol{V}^{-1}\boldsymbol{R}) + 2c(\boldsymbol{R}'\boldsymbol{V}^{-1}\boldsymbol{R})$$

und erhalten mit (4.2.9)

$$\begin{aligned}\boldsymbol{\Delta}(c) &= \boldsymbol{M}_c^{-1}\,[\sigma^2\boldsymbol{M}_c\boldsymbol{S}^{-1}\boldsymbol{M}_c - c^2\sigma^2\boldsymbol{S} - \boldsymbol{R}'\boldsymbol{V}^{-1}\boldsymbol{R}]\,\boldsymbol{M}_c^{-1}\\ &= \boldsymbol{M}_c^{-1}(\boldsymbol{R}'\boldsymbol{V}^{-1}\boldsymbol{R})\,\boldsymbol{B}(c;\sigma^2)\,(\boldsymbol{R}'\boldsymbol{V}^{-1}\boldsymbol{R})\,\boldsymbol{M}_c^{-1}\,.\end{aligned}$$

Der Erfolg unserer Bemühungen, $\hat{\boldsymbol{\beta}}_c$ durch geeignete Wahl von c besser als $\boldsymbol{b}$ (d. h. $\boldsymbol{\Delta}(c)$ nichtnegativ definit) zu gestalten, hängt also nur von der Definitheit der Matrix

$$\boldsymbol{B}(c;\sigma^2) = \sigma^2\boldsymbol{S}^{-1} + (2c\sigma^2 - 1)\,(\boldsymbol{R}'\boldsymbol{V}^{-1}\boldsymbol{R})^{-1} \tag{4.2.15}$$

ab. Wir haben damit als Klasse zulässiger Schätzungen

$$\bar{\boldsymbol{K}}_c = \{\hat{\boldsymbol{\beta}}_c : c \geqq \boldsymbol{a}'\boldsymbol{B}(c;\sigma^2)\,\boldsymbol{a} \geqq 0\}\,.$$

Fall 1: $\boldsymbol{B}(0;\sigma^2) = \sigma^2\boldsymbol{S}^{-1} - (\boldsymbol{R}'\boldsymbol{V}^{-1}\boldsymbol{R})^{-1}$ negativ definit

Wegen $\boldsymbol{B}(0;\sigma^2) = \boldsymbol{\Delta}(0) = \boldsymbol{V}(\boldsymbol{b}) - \boldsymbol{V}(\hat{\boldsymbol{\beta}}_c)$ negativ definit und $\boldsymbol{B}\left(\frac{\sigma^{-2}}{2};\sigma^2\right) = \sigma^2\boldsymbol{S}^{-1}$ positiv definit existiert aus Stetigkeitsgründen ein kritischer Wert $c_0(\boldsymbol{a})$ mit $\boldsymbol{a}'\boldsymbol{B}(c_0;\sigma^2)\,\boldsymbol{a} = 0$, $0 < c_0(\boldsymbol{a}) < \frac{\sigma^{-2}}{2}$ und $\boldsymbol{a}'\boldsymbol{B}(c;\sigma^2)\,\boldsymbol{a} \geqq 0$ für $c > c_0$.

Wir erhalten $\bar{\boldsymbol{K}}_c = \{\hat{\boldsymbol{\beta}}_c : c \geqq c_0(\boldsymbol{a}) > 0\}$. Aus der Bestimmungsgleichung $\boldsymbol{a}'\boldsymbol{B}(c_0;\sigma^2)\,\boldsymbol{a} = 0$ resultiert, daß $c_0(\boldsymbol{a})$ eine Funktion von σ^2 und damit selbst unbekannt ist. Wir benötigen deshalb weitere Zusatzinformation über σ^2.

Es seien a-priori Grenzen σ_1^2, σ_2^2 bekannt, so daß

$$0 < \sigma_1^2 < \sigma^2 < \sigma_2^2 < \infty \tag{4.2.16}$$

gilt. Die quadratische Funktion $\boldsymbol{R}(\hat{\boldsymbol{\beta}}_c)$ nimmt ihr Minimum für $c = \sigma^{-2}$ an ($\boldsymbol{\beta}_{\sigma^{-2}} = \boldsymbol{b}_1$) und ist für $c > \sigma^{-2}$ monoton wachsend in c. Damit ist $\operatorname{sp} \boldsymbol{A}\boldsymbol{\Delta}(c)$ für $c > \sigma^{-2}$ monoton fallend in c. Wenn wir beachten, daß mit $\boldsymbol{B}(0;\sigma_2^2)$ auch $\boldsymbol{B}(0;\sigma^2)$ negativ definit ist und daß $c = \sigma_1^{-1} > c_0$ ist, so haben wir den folgenden Satz bewiesen (vgl. auch Toutenburg, [10]).

Satz 4.2. *Es sei a-priori eine Abschätzung $\sigma_1^2 < \sigma^2 < \sigma_2^2$ bekannt derart, daß $\boldsymbol{B}(0;\sigma_2^2)$ negativ definit ist. Dann hat die in der Klasse $\tilde{\boldsymbol{K}}_c = \{\hat{\boldsymbol{\beta}}_c : c \geqq \sigma_1^{-2} > c_0\}$ optimale Schätzung die Gestalt*

$$\hat{\boldsymbol{\beta}}_{\text{opt}} = \hat{\boldsymbol{\beta}}_{\sigma_1^{-2}} = (\sigma_1^{-2}\boldsymbol{S}^{-1} + \boldsymbol{R}'\boldsymbol{V}^{-1}\boldsymbol{R})^{-1}\,(\sigma_1^{-2}\boldsymbol{X}'\boldsymbol{W}^{-1}\boldsymbol{y} + \boldsymbol{R}'\boldsymbol{V}^{-1}\boldsymbol{r}), \tag{4.2.17}$$

und es gilt $R(\boldsymbol{b}) - R(\boldsymbol{\beta}_{\sigma_1^{-2}}) \geqq 0$.

Fall 2: $\boldsymbol{B}(0; \sigma^2)$ nichtnegativ definit

Trivialerweise ist dann $\boldsymbol{B}(c; \sigma^2)$ für alle $c > 0$ positiv definit, und wir erhalten $\bar{\boldsymbol{K}}_c = \{\hat{\boldsymbol{\beta}}_c : c \geqq 0\}$. Mit $\boldsymbol{B}(0; \sigma_1^2)$ ist auch $\boldsymbol{B}(0; \sigma^2)$ nichtnegativ definit.

Satz 4.3. *Es sei a-priori eine Abschätzung* $\sigma_1^2 < \sigma^2 < \sigma_2^2$ bekannt mit $\boldsymbol{B}(0; \sigma_1^2)$ *nichtnegativ definit. Es sei* $c = c(\alpha) = \sigma_2^{-2} + \alpha(\sigma_1^{-2} - \sigma_2^{-2})$ *mit* $0 \leqq \alpha \leqq 1$ *gewählt. Dann erhalten wir als optimale Schätzung* $\hat{\boldsymbol{\beta}}_{\text{opt}} = \hat{\boldsymbol{\beta}}_c(\hat{\alpha})$, *wobei* $\hat{\alpha}$ *die Lösung von*

$$\min_\alpha \operatorname{sp} \boldsymbol{A}\boldsymbol{\Delta}(c(\alpha)) = \operatorname{sp} \boldsymbol{A}\boldsymbol{\Delta}\, [\sigma_2^{-2} + \hat{\alpha}\, (\sigma_1^{-2} - \sigma_2^{-2})] \geqq 0$$

ist.

Bemerkung: Man wird in der Praxis bei Erfüllung der Voraussetzungen von Satz 4.3. mit dem Kompromiß $c^* = \sigma_2^{-2} + \frac{1}{2}\, (\sigma_1^{-2} - \sigma_2^{-2})$ arbeiten, für den gilt:

$$R(\boldsymbol{b}_1) \leqq R(\hat{\boldsymbol{\beta}}_{c^*}) \leqq R(\boldsymbol{b}) = R(\hat{\boldsymbol{\beta}}_\infty)$$

und

$$R(\boldsymbol{b}_1) \leqq R(\hat{\boldsymbol{\beta}}_{c^*}) \leqq R(\hat{\boldsymbol{\beta}}_0)\,.$$

Schätzen wir σ^2 in $\boldsymbol{b}_1$ nicht durch eine Konstante, sondern durch eine Stichprobenfunktion, so stößt die Bestimmung der exakten Verteilungseigenschaften von $\boldsymbol{\beta}_c$ auf Schwierigkeiten (vgl. auch THEIL [2]). Für den praktisch bedeutsamen Fall $c = s^{-2}$ mit s^2 aus (3.1.6) lassen sich jedoch folgende Grenzwertaussagen treffen. Wir geben den Modellvariablen aus (3.1.1) zusätzlich den Index T (Stichprobenumfang) und setzen voraus:

$$\left\{\begin{array}{l} \boldsymbol{u}_T \sim N(\boldsymbol{0}, \sigma^2\boldsymbol{W}_T), \quad \text{Rang}\, \boldsymbol{X}_T = K \quad \text{für alle } T\,, \\ \lim\limits_{T\to\infty} (T^{-1}\boldsymbol{X}_T'\boldsymbol{W}_T'^{-1}\boldsymbol{X}_T)^{-1} = \boldsymbol{S} \quad \text{existiert und ist endlich,} \\ \operatorname{plim} T^{-1}\boldsymbol{X}_T'\boldsymbol{u}_T = \boldsymbol{0}, \quad \operatorname{plim} T^{-1}\boldsymbol{u}_T\boldsymbol{u}_T' = \sigma^2\boldsymbol{W}\,. \end{array}\right. \tag{4.2.18}$$

Da s^2 konsistent ist, gilt mit $\operatorname{plim} s^2 = \sigma^2$ nach dem Theorem von SLUTSKY (GOLDBERGER [1]) auch $\operatorname{plim} (s^{-2} - \sigma^{-2}) = 0$.

Satz 4.4. *Unter den Voraussetzungen* (4.2.18) *gilt für die Schätzung*

$$\hat{\boldsymbol{\beta}}_{s^{-2}} = (s^{-2}\boldsymbol{S} + \boldsymbol{R}'\boldsymbol{V}^{-1}\boldsymbol{R})^{-1}\, (s^{-2}\boldsymbol{X}'\boldsymbol{W}^{-1}\boldsymbol{y} + \boldsymbol{R}'\boldsymbol{V}^{-1}\boldsymbol{r})$$

$$\operatorname{plim} \hat{\boldsymbol{\beta}}_{s^{-2}} = \boldsymbol{\beta} \quad (\textit{Konsistenz})$$

und für die asymptotische Kovarianzmatrix (*vgl.* THEIL [2])

$$T^{-1} \lim_{T\to\infty} \mathsf{E}\, [\sqrt{T}\, (\hat{\boldsymbol{\beta}}_{s^{-2}} - \mathsf{E}\hat{\boldsymbol{\beta}}_{s^{-2}})]\, [\sqrt{T}\, (\hat{\boldsymbol{\beta}}_{s^{-2}} - \mathsf{E}\hat{\boldsymbol{\beta}}_{s^{-2}})] = \boldsymbol{V}(\boldsymbol{b}_1)\,.$$

Wir wollen noch einmal das wesentliche Ergebnis des Abschnitts 4.2. festhalten:

– Die Verwendung der stochastischen Restriktion $\boldsymbol{r} = \boldsymbol{R}\boldsymbol{\beta} + \boldsymbol{d}$ führt zu einer Schätzung $\boldsymbol{b}_1 = (\sigma^{-2}\boldsymbol{S} + \boldsymbol{R}'\boldsymbol{V}^{-1}\boldsymbol{R})^{-1}\, (\sigma^{-2}\boldsymbol{X}'\boldsymbol{W}^{-1}\boldsymbol{y} + \boldsymbol{R}'\boldsymbol{V}^{-1}\boldsymbol{r})$, die vom unbekannten σ^{-2} abhängt und somit nicht praktikabel ist. $\boldsymbol{b}_1$ ist besser als die AITKEN-Schätzung $\boldsymbol{b}$.

- Das unbekannte σ^{-2} läßt sich durch eine nichtstochastische Größe $c>0$ ersetzen, was zu einer Schätzung $\hat{\boldsymbol{\beta}}_c$ führt. Die Ersetzung von σ^{-2} durch c ist nur dann sinnvoll, wenn $\hat{\boldsymbol{\beta}}_c$ auch besser als $\boldsymbol{b}$ ist.
- Liegt die Zusatzinformation $0<\sigma_1^2<\sigma^2<\sigma_2^2<\infty$ vor, die in der Praxis leicht zu realisieren ist, so ist die Wahl $c=\sigma_1^{-2}$ bzw. $c\in(\sigma_2^{-2}, \sigma_1^{-2})$ optimal. Welches c zu wählen ist, hängt von der Matrix $\boldsymbol{B}(c; \sigma^2)$ aus (4.2.15) ab. Die resultierende Schätzung ist in jedem Fall besser als die AITKEN-Schätzung $\boldsymbol{b}$. Die Kovarianzmatrix von $\hat{\boldsymbol{\beta}}_c$ ist in (4.2.9) gegeben, wobei das entsprechende c einzusetzen ist.

4.3. Exakte Restriktionen

Die exakte lineare Restriktion $\boldsymbol{r}=\boldsymbol{R\beta}$, die wohl die größte Bedeutung für die ökonomische Praxis besitzt, läßt sich als Grenzfall „$\boldsymbol{d}\to\boldsymbol{0}$, $\boldsymbol{V}\to\boldsymbol{0}$" der stochastischen Restriktionen (4.1.1) behandeln, wenn wir die Voraussetzung (4.2.1) aufgeben, wenn also Rang $\boldsymbol{V}<J$ ist. Das Modell (4.2.3) hat dann eine singuläre Kovarianzmatrix, und wir können die KQ-Methode nicht mehr unmittelbar, sondern nur über die Einführung verallgemeinerter Inversen oder als bedingte KQ-Methode anwenden. Im zweiten Fall bestimmen wir die R-optimale Schätzung im nichtrestriktiven Modell (3.1.1) unter der Nebenbedingung

$$\boldsymbol{r}=\boldsymbol{R\beta}+\boldsymbol{d},\quad \mathsf{E}\boldsymbol{d}=0,\quad \mathsf{E}\boldsymbol{dd}'=\boldsymbol{V},\quad \text{Rang}\,\boldsymbol{V}<J,\quad \mathsf{E}\boldsymbol{du}'=0\,. \tag{4.3.1}$$

Wir berücksichtigen die Restriktion (4.3.2) durch einen speziellen in $\boldsymbol{y}$ inhomogenen Ansatz:

$$\hat{\boldsymbol{\beta}}=\underset{K\times T}{\boldsymbol{C}_1'}\boldsymbol{y}+\underset{K\times J}{\boldsymbol{C}_2'}\boldsymbol{r}\,.$$

Es gilt folgender Satz (TOUTENBURG [9]), den wir hier ohne Beweis angeben wollen:

Satz 4.5. *In der Klasse* $\{\hat{\boldsymbol{\beta}}: \hat{\boldsymbol{\beta}}=\boldsymbol{C}_1'\boldsymbol{y}+\boldsymbol{C}_2'\boldsymbol{r}\}$ *von inhomogenen Schätzungen von* $\boldsymbol{\beta}$ *im Modell* (3.1.1) *hat die unter* (4.3.1) *beste lineare erwartungstreue Schätzung die Gestalt*

$$\boldsymbol{b}_2=\boldsymbol{b}+\boldsymbol{S}^{-1}\boldsymbol{R}'\,[\sigma^{-2}\boldsymbol{V}+\boldsymbol{RS}^{-1}\boldsymbol{R}']^{-1}\,(\boldsymbol{r}-\boldsymbol{Rb})\,, \tag{4.3.2}$$

und es gilt

$$\mathsf{V}(\boldsymbol{b}_2)=\sigma^2\boldsymbol{S}^{-1}-\sigma^2\boldsymbol{S}^{-1}\boldsymbol{R}'\,[\sigma^{-2}\boldsymbol{V}+\boldsymbol{RS}^{-1}\boldsymbol{R}']^{-1}\,\boldsymbol{RS}^{-1}\,, \tag{4.3.3}$$

$$\mathsf{V}(\boldsymbol{b})-\mathsf{V}(\boldsymbol{b}_2)=\sigma^2\boldsymbol{S}^{-1}\boldsymbol{R}'\,[\sigma^{-2}\boldsymbol{V}+\boldsymbol{RS}^{-1}\boldsymbol{R}']^{-1}\,\boldsymbol{RS}^{-1}$$

nichtnegativ definit.

Wie wir sehen, enthält jede der K Komponenten des in $\boldsymbol{b}_2$ zur AITKEN-Schätzung $\boldsymbol{b}$ des nichtrestriktiven Modells (3.1.1) addierten Gliedes den Anteil $(\boldsymbol{r}-\boldsymbol{R}\boldsymbol{b})$. Diese Differenz mißt den bei Nichtbeachten der Restriktion $\boldsymbol{r}=\boldsymbol{R}\boldsymbol{\beta}+\boldsymbol{d}$ auftretenden Schätzfehler von $\boldsymbol{b}$.

Damit haben wir durch Berücksichtigung der Restriktion (4.3.1) im Modell (3.1.1) eine Schätzung $\boldsymbol{b}_2$ erhalten, die bedingt erwartungstreu und besser als die Schätzung $\boldsymbol{b}$ ist. Die Schätzung und Ersetzung von σ^{-2} in $\boldsymbol{b}_2$ läßt sich wie im vorhergehenden Abschnitt durchführen. Uns interessiert hier vornehmlich der Fall „$\boldsymbol{V}=\boldsymbol{0}$“, der uns zum Fall der *exakten linearen Restriktion* $\boldsymbol{r}=\boldsymbol{R}\boldsymbol{\beta}$ führt.

Für den Fall exakter linearer Restriktionen $\boldsymbol{r}=\boldsymbol{R}\boldsymbol{\beta}$ gilt damit der folgende Satz, den wir aus Satz 4.5. durch einfaches Einsetzen von $\boldsymbol{V}=\boldsymbol{0}$ erhalten:

Satz 4.6. *Die Schätzung*

$$\boldsymbol{b}_2=\boldsymbol{b}+\boldsymbol{S}^{-1}\boldsymbol{R}'(\boldsymbol{R}\boldsymbol{S}^{-1}\boldsymbol{R}')^{-1}(\boldsymbol{r}-\boldsymbol{R}\boldsymbol{b}) \tag{4.3.5}$$

mit der Kovarianzmatrix

$$\mathsf{V}(\boldsymbol{b}_2)=\sigma^2\boldsymbol{S}^{-1}-\sigma^2\boldsymbol{S}^{-1}\boldsymbol{R}'(\boldsymbol{R}\boldsymbol{S}^{-1}\boldsymbol{R}')^{-1}\boldsymbol{R}\boldsymbol{S}^{-1} \tag{4.3.6}$$

ist erwartungstreu, besser als die AITKEN-*Schätzung* $\boldsymbol{b}$*:*

$$\operatorname{sp}\boldsymbol{A}\,\{\mathsf{V}(\boldsymbol{b})-\mathsf{V}(\boldsymbol{b}_2)\}=\operatorname{sp}\boldsymbol{A}\sigma^2\boldsymbol{S}^{-1}\boldsymbol{R}'(\boldsymbol{R}\boldsymbol{S}^{-1}\boldsymbol{R}')^{-1}\boldsymbol{R}\boldsymbol{S}^{-1}\geqq 0$$

und darüber hinaus die optimale Schätzung in der Klasse $\{\hat{\boldsymbol{\beta}}:\hat{\boldsymbol{\beta}}=\boldsymbol{C}_1'\boldsymbol{y}+\boldsymbol{C}_2'\boldsymbol{r}\}$ *aller inhomogenen Schätzungen im Modell* (3.1.1), *die bedingt erwartungstreu im Sinne* $\mathsf{E}\,[\hat{\boldsymbol{\beta}}-\boldsymbol{\beta}\mid\boldsymbol{r}=\boldsymbol{R}\boldsymbol{\beta}]=0$ *sind.*

Wie wir sehen, erfordert $\boldsymbol{b}_2$ keinen wesentlich höheren Rechenaufwand als $\boldsymbol{b}$, garantiert aber eine bessere Parameteridentifikation durch Verwendung der in der Praxis leicht zu realisierenden exakten Restriktion.

4.4. Zusatzschätzung und schrittweise Regression

Die in den beiden vorangegangenen Abschnitten entwickelten restriktiven Schätzverfahren gelten generell für die stochastische Restriktion $\boldsymbol{r}=\boldsymbol{R}\boldsymbol{\beta}+\boldsymbol{d}$ oder die exakte Restriktion $\boldsymbol{r}=\boldsymbol{R}\boldsymbol{\beta}$, unabhängig davon, welche konkreten Fälle sich hinter dieser Restriktion verbergen. In einem speziellen Fall, nämlich einer Zusatzschätzung, läßt sich ein noch effektiveres Schätzverfahren angeben – die *schrittweise Regression.*

Liegt dem Statistiker a-priori-Information in Gestalt einer Zusatzschätzung $\boldsymbol{b}_1^*=\boldsymbol{\beta}_1+\boldsymbol{d}$ einer Teilkomponenten $\boldsymbol{\beta}_1$ von $\boldsymbol{\beta}'=(\underset{1\times K_1}{\boldsymbol{\beta}_1'},\underset{1\times K_2}{\boldsymbol{\beta}_2'})$ $(K_1+K_2=K)$ vor, d. h., hat die Restriktion $\boldsymbol{r}=\boldsymbol{R}\boldsymbol{\beta}+\boldsymbol{d}$ die spezielle Form (4.1.4), so bietet sich mit der schrittweisen Regression ein effektives Verfahren zur Berücksichtigung dieser Zusatzschätzung bei der Schätzung von $\boldsymbol{\beta}$ an. Die Güte der schrittweisen Schätzung hängt direkt von der Stärke der Zusatzinformation, also von den Elementen der Kovarianzmatrix $\boldsymbol{V}$ ab.

Die zu $\boldsymbol{\beta}_1$ bzw. $\boldsymbol{\beta}_2$ gehörenden Teilmatrizen von $\boldsymbol{X}$ seien $\boldsymbol{X}_1$ bzw. $\boldsymbol{X}_2$:

$$\boldsymbol{y} = \boldsymbol{X}_1\boldsymbol{\beta}_1 + \boldsymbol{X}_2\boldsymbol{\beta}_2 + \boldsymbol{u} . \tag{4.4.1}$$

Wir nutzen die Zusatzinformation (4.1.4), indem wir den bereits in einer Vorstichprobe geschätzten Anteil $\boldsymbol{\beta}_1$ zusammen mit der zugehörigen Regressorenmatrix $\boldsymbol{X}_1$ aus der Regression (4.4.1) entfernen. Dabei geht der Fehler $\boldsymbol{d}$ in die derart reduzierte Gleichung mit ein:

$$\boldsymbol{y}_- = \boldsymbol{y} - \boldsymbol{X}_1\boldsymbol{b}_1^* = \boldsymbol{X}_2\boldsymbol{\beta}_2 + \boldsymbol{X}_1\,(\boldsymbol{\beta}_1 - \boldsymbol{b}_1^*) ,$$

also in neuen Variablen

$$\boldsymbol{y}_- = \boldsymbol{X}_2\boldsymbol{\beta}_2 + (\boldsymbol{u} - \boldsymbol{X}_1\boldsymbol{d}) = \boldsymbol{X}_2\boldsymbol{\beta}_2 + \tilde{\boldsymbol{u}} , \tag{4.4.2}$$

wobei $\tilde{\boldsymbol{u}}$ die Kovarianzmatrix

$$\mathsf{E}\tilde{\boldsymbol{u}}\tilde{\boldsymbol{u}}' = \widetilde{\boldsymbol{W}} = \sigma^2\boldsymbol{W} + \boldsymbol{X}_1\boldsymbol{V}\boldsymbol{X}_1' \quad \text{[nach (4.1.2)]} \tag{4.4.3}$$

besitzt.

Die Anzahl der Regressoren $\boldsymbol{X}_i$ hat sich also gegenüber (4.4.1) verringert.

Die Aitken-Schätzung von $\boldsymbol{\beta}_2$ im kleineren Modell (4.4.2) erhalten wir sofort als

$$\boldsymbol{b}_2^* = (\boldsymbol{X}_2'\widetilde{\boldsymbol{W}}^{-1}\boldsymbol{X}_2)^{-1}\,\boldsymbol{X}_2'\widetilde{\boldsymbol{W}}^{-1}\boldsymbol{y}_-$$

mit

$$\mathsf{V}(\boldsymbol{b}_2^*) = (\boldsymbol{X}_2'\widetilde{\boldsymbol{W}}^{-1}\boldsymbol{X}_2)^{-1} .$$

Damit wird die erwartungstreue Schätzung des gesamten Vektors $\boldsymbol{\beta}$

$$\boldsymbol{b}^* = \begin{pmatrix}\boldsymbol{b}_1^*\\ \boldsymbol{b}_2^*\end{pmatrix} .$$

Wegen $\mathsf{E}\boldsymbol{d}\boldsymbol{u}' = 0$ besitzt $\boldsymbol{b}^*$ die blockdiagonale Kovarianzmatrix

$$\mathsf{V}(\boldsymbol{b}^*) = \begin{pmatrix}\boldsymbol{V} & 0\\ 0 & \mathsf{V}(\boldsymbol{b}_2^*)\end{pmatrix} . \tag{4.4.4}$$

Gewinn an Wirksamkeit

Wir vergleichen die schrittweise Schätzung $\boldsymbol{b}^*$ mit den beiden restriktiven Schätzungen $\boldsymbol{b}_1$ und $\boldsymbol{b}_2$ und der nichtrestriktiven Aitken-Schätzung $\boldsymbol{b}$.

Fall a: Rang $\boldsymbol{V} = \boldsymbol{J}$

Wegen der Gauss-Markoff-Aitken-Eigenschaft von $\boldsymbol{b}_1$ im restriktiven Modell (4.2.3) gilt nach Satz 4.1. sofort

$$\boldsymbol{R}(\boldsymbol{b}^*) - \boldsymbol{R}(\boldsymbol{b}_1) \geqq 0 ,$$

d. h., die Aitken-Schätzung $\boldsymbol{b}_1$ aus (4.2.4) ist besser als die schrittweise Schätzung. Bezüglich der Güte von $\boldsymbol{b}^*$ im Verhältnis zur zweistufigen Schätzung $\hat{\boldsymbol{\beta}}_c$ sind bisher keine Aussagen bekannt. Es ist auch zu erwarten, daß kein genereller Effizienzvergleich, sondern nur eine von $\boldsymbol{V}$ abhängende Aussage möglich ist.

Fall b: $V=0$

Im Fall exakter Kenntnis der im Teilvektor $\boldsymbol{\beta}_1$ zusammengefaßten Koeffizienten wird $V=0$, $\widetilde{W}=\sigma^2 W$ und damit

$$b_2^* = (X_2' W^{-1} X_2)^{-1} X_2' W^{-1} y_- \,,$$
$$\mathsf{V}(b_2^*) = \sigma^2 (X_2' W^{-1} X_2)^{-1} \,,$$
$$b^* = \begin{pmatrix} b_1^* \\ b_2^* \end{pmatrix} \quad \text{mit} \quad \mathsf{V}(b^*) = \begin{pmatrix} 0 & 0 \\ 0 & \mathsf{V}(b_2^*) \end{pmatrix}.$$

Wir vergleichen nun b^* mit b, genauer gesagt, die beiden Kovarianzmatrizen. Dazu benötigen wir die den Komponenten $\boldsymbol{\beta}_1$ und $\boldsymbol{\beta}_2$ entsprechenden Teilkomponenten von

$$b = (X' W^{-1} X)^{-1} X' W^{-1} y \,.$$

Wir bezeichnen mit $S_{ij} = X_i' W^{-1} X_j$ $(i, j = 1, 2)$ die Untermatrizen von $S = (X' W^{-1} X)$. Spalten wir X in $X = (X_1, X_2)$ auf, so ergibt sich

$$b = \begin{pmatrix} S_{11} & S_{12} \\ S_{21} & S_{22} \end{pmatrix}^{-1} \begin{pmatrix} X_1' W^{-1} y \\ X_2' W^{-1} y \end{pmatrix}$$

und daraus nach Satz A36 für die entsprechenden Komponenten $\tilde{b}_1$, $\tilde{b}_2$ von b:

$$b = \begin{pmatrix} \tilde{b}_1 \\ \tilde{b}_2 \end{pmatrix} = \begin{pmatrix} S_{11}^{-1} X_1' W^{-1} y - S_{11}^{-1} S_{12} \tilde{b}_2 \\ D^{-1} E W^{-1} y \end{pmatrix} \tag{4.4.5}$$

mit

$$E = (X_2' - S_{21} S_{11}^{-1} X_1') \,,$$
$$D = E W^{-1} X_2 \,,$$
$$0 = E W^{-1} X_1 \,,$$
$$D = E W^{-1} E' \,.$$

Die partielle Inversion der Matrix S^{-1} ergibt nach Satz A36

$$\mathsf{V}(b) = \sigma^2 S^{-1} = \begin{pmatrix} S_{11}^{-1} + S_{11}^{-1} S_{12} D^{-1} S_{21} S_{11}^{-1} & -S_{11}^{-1} S_{12} D^{-1} \\ -D^{-1} S_{21} S_{11}^{-1} & D^{-1} \end{pmatrix} = \begin{pmatrix} V_1 & V_{12} \\ V_{21} & V_2 \end{pmatrix}. \tag{4.4.6}$$

Wie man leicht nachprüft (Toutenburg, [9], S. 103), gilt

$$\mathsf{E}(b - b^*)(b - b^*)' = \begin{pmatrix} V_1 & V_{12} \\ V_{21} & V_2 - \mathsf{V}(b_2^*) \end{pmatrix}. \tag{4.4.7}$$

Da $(b - b^*)(b - b^*)'$ nach Satz A9 nichtnegativ definit ist (und dies auch nach der Erwartungswertbildung bleibt), ist die rechte Matrix in (4.4.7) also nichtnegativ definit. Diese Matrix ist aber gerade die Differenz $\mathsf{V}(b) - \mathsf{V}(b^*)$ im Fall $V=0$.

Damit haben wir gezeigt, daß im Fall exakter Kenntnis eines Teilvektors $\boldsymbol{\beta}_1$ von $\boldsymbol{\beta}$ die schrittweise Schätzung besser als die nichtrestriktive Aitken-Schätzung b ist. Dieses Ergebnis überrascht natürlich nicht, da die Komponente $\boldsymbol{\beta}_1$ bei der schrittweisen Schätzung $\boldsymbol{b}^*$ ohne Fehler, bei der AITKEN-Schätzung $\boldsymbol{b}$ dagegen mit einem zufälligen Fehler geschätzt wird.

Als Faustregel für die Praxis bleibt also festzuhalten: Ist ein Parameter β_i oder ein Teilvektor von $\boldsymbol{\beta}$ exakt bekannt, so werden die entsprechenden Regressoren (exogenen Variablen) aus dem Modell entfernt, und es werden nur noch die verbleibenden Parameter nach der AITKEN-Schätzung ermittelt. Damit haben wir auch eine Rechtfertigung für das Verhalten bei sogenannten *Nullrestriktionen* ($\beta_i = 0$ für gewisse i), die das Streichen der zugehörigen exogenen Variablen $\boldsymbol{X}_i$ zur Folge haben.

Wir vergleichen nun noch die schrittweise Schätzung $\boldsymbol{b}^*$ mit der restriktiven Schätzung $\boldsymbol{b}_2$ aus (4.3.5). Zunächst spezifizieren wir die Gestalt von $\boldsymbol{b}_2$ für den vorliegenden Typ der linearen Restriktion. Nach (4.1.4) können wir eine Zusatzschätzung $\boldsymbol{b}_1^* = \boldsymbol{\beta}_1$ auch schreiben als

$$\boldsymbol{r} = \boldsymbol{R}\boldsymbol{\beta} \quad \text{mit} \quad \boldsymbol{r} = (\boldsymbol{b}_1^*) \quad \text{und} \quad \boldsymbol{R} = (\boldsymbol{I}, 0)\,.$$

Hieraus folgt für die Schätzung

$$\boldsymbol{b}_2 = \boldsymbol{b} + \boldsymbol{S}^{-1}\begin{pmatrix}\boldsymbol{I}\\0\end{pmatrix}\left((\boldsymbol{I}, 0)\,\boldsymbol{S}^{-1}\begin{pmatrix}\boldsymbol{I}\\0\end{pmatrix}\right)^{-1}(\boldsymbol{\beta}_1 - \tilde{\boldsymbol{b}}_1) = \begin{pmatrix}\boldsymbol{\beta}_1\\ \tilde{\boldsymbol{b}}_2 - \boldsymbol{V}_{21}\boldsymbol{V}_1^{-1}(\tilde{\boldsymbol{b}}_1 - \boldsymbol{\beta}_1)\end{pmatrix}. \tag{4.4.8}$$

($\tilde{\boldsymbol{b}}_1$, $\tilde{\boldsymbol{b}}_2$ sind die Teilkomponenten von $\boldsymbol{b}$ aus (4.4.5), $\boldsymbol{V}_1$ und $\boldsymbol{V}_{21}$ aus (4.4.6).) Die Kovarianzmatrix von $\boldsymbol{b}_2$ aus (4.3.6) vereinfacht sich für $\boldsymbol{R} = (\boldsymbol{I}, 0)$ zu

$$\mathsf{V}(\boldsymbol{b}_2) = \begin{pmatrix}0 & 0\\ 0 & \boldsymbol{V}_2 - \boldsymbol{V}_{21}\boldsymbol{V}_1^{-1}\boldsymbol{V}_{12}\end{pmatrix}. \tag{4.4.9}$$

Für den Effizienzvergleich erhalten wir

$$\mathsf{V}(\boldsymbol{b}_2) - \mathsf{V}(\boldsymbol{b}^*) = \begin{pmatrix}0 & 0\\ 0 & \boldsymbol{V}_2 - \boldsymbol{V}_{21}\boldsymbol{V}_1^{-1}\boldsymbol{V}_{12} - \mathsf{V}(\boldsymbol{b}_2^*)\end{pmatrix} = \mathsf{E}\,(\boldsymbol{b}_2 - \boldsymbol{b}^*)\,(\boldsymbol{b}_2 - \boldsymbol{b}^*)',$$

also wieder eine nichtnegativ definite Matrix.

Somit liefert die schrittweise Regression eine Schätzung, die im Fall exakter Kenntnis von Teilvektoren $\boldsymbol{\beta}_1$ von $\boldsymbol{\beta}$ besser als die restriktive Schätzung $\boldsymbol{b}_2$ (4.3.5) ist.

Insgesamt gilt also im Fall „$\boldsymbol{\beta}_1$ *exakt bekannt*"

$$R(\boldsymbol{b}^*) \leqq R(\boldsymbol{b}_2) \leqq R(\boldsymbol{b})\,.$$

Wir wollen damit den Komplex linearer Restriktionen abschließen und uns der Behandlung einer weiteren, zunehmend in den Anwendungen auftretenden Art von Zusatzinformation zuwenden, nämlich speziellen nichtlinearen Restriktionen an die Modellparameter.

4.5. Minimax-lineare Schätzung und nichtlineare Restriktionen

Wie wir nachgewiesen haben, nimmt die AITKEN-Schätzung $\boldsymbol{b} = \boldsymbol{S}^{-1}\boldsymbol{X}'\boldsymbol{W}^{-1}\boldsymbol{y}$ eine zentrale Stellung unter allen linearen Schätzungen ein. Sie ist optimal, wenn keine weitere als die Stichprobeninformation zur Verfügung steht.

Damit erfordert die Gewinnung von praktikablen Verbesserungen der AITKEN-Schätzung den Einsatz neuer Schätzprinzipien in Kombination mit Zusatzinformation. In den bisherigen Abschnitten des Kapitels 4 wurden lineare Restriktionen zur Schätzung eingesetzt. In diesem Abschnitt sollen nichtlineare Restriktionen und das *Minimax-Prinzip* zur Gewinnung von neuen Schätzungen angewendet werden. Diese Methoden wurden erst in jüngster Zeit entwickelt und zwar parallel von KUKS und OLMAN (vgl. KUKS und OLMAN [1], KUKS [1], KUKS [2]) und von LÄUTER [3] und TOUTENBURG ([11] und [12]). Einen anderen Zugang zu den resultierenden Schätzungen fanden HOERL und KENNARD [1] mit dem *Prinzip der Ridge-Regression*, das wir auch beschreiben werden.

Wir setzen wieder die Gültigkeit des verallgemeinerten linearen Regressionsmodells (3.1.1) voraus und wählen die Risikofunktion $R(\hat{\boldsymbol{\beta}})$ aus (3.1.3) und zwar in einer auf die Vorhersage zugeschnittenen Form:

$$R(\hat{\boldsymbol{\beta}}, \boldsymbol{\beta}) = \operatorname{sp} \boldsymbol{A} \mathsf{E} (\hat{\boldsymbol{\beta}} - \boldsymbol{\beta}) (\hat{\boldsymbol{\beta}} - \boldsymbol{\beta})' \tag{4.5.1}$$

mit $\boldsymbol{A} = \boldsymbol{aa}'$, also Rang $\boldsymbol{A} = 1$.

Wir nehmen an, daß a-priori eine konvexe Teilmenge $\mathfrak{B} \subset \mathrm{R}^K$ (K-dimensionaler EUKLIDISCHER Raum) mit $\boldsymbol{\beta} \in \mathfrak{B}$ gegeben sei. Wir konzentrieren uns auf die drei folgenden Typen konvexer Mengen

$$\mathfrak{B}_1 = \{\boldsymbol{\beta} : \boldsymbol{\beta}' \boldsymbol{T} \boldsymbol{\beta} \leqq k\}, \tag{4.5.2}$$

$\boldsymbol{T}$ eine $K \times K$-Matrix, bekannt und positiv definit (also von vollem Rang), $k \geqq 0$ eine gegebene Konstante,

$$\mathfrak{B}_2 = \{\boldsymbol{\beta} : \boldsymbol{\beta}' \boldsymbol{T} \boldsymbol{\beta} \leqq k\sigma^2\}, \tag{4.5.3}$$

$$\mathfrak{B}_3 = \{\boldsymbol{\beta} : (\boldsymbol{\beta} - \boldsymbol{\beta}_0)' \boldsymbol{T} (\boldsymbol{\beta} - \boldsymbol{\beta}_0) \leqq k\}, \tag{4.5.4}$$

$\boldsymbol{\beta}_0$ das gegebene Zentrum eines Konzentrationsellipsoids.

[$\mathfrak{B}_1$ und $\mathfrak{B}_2$ sind Spezialfälle von $\mathfrak{B}_3$.] Wir beschränken uns zunächst auf die Restriktion $\mathfrak{B}_1$, die beiden anderen Restriktionen lassen sich dann durch einfache Transformationen auf diesen Fall zurückführen.

Beispiel: In ökonomischen Modellen hat man häufig Information darüber, daß die Parameter β_i (für alle $i = 1, \ldots, K$) in gewissen Grenzen liegen werden bzw. liegen müssen. Es sei also bekannt, daß $a_i \leqq \beta_i \leqq b_i$ gilt. Diese Information schreiben wir als

$$\frac{|\beta_i - (a_i + 1/2\,(b_i - a_i))|}{1/2\,(b_i - a_i)} \leqq 1 \,.$$

Damit wird die i-te Komponente des Mittelpunktvektors $\boldsymbol{\beta}_0$ des Ellipsoids zu $\beta_{0i} = a_i + 1/2\,(b_i - a_i)$. Die Matrix $\boldsymbol{T}$ aus (4.5.4) ist dann eine Diagnonalmatrix mit dem i-ten Diagonalelement $4K^{-1}\,(b_i - a_i)^{-2}$ bei $k = 1$ bzw. mit

$$4\,(b_i - a_i)^{-2} \quad \text{bei} \quad k = K\,.$$

Sollten die Intervalle (a_i, b_i) nicht für alle β_i a-priori bekannt sein, so lassen sie sich auf jeden Fall nach ersten Schätzungen gewinnen. Um sicherzugehen, keine falschen Restriktionen vorzugeben, können die Intervalle im

Zweifelsfall recht groß gewählt werden. Damit wird der Einfluß dieser Information auf die Güte der Minimax-linearen Schätzungen dieser Teilkomponenten von $\boldsymbol{\beta}$ gering sein. Je größer die Information über einzelne Komponenten ist (d. h. je kleiner man die Intervalle vorgeben kann), desto größer wird der Gewinn an Wirksamkeit gegenüber der KQ-Methode oder der AITKEN-Schätzung sein. Die Einbeziehung von schwacher Information über gewisse β_i *bei Berücksichtigung aller* β_i sichert aber auf jeden Fall die Anwendung der folgenden Methoden (d. h. die vorausgesetzte Regularität von $\boldsymbol{T}$), so daß aufwendige partielle Schätzmethoden oder der Einsatz verallgemeinerter Inversen umgangen werden können.

Das Minimax-Kriterium

$\hat{\boldsymbol{\beta}}$ *heißt Minimax-lineare Schätzung (kurz: MMLS) für* $\boldsymbol{\beta}$ *bezüglich des Risikos* $R(\hat{\boldsymbol{\beta}}, \boldsymbol{\beta})$, *wenn*

$$\min_{\tilde{\boldsymbol{\beta}}} \sup_{\boldsymbol{\beta} \in \mathfrak{B}} R(\tilde{\boldsymbol{\beta}}, \boldsymbol{\beta}) = r(\hat{\boldsymbol{\beta}}) \tag{4.5.5}$$

für alle $\tilde{\boldsymbol{\beta}} \in \mathfrak{C}$, $\mathfrak{C}$ *eine Klasse zulässiger Schätzungen, gilt.*

Satz 4.7. *Im verallgemeinerten Regressionsmodell* (3.1.1) *hat die homogene MMLS von* $\boldsymbol{\beta}$ *bei Zugrundelegung der Risikofunktion* $R(\hat{\boldsymbol{\beta}}, \boldsymbol{\beta})$ *aus* (4.5.1) *und der Restriktion* $\mathfrak{B}_1$ *aus* (4.5.2) *die Gestalt*

$$\hat{\boldsymbol{\beta}}_{\mathrm{I}} = (k^{-1}\sigma^2\boldsymbol{T} + \boldsymbol{S})^{-1}\,\boldsymbol{X}'\boldsymbol{W}^{-1}\boldsymbol{y} = \boldsymbol{D}^{-1}\boldsymbol{X}'\boldsymbol{W}^{-1}\boldsymbol{y} \tag{4.5.6}$$

mit

$$\operatorname{bias} \hat{\boldsymbol{\beta}}_{\mathrm{I}} = -k^{-1}\sigma^2\boldsymbol{D}^{-1}\boldsymbol{\beta}\,, \tag{4.5.7}$$

$$\mathsf{V}(\hat{\boldsymbol{\beta}}_{\mathrm{I}}) = \sigma^2\boldsymbol{D}^{-1}\boldsymbol{S}\boldsymbol{D}^{-1} \tag{4.5.5}$$

und

$$\sup_{\boldsymbol{\beta} \in \mathfrak{B}_1} R(\hat{\boldsymbol{\beta}}_{\mathrm{I}}, \boldsymbol{\beta}) = r(\hat{\boldsymbol{\beta}}_{\mathrm{I}}) = \sigma^2\boldsymbol{a}'\boldsymbol{D}^{-1}\boldsymbol{a}\,. \tag{4.5.9}$$

Die Minimax-lineare Schätzung $\hat{\boldsymbol{\beta}}_{\mathrm{I}}$ ist also verzerrt oder nichterwartungstreu, wobei wir den Vektor der Verzerrungen als „bias $\hat{\boldsymbol{\beta}}_{\mathrm{I}}$" bezeichnen und wie folgt definieren:

$$\operatorname{bias} \hat{\boldsymbol{\beta}}_{\mathrm{I}} = \mathsf{E}\hat{\boldsymbol{\beta}}_{\mathrm{I}} - \boldsymbol{\beta}\,.$$

Zur Demonstration der eingesetzten mathematischen Hilfsmittel wollen wir den Satz 4.7. hier beweisen (vgl. auch TOUTENBURG [11]).

Beweis: Wir wählen für die Schätzung von $\boldsymbol{\beta}$ wieder den homogenen linearen Ansatz $\hat{\boldsymbol{\beta}} = \boldsymbol{C}'\boldsymbol{y}$. Damit wird die Risikofunktion

$$\begin{aligned} R(\hat{\boldsymbol{\beta}}, \boldsymbol{\beta}) &= \operatorname{sp} \boldsymbol{A}\mathsf{E}\,(\hat{\boldsymbol{\beta}} - \boldsymbol{\beta})\,(\hat{\boldsymbol{\beta}} - \boldsymbol{\beta})' \\ &= \operatorname{sp} \boldsymbol{A}\,\{\sigma^2\boldsymbol{C}'\boldsymbol{W}\boldsymbol{C} + (\boldsymbol{C}'\boldsymbol{X} - \boldsymbol{I})\,\boldsymbol{\beta}\boldsymbol{\beta}'\,(\boldsymbol{X}'\boldsymbol{C} - \boldsymbol{I})\} \\ &= \sigma^2 \operatorname{sp} \boldsymbol{A}\boldsymbol{C}'\boldsymbol{W}\boldsymbol{C} + \boldsymbol{\beta}'\boldsymbol{T}^{1/2}\tilde{\boldsymbol{A}}\boldsymbol{T}^{1/2}\boldsymbol{\beta}, \end{aligned} \tag{4.5.10}$$

wobei $\tilde{A} = T^{-1/2}(C'X-I)' A (C'X-I) T^{-1/2}$ ist. Diese Form von $R(\hat{\beta}, \beta)$ erhält man nach einfachen algebraischen Umformungen.

Gemäß der Definition (4.5.5) des Minimax-Kriteriums bilden wir zunächst das Supremum über $R(\hat{\beta}, \beta)$ bezüglich der Restriktion $\beta' T \beta \leq k$, d. h. $\beta \in \mathfrak{B}_1$. Wir erhalten

$$\sup_{\beta \in \mathfrak{B}_1} R(\hat{\beta}, \beta) = \sigma^2 \operatorname{sp} AC'WC + k\lambda_{\max}(\tilde{A}) , \tag{4.5.11}$$

wobei $\lambda_{\max}(\tilde{A})$ der maximale Eigenwert der oben definierten Matrix $\tilde{A}$ ist. Zu diesem Resultat (4.5.11) gelangen wir wie folgt:

Es seien λ_i die Eigenwerte und t_i $(i=1, \ldots, K)$ die orthonormalen Eigenvektoren von $\tilde{A}$, die also den folgenden Gleichungen genügen:

$$\begin{cases} \tilde{A} t_i = \lambda_i t_i & (i=1, \ldots, K), \\ t_i' t_j = \delta_{ij} . \end{cases} \tag{4.5.12}$$

δ_{ij} ist das Kronecker-Symbol. Es ist $\delta_{ij}=1$ für $i=j$ und $\delta_{ij}=0$ sonst. Die zweite Beziehung drückt also die Orthonormalität der Vektoren t_i aus.

Da $\beta \in R^K$ ist (K-dimensionaler Euklidischer Raum) und die Vektoren $t_1, \ldots, t_K$ eine Basis des R^K bilden, haben wir die Darstellung

$$T^{-1/2}\beta = \tilde{\beta} = \sum_{i=1}^{K} \alpha_i t_i .$$

Hieraus folgt

$$\tilde{A}\tilde{\beta} = \sum_{i=1}^{K} \alpha_i \tilde{A} t_i = \sum_{i:\lambda_i \neq 0} \alpha_i \lambda_i t_i \quad [\text{wegen } (4.5.11)] ,$$

$$\begin{aligned} \tilde{\beta}'\tilde{A}\tilde{\beta} &= \left(\sum_{j=1}^{K} \alpha_j t_j'\right) \left(\sum_{i:\lambda_i \neq 0} \alpha_i \lambda_i t_i\right) = \sum_{i:\lambda_i \neq 0} \alpha_i^2 t_i' t_i \lambda_i \\ &\leq \lambda_{\max}(\tilde{A}) \sum_{i=1}^{K} (\alpha_i t_i)' (\alpha_i t_i) \\ &= \lambda_{\max}(\tilde{A}) \left(\sum_{i=1}^{K} \alpha_i t_i\right)' \left(\sum_{i=1}^{K} \alpha_i t_i\right) \\ &= \lambda_{\max}(\tilde{A})\, \tilde{\beta}'\tilde{\beta} \\ &= \lambda_{\max}(\tilde{A})\, \beta' T \beta \leq k\lambda_{\max}(\tilde{A}) . \end{aligned}$$

Damit ist also das Zwischenresultat (4.5.11) bewiesen.

Wir berechnen nun $\lambda_{\max}(\tilde{A})$ und beachten dabei die in (4.5.1) getroffene Voraussetzung $A = aa'$. Damit läßt sich die Matrix $\tilde{A}$ auch schreiben als

$$\tilde{A} = [T^{-1/2}(C'X-I)' a] [T^{-1/2}(C'X-I)' a]' = \tilde{a}\tilde{a}' .$$

Nach bekannten Sätzen gilt somit automatisch $\lambda_{\max}(\tilde{A}) = \tilde{a}'\tilde{a}$, also erhalten wir endgültig

$$\sup_{\beta \in \mathfrak{B}_1} R(\hat{\beta}, \beta) = \sigma^2 \operatorname{sp} AC'WC + ka' (C'X-I) T^{-1} (CX'-I)' a .$$

Die Minimierung dieser Funktion bezüglich $\boldsymbol{C}$ liefert nach den bekannten Sätzen [Sätze A25, A26, A37]

$$\frac{1}{2}\frac{\mathrm{d}}{\mathrm{d}\boldsymbol{C}}\sup_{\boldsymbol{\beta}\in\mathfrak{B}_1} R(\hat{\boldsymbol{\beta}}, \boldsymbol{\beta}) = (\sigma^2\boldsymbol{W} + k\boldsymbol{X}\boldsymbol{T}^{-1}\boldsymbol{X}')\,\boldsymbol{C}\boldsymbol{a}\boldsymbol{a}' - k\boldsymbol{X}\boldsymbol{T}^{-1}\boldsymbol{a}\boldsymbol{a}' = \boldsymbol{0}\,,$$

woraus wir das optimale $\hat{\boldsymbol{C}}$ als

$$\hat{\boldsymbol{C}}' = k\,(\sigma^2\boldsymbol{W} + k\boldsymbol{X}\boldsymbol{T}^{-1}\boldsymbol{X}')^{-1}\,\boldsymbol{X}\boldsymbol{T}^{-1}$$

oder äquivalent als

$$\hat{\boldsymbol{C}}' = (k^{-1}\sigma^2\boldsymbol{T} + \boldsymbol{S})^{-1}\,\boldsymbol{X}'\boldsymbol{W}^{-1}$$

erhalten. $\hat{\boldsymbol{\beta}}_{\mathrm{I}} = \hat{\boldsymbol{C}}'\boldsymbol{y}$ liefert also die MMLS (4.5.6). Damit ist der Satz 4.7. bewiesen.

Wir wollen nun die Eigenschaften dieser Schätzung untersuchen. $\hat{\boldsymbol{\beta}}_{\mathrm{I}}$ ist nichterwartungstreu, wie bereits oben festgestellt wurde. Wir hätten natürlich die Minimierung von $\sup R(\hat{\boldsymbol{\beta}}, \boldsymbol{\beta})$ auch unter der Nebenbedingung der Erwartungstreue, d. h. unter der Forderung $\boldsymbol{C}'\boldsymbol{X} - \boldsymbol{I} = \boldsymbol{0}$ (vgl. Abschnitt 3.1.), durchführen können. Dann wäre der zweite Ausdruck in (4.5.10) weggefallen, so daß die Restriktion $\boldsymbol{\beta} \in \mathfrak{B}_1$ unberücksichtigt geblieben wäre.

Wir haben also sofort folgendes *Korollar. Im Fall der homogenen erwartungstreuen Schätzung stimmen das Minimax-Prinzip und das* GAUSS-MARKOFF-AITKEN-*Prinzip der verallgemeinerten Kleinsten Quadrate überein.*

Die Nebenbedingung der Erwartungstreue wirkt sich also so aus, daß Restriktionen der Gestalt $\mathfrak{B}_1$, $\mathfrak{B}_2$ oder $\mathfrak{B}_3$ nicht berücksichtigt werden.

Betrachten wir andererseits den Grenzfall der Restriktion $\mathfrak{B}_1$, d. h. $\mathfrak{B}_1 = \mathrm{R}^K$ (vollständiger Parameterraum) oder äquivalent $k = \infty$. Dann gilt (vgl. (4.5.6)) $\lim_{k\to\infty} \boldsymbol{D} = \boldsymbol{S}$ und damit $\lim_{k\to\infty} \hat{\boldsymbol{\beta}}_{\mathrm{I}} = \boldsymbol{b}$. Damit ist die AITKEN-Schätzung $\boldsymbol{b}$ eine spezielle MMLS, und zwar für den Fall, daß keine Restriktionen der Gestalt $\mathfrak{B}_1$ vorliegen.

Vergleichen wir nun die MMLS $\hat{\boldsymbol{\beta}}_{\mathrm{I}}$ aus (4.5.6) mit der AITKEN-Schätzung $\boldsymbol{b}$ bezüglich des Minimax-Risikos $\sup_{\boldsymbol{\beta}\in\mathfrak{B}_1} R(\hat{\boldsymbol{\beta}}, \boldsymbol{\beta}) = r(\hat{\boldsymbol{\beta}})$, so gilt

$$r(\boldsymbol{b}) - r(\hat{\boldsymbol{\beta}}_{\mathrm{I}}) = \sigma^2\boldsymbol{a}'\,\{\boldsymbol{S}^{-1} - \boldsymbol{D}^{-1}\}\,\boldsymbol{a} \geqq 0\,, \tag{4.5.13}$$

da $\boldsymbol{S}^{-1} - \boldsymbol{D}^{-1}$ nach Satz A11 b) nichtnegativ definit ist.

Die Verwendung des Minimax-Prinzips führt also bei Kenntnis von Restriktionen der Gestalt $\mathfrak{B}_1$, also zum Beispiel bei Kenntnis von Intervallen $a_i \leqq \beta_i \leqq b_i$ für alle Komponenten β_i von $\boldsymbol{\beta}$, zu Schätzungen, die der nur auf Stichprobeninformation beruhenden AITKEN-Schätzung überlegen sind, obwohl die MMLS $\hat{\boldsymbol{\beta}}_{\mathrm{I}}$ nichterwartungstreu ist. Sie besitzt aber eine wesentlich kleinere Varianz als $\boldsymbol{b}$, so daß sich insgesamt ein Vorteil für $\hat{\boldsymbol{\beta}}_{\mathrm{I}}$ ergibt, wenn der bias und die Varianz in dem allgemeinen *Mean-Square-Error-Kriterium*

$$\sup_{\boldsymbol{\beta}\in\mathfrak{B}_1} R(\hat{\boldsymbol{\beta}}, \boldsymbol{\beta}) = \sup_{\boldsymbol{\beta}\in\mathfrak{B}_1} (\text{bias}\,\hat{\boldsymbol{\beta}})\,(\text{bias}\,\hat{\boldsymbol{\beta}})' + \boldsymbol{V}(\hat{\boldsymbol{\beta}})$$

gleichermaßen berücksichtigt werden. *Das Minimax-Prinzip liefert damit ein Beispiel für eine praktikable Erweiterung des bekannten Schätzprinzips nach der Methode der kleinsten Quadrate, wobei insbesondere der Verzicht auf Erwartungstreue bei gleichzeitiger Verwendung ökonomisch sinnvoller Zusatzinformation zu dieser Erweiterung des Spektrums von Schätzungen beiträgt.*

Für unsere späteren Anwendungen benötigen wir die MMLS unter der Restriktion $\mathfrak{B}_3$. Diese Schätzung läßt sich durch einfache Umformung aus $\hat{\boldsymbol{\beta}}_{\mathrm{I}}$ gewinnen und lautet:

$$\hat{\boldsymbol{\beta}}_{\mathrm{II}} = (k^{-1}\sigma^2\boldsymbol{T} + \boldsymbol{S})^{-1}\boldsymbol{X}'\,(\boldsymbol{y} - \boldsymbol{X}\boldsymbol{\beta}_0) + \boldsymbol{\beta}_0 \tag{4.5.14}$$

mit

$$r(\hat{\boldsymbol{\beta}}_{\mathrm{II}}) = r(\hat{\boldsymbol{\beta}}_{\mathrm{I}})\,.$$

Beide Schätzungen haben also das gleiche Minimax-Risiko, d. h. auch die gleiche Kovarianzmatrix.

Die MMLS $\hat{\boldsymbol{\beta}}_{\mathrm{I}}$ (4.5.6) hat natürlich wieder den Nachteil, durch das enthaltene unbekannte σ^2 nicht unmittelbar praktikabel zu sein. So müssen wir also zusätzlich noch Information über σ^2 heranziehen. Man könnte σ^2 durch die Stichprobenvarianz s^2 schätzen, hat dann jedoch keine exakten Aussagen über die Güte dieser zweistufigen Schätzung (vgl. Theil [2] und Toutenburg [11]).

Eine andere Möglichkeit ist die MMLS unter der Restriktion $\mathfrak{B}_2$ (4.5.3), die zu der Lösung

$$\hat{\boldsymbol{\beta}} = (k^{-1}\boldsymbol{T} + \boldsymbol{S})^{-1}\boldsymbol{X}'\boldsymbol{W}^{-1}\boldsymbol{y}$$

führt. Es dürfte in der Praxis jedoch schwierig sein, eine gleichzeitige Restriktion an $\boldsymbol{\beta}$ und σ, also eine Restriktion an den Vektor $\sigma^{-1}\boldsymbol{\beta}$ der Form $(\sigma^{-1}\boldsymbol{\beta})'\,\boldsymbol{T}(\sigma^{-1}\boldsymbol{\beta}) \leqq k$ zu begründen. Der folgende Weg erscheint gangbarer.

Wir werden σ^2 in $\hat{\boldsymbol{\beta}}_{\mathrm{I}}$ durch eine nichtstochastische Größe $c > 0$ ersetzen und dabei c so wählen können, daß diese zweistufige Schätzung einmal besser als die Aitken-Schätzung $\boldsymbol{b}$ ist und zum anderen die Differenz der Risikofunktionen beider Schätzungen maximal wird.

Wir definieren

$$\hat{\boldsymbol{\beta}}_{\mathrm{I}}(c) = (k^{-1}c\boldsymbol{T} + \boldsymbol{S})^{-1}\,\boldsymbol{X}'\boldsymbol{W}^{-1}\boldsymbol{y}$$

(also σ^2 durch c ersetzt in $\hat{\boldsymbol{\beta}}_{\mathrm{I}}$).

Es gilt folgender Satz

Satz 4.8. *Falls eine a-priori-Information der Gestalt*

$$\sigma_1^2 < \sigma^2 \tag{4.5.15}$$

bekannt ist, so ist die zweistufige Minimax-lineare Schätzung unter der Restriktion $\mathfrak{B}_1$

$$\begin{aligned}\hat{\boldsymbol{\beta}}_{\mathrm{I}}(2\sigma_1^2) &= (2\sigma_1^2k^{-1}\boldsymbol{T} + \boldsymbol{S})^{-1}\boldsymbol{X}'\boldsymbol{W}^{-1}\boldsymbol{y}\\ &= \tilde{\boldsymbol{D}}^{-1}\boldsymbol{X}'\boldsymbol{W}^{-1}\boldsymbol{y}\end{aligned} \tag{4.5.16}$$

mit der Kovarianzmatrix

$$\mathsf{V}[\hat{\boldsymbol{\beta}}_{\mathrm{I}}(2\sigma_1^2)] = \sigma^2 \tilde{\boldsymbol{D}}^{-1} \boldsymbol{S} \tilde{\boldsymbol{D}}^{-1}$$

und mit dem Minimax-Risiko

$$\boldsymbol{r}[\hat{\boldsymbol{\beta}}_{\mathrm{I}}(2\sigma_1^2)] = \sigma^2 \boldsymbol{a}' \tilde{\boldsymbol{D}}^{-1} (\boldsymbol{S} + k^{-1} 4\sigma_1^4 \sigma^{-2} \boldsymbol{T}) \tilde{\boldsymbol{D}}^{-1} \boldsymbol{a} \qquad (4.5.17)$$

besser als die AITKEN-*Schätzung* $\boldsymbol{b}$, *und es gilt*

$$\max_{c>0} \{r(\boldsymbol{b}) - r[\hat{\boldsymbol{\beta}}_{\mathrm{I}}(c)]\} = r(\boldsymbol{b}) - r[\hat{\boldsymbol{\beta}}_{\mathrm{I}}(2\sigma_1^2)] \geqq 0 .$$

Wenn also zwei Arten von Zusatzinformation gegeben sind,

- Kenntnis von Schwankungsbereichen $a_i \leqq \beta_i \leqq b_i$ für *alle* β_i, d. h. ein Bereich der Gestalt $\mathfrak{B}_1$ aus (4.5.2),
- eine untere Schranke $\sigma_1^2 < \sigma^2$ für den Varianzfaktor σ^2,

dann liefert Satz 4.8. mit der Schätzung $\hat{\boldsymbol{\beta}}_{\mathrm{I}}(2\sigma_1^2)$ eine praktikable Verbesserung im Sinne des Minimax-Risikos der (ohne Zusatzinformation abgeleiteten) AITKEN-Schätzung $\boldsymbol{b}$. Wenn wir noch bemerken, daß die Minimax-Schätzung $\hat{\boldsymbol{\beta}}_{\mathrm{I}}(2\sigma_1^2)$ nichterwartungstreu ist, so haben wir ein weiteres Beispiel für den vorteilbringenden Verzicht auf die Nebenbedingung der Erwartungstreue einer Schätzung.

Die benötigte Zusatzinformation über $\boldsymbol{\beta}$ *und* σ^2 *ist in der Praxis leicht zu finden, so daß die Minimax-linearen Schätzungen eine wirkungsvolle Methode bei der Parameteridentifikation in linearen Modellen liefern.*

Das folgende Beispiel und die Beispiele in Abschnitt 4.7. werden den Grad des Gewinns an Wirksamkeit demonstrieren.

Beispiel: Wir beschränken uns auf ein klassisches lineares Regressionsmodell (also $\boldsymbol{W} = \boldsymbol{I}$) mit $K = 3$ exogenen Variablen, wobei $\boldsymbol{X}_1 \equiv 1$ eine Scheinvariable ist (inhomogenes Modell):

$$\boldsymbol{y} = \boldsymbol{X}_1\beta_1 + \boldsymbol{X}_2\beta_2 + \boldsymbol{X}_3\beta_3 + \boldsymbol{u} ,$$

$$\mathsf{E}\boldsymbol{u} = 0, \qquad \mathsf{E}\boldsymbol{u}\boldsymbol{u}' = \sigma^2 \boldsymbol{I} .$$

Wir nehmen an, daß wir folgende $T = 6$-dimensionale Stichprobe haben (vgl. auch GOLDBERGER [1], S. 160):

$$\boldsymbol{y} = \begin{pmatrix} 0 \\ 2 \\ 1 \\ 2 \\ -1 \\ 1 \end{pmatrix} \qquad \boldsymbol{X} = \begin{pmatrix} 1 & -1 & 0 \\ 1 & 0 & 1 \\ 1 & 1 & 0 \\ 1 & 2 & 1 \\ 1 & 0 & -1 \\ 1 & 0 & 0 \end{pmatrix}$$

und berechnen

$$\boldsymbol{X}'\boldsymbol{X} = \begin{pmatrix} 6 & 2 & 1 \\ 2 & 6 & 2 \\ 1 & 2 & 3 \end{pmatrix} ,$$

$$X'y = \begin{pmatrix} 5 \\ 5 \\ 5 \end{pmatrix}, \quad |X'X| = 74 ,$$

$$S^{-1} = (X'X)^{-1} = \frac{1}{74} \begin{pmatrix} 14 & -4 & -2 \\ -4 & 17 & -10 \\ -2 & -10 & 32 \end{pmatrix} .$$

Damit wird die klassische KQ-Schätzung

$$b = (X'X)^{-1} X'y = \frac{1}{74} \begin{pmatrix} 40 \\ 15 \\ 100 \end{pmatrix} = \begin{pmatrix} 0{,}541 \\ 0{,}203 \\ 1{,}352 \end{pmatrix} .$$

Nun berechnen wir die geschätzten Residuen $\hat{u}$:

$$\hat{y} = Xb = \frac{1}{74} \begin{pmatrix} 25 \\ 140 \\ 55 \\ 170 \\ -60 \\ 40 \end{pmatrix}, \quad \hat{u} = y - Xb = \frac{1}{74} \begin{pmatrix} -25 \\ 8 \\ 19 \\ -22 \\ -14 \\ 34 \end{pmatrix}$$

(wir bemerken, daß $\sum \hat{u}_t = 0$).

Somit erhalten wir als Schätzung von σ^2:

$$s^2 = \hat{u}'\hat{u}\,(T-K)^{-1} = \frac{2886}{74^2 \cdot 3} = \frac{13}{74} .$$

Setzen wir nun voraus, daß u normalverteilt ist, so ist s^2 nach $\sigma^{2\prime}(T-K)^{-1}\chi^2_{T-K}$ verteilt. Wir können damit ein unteres Konfidenzintervall für σ^2 bestimmen:

$$\mathsf{P}\left(\frac{s^2(T-K)}{\chi^2_\alpha} < \sigma^2\right) = 1 - \alpha . \tag{4.5.18}$$

Für $T-K=3$ und $\alpha=0{,}05$ erhalten wir $s^2 \cdot 3/\chi^2_{\alpha,3} = 0{,}067$. Damit können wir zum Beispiel $\sigma_1^2 = 0{,}05$ wählen, da $\mathsf{P}(0{,}05 < \sigma^2) \ll 0{,}05$ ist. Die Formel (4.5.18) liefert also einen praktikablen Weg zur Auffindung einer unteren Schranke σ_1^2 für σ^2.

Wir nehmen nun an, daß folgende Relationen sachlogisch gerechtfertigt sind (sie stehen auf jeden Fall nicht im Widerspruch zu den Ergebnissen der KQ-Schätzung b):

$$\beta_1^2 \leqq 1, \quad \beta_2^2 \leqq 1, \quad \beta_3^2 \leqq 2 .$$

Dies ergibt äquivalent (vgl. Beispiel S. 52)

$$\boldsymbol{\beta}'T\boldsymbol{\beta} \leqq 1 \quad \text{mit} \quad T = \begin{pmatrix} 0{,}33 & 0 & 0 \\ 0 & 0{,}33 & 0 \\ 0 & 0 & 0{,}17 \end{pmatrix},$$

$$\hat{\boldsymbol{\beta}}_{\mathrm{I}}(2\sigma_1^2) = \hat{\boldsymbol{\beta}}_{\mathrm{I}}(0{,}1) = (0{,}1T + X'X)^{-1} X'y ,$$
$$|0{,}1T + X'X| = 79{,}58$$

$$(0{,}1\boldsymbol{T}+\boldsymbol{X}'\boldsymbol{X})^{-1}=(79{,}58)^{-1}\begin{pmatrix} 14{,}21 & -\ 4{,}04 & -\ 2{,}03 \\ -\ 4{,}04 & 17{,}21 & -10{,}06 \\ -\ 2{,}03 & -10{,}06 & 32{,}36 \end{pmatrix}$$

und damit

$$\hat{\boldsymbol{\beta}}_{\mathrm{I}}(0{,}1)=\begin{pmatrix} 0{,}511 \\ 0{,}195 \\ 1{,}274 \end{pmatrix}.$$

Wir wählen den Vektor $\boldsymbol{a}$ speziell als $\boldsymbol{a}'=(1,1,1)$ und erhalten

$$r(\boldsymbol{b})=\frac{31}{74}\sigma^2=0{,}459\sigma^2$$

$$r[\hat{\boldsymbol{\beta}}_{\mathrm{I}}(2\sigma_1^2)]=0{,}374\sigma^2+4\cdot 0{,}015\sigma_1^4\,,$$

also für die Differenz

$$r(\boldsymbol{b})-r[\hat{\boldsymbol{\beta}}_{\mathrm{I}}(2\sigma_1^2)]=\sigma^2\left(0{,}085-4\cdot 0{,}015\,\frac{\sigma_1^4}{\sigma^2}\right)\geqq\sigma^2\;(0{,}085-4\cdot 0{,}015\sigma_1^2)\,,$$

da $\sigma_1^2<\sigma^2$, also $-\sigma_1^2/\sigma^2>-1$. Für $2\sigma_1^2=0{,}1$ erhalten wir

$$r(\boldsymbol{b})-r[\hat{\boldsymbol{\beta}}_{\mathrm{I}}(0{,}1)]\geqq\sigma^2\cdot 0{,}371\,,$$

also eine etwa 80%ige Risikoerniedrigung gegenüber der KQ-Schätzung $\boldsymbol{b}$.

Ridge-Regression

Das Prinzip der Ridge-Regression wurde von HOERL und KENNARD [1] vorgeschlagen und zwar als eine Methode zur Überwindung von *Multikollinearität.*

Sie definieren

$$\hat{\boldsymbol{\beta}}_{\mathrm{Ridge}}=(\boldsymbol{X}'\boldsymbol{X}+g\boldsymbol{I})^{-1}\boldsymbol{X}'\boldsymbol{y} \tag{4.5.19}$$
$$=(\boldsymbol{I}+g(\boldsymbol{X}'\boldsymbol{X})^{-1})^{-1}[(\boldsymbol{X}'\boldsymbol{X})^{-1}\boldsymbol{X}'\boldsymbol{y}]\quad\text{für}\quad g\geqq 0\,.$$

Der Ridge-Schätzvektor ist also eine lineare Transformation des gewöhnlichen KQ-Schätzvektors $\boldsymbol{b}=(\boldsymbol{X}'\boldsymbol{X})^{-1}\boldsymbol{X}'\boldsymbol{y}$. Für $g=0$ ist $\hat{\boldsymbol{\beta}}_{\mathrm{Ridge}}=\boldsymbol{b}$.

Die Elemente von $\boldsymbol{b}$ haben bei einem hohen Grad von Multikollinearität, d. h. bei fast singulärer Matrix $\boldsymbol{X}'\boldsymbol{X}$, große Varianzen. Wie wir uns erinnern, galt $V(\boldsymbol{b})=\sigma^2(\boldsymbol{X}'\boldsymbol{X})^{-1}$. Damit ist $\operatorname{var}(b_i)=\sigma^2 a_{ii}$, wobei a_{ii} das i-te Diagonalelement von $(\boldsymbol{X}'\boldsymbol{X})^{-1}$ ist. Bei der Ridge-Schätzung wird nun zu den Diagonalelementen von $\boldsymbol{X}'\boldsymbol{X}$ der Wert $g>0$ addiert, um die schlechte Kondition von $\boldsymbol{X}'\boldsymbol{X}$ zu verbessern. Die Varianzen von $\hat{\boldsymbol{\beta}}_{\mathrm{Ridge}}$ werden damit kleiner als die Varianzen von $\boldsymbol{b}$. Dafür ist $\hat{\boldsymbol{\beta}}_{\mathrm{Ridge}}$ aber nichterwartungstreu.

Wie wir unschwer sehen, ist $\hat{\boldsymbol{\beta}}_{\mathrm{Ridge}}$ eine spezielle Minimax-lineare Schätzung $\hat{\boldsymbol{\beta}}_{\mathrm{I}}$. Wir vergleichen $\hat{\boldsymbol{\beta}}_{\mathrm{Ridge}}$ (4.5.19) und $\hat{\boldsymbol{\beta}}_{\mathrm{I}}$ (4.5.6), wobei wir in $\hat{\boldsymbol{\beta}}_{\mathrm{I}}$ für $\boldsymbol{W}=\boldsymbol{I}$ setzen. Dann entspricht $\boldsymbol{T}$ der Matrix $\boldsymbol{I}$ und $k^{-1}\sigma^2$ dem Wert g, d. h. $\hat{\boldsymbol{\beta}}_{\mathrm{Ridge}}$ ist MMLS unter der Restriktion $\boldsymbol{\beta}'\boldsymbol{I}\boldsymbol{\beta}\leqq g^{-1}\sigma^2$.

Während die MMLS $\hat{\boldsymbol{\beta}}_{\mathrm{I}}$ bezüglich des Minimax-Kriteriums $\sup_{\boldsymbol{\beta} \in \mathfrak{B}_1} R(\hat{\boldsymbol{\beta}})$ stets besser als die KQ-Schätzung $\boldsymbol{b}$ ist, gilt eine gleichwertige Aussage bezüglich des *Mean-Square-Error-(MSE)-Risikos* $R(\hat{\boldsymbol{\beta}}) = \operatorname{sp} \boldsymbol{A} \mathsf{E} (\hat{\boldsymbol{\beta}} - \boldsymbol{\beta})(\hat{\boldsymbol{\beta}} - \boldsymbol{\beta})'$ nicht. Hoerl und Kennard haben aber gezeigt, daß stets ein $g^* > 0$ so existiert, daß

$$R(\hat{\boldsymbol{\beta}}_{\mathrm{Ridge}} \mid g = g^*) \leqq R(\boldsymbol{b})$$

gilt.

Der typische Verlauf der Risikofunktionen von $\boldsymbol{b}$ und $\hat{\boldsymbol{\beta}}_{\mathrm{Ridge}}$ in Abhängigkeit von g bestätigt dies (vgl. Abb. 4.1.). Das Auffinden des Wertes g^* erfolgt nach iterativen Verfahren.

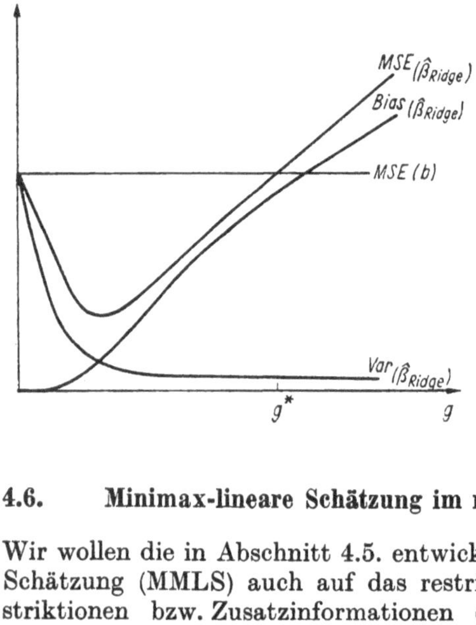

Abb. 4.1. Typischer Verlauf des MSE-Risikos der klassischen KQ-Schätzung $\boldsymbol{b}$ und von $\hat{\boldsymbol{\beta}}_{\mathrm{Ridge}}$

4.6. Minimax-lineare Schätzung im restriktiven Regressionsmodell

Wir wollen die in Abschnitt 4.5. entwickelte Methode der Minimax-linearen Schätzung (MMLS) auch auf das restriktive Modell übertragen, also Restriktionen bzw. Zusatzinformationen der Typen $\boldsymbol{r} = \boldsymbol{R}\boldsymbol{\beta} + \boldsymbol{d}$ (4.1.1) und $\boldsymbol{\beta}'\boldsymbol{T}\boldsymbol{\beta} \leqq k$ (4.5.2) kombinieren. Die Verwendung jeder dieser Informationen für sich führte zu einem Gewinn bei der Schätzung gegenüber der Aitken-Schätzung $\boldsymbol{b}$. Es ist also zu erwarten, daß die gleichzeitige Nutzung beider Arten von Information zu einem weiteren Gewinn an Wirksamkeit führt. Diese Vermutung wird durch die von Toutenburg [14] entwickelte *2-Stufen-MMLS* bestätigt. Wir geben die wesentlichen Resultate nun an.

Die lineare Restriktion $\boldsymbol{r} = \boldsymbol{R}\boldsymbol{\beta} + \boldsymbol{d}$ berücksichtigen wir, indem wir mit dem restriktiven Modell (4.2.3) arbeiten. Ist nun zusätzlich noch die Information gegeben, daß $\boldsymbol{\beta}$ in einem Ellipsoid liegt, d. h. daß $\boldsymbol{\beta}'\boldsymbol{T}\boldsymbol{\beta} \leqq k$ gilt, so werden beide Informationen durch eine Minimax-lineare Schätzung (MMLS) im restriktiven Modell (4.2.3) gleichzeitig verwertet.

Satz 4.9. *Unter den Zusatzinformationen* $\boldsymbol{r}=\boldsymbol{R}\boldsymbol{\beta}+\boldsymbol{d}$ *und* $\boldsymbol{\beta}'\boldsymbol{T}\boldsymbol{\beta}\leqq k$ *hat die* MMLS *die Gestalt*

$$\hat{\boldsymbol{\beta}}_{\mathrm{III}}=\boldsymbol{D}_{\sigma^{-2}}(\sigma^{-2}\boldsymbol{X}'\boldsymbol{W}^{-1}\boldsymbol{y}+\boldsymbol{R}'\boldsymbol{V}^{-1}\boldsymbol{r}) \tag{4.6.1}$$

$$\textit{mit}\quad \boldsymbol{D}_{\sigma^{-2}}=(k^{-1}\boldsymbol{T}+\sigma^{-2}\boldsymbol{S}+\boldsymbol{R}'\boldsymbol{V}^{-1}\boldsymbol{R})^{-1},$$

$$\operatorname{bias}\hat{\boldsymbol{\beta}}_{\mathrm{III}}=-k^{-1}\boldsymbol{D}_{\sigma^{-2}}\boldsymbol{T}\boldsymbol{\beta},$$

$$\sup_{\boldsymbol{\beta}'\boldsymbol{T}\boldsymbol{\beta}\leqq k} R(\hat{\boldsymbol{\beta}}_{\mathrm{III}},\boldsymbol{\beta})=r(\hat{\boldsymbol{\beta}}_{\mathrm{III}})=\boldsymbol{a}'\boldsymbol{D}_{\sigma^{-2}}\boldsymbol{a}.$$

Wie man leicht nachprüft, gilt analog zu (4.5.13)

$$r(\hat{\boldsymbol{\beta}}_{\mathrm{III}})\leqq r(\boldsymbol{b}_1)=\boldsymbol{a}'(\sigma^{-2}\boldsymbol{S}+\boldsymbol{R}'\boldsymbol{V}^{-1}\boldsymbol{R})^{-1}\boldsymbol{a}$$
$$\leqq r(\boldsymbol{b})=\boldsymbol{a}'\sigma^{2}\boldsymbol{S}^{-1}\boldsymbol{a},$$

wobei $\boldsymbol{b}_1$ (4.2.4) die AITKEN-Schätzung im restriktiven Modell (4.2.3) war (vgl. auch BIBBY und TOUTENBURG [1]).

Die MMLS ist also nichterwartungstreu, besitzt aber ein kleineres Minimax-Risiko als die optimale restriktive Schäztung $\boldsymbol{b}_1$ und als die ohne Zusatzinformation abgeleitete AITKEN-Schätzung $\boldsymbol{b}$. Wie die MMLS $\hat{\boldsymbol{\beta}}_{\mathrm{I}}$ (4.5.6) im nichtrestriktiven Modell enthält auch $\hat{\boldsymbol{\beta}}_{\mathrm{III}}$ den unbekannten Varianzfaktor σ^{-2}, so daß die praktische Anwendung von $\hat{\boldsymbol{\beta}}_{\mathrm{III}}$ die Ersetzung von σ^{-2} durch eine geeignet gewählte Konstante c erfordert.

Zusatzinformation über σ^2

Die restriktive MMLS $\hat{\boldsymbol{\beta}}_{\mathrm{III}}$ ist Lösung der Normalgleichung

$$(k^{-1}\boldsymbol{T}+\sigma^{-2}\boldsymbol{S}+\boldsymbol{R}'\boldsymbol{V}^{-1}\boldsymbol{R})\hat{\boldsymbol{\beta}}=(\sigma^{-2}\boldsymbol{X}'\boldsymbol{W}^{-1}\boldsymbol{y}+\boldsymbol{R}'\boldsymbol{V}^{-1}\boldsymbol{r}). \tag{4.6.2}$$

Wir führen folgende Bezeichnungen ein:

$$\boldsymbol{M}_{\sigma^{-2}}=\sigma^{-2}\boldsymbol{S}+\boldsymbol{R}'\boldsymbol{V}^{-1}\boldsymbol{R},$$
$$\boldsymbol{M}_c\;=c\boldsymbol{S}+\boldsymbol{R}'\boldsymbol{V}^{-1}\boldsymbol{R},$$
$$\boldsymbol{D}_{\sigma^{-2}}=(k^{-1}\boldsymbol{T}+\boldsymbol{M}_{\sigma^{-2}})^{-1},$$
$$\boldsymbol{D}_c\;=(k^{-1}\boldsymbol{T}+\boldsymbol{M}_c)^{-1}.$$

Die Lösung der Normalgleichung (4.6.2) ist $\hat{\boldsymbol{\beta}}_{\mathrm{III}}$. Wir ersetzen nun σ^{-2} durch eine nichtstochastische Konstante $c\geqq 0$, gehen also zur Klasse von Normalgleichungen

$$(k^{-1}\boldsymbol{T}+\boldsymbol{M}_c)\hat{\boldsymbol{\beta}}=(c\boldsymbol{X}'\boldsymbol{W}^{-1}\boldsymbol{y}+\boldsymbol{R}'\boldsymbol{V}^{-1}\boldsymbol{r})$$

über, deren Lösungen die Gestalt haben

$$\hat{\boldsymbol{\beta}}_{\mathrm{III}}(c)=\boldsymbol{D}_c(c\boldsymbol{X}'\boldsymbol{W}^{-1}\boldsymbol{y}+\boldsymbol{R}'\boldsymbol{V}^{-1}\boldsymbol{r}). \tag{4.6.3}$$

Diese modifizierte oder *2-Stufen-Minimax-lineare Schätzung* (2 SMMLS) hat folgende Eigenschaften:

$$\text{bias}\,\hat{\boldsymbol{\beta}}_{\text{III}}(c) = -k^{-1}\boldsymbol{D}_c\boldsymbol{T}\boldsymbol{\beta}\,,$$

$$\sup_{\boldsymbol{\beta}'\boldsymbol{T}\boldsymbol{\beta}\le k} (\text{bias}\,\hat{\boldsymbol{\beta}}_{\text{III}}(c))\,(\text{bias}\,\hat{\boldsymbol{\beta}}_{\text{III}}(c))' = k^{-1}\boldsymbol{a}'\boldsymbol{D}_c\boldsymbol{T}\boldsymbol{D}_c\boldsymbol{a}\,,$$

also

$$\mathsf{V}(\hat{\boldsymbol{\beta}}_{\text{III}}(c)) = \boldsymbol{D}_c\,[\boldsymbol{M}_c + (c^2\sigma^2 - c)\,\boldsymbol{S}]\,\boldsymbol{D}_c\,,$$

$$\sup_{\boldsymbol{\beta}'\boldsymbol{T}\boldsymbol{\beta}\le k} R(\hat{\boldsymbol{\beta}}_{\text{III}}(c), \boldsymbol{\beta}) = r(\hat{\boldsymbol{\beta}}_{\text{III}}(c))$$

$$= \boldsymbol{a}'\boldsymbol{D}_c\,[c^2\sigma^2\boldsymbol{S} + k^{-1}\boldsymbol{T} + \boldsymbol{R}'\boldsymbol{V}^{-1}\boldsymbol{R}]\,\boldsymbol{D}_c\boldsymbol{a}\,.$$

Um die Art der Abhängigkeit des Risikos von c festzustellen, bilden wir die erste Ableitung:

$$\frac{\partial}{\partial c}\, r(\hat{\boldsymbol{\beta}}_{\text{III}}(c)) = 2\,(c\sigma^2 - 1)\,\boldsymbol{a}'\boldsymbol{D}_c\,[\boldsymbol{S} - c\boldsymbol{S}\boldsymbol{D}_c\boldsymbol{S}]\,\boldsymbol{D}_c\boldsymbol{a}\,. \tag{4.6.4}$$

Die rechts stehende quadratische Form ist $\geqq 0$. Der Beweis ist einfach. Wir schreiben

$$\boldsymbol{S} - c\boldsymbol{S}\boldsymbol{D}_c\boldsymbol{S} = c\boldsymbol{S}\,[c^{-1}\boldsymbol{S}^{-1} - \boldsymbol{D}_c]\,\boldsymbol{S}\,.$$

Es gilt

$$\boldsymbol{D}_c^{-1} = c\boldsymbol{S} + [k^{-1}\boldsymbol{T} + \boldsymbol{R}'\boldsymbol{V}^{-1}\boldsymbol{R}]\,,$$

wobei die Matrix [ ] positiv definit ist. Nach Satz A11 b) ist dann $c^{-1}\boldsymbol{S}^{-1} - \boldsymbol{D}_c$ nichtnegativ definit und damit

$$\boldsymbol{a}'\boldsymbol{D}_c\,[\boldsymbol{S} - c\boldsymbol{S}\boldsymbol{D}_c\boldsymbol{S}]\,\boldsymbol{D}_c\boldsymbol{a} \geqq 0\,.$$

Damit folgt aus (4.6.4)

– $r(\hat{\boldsymbol{\beta}}_{\text{III}}(c))$ ist minimal für $c = \sigma^{-2}$
(also in Übereinstimmung mit Satz 4.9.), d. h., $\hat{\boldsymbol{\beta}}_{\text{III}}$ ist optimal

– $r(\hat{\boldsymbol{\beta}}_{\text{III}}(c))$ ist monoton fallend in c^{-1} für $c^{-1} < \sigma^2$.

Es sei nun a-priori eine untere Schranke σ_1^2 für σ^2 bekannt:

$$0 < \sigma_1^2 < \sigma^2\,. \tag{4.6.5}$$

Dann ist die Wahl $c = \sigma_1^{-2}$ optimal im Sinne

$$\min_{c^{-1}\leqq\sigma_1^2} \{r(\hat{\boldsymbol{\beta}}_{\text{III}}(c)) - r(\hat{\boldsymbol{\beta}}_{\text{III}})\} = r(\hat{\boldsymbol{\beta}}_{\text{III}}(\sigma_1^{-2})) - r(\hat{\boldsymbol{\beta}}_{\text{III}}) \geqq 0\,.$$

Bemerkung: Es entsteht die Frage, welche Wirkung die Kombination der beiden Informationen $\boldsymbol{\beta}'\boldsymbol{T}\boldsymbol{\beta} \leqq k$ und $\sigma_1^2 < \sigma^2$ zu der (insgesamt schwächeren) Information

$$\boldsymbol{\beta}'\boldsymbol{T}\boldsymbol{\beta} \leqq k^{-1}\sigma_1^{-2}\sigma^2 \tag{4.6.6}$$

hat. Es sei die Kovarianzmatrix $\boldsymbol{V}$ von $\boldsymbol{d}$ (aus $\boldsymbol{r}=\boldsymbol{R\beta}+\boldsymbol{d}$) vom Typ $\boldsymbol{V}=\sigma^2\tilde{\boldsymbol{V}}$. Dann ist die 2 SMMLS $\hat{\boldsymbol{\beta}}_{III}(c)$ aus (4.6.3) mit $c=\sigma_1^{-2}$, also

$$\hat{\boldsymbol{\beta}}_{III}(\sigma_1^{-2})=(k^{-1}\sigma_1^{-2}\boldsymbol{T}+\boldsymbol{S}+\boldsymbol{R}'\tilde{\boldsymbol{V}}^{-1}\boldsymbol{R})^{-1}\,(\sigma_1^{-2}\boldsymbol{X}'\boldsymbol{W}^{-1}\boldsymbol{y}+\boldsymbol{R}'\tilde{\boldsymbol{V}}^{-1}\boldsymbol{r}) \qquad (4.6.7)$$

identisch mit der MMLS $\hat{\boldsymbol{\beta}}_{III}$ unter der Bedingung (4.6.6).

Hat $\boldsymbol{V}$ nicht die Gestalt $\sigma^2\tilde{\boldsymbol{V}}$, so würde die Verwendung der kombinierten Zusatzinformation (4.6.6) zu einer MMLS führen, die wieder σ^2 enthält:

$$\tilde{\boldsymbol{\beta}}=(k^{-1}\sigma_1^{-2}\boldsymbol{T}+\boldsymbol{S}+\sigma^{-2}\boldsymbol{R}'\boldsymbol{V}^{-1}\boldsymbol{R})^{-1}\,(\sigma_1^{-2}\boldsymbol{X}'\boldsymbol{W}^{-1}\boldsymbol{y}+\sigma^{-2}\boldsymbol{R}'\boldsymbol{V}^{-1}\boldsymbol{r})\,.$$

Satz 4.10. *Gegeben seien eine lineare Restriktion* $\boldsymbol{r}=\boldsymbol{R\beta}+\boldsymbol{d}$ *mit* $\mathsf{E}\boldsymbol{dd}'=\boldsymbol{V}=\sigma^2\tilde{\boldsymbol{V}}$ *sowie die nichtlinearen Restriktionen* $\boldsymbol{\beta}'\boldsymbol{T\beta}\leqq k$ *und* $\sigma_1^2<\sigma^2$. *Dann ist die zweistufige Minimax-lineare Schätzung* (2 SMMLS) (4.6.7), *deren erster Schritt die* MMLS *unter* $\boldsymbol{\beta}'\boldsymbol{T\beta}\leqq k$ *und deren zweiter Schritt die Ersetzung von* σ^2 *durch* σ_1^2 *ist, identisch mit der* MMLS *unter der kombinierten Restriktion*

$$\boldsymbol{\beta}'\boldsymbol{T\beta}\leqq k^{-1}\sigma_1^{-2}\sigma^2\,.$$

Wie wir bereits sahen, gilt

$$r(\hat{\boldsymbol{\beta}}_{III})\leqq r(\boldsymbol{b})\,.$$

Wir wollen nun prüfen, ob eine ähnliche Güterelation auch für die 2 SMMLS $\hat{\boldsymbol{\beta}}_{III}(c)$, d. h., nach Ersetzung von σ^{-2} durch c gilt. Nur dann hat dieses Verfahren einen praktischen Sinn.

Wir betrachten die Differenz der beiden Minimax-Risiken

$$r(\boldsymbol{b})-r(\hat{\boldsymbol{\beta}}_{III}(c))=\boldsymbol{a}'\,\{\sigma^2\boldsymbol{S}^{-1}-\boldsymbol{D}_c\,(c^2\sigma^2\boldsymbol{S}+\boldsymbol{L})\,\boldsymbol{D}_c\}\,\boldsymbol{a}\,,$$

wobei wir zur Abkürzung $\boldsymbol{L}=k^{-1}\boldsymbol{T}+\boldsymbol{R}'\boldsymbol{V}^{-1}\boldsymbol{R}$ setzen. Damit $r(\boldsymbol{b})-r(\hat{\boldsymbol{\beta}}_{III}(c)\}\geqq\boldsymbol{0}$ ist, muß die obige Matrix { } bzw. nach äquivalenten Umformungen die Matrix

$$\boldsymbol{a}'\boldsymbol{D}_c\,[\sigma^2\boldsymbol{D}_c^{-1}\boldsymbol{S}^{-1}\boldsymbol{D}_c^{-1}-c^2\sigma^2\boldsymbol{S}-\boldsymbol{L}]\,\boldsymbol{D}_c\boldsymbol{a}$$

und damit

$$\boldsymbol{a}'\boldsymbol{D}_c\boldsymbol{L}\,[\sigma^2\boldsymbol{S}^{-1}+(2c\sigma^2-1)\,\boldsymbol{L}^{-1}+k^{-1}\boldsymbol{L}^{-1}\boldsymbol{T}\boldsymbol{L}^{-1}]\,\boldsymbol{L}\boldsymbol{D}_c\boldsymbol{a}$$

nichtnegativ definit sein. Bezeichnen wir die letzte Matrix [ ] mit $\boldsymbol{B}(c;\sigma^2)$, so erhalten wir als Klasse zulässiger Schätzungen $\hat{\boldsymbol{\beta}}_{III}(c)$

$$\mathfrak{K}_c=\{\hat{\boldsymbol{\beta}}_{III}(c):\,c(\boldsymbol{a})\text{ so, daß }\boldsymbol{a}'\boldsymbol{D}_c\boldsymbol{L}\boldsymbol{B}(c;\sigma^2)\,\boldsymbol{L}\boldsymbol{D}_c\boldsymbol{a}\geqq 0\}\,.$$

Fall 1: $\boldsymbol{B}(0;\sigma^2)=\sigma^2\boldsymbol{S}^{-1}-\boldsymbol{L}^{-1}+k^{-1}\boldsymbol{L}^{-1}\boldsymbol{T}\boldsymbol{L}^{-1}$ ist negativ definit.

Da $\boldsymbol{B}\left(\frac{\sigma^{-2}}{2};\sigma^2\right)=\sigma^2\boldsymbol{S}^{-1}+k^{-1}\boldsymbol{L}^{-1}\boldsymbol{T}\boldsymbol{L}^{-1}$ positiv definit und $\boldsymbol{a}'\boldsymbol{D}_c\boldsymbol{L}\boldsymbol{B}(c;\sigma^2)\,\boldsymbol{L}\boldsymbol{D}_c\boldsymbol{a}$ stetig in c ist, muß ein kritischer Wert $c_0(\boldsymbol{a})$ mit $\boldsymbol{a}'\boldsymbol{D}_c\boldsymbol{L}\boldsymbol{B}(c_0(\boldsymbol{a});\sigma^2)\,\boldsymbol{L}\boldsymbol{D}_c\boldsymbol{a}=0$ existieren. Dabei ist $0<c_0(\boldsymbol{a})<\frac{\sigma^{-2}}{2}$ und $\boldsymbol{a}'\boldsymbol{D}_c\boldsymbol{L}\boldsymbol{B}(c;\sigma^2)\,\boldsymbol{L}\boldsymbol{D}_c\boldsymbol{a}\geqq 0$ für $c>c_0(\boldsymbol{a})$.

Der kritische Wert $c_0(\boldsymbol{a})$ ist eine Funktion des unbekannten σ^2 und damit selbst unbekannt.

Wir nehmen an, uns seien a-priori obere und untere Schranken für σ^2 bekannt:

$$\sigma_1^2 < \sigma^2 < \sigma_2^2 .$$

Wie man leicht sieht, folgt aus $\boldsymbol{B}(0; \sigma_2^2)$ negativ definit sofort, daß $\boldsymbol{B}(0; \sigma^2)$ negativ definit ist. Damit gilt:

Satz 4.11. *Es sei a-priori eine Abschätzung $\sigma_1^2 < \sigma^2 < \sigma_2^2$ bekannt. Ferner sei $\boldsymbol{B}(0; \sigma_2^2)$ negativ definit. Dann hat die Klasse der zulässigen Schätzungen die Gestalt* $\mathfrak{K}_c = \{\hat{\boldsymbol{\beta}}_{\text{III}}(c) : c \geqq \sigma_1^{-2}\}$.

Fall 2: $\boldsymbol{B}(0; \sigma^2)$ nichtnegativ definit.

Dann ist $\boldsymbol{B}(c; \sigma^2)$ nichtnegativ definit für alle $c \geqq 0$. Aus $\boldsymbol{B}(0; \sigma_1^2)$ nichtnegativ definit folgt sofort $\boldsymbol{B}(0; \sigma^2)$ nichtnegativ definit.

Satz 4.12. *Es sei a-priori eine Abschätzung $\sigma_1^2 < \sigma^2 < \sigma_2^2$ bekannt, und es gelte $\boldsymbol{B}(0; \sigma_1^2)$ nichtnegativ definit. Dann hat die Klasse der zulässigen Schätzungen die Gestalt*

$$\mathfrak{K}_c = \{\hat{\boldsymbol{\beta}}_{\text{III}}(c) : c \geqq 0\} .$$

Insgesamt können wir also feststellen, daß die Wahl $c = \sigma_1^{-2}$ eine zulässige Schätzung liefert, d. h., $\hat{\boldsymbol{\beta}}_{\text{III}}(\sigma_1^{-2})$ hat ein kleineres Minimax-Risiko als die AITKEN-Schätzung $\boldsymbol{b}$. Darüber hinaus ist die Wahl σ_1^{-2} optimal in dem Sinne, daß die Differenz beider Risiken maximal wird.

Bemerkungen zur Schätzung unter Restriktionen

Die in diesem Abschnitt entwickelten restriktiven Schätzverfahren unterscheiden sich durch die Art der verwendeten Zusatzinformation

- stochastische lineare Restriktionen des Typs $\boldsymbol{r} = \boldsymbol{R\beta} + \boldsymbol{d}$
- exakte lineare Restriktionen $\boldsymbol{r} = \boldsymbol{R\beta}$
- Kenntnis eines Ellipsoids $\boldsymbol{\beta}'\boldsymbol{T\beta} \leqq k$
- Kenntnis eines Schwankungsbereiches $\sigma_1^2 < \sigma^2 < \sigma_2^2$ für den Varianzfaktor

sowie die Schätzmethodik

- AITKEN-Schätzung im restriktiven Modell
- 2-Stufen-Schätzung im restriktiven Modell nach dem AITKEN-Prinzip
- bedingt erwartungstreue AITKEN-Schätzung im nichtrestriktiven Modell, d. h. AITKEN-Schätzung unter Nebenbedingungen
- schrittweise Regression bei Kenntnis einer Zusatzschätzung
- 2-Stufen-Minimax-Schätzung im restriktiven Modell
- Minimax-Schätzung im nichtrestriktiven Modell.

Dabei sind die Schätzverfahren so entwickelt worden, daß sie sich auch möglichst gut den verschiedenen Arten von Zusatzinformation anpassen, also die Information effektiv nutzen. Es gibt also keine Universalschätzung, die auf alle Situationen gleich gut anwendbar ist. Anders ausgedrückt heißt das, daß beim Studium eines Regressionsmodells stets die Vielfalt der möglichen

Zusatzinformation und die Breite des Spektrums der Schätzverfahren von Anfang an in die Überlegungen der Praktiker mit einzubeziehen sind. Wenn ein linearer Zusammenhang nachgewiesen ist, so bieten die restriktiven Schätzverfahren die Gewähr einer optimalen Parameteridentifikation, sofern von den Ökonomen alle verfügbaren Zusatzinformationen mit herangezogen werden. Wenn wir die Typen von Zusatzinformation aus diesem Abschnitt betrachten, so ist ihre Praktikabilität offensichtlich. Die restriktiven Schätzungen selbst erfordern keinen größeren Rechenaufwand als die AITKEN-Schätzung. Dies wird auch an den Beispielen im Abschnitt 4.7. deutlich.

4.7. Einzelgleichungsschätzung unter Zusatzinformation in einem ökonometrischen Modell der Volkswirtschaft der DDR

Zum Nachweis der Praktikabilität der in den vorangehenden Abschnitten entwickelten Schätzungen unter Zusatzinformation sollen nun Einzelgleichungsschätzungen in dem von WÖLFLING [1] vorgelegten ökonometrischen Modell der Volkswirtschaft der DDR abgeleitet werden. Zunächst werden wir das Modell beschreiben.

Die Autoren gingen bei der Modellierung davon aus, einen wesentlichen Bereich des volkswirtschaftlichen Reproduktionsprozesses in einem Gesamtmodell unter Berücksichtigung der Wechselbeziehung von Substrukturen der Volkswirtschaft zu erfassen.

Im Rahmen des volkswirtschaftlichen Verhältnisses von Akkumulation und Konsumtion wirken zahlreiche ökonomische Proportionen und strukturelle Beziehungen. Von besonderem Interesse sind dabei folgende Verhältnisse

- Arbeitskräfte im produzierenden und im nichtproduzierenden Bereich
- Arbeitsproduktivität und Durchschnittslohn
- notwendiges Produkt und Mehrprodukt
- Investitionen im produzierenden und im nichtproduzierenden Bereich
- Import und Export
- Investitionen und Grundfondszuwachs.

Von entscheidender Bedeutung für die Stärkung der Akkumulationskraft der Volkswirtschaft ist die weitere Intensivierung des volkswirtschaftlichen Reproduktionsprozesses durch Steigerung der Arbeitsproduktivität und Erhöhung der Effektivität der Fonds und insbesondere ihrer Verteilung auf die einzelnen Sektoren des produzierenden Bereichs.

In dem ökonometrischen Modell von WÖLFLING [1] wird ein Ansatz gegeben, einige der wesentlichen ökonomischen Zusammenhänge abzubilden und eine geschlossene Darstellung des volkswirtschaftlichen Reproduktionsprozesses anzustreben, wobei natürlich gewisse Abstraktionen und Vereinfachungen berücksichtigt wurden.

Bei der ökonometrischen Modellierung stellte sich heraus, daß eine eindeutige Klassifizierung aller Variablen in endogene und exogene Variablen nicht möglich war. Andererseits ist auf Grund der relativ kurzen Zeitreihen der Variablen die Anwendung von Schätzverfahren, die den Systemcharakter der simultanen ökonomischen Gleichungen vollständig berücksichtigen, in vielen Fällen unmöglich, insbesondere wenn die Zahl der Beobachtungen kleiner ist als die Zahl der unbekannten Parameter. Aus diesen beiden Gründen bietet sich die Bildung von *Blöcken* oder Teilsystemen an, in denen eine eindeutige Klassifizierung der Variablen (die natürlich von Block zu Block wieder variieren kann und somit eine Fehlerquelle darstellt) und eine Schätzung der Parameter möglich ist. Einen wesentlichen Vorteil bietet die Bildung von Submodellen (Blöcken). Durch diese Abgrenzung der ökonomischen Relationen wird es nämlich möglich, *auf die Parameter der Gleichungen eines Blocks zugeschnittene a-priori-Informationen bei der Schätzung zu nutzen.* Würde man in einem Gesamtmodell schätzen, so müßte die Zusatzinformation für jeden Parameter und jede Gleichung so allgemein dargestellt werden, daß sie für diesen Parameter in allen Gleichungen gilt. Das bedeutet jedoch im allgemeinen eine Abschwächung der Information.

Beispiel: Eine Variable X_0 trete in zwei Gleichungen auf. Der zugehörige strukturelle Parameter sei β_0. In der ersten Gleichung sei a-priori bekannt, daß $a<\beta_0<b$ gelte. In der zweiten Gleichung gelte a-priori $c<\beta_0<d$ mit $c<a$ und $d>b$. Dann lautet die Information über β_0 im gesamten System: $c<\beta_0<d$. Damit würde also das größere Intervall für beide Gleichungen anzusetzen sein, so daß die Information $a<\beta_0<b$ aus der ersten Gleichung abgeschwächt wird.

Das ökonometrische Modell von Wölfling [1] besteht aus fünf miteinander verbundenen Blöcken des Makromodells und 10 Submodellen. Wir verzichten an dieser Stelle auf die Wiedergabe des Gesamtmodells und konzentrieren uns auf die Darstellung des uns im folgenden interessierenden Blocks *„Grundfondsreproduktion – Arbeitsproduktivität“*. In diesem Block werden wir unsere Schätzmethoden unter Zusatzinformation anwenden.

Block „Grundfondsreproduktion“

$$\boldsymbol{BIPE} = \boldsymbol{NIPE} + \boldsymbol{AME} \tag{4.7.1}$$

$$\boldsymbol{BIPC} = \beta_{10} + \beta_{11}\boldsymbol{BIPE} + \boldsymbol{u}_1 \tag{4.7.2}$$

$$\boldsymbol{FIPC} = \beta_{20} + \beta_{21}\boldsymbol{BIPC} + \beta_{22}\boldsymbol{UIPC}_{-1} + \boldsymbol{u}_2 \tag{4.7.3}$$

$$\boldsymbol{GZGC} = \beta_{30} + \beta_{31}\boldsymbol{FIPC} + \boldsymbol{u}_3 \tag{4.7.4}$$

$$\boldsymbol{GZWC} = \boldsymbol{GZGC} - \boldsymbol{ASC} \tag{4.7.5}$$

$$\boldsymbol{ASC} = \beta_{40} + \beta_{41}\boldsymbol{GFDC}_{-1} + \boldsymbol{u}_4 \tag{4.7.6}$$

$$\boldsymbol{GFDC} = \boldsymbol{GFDC}_{-1} + \boldsymbol{GZWC} \tag{4.7.7}$$

$$\boldsymbol{g} = \boldsymbol{GFDC}/\boldsymbol{AKPV} \tag{4.7.8}$$

$$\boldsymbol{y}_2 = \beta_{50} + \beta_{51}\boldsymbol{g} + \boldsymbol{u}_5\,. \tag{4.7.9}$$

Dabei bedeuten die einzelnen Variablen:

AME = Amortisationen in festen Preisen
GFDC = durchschnittlicher Grundfondsbestand im produzierenden Bereich in konstanten Preisen
BIPC = Bruttoinvestitionen im produzierenden Bereich in konstanten Preisen
BIPE = Bruttoinvestitionen im produzierenden Bereich in effektiven Preisen
NIPE = Nettoinvestitionen im produzierenden Bereich in effektiven Preisen
FIPC = fertiggestellte Investitionen im produzierenden Bereich in konstanten Preisen
UIPC = unvollendete Investitionen im produzierenden Bereich in konstanten Preisen
GZGC = Grundfondszugang im produzierenden Bereich in konstanten Preisen
GZWC = Grundfondszuwachs im produzierenden Bereich in konstanten Preisen
ASC = Aussonderungen im produzierenden Bereich in konstanten Preisen
AKPV = Arbeitskräfte im produzierenden Bereich in VbE
g = Grundfondsausstattung im produzierenden Bereich
y_2 = Arbeitsproduktivität.

Die Gleichungen (4.7.1), (4.7.5), (4.7.7) und (4.7.8) sind Definitionsgleichungen, deren Variablen entweder als Zeitreihen vorgegeben oder durch das System bestimmt werden.

Die Startgröße ***AME*** des Blocks wird in dem Teilblock „Bruttoprodukt" durch Regression auf ***GFDC*** bestimmt, so daß hier eine Abhängigkeit zu einem anderen Teilblock des Modells mit einfließt. Wie in Wölfling [1] nachgewiesen wurde, sind die Gleichungen des Blocks „Grundfondsreproduktion" überidentifiziert, so daß nicht die Indirekte Kleinste-Quadrat-Schätzung, sondern eine Systemschätzung zur Ableitung konsistenter (aber nicht notwendig erwartungstreuer) Schätzungen angewendet wurde. Die Schätzungen nach der 2-KQS (KQ-Schätzung in zwei Schritten) lieferten Ergebnisse, die eine auffallende Übereinstimmung mit den Einzelgleichungsschätzungen nach der gewöhnlichen KQ-Methode zeigten. Wir wollen noch einmal an die bekannte Tatsache erinnern, daß die 2-KQS der Einzelgleichungsschätzung nach der gewöhnlichen KQ-Methode asymptotisch überlegen in dem Sinne ist, daß sie konsistent ist und eine asymptotische Kovarianzmatrix besitzt, die kleiner ist (im Sinne von Satz A11) als die Kovarianzmatrix der KQ-Schätzung.

Diese asymptotische Güte ist jedoch bei der geringen Stichprobenlänge in ökonomischen Modellen und in Anbetracht der kurzen, durch das Modell gesicherten Vorhersageperioden für die ökonomische Praxis nicht von ausschlaggebender Bedeutung.

Auf Grund der praktischen Erfahrungen ist anzunehmen, daß eine Einzelgleichungsschätzung aller Regressionsgleichungen nach der Methode der Klein-

sten Quadrate unter Zusatzinformation besser sein kann als die 2-KQS, sofern die Zusatzinformation nur hinreichend stark ist. Das würde bedeuten, daß die Nutzung von Zusatzinformation in jeder Modellgleichung zu einem stärkeren Abbau an Unsicherheit bei der Schätzung führt als die Nutzung der Information über Interdependenz und Systemzusammenhang (Korreliertheit der Gleichungen eines Systems) bei der 2-KQS.

Diese Annahme wird durch die im Kapitel 4 entwickelten restriktiven Methoden sowie durch die in TOUTENBURG [5] und [8] dargestellten Entscheidungsverfahren unterstrichen.

Im Kapitel 5 wird das Entscheidungsproblem behandelt, zwischen einer nichterwartungstreuen Schätzung mit kleiner Varianz und einer erwartungstreuen Schätzung mit größerer Varianz zu wählen. Die nichterwartungstreue Schätzung wird gewählt, sobald der Bias nicht zu groß bzw. die Varianzdifferenz beider Schätzungen hinreichend groß ist. Es ist offensichtlich, daß der Verzicht auf Erwartungstreue bei asymptotischer Betrachtungsweise dem Verzicht auf die Konsistenz einer Schätzung entspricht.

Wie wir an den folgenden Beispielen der restriktiven Schätzung im Block „Grundfondsreproduktion" zeigen werden, führt die Nutzung von Zusatzinformation in den Einzelgleichungen zu einer wesentlichen Varianzerniedrigung.

Die Betrachtung von Einzelgleichungen läßt aber den Systemzusammenhang unberücksichtigt. *Die Theorie erfordert also zu ihrer Abrundung die Entwicklung von restriktiven Systemschätzungen, d. h. etwa die Entwicklung einer 2-KQS unter Zusatzinformation.* Diese Verfahren liefern Schätzungen, die sowohl die Systeminformation als auch die gleichungsweise aufgeschlüsselte Zusatzinformation nutzen und damit sowohl der üblichen 2-KQS als auch der restriktiven Einzelgleichungs-KQ-Schätzung überlegen sind (vgl. 8.11.).

Unter diesen generellen Aspekten sind also die folgenden Anwendungen der in Kapitel 4 entwickelten Schätzmethoden unter Zusatzinformation zu sehen. Dabei ist generell hervorzuheben, daß Einzelgleichungsmethoden bedeutend weniger Aufwand als Systemschätzungen erfordern und somit leichter anwendbar sind. Es muß jedoch ebenfalls hervorgehoben werden, daß aus einer hohen Effektivität von Einzelgleichungsschätzungen nicht auf eine mögliche Vernachlässigung des ökonomisch notwendigen Systemherangehens geschlossen werden darf. Dieser Weg ist ebenso mit Effektivitätsverlusten verbunden wie die ausschließliche Anwendung von Systemmethoden bei Vernachlässigung der Zusatzinformation über Parameter in den Einzelgleichungen eines Systems.

Beispiele für die Verwendung von Zusatzinformation

a) Gleichung (4.7.2)

$$\boldsymbol{BIPC} = \beta_{10}\mathbf{1} + \beta_{11}\boldsymbol{BIPE} = \boldsymbol{u}_1 \,.$$

Diese Gleichung modelliert also den Einfluß der Bruttoinvestitionen in effektiven Preisen auf die Bruttoinvestitionen in konstanten Preisen (jeweils im produzierenden Bereich). Wir bezeichnen die endogene Variable ***BIPC*** mit $\boldsymbol{y}$, die exogene Variable ***BIPE*** mit $\boldsymbol{X}_1$. Auf Grund der Ausgangsdaten, die hier generell nicht angegeben werden, erhalten wir folgende Matrizen:

$$\boldsymbol{X} = \begin{pmatrix} 1 & x_{11} \\ \vdots & \vdots \\ 1 & x_{19} \end{pmatrix}$$

$$\boldsymbol{X}'\boldsymbol{X} = \begin{pmatrix} 9{,}000000 & 204{,}373000 \\ 204{,}373000 & 4873{,}244677 \end{pmatrix}$$

$$\boldsymbol{X}'\boldsymbol{y} = \begin{pmatrix} 217{,}213000 \\ 5136{,}197926 \end{pmatrix}$$

$$(\boldsymbol{X}'\boldsymbol{X})^{-1} = \begin{pmatrix} 2{,}330716 & -0{,}097745 \\ -0{,}097745 & 0{,}004304 \end{pmatrix}.$$

Der Test auf Autoregression verläuft negativ. Damit wird die gewöhnliche KQ-Schätzung angewendet und liefert

$$\boldsymbol{b} = \begin{pmatrix} b_{10} \\ b_{11} \end{pmatrix} = \begin{pmatrix} 4{,}224148 \\ 0{,}874711 \end{pmatrix}.$$

Die Schätzung der Varianz ergibt

$$s^2 = 0{,}614234\,.$$

Bestimmen wir mit der obigen Schätzung $\boldsymbol{b}$ die *ex-post-Vorhersage* zum Index der letzten Beobachtung der Zeitreihe, d. h. $\hat{p}_1 = (1, x_{19})'\boldsymbol{b}$, so ist das Risiko dieser Vorhersage

$$R(\hat{p}_1) = \sigma^2 \cdot 0{,}296385 = r(\boldsymbol{b}) \quad \text{(vgl. Korollar zu Satz 4.7.)} \tag{4.7.10}$$

Die Varianzen der Komponenten von $\boldsymbol{b}$ entnehmen wir aus $(\boldsymbol{X}'\boldsymbol{X})^{-1}$ als

$$\mathsf{V}(b_{10}) = \sigma^2 \cdot 2{,}330716\,, \tag{4.7.11}$$

$$\mathsf{V}(b_{11}) = \sigma^2 \cdot 0{,}004304\,. \tag{4.7.12}$$

Von den Ökonomen wurde folgende Zusatzinformation über die Parameter in der Gleichung (4.7.2) vorgegeben:

$$0{,}5 < \beta_{11} < 1, \quad 0 < \beta_{10} < 10\,. \tag{4.7.13}$$

Die Information über β_{11} ist ökonomisch begründet, die Information über β_{10} entspricht den Ergebnissen der KQ-Schätzung.

Wir wenden die in Abschnitt 4.5. angegebene Minimax-lineare Schätzung (4.5.14) an und formulieren die Information (4.7.13) zunächst um:

$$(\beta_{10} - 5, \beta_{11} - 0{,}75)' \begin{pmatrix} \frac{1}{25} & 0 \\ 0 & \frac{1}{(0{,}25)^2} \end{pmatrix} \begin{pmatrix} \beta_{10} - 5 \\ \beta_{11} - 0{,}75 \end{pmatrix} \leq 2\,.$$

Damit ist $T = \begin{pmatrix} 0{,}04 & 0 \\ 0 & 16 \end{pmatrix}$, und der Mittelpunktsvektor der Ellipse ist $\boldsymbol{\beta}_0' = (5;\, 0{,}75)$.

Gemäß (4.5.14) hat die Minimax-lineare Schätzung für den Fall des klassischen Regressionsmodells ($\boldsymbol{W} = \boldsymbol{I}$) die Gestalt

$$\hat{\boldsymbol{\beta}}_{\text{II}} = \boldsymbol{\beta}_0 + (k^{-1}\sigma^2 \boldsymbol{T} + \boldsymbol{X}'\boldsymbol{X})^{-1} \boldsymbol{X}' (\boldsymbol{y} - \boldsymbol{X}\boldsymbol{\beta}_0) \; .$$

k hat den Wert 2. Wir wollen nun σ^2 durch eine nichtstochastische Größe $c > 0$ ersetzen. Nach Satz 4.8. ist die Wahl $c = 2\sigma_1^2$ in gewissem Sinne optimal, wobei σ_1^2 eine untere Schranke für σ^2 darstellt. Wir bestimmen σ_1^2 gemäß der Formel (4.5.18), wobei wir zusätzlich die Normalverteilung von $\boldsymbol{u}_t$ voraussetzen.

$$\mathsf{P}\left(\frac{s^2\,(T-K)}{\chi^2_\alpha} < \sigma^2\right) = 1 - \alpha \; .$$

Es ist $T = 9$, $K = 1$. α wird als $\alpha = 0{,}05$ vorgegeben. Aus den Tafeln von Weber [1] entnehmen wir $\chi^2_8(0{,}05) = 15{,}5$. Oben war bereits $s^2 = 0{,}614234$ bestimmt worden. Damit gilt $\mathsf{P}\,(0{,}317024 < \sigma^2) = 0{,}95$. Also wählen wir $\sigma_1^2 = 0{,}3$ und damit $c = 2\sigma_1^2 = 0{,}6$. Dann wird die zweistufige Minimax-lineare Schätzung (4.5.16)unter Beachtung von (4.5.14) zu

$$\begin{aligned} \hat{\boldsymbol{\beta}}_{\text{II}}(0{,}6) &= \boldsymbol{\beta}_0 + (0{,}3\boldsymbol{T} + \boldsymbol{X}'\boldsymbol{X})^{-1} \boldsymbol{X}' (\boldsymbol{y} - \boldsymbol{X}\boldsymbol{\beta}_0) \\ &= \begin{pmatrix} 5 \\ 0{,}75 \end{pmatrix} + \begin{pmatrix} 2{,}224761 & -0{,}093210 \\ -0{,}093210 & 0{,}004110 \end{pmatrix} \times \begin{pmatrix} 18{,}933250 \\ 459{,}399418 \end{pmatrix} \end{aligned}$$

$$\hat{\boldsymbol{\beta}}_{\text{II}}(0{,}6) = \begin{pmatrix} 4{,}301336 \\ 0{,}873363 \end{pmatrix} . \tag{4.7.14}$$

Das Minimax-Risiko von $\hat{\boldsymbol{\beta}}_{\text{II}}(0{,}6)$ ist nach (4.5.17)

$$\begin{aligned} r[\hat{\boldsymbol{\beta}}_{\text{II}}(0{,}6)] = \sigma^2 \boldsymbol{a}' \, &(0{,}3\boldsymbol{T} + \boldsymbol{X}'\boldsymbol{X})^{-1} (\boldsymbol{X}'\boldsymbol{X} + 4\sigma_1^4 \sigma^{-2} \boldsymbol{T}) \\ &\times (0{,}3\boldsymbol{T} + \boldsymbol{X}'\boldsymbol{X})^{-1} \boldsymbol{a} \; . \end{aligned} \tag{4.7.15}$$

Wir bestimmen zunächst die Kovarianzmatrix von $\hat{\boldsymbol{\beta}}_{\text{II}}(0{,}6)$ gemäß Satz 4.8. als

$$\begin{aligned} \mathsf{V}(\hat{\boldsymbol{\beta}}_{\text{II}}(0{,}6)) &= \sigma^2 \, (0{,}3\boldsymbol{T} + \boldsymbol{X}'\boldsymbol{X})^{-1} \boldsymbol{X}'\boldsymbol{X} \, (0{,}3\boldsymbol{T} + \boldsymbol{X}'\boldsymbol{X})^{-1} \\ &= \begin{pmatrix} 2{,}123664 & -0{,}088883 \\ -0{,}088869 & 0{,}003924 \end{pmatrix} \end{aligned}$$

also

$$\mathsf{V}(\hat{\boldsymbol{\beta}}_{\text{II}}(0{,}6)/1.\ \text{Komponente}) = 2{,}123664, \tag{4.7.16}$$

$$\mathsf{V}(\hat{\boldsymbol{\beta}}_{\text{II}}(0{,}6)/2.\ \text{Komponente}) = 0{,}003924 \; . \tag{4.7.17}$$

Vergleichen wir die Varianzen der Schätzungen von β_{10} und β_{11} nach der KQ-Methode bzw. der zweistufigen Minimax-Methode, so gilt

Die zweistufige Minimax-lineare Schätzung erniedrigt die Varianzen bei der Schätzung von β_{10} *um* 8,9% (*Vergleich von* (4.7.11) *und* (4.7.16)) *und von* β_{11} *um* 8,8% (*Vergleich von* (4.7.12) *und* (4.7.17)).

Da die Minimax-Schätzung nichterwartungstreu ist, müssen wir zur Einschätzung ihrer Güte neben der Varianz vor allem ihr Minimax-Risiko bestimmen und mit dem Risiko der KQ-Schätzung $\boldsymbol{b}_1$ vergleichen. Setzen wir wieder für $\boldsymbol{a}$ den Vektor $(1, x_{19})$ an, d. h., berechnen wir das Risiko der ex-post-Vorhersage

$$\hat{\boldsymbol{p}}_2 = (1, x_{19})' \, \hat{\boldsymbol{\beta}}_{II}(0{,}6)$$

zum Index der letzten Beobachtungen, so gilt mit (4.7.15)

$$\boldsymbol{a}' r[\hat{\boldsymbol{\beta}}_{II}(0{,}6)] \, \boldsymbol{a} = \hat{R}^*(\hat{\boldsymbol{p}}_2) = 0{,}283176\sigma^2 \, .$$

Dabei soll R^* das Minimax-Risiko der Vorhersage bedeuten; $\hat{R}^*$ ist die Schätzung des Risikos (σ^{-2} durch s^{-2} in (4.7.15) geschätzt). *Die ex-post-Vorhersage mit der Minimax-linearen Schätzung vermindert also das Vorhersagerisiko gegenüber der ex-post-Vorhersage mit der KQ-Schätzung um rund* 4,5%.

Stärkere a-priori Information

Dieser zunächst recht geringe Gewinn an Wirksamkeit legt den Gedanken nahe, noch einmal eine Minimax-Schätzung durchzuführen, und zwar mit engeren a-priori Intervallgrenzen für β_{10}, β_{11}. Da die Minimax-Schätzung $\hat{\boldsymbol{\beta}}_{II}(0{,}6)$ die Schätzwerte der KQ-Schätzung im Prinzip von der Größenordnung her bestätigt hat, kann man mit einiger Sicherheit annehmen, daß sich die Parameterwerte in den Bereichen

$$4 < \beta_{10} < 5, \quad 0{,}8 < \beta_{11} < 0{,}9 \qquad (4.7.18)$$

stabilisieren. Mit dieser Information, die sich wieder als

$$(\boldsymbol{\beta} - \boldsymbol{\beta}_0)' \, \boldsymbol{T} \, (\boldsymbol{\beta} - \boldsymbol{\beta}_0) \leqq 2 \quad \text{(vgl. Beispiel S. 52)}$$

mit

$$\boldsymbol{T} = \begin{pmatrix} 4 & 0 \\ 0 & 400 \end{pmatrix} \quad \text{und} \quad \boldsymbol{\beta}_0' = (4{,}5;\, 0{,}85)$$

schreiben läßt, erhalten wir die zweistufige Minimax-lineare Schätzung (der * deutet auf die zweite Schätzrunde hin):

$$\begin{aligned} \hat{\boldsymbol{\beta}}^*_{II}(0{,}6) &= \boldsymbol{\beta}_0 + (0{,}3\boldsymbol{T} + \boldsymbol{X}'\boldsymbol{X})^{-1} \, \boldsymbol{X}' \, (\boldsymbol{y} - \boldsymbol{X}\boldsymbol{\beta}_0) \\ &= \begin{pmatrix} 4{,}5 \\ 0{,}85 \end{pmatrix} + \begin{pmatrix} 0{,}544949 & -0{,}022305 \\ -0{,}022305 & 0{,}001113 \end{pmatrix} \begin{pmatrix} 2{,}995950 \\ 74{,}261451 \end{pmatrix}, \end{aligned}$$

$$\hat{\boldsymbol{\beta}}^*_{II}(0{,}6) = \begin{pmatrix} 4{,}476260 \\ 0{,}865844 \end{pmatrix}.$$

Wir berechnen die Kovarianzmatrix als

$$\mathsf{V}(\hat{\boldsymbol{\beta}}^*_{II}(0{,}6)) = \begin{pmatrix} 0{,}694536 & -0{,}028438 \\ -0{,}028438 & 0{,}001164 \end{pmatrix}.$$

Die Diagonalelemente sind die Varianzen der Schätzungen von β_{10} und β_{11}. Vergleichen wir diese Varianzen mit den Varianzen der KQ-Schätzung bzw.

der ersten zweistufigen MMLS $\hat{\boldsymbol{\beta}}_{II}(0{,}6)$, so ergibt sich eine Varianzerniedrigung bei Verwendung von $\hat{\boldsymbol{\beta}}^*_{II}(0{,}6)$

bei der Schätzung von β_{10}: 70,3% gegenüber der KQ-Schätzung,
67,3% gegenüber der ersten ML-Schätzung,

bei der Schätzung von β_{11}: 53,0% gegenüber der KQ-Schätzung,
70,4% gegenüber der ersten ML-Schätzung.

Das Minimax-Risiko der mit $\hat{\boldsymbol{\beta}}^*_{II}(0{,}6)$ gebildeten ex-post-Vorhersage $\hat{p}_3 = (1, x_{19})' \hat{\boldsymbol{\beta}}^*_{II}(0{,}6)$ schätzen wir gemäß (4.7.15) (σ^{-2} durch s^2 geschätzt) als

$$\hat{R}^*(\hat{p}_3) = \sigma^2 \cdot 0{,}176236 .$$

Die Verwendung der stärkeren Zusatzinformation (4.7.18) *verringert also das Risiko der ex-post-Vorhersage um* 37,8% *gegenüber der ersten Minimax-Schätzung* (4.7.14) *bzw. um* 40,6% *gegenüber der KQ-Schätzung* (*vgl.* (4.7.10)).

b) **Gleichung (4.7.3)**

$$\boldsymbol{FIPC} = \beta_{20}1 + \beta_{21}\boldsymbol{BIPC} + \beta_{22}\boldsymbol{UIPC}_{-1} + \boldsymbol{u}_2 .$$

Diese Gleichung modelliert den Einfluß der Bruttoinvestitionen und der unvollendeten Investitionen im produzierenden Bereich in konstanten Preisen auf die fertiggestellten Investitionen. $\boldsymbol{UIPC}_{-1}$ ist im gesamten Block eine exogene Variable, während $\boldsymbol{BIPC}$ hier in (4.7.3) exogen, in (4.7.2) dagegen endogen ist. Wir wollen annehmen, daß der stochastische Zusammenhang zwischen $\boldsymbol{BIPC}$ und den Fehlervariablen $\boldsymbol{u}_2$ in (4.7.3) hinreichend schwach ist, um eine Einzelgleichungsschätzung nach den bekannten Methoden durchführen zu können. Diese Annahme ist in vielen ökonomischen Modellen gerechtfertigt (vgl. zum Beispiel GOLFBERGER [1] für den Fall der unabhängigen Regression oder der gleichzeitig unkorrelierten Regression).

Wir bezeichnen die endogene Variable $\boldsymbol{FIPC}$ mit $\boldsymbol{y}$, die vorherbestimmten Variablen $\boldsymbol{BIPC}$ mit $\boldsymbol{X}_2$ und $\boldsymbol{UIPC}_{-1}$ mit $\boldsymbol{X}_3$. Auf Grund der Ausgangsdaten erhalten wir folgende Matrizen

$$\boldsymbol{X} = \begin{pmatrix} 1 & X_{21} & X_{31} \\ \vdots & \vdots & \vdots \\ 1 & X_{29} & X_{39} \end{pmatrix},$$

$$\boldsymbol{X}'\boldsymbol{X} = \begin{pmatrix} 9{,}000000 & 217{,}213000 & 147{,}851000 \\ 217{,}213000 & 5425{,}273287 & 3723{,}921409 \\ 147{,}851000 & 3723{,}921409 & 2579{,}852289 \end{pmatrix},$$

$$\boldsymbol{S}^{-1} = (\boldsymbol{X}'\boldsymbol{X})^{-1} = \begin{pmatrix} 4{,}198982 & -0{,}319193 & 0{,}220100 \\ -0{,}319193 & 0{,}044292 & -0{,}045641 \\ 0{,}220100 & -0{,}045641 & 0{,}053655 \end{pmatrix},$$

$$\boldsymbol{X}'\boldsymbol{y} = \begin{pmatrix} 203{,}064000 \\ 5065{,}714422 \\ 3480{,}004370 \end{pmatrix}.$$

Der Test auf Autoregression verläuft negativ. Damit wird die klassische KQ-Schätzung möglich und ergibt

$$\boldsymbol{b} = (\boldsymbol{X}'\boldsymbol{X})^{-1}\boldsymbol{X}'\boldsymbol{y} = \begin{pmatrix} 1{,}670459 \\ 0{,}723136 \\ 0{,}209749 \end{pmatrix}. \qquad (4.7.19)$$

Die Varianzen der Komponenten von $\boldsymbol{b}$ sind die Diagonalelemente von $\boldsymbol{S}^{-1}$, multipliziert mit σ^2.

Durch die Ökonomen wird folgende Zusatzinformation vorgegeben:

$$\beta_{21} = 3 \cdot \beta_{22}\,.$$

Diese Information ist eine exakte lineare Restriktion $\boldsymbol{r} = \boldsymbol{R\beta}$ mit

$$\boldsymbol{r} = 0, \quad \boldsymbol{R} = (0,\,1,\,-3), \quad J = 1\,. \qquad (4.7.20)$$

Nach Satz 4.6. hat die optimale Schätzung von $\boldsymbol{\beta}$ unter dieser Restriktion die Gestalt

$$\boldsymbol{b}_2 = \boldsymbol{b} + \boldsymbol{S}^{-1}\boldsymbol{R}'(\boldsymbol{RS}^{-1}\boldsymbol{R}')^{-1}(\boldsymbol{r} - \boldsymbol{Rb})$$

mit $\boldsymbol{r}$, $\boldsymbol{R}$ aus (4.7.20) und $\boldsymbol{b}$ aus (4.7.19). Wir berechnen

$$\boldsymbol{r} - \boldsymbol{Rb} = -0{,}093889\,,$$

$$(\boldsymbol{RS}^{-1}\boldsymbol{R}')^{-1} = 1{,}248388\,,$$

$$\boldsymbol{S}^{-1}\boldsymbol{R}' = \begin{pmatrix} -0{,}979493 \\ 0{,}181215 \\ -0{,}206606 \end{pmatrix}$$

und damit

$$\boldsymbol{b}_2 = \begin{pmatrix} 1{,}785265 \\ 0{,}701896 \\ 0{,}230989 \end{pmatrix},$$

$$\mathsf{V}(\boldsymbol{b}_2) = \sigma^2\boldsymbol{S}^{-1} - \sigma^2\boldsymbol{S}^{-1}\boldsymbol{R}'(\boldsymbol{RS}^{-1}\boldsymbol{R}')^{-1}\boldsymbol{RS}^{-1}$$

$$= \sigma^2\begin{pmatrix} 3{,}001270 & -0{,}097605 & -0{,}032535 \\ -0{,}097605 & 0{,}003296 & 0{,}001099 \\ -0{,}032535 & 0{,}001099 & 0{,}000366 \end{pmatrix}.$$

Die Diagonalelemente von $V(\boldsymbol{b}_2)$ sind die Varianzen der Komponenten von $\boldsymbol{b}_2$. Der Vergleich der beiden erwartungstreuen Schätzungen $\boldsymbol{b}$ und $\boldsymbol{b}_2$ ergibt eine *Erniedrigung der Varianzen durch Schätzung unter der Zusatzinformation* (4.7.20)

1. Komponente um 28%,
2. Komponente um 92%,
3. Komponente um 99%

gegenüber der KQ-Schätzung $\boldsymbol{b}$, die nur die Stichprobeninformation berücksichtigt.

Vergleichen wir die Risiken der ex-post-Vorhersagen

$$\hat{\boldsymbol{p}}_1 = (1, x_{29}, x_{39})' \boldsymbol{b}$$

und

$$\hat{\boldsymbol{p}}_2 = (1, x_{29}, x_{39})' \boldsymbol{b}_2 ,$$

so gilt

$$R(\hat{\boldsymbol{p}}_1) = \sigma^2 \cdot 0{,}485109 ,$$

$$R(\hat{\boldsymbol{p}}_2) = \sigma^2 \cdot 0{,}382889 ,$$

so daß durch Verwendung der Zusatzinformation (4.7.20) eine *Erniedrigung des Vorhersagerisikos um* 21% erzielt wird.

c) **Gleichung (4.7.4)**

$$\boldsymbol{GZGC} = \beta_{30}\mathbf{1} + \beta_{31}\boldsymbol{FIPC} + \boldsymbol{u}_3 .$$

Diese Gleichung gibt den linearen Zusammenhang zwischen dem Grundfondszugang und den fertiggestellten Investitionen (jeweils im produzierenden Bereich und in konstanten Preisen) an. ***GZGC*** ist in allen stochastischen Gleichungen des Blocks eine endogene Variable (lediglich in der Definitionsgleichung (4.7.5) tritt ***GZGC*** auf der rechten Seite auf), während ***FIPC*** hier exogen, in (4.7.3) dagegen endogen auftritt.

Wir bezeichnen die endogene Variable ***GZGC*** wieder mit $\boldsymbol{y}$, die exogene Variable ***FIPC*** mit X_4 und erhalten aus den Ausgangsdaten (Zeitreihen) folgende Matrizen:

$$\boldsymbol{X} = \begin{pmatrix} 1 & X_{41} \\ \vdots & \vdots \\ 1 & X_{49} \end{pmatrix} ,$$

$$\boldsymbol{X}'\boldsymbol{X} = \begin{pmatrix} 9{,}000000 & 203{,}064000 \\ 203{,}064000 & 4732{,}906460 \end{pmatrix} ,$$

$$\boldsymbol{X}'\boldsymbol{y} = \begin{pmatrix} 159{,}551000 \\ 3717{,}155052 \end{pmatrix} ,$$

$$(\boldsymbol{X}'\boldsymbol{X})^{-1} = \begin{pmatrix} 3{,}477087 & -0{,}149183 \\ -0{,}149183 & 0{,}006612 \end{pmatrix} .$$

Der Test auf Autoregression verläuft negativ. Damit wird die gewöhnliche KQ-Schätzung $\boldsymbol{b} = (\boldsymbol{X}'\boldsymbol{X})^{-1}\boldsymbol{X}'\boldsymbol{y}$ angewendet und liefert

$$\boldsymbol{b} = \begin{pmatrix} b_{30} \\ b_{31} \end{pmatrix} = \begin{pmatrix} 0{,}236366 \\ 0{,}775532 \end{pmatrix} .$$

Das Risiko der ex-post-Vorhersage $\hat{\boldsymbol{p}} = (1, x_{49})' \boldsymbol{b}$ beträgt

$$R(\hat{\boldsymbol{p}}) = \sigma^2 \cdot 0{,}403070 .$$

Die Schätzung der Varianz ergibt

$$s^2 = 2{,}3676 .$$

Wir bestimmen analog zu dem Vorgehen bei Gleichung (4.7.2) wieder eine untere Schranke für σ^2 gemäß der Gleichung

$$\mathsf{P}\left(\frac{s^2(T-K)}{\chi^2_\alpha} < \sigma^2\right) = 1 - \alpha$$

zu $\alpha = 0{,}05$. Damit erhalten wir

$$\sigma_1^2 < \sigma^2 \quad \text{mit} \quad \sigma_1^2 = 1{,}20\,.$$

Wir verwenden nun folgende Zusatzinformation, die von Ökonomen vorgegeben wurde:

$$0 < \beta_{30} < 0{,}5, \quad 0{,}7 < \beta_{31} < 0{,}8\,. \tag{4.7.21}$$

Diese Ungleichungen schreiben wir wieder in der Gestalt $(\boldsymbol{\beta} - \boldsymbol{\beta}_0)'\,\boldsymbol{T}\,(\boldsymbol{\beta} - \boldsymbol{\beta}_0) \leq \leq 2$, d. h.

$$(\beta_{30} - 0{,}25,\ \beta_{31} - 0{,}75)\begin{pmatrix}16 & 0\\ 0 & 400\end{pmatrix}\begin{pmatrix}\beta_{30} - 0{,}25\\ \beta_{31} - 0{,}75\end{pmatrix} \leq 2\,.$$

Diese Information wird optimal in der zweistufigen Minimax-linearen Schätzung

$$\hat{\boldsymbol{\beta}}_{II}(c) = (k^{-1}c\boldsymbol{T} + \boldsymbol{X}'\boldsymbol{X})^{-1}\,(\boldsymbol{y} - \boldsymbol{X}\boldsymbol{\beta}_0) + \boldsymbol{\beta}_0$$

mit $\boldsymbol{\beta}_0' = (0{,}25;\ 0{,}75)$, $\boldsymbol{T} = \begin{pmatrix}16 & 0\\ 0 & 400\end{pmatrix}$, $k = 2$ und $c = 2\sigma_1^2 = 2{,}4$ genutzt. Wir erhalten also

$$(1{,}2\boldsymbol{T} + \boldsymbol{X}'\boldsymbol{X})^{-1} = \begin{pmatrix}0{,}048\,262 & -0{,}001\,778\\ -0{,}001\,778 & 0{,}000\,247\end{pmatrix},$$

$$\boldsymbol{X}'\boldsymbol{X}\boldsymbol{\beta}_0 = \begin{pmatrix}154{,}548\,000\\ 3\,600{,}445\,845\end{pmatrix},$$

$$\boldsymbol{X}'\boldsymbol{y} - \boldsymbol{X}'\boldsymbol{X}\boldsymbol{\beta}_0 = \begin{pmatrix}5{,}003\,000\\ 116{,}709\,207\end{pmatrix}$$

und damit

$$\hat{\boldsymbol{\beta}}_{II}(2{,}4) = \begin{pmatrix}0{,}283\,946\\ 0{,}769\,932\end{pmatrix}$$

mit der Kovarianzmatrix

$$\mathsf{V}(\hat{\boldsymbol{\beta}}_{II}(2{,}4)) = \sigma^2\,(1{,}2\boldsymbol{T} + \boldsymbol{X}'\boldsymbol{X})^{-1}\,\boldsymbol{X}'\boldsymbol{X}\,(1{,}2\boldsymbol{T} + \boldsymbol{X}'\boldsymbol{X})^{-1}$$
$$= \begin{pmatrix}0{,}001\,075 & -0{,}000\,212\\ -0{,}000\,212 & 0{,}000\,139\end{pmatrix}.$$

Damit führt die Nutzung der Zusatzinformation (4.7.21) zu einer Erniedrigung der Varianzen gegenüber der KQ-Schätzung

Komponente β_{40}: um 99%

Komponente β_{41}: um 97% .

Bei diesem Vergleich ist allerdings zu berücksichtigen, daß $\hat{\boldsymbol{\beta}}_{II}(c)$ nichterwartungstreu ist, so daß wir den Bias durch Berechnung des ex-post-Risikos mit in Betracht ziehen müssen.

Nach (4.5.17) schätzen wir das Minimax-Risiko von $\boldsymbol{p}[\hat{\boldsymbol{\beta}}_{\mathrm{II}}(c)]$ als

$$\hat{R}^*(\boldsymbol{p}[\hat{\boldsymbol{\beta}}_{\mathrm{II}}(c)]) = \sigma^2 \cdot 0{,}169894 .$$

Damit erniedrigt die Verwendung der Zusatzinformation (4.7.21) *das Risiko der ex-post-Voerhersage zum Index der letzten Beobachtung um rund* 57% *gegenüber der Vorhersage mit der KQ-Schätzung* $\boldsymbol{b}$, *die nur die Stichprobeninformation berücksichtigt.*

d) **Gleichung (4.7.6)**

$$\boldsymbol{ASC} = \beta_{40}\mathbf{1} + \beta_{41}\boldsymbol{GFDC}_{-1} + \boldsymbol{u}_4 .$$

Diese Gleichung beschreibt den ökonomischen Zusammenhang zwischen den Aussonderungen des Grundfonds in Abhängigkeit von dem Grundfondszuwachs des Vorjahres (jeweils im produzierenden Bereich und in konstanten Preisen). β_{41} ist also die Aussonderungsrate des Grundfonds, so daß $(1-\beta_{41})$ $\boldsymbol{GFDC}_{-1}$ den echten Grundfondszuwachs darstellt. Über die Aussonderungsrate gibt es im volkswirtschaftlichen Durchschnitt abgesicherte Erkenntnisse, β_{41} liegt über Jahre hinweg zwischen 0,02 und 0,05. Wir werden diese Information im folgenden nutzen. Zunächst berechnen wir aus den Ausgangsdaten wieder die KQ-Schätzung, nachdem die Datenanalyse keinen Hinweis auf einen autoregressiven Zusammenhang des Fehlerprozesses ergeben hat. Wir bezeichnen die endogene Variable $\boldsymbol{ASC}$ mit $\boldsymbol{y}$ und die verzögerte endogene und damit vorherbestimmte Variable $\boldsymbol{GFDC}_{-1}$ mit $\boldsymbol{X}_5$ und erhalten folgende Matrizen

$$\boldsymbol{X} = \begin{pmatrix} 1 & X_{51} \\ \vdots & \vdots \\ 1 & X_{59} \end{pmatrix},$$

$$\boldsymbol{X'X} = \begin{pmatrix} 9{,}000000 & 2280{,}124000 \\ 2280{,}124000 & 587186{,}666900 \end{pmatrix},$$

$$|\boldsymbol{X'X}| = 85714{,}547000 ,$$

$$(\boldsymbol{X'X})^{-1} = \begin{pmatrix} 6{,}850490 & -0{,}026601 \\ -0{,}026601 & 0{,}000105 \end{pmatrix},$$

$$\boldsymbol{X'y} = \begin{pmatrix} 38{,}972000 \\ 10164{,}948510 \end{pmatrix},$$

so daß die KQ-Schätzung $\boldsymbol{b} = (\boldsymbol{X'X})^{-1}\boldsymbol{X'y}$ die Gestalt hat

$$\boldsymbol{b} = \begin{pmatrix} -3{,}420499 \\ 0{,}030625 \end{pmatrix}. \tag{4.7.22}$$

Die Schätzung der Stichprobenvarianz ergibt

$$s^2 = 0{,}559 .$$

Aus der bereits bekannten Gleichung

$$\mathsf{P}\left(\frac{s^2(T-K)}{\chi^2_\alpha} < \sigma^2\right) = 1-\alpha$$

bestimmen wir mit $\alpha = 0{,}05$

$$\mathsf{P}\ (0{,}25 < \sigma^2) > 0{,}95\ .$$

Damit werden wir annehmen können, daß $\sigma_1^2 = 0{,}25$ eine untere Schranke für σ^2 bildet. Diese Information werden wir gemäß Satz 4.8. optimal durch die Wahl $c = 2\sigma_1^2 = 0{,}5$ in einer zweistufigen Minimax-Schätzung nutzen.

Wir beachten die eingangs erwähnte Zusatzinformation über die Aussonderungsrate β_{41}: $0{,}02 < \beta_{41} < 0{,}05$. Über den Koeffizienten β_{40} liegt eine ähnliche, ökonomisch begründete Information nicht vor. Das Ergebnis der KQ-Schätzung (4.7.22) von β_{40} gestattet jedoch, ein Intervall $-a < \beta_{40} < +a$ anzugeben, in dem β_{40} liegen wird. Der Wert a muß lediglich genügend groß gewählt werden, z. B. $a = 100$. Wie wir aus Abschnitt 4.5. wissen, strebt die Minimax-Schätzung bei sehr schwacher Zusatzinformation gegen die KQ-Schätzung. Die Angabe eines weiten Intervalls für β_{40} hat also lediglich rechentechnische Vorteile, da die Voraussetzung „$\boldsymbol{T}$ regulär" gewahrt bleibt und hiermit aufwendige partielle Schätzmethoden vermieden werden.

Damit setzen wir folgende Information über $\boldsymbol{\beta}' = (\beta_{40}, \beta_{41})$ voraus:

$$(\beta_{40}, \beta_{41} - 0{,}035) \begin{pmatrix} 0{,}0001 & 0 \\ 0 & 4444{,}4444 \end{pmatrix} \begin{pmatrix} \beta_{40} \\ \beta_{41} - 0{,}035 \end{pmatrix} \leqq 2\ . \tag{4.7.23}$$

Dann wird die zweistufige Minimax-lineare Schätzung $\hat{\boldsymbol{\beta}}_{\mathrm{II}}(2\sigma_1^2)$

$$\hat{\boldsymbol{\beta}}_{\mathrm{II}}(0{,}5) = \begin{pmatrix} 0 \\ 0{,}035 \end{pmatrix} + (0{,}25\boldsymbol{T} + \boldsymbol{X}'\boldsymbol{X})^{-1}\boldsymbol{X}'\left(\boldsymbol{y} - \boldsymbol{X}\right)\begin{pmatrix} 0 \\ 0{,}035 \end{pmatrix}, \tag{4.7.24}$$

$$= \begin{pmatrix} 0 \\ 0{,}035 \end{pmatrix} - \begin{pmatrix} 3{,}630350 \\ 0{,}002392 \end{pmatrix} = \begin{pmatrix} -3{,}630350 \\ 0{,}032608 \end{pmatrix}.$$

Die Verwendung der Information (4.7.23) über β_{40} hat den Schätzwert nur geringfügig beeinflußt, die Information über β_{41} hat einen Schätzwert erbracht, der die Zusatzinformation $0{,}02 < \beta_{41} < 0{,}05$ bestätigt.

Wir bestimmen nun wieder die Risiken der beiden, mit $\boldsymbol{b}$ (4.7.22) bzw. $\hat{\boldsymbol{\beta}}_{\mathrm{II}}(0{,}5)$ (4.7.24) gebildeten ex-post-Vorhersagen zum Index der letzten Beobachtung $(1, x_{59})$. Es gilt

$$R(\boldsymbol{p}(\boldsymbol{b})) = \sigma^2(1, X_{59})'\,(\boldsymbol{X}'\boldsymbol{X})^{-1}\begin{pmatrix} 1 \\ X_{59} \end{pmatrix}$$
$$= \sigma^2 \cdot 0{,}431455$$

und

$$R(\boldsymbol{p}[\hat{\boldsymbol{\beta}}_{\mathrm{II}}(0{,}5)]) = (1, x_{19})'\, r(\hat{\boldsymbol{\beta}}_{\mathrm{II}}(0{,}5))\begin{pmatrix} 1 \\ x_{19} \end{pmatrix}$$
$$\leqq \sigma^2 \cdot 0{,}400675\ ,$$

wobei $r(\hat{\boldsymbol{\beta}}_{\mathrm{II}}(0{,}5))$ aus (4.5.17) entnommen wird.

Damit reduziert die Verwendung der Zusatzinformation (4.7.23) *das Risiko der ex-post-Vorhersage gegenüber der Vorhersage mit der KQ-Schätzung* $\boldsymbol{b}$ *um* 7,5%.

e) **Gleichung (4.7.9)**

$$\boldsymbol{y}_2 = \beta_{50}\mathbf{1} + \beta_{51}\boldsymbol{g} + \boldsymbol{u}_5 .$$

Diese Gleichung stellt gewissermaßen die Zielfunktion des Blocks dar. Sie bestimmt die Arbeitsproduktivität $\boldsymbol{y}_2$ in Abhängigkeit von der Grundfondsausstattung $\boldsymbol{g}$ im produzierenden Bereich, d. h. im volkswirtschaftlichen Gesamtdurchschnitt. Der Koeffizient β_{51} mißt also den Einflußgrad der Grundfondsausstattung auf die Arbeitsproduktivität in allen produzierenden Bereichen. Da dieser durchschnittliche Koeffizient innerhalb des Schwankungsbereichs der entsprechenden Zweigkoeffizienten liegen muß, können wir aus den hierfür bekannten Schätzungen der zweigspezifischen Parameter ein Intervall für β_{51} ableiten. Aus den Daten und Schätzungen von Wölfling [1] erhalten wir folgende Reihe von Schätzwerten für β_{51} in 12 Zweigen der Volkswirtschaft:

0,1671	0,5681
0,1834	0,6182
0,1918	0,6735
0,2050	0,7149
0,3218	0,7334
0,4522	0,7498 .

Damit ergibt sich ein Intervall

$$0{,}16 < \hat{\beta}_{51}\ (\text{Zweige}) < 0{,}75 .$$

Das arithmetische Mittel der Reihe ist 0,4649, die Standardabweichung beträgt $\pm 0{,}056738$. Damit würde ein 3σ-Intervall für den Mittelwert die Gestalt haben

$$(0{,}294685;\ 0{,}635115) . \tag{4.7.25}$$

Dieses Intervall werden wir auch als Zusatzinformation über β_{51} nutzen.

Zunächst wird wieder die gewöhnliche KQ-Schätzung berechnet.

Wir bezeichnen die exogene Variable $\boldsymbol{g}$ mit X_6 und $\boldsymbol{y}_2$ mit $\boldsymbol{y}$ und erhalten folgende Matrizen:

$$\boldsymbol{X} = \begin{pmatrix} 1 & X_{61} \\ \vdots & \vdots \\ 1 & X_{69} \end{pmatrix},$$

$$\boldsymbol{X}'\boldsymbol{X} = \begin{pmatrix} 9{,}000000 & 398{,}749000 \\ 398{,}749000 & 17975{,}099600 \end{pmatrix},$$

$$|\boldsymbol{X}'\boldsymbol{X}| = 2775{,}131400 ,$$

$$(\boldsymbol{X}'\boldsymbol{X})^{-1} = \begin{pmatrix} 0{,}477207 & -0{,}143687 \\ -0{,}143687 & 0{,}003243 \end{pmatrix},$$

$$\boldsymbol{X}'\boldsymbol{y} = \begin{pmatrix} 155{,}014000 \\ 6987{,}705680 \end{pmatrix}.$$

Damit hat die KQ-Schätzung die Gestalt

$$\boldsymbol{b} = (\boldsymbol{X}'\boldsymbol{X})^{-1}\boldsymbol{X}'\boldsymbol{y} = \begin{pmatrix} 0{,}015300 \\ 0{,}387633 \end{pmatrix}. \tag{4.7.26}$$

Die Schätzung der Varianz σ^2 ergibt

$$s^2 = 0{,}038845 \, .$$

Berechnen wir wieder zu $\alpha = 0{,}05$ eine untere Schranke für σ^2, so erhalten wir $\sigma_1^2 < \sigma^2$ mit $\sigma_1^2 = 0{,}02$. Damit wird $c = 2\sigma_1^2 = 0{,}04$ in der zweistufigen Minimax-linearen Schätzung zu wählen sein.

Wir verwenden die Zusatzinformation (4.7.25) über β_{51} und nehmen für β_{50} folgendes Intervall an:

$$-10 < \beta_{50} < 10 \, .$$

Beide Informationen lassen sich zusammenfassen als

$$(\beta_{50}, \beta_{51} - 0{,}4649)\, \boldsymbol{T} \begin{pmatrix} \beta_{50} \\ \beta_{51} - 0{,}4649 \end{pmatrix} \leq 2$$

mit

$$\boldsymbol{T} = \begin{pmatrix} 0{,}010000 & 0 \\ 0 & 36{,}180677 \end{pmatrix}.$$

Damit wird die zweistufige Minimax-lineare Schätzung $\hat{\boldsymbol{\beta}}_{\text{II}}(2\sigma_1^2)$

$$\begin{aligned} \hat{\boldsymbol{\beta}}_{\text{II}}(0{,}04) &= \begin{pmatrix} 0 \\ 0{,}4649 \end{pmatrix} + (0{,}02\boldsymbol{T} + \boldsymbol{X}'\boldsymbol{X})^{-1}\boldsymbol{X}' \left(\boldsymbol{y} - \boldsymbol{X}\begin{pmatrix} 0 \\ 0{,}4649 \end{pmatrix}\right) \\ &= \begin{pmatrix} 0 \\ 0{,}4649 \end{pmatrix} + \begin{pmatrix} 0{,}010426 \\ -0{,}077081 \end{pmatrix} \\ &= \begin{pmatrix} 0{,}010426 \\ 0{,}387819 \end{pmatrix}. \end{aligned} \tag{4.7.27}$$

Die Minimax-lineare Schätzung von β_{51} bestätigt im Prinzip den mit der KQ-Schätzung erhaltenen Wert.

Wir bestimmen wieder die Risiken der mit $\boldsymbol{b}$ bzw. $\hat{\boldsymbol{\beta}}_{\text{II}}(0{,}04)$ gebildeten ex-post-Vorhersagen. Es gilt

$$R(p(\boldsymbol{b})) = \sigma^2 \cdot 0{,}415599$$

und

$$R(p[\hat{\boldsymbol{\beta}}_{\text{II}}(0{,}04)]) < \sigma^2 \cdot 0{,}408509 \, .$$

Damit reduziert die Verwendung der Zusatzinformation das Risiko der ex-post-Vorhersage um 1,7%. Dieser relativ geringe Gewinn an Wirksamkeit war nach den obigen Ausführungen zu erwarten, da beide Schätzungen eine starke Übereinstimmung und sehr geringe Streuungen zeigten, was auf eine Stabilität der Schätzungen hindeutet.

Zusammenfassung der Beispiele

Die Auswertung der Schätzung der 5 Gleichungen (4.7.2), (4.7.3), (4.7.4), (4.7.6) und (4.7.9) des Blocks „Grundfondsreproduktion", bei Verwendung von Zusatzinformation der Gestalt

$$(\boldsymbol{\beta}-\boldsymbol{\beta}_0)'\,\boldsymbol{T}\,(\boldsymbol{\beta}-\boldsymbol{\beta}_0)\leqq k\,,$$

$$\sigma_1^2<\sigma^2\,,$$

und

$$\boldsymbol{r}=\boldsymbol{R\beta}$$

ergibt insgesamt:

Bei Verwendung der nichterwartungstreuen zweistufigen Minimax-linearen Schätzung kann eine zum Teil deutliche Erniedrigung des Risikos der ex-post-Vorhersagen gegenüber der Vorhersage mit der KQ-Schätzung erreicht werden (Erniedrigung bis um 57%).

Dabei hängt der Grad des Gewinns an Wirksamkeit von der Güte der KQ-Schätzung und der Stärke der Zusatzinformation ab. Weist schon die KQ-Schätzung eine gute Datenanpassung (geringe Varianz) auf und besteht eine starke Übereinstimmung der Schätzungen nach der KQ- und der Minimax-Methode, so fällt der Gewinn an Wirksamkeit relativ gering aus.

Auffallend hoch war der Grad der Erniedrigung der Varianzen in der Gleichung (4.7.3) bei Verwendung der Information $\boldsymbol{r}=\boldsymbol{R\beta}$ (Erniedrigung um 92 bzw. 99%).

Die restriktiven Schätzmethoden (d. h. unter $\boldsymbol{r}=\boldsymbol{R\beta}$) als auch die Minimax-Methode erfordern keinen größeren Rechenaufwand als die KQ-Methode, so daß ihrer breiten Anwendung in der Ökonomie und anderen Wissenschaften nichts entgegensteht. Durch die mögliche Verschärfung der Zusatzinformation nach der ersten Schätzrunde lassen sich außerdem schrittweise Schätzungen gewinnen, die die Unsicherheit bei der Schätzung und Vorhersage ständig weiter verringern, wobei das Datenmaterial und die durch das Modell gegebene Anpassung an die Realität eine natürliche Schranke setzen.

5. Vorhersage und Modellwahl

5.1. Optimale Vorhersage

Bisher haben wir uns mit *Methoden zur Parameteridentifikation*, d. h. der Anpassung eines theoretischen Regressionsmodells an eine Datenmenge beschäftigt, wobei insbesondere der Einsatz von Zusatzinformation und a-priori-Restriktionen ein wesentliches Hilfsmittel zur Verbesserung der klassischen Schätzverfahren darstellte. Gerade für ökonomische Prozesse ist jedoch neben einer optimalen Parameteridentifikation vor allem die *Prognosefähigkeit* der geschätzten Regression als entscheidender Test dafür anzusehen, ob die Variation der endogenen Variablen durch das geschätzte Modell richtig erfaßt und erklärt wird. Darunter ist die Forderung zu verstehen, daß das geschätzte lineare Regressionsmodell nicht nur im Beobachtungszeitraum eine gute Anpassung aufweist (also hohe Korrelation, kleine Residualvarianzen, stabile Parameterschätzungen mit kleinen Varianzen). Vielmehr soll das Modell auch den künftigen Verlauf der Variablen richtig erfassen und somit über den Beobachtungszeitraum hinaus, zumindest für die nächsten Perioden, Gültigkeit haben. Ist dies der Fall, so können wir mit einiger Berechtigung annehmen, eine *relativ stabile ökonomische Gesetzmäßigkeit* gefunden und richtig beschrieben zu haben. Dabei erhöhen natürlich eingearbeitete Restriktionen die Wahrscheinlichkeit für eine Extrapolierfähigkeit des Modells, da Restriktionen die Modellidentifikation wesentlich verbessern.

Andererseits können objektive Ursachen, wie z. B. Preisumschwünge auf dem Weltmarkt, Einführung neuer Technologien, staatliche Regulierungsmaßnahmen im Preisgefüge etc. dazu führen, daß die Regression von einem bestimmten Zeitpunkt ab einen völlig anderen Verlauf nimmt. Auch andere Ursachen können zu einem solchen *Strukturbruch* führen, der also in die Beurteilung der Prognosefähigkeit eines Modells mit einbezogen und durch spezielle Testverfahren überprüft werden muß.

Schneeweiss [1] klassifiziert folgende Arten von Fehlern bei der Vorhersage:

– Spezifikationsfehler (d. h. falscher Modellansatz oder Strukturbruch)
– Vorhersagefehler bezüglich der exogenen Variablen
– Fehler durch Störvariablen
– Schätzfehler.

Zum Problem des Spezifikationsfehlers werden wir noch ausführliche Betrachtungen in den folgenden Abschnitten anstellen. Die Fehler durch die

Störvariablen sind kaum beeinflußbar; der Schätzfehler wird durch die Wahl einer optimalen Schätzmethode in den möglichen Grenzen gehalten. Bezüglich des Vorhersagefehlers bei den exogenen Variablen wollen wir hier keine Aussagen machen. Wir werden die Werte der exogenen Variablen in der Vorhersageperiode als bekannt voraussetzen. Anderenfalls müßten die Zeitreihen der exogenen Variablen extrapoliert oder z. B. analog den nun zu entwickelnden Verfahren der Vorhersage endogener Variablen vorhergesagt werden.

Das Vorhersagemodell

Wir betrachten hier das verallgemeinerte lineare Regressionsmodell, das für den Beobachtungszeitraum ($t=1, \ldots, T$) die Gestalt (vgl. (3.1.1))

$$y_t = \sum_{i=1}^{K} x_{it}\beta_i + u_t \quad (t=1, \ldots, T)$$

oder

$$y_t = \boldsymbol{x}_t'\boldsymbol{\beta} + u_t$$

oder in Matrizenschreibweise

$$\boldsymbol{y} = \boldsymbol{X\beta} + \boldsymbol{u}, \quad \mathsf{E}\boldsymbol{u} = 0, \quad \mathsf{E}\boldsymbol{uu}' = \sigma^2\boldsymbol{W} \tag{5.1.1}$$

hat. Wenn wir annehmen, daß dieser lineare Zusammenhang zwischen $\boldsymbol{y}$ und $\boldsymbol{X}_t$ auch für zukünftige, d. h. über den Beobachtungszeitraum hinausreichende Perioden Gültigkeit hat, so hat das Vorhersagemodell die Gestalt

$$y_\tau = \boldsymbol{x}_\tau'\boldsymbol{\beta} + u_\tau \quad (\tau = T+1, T+2, \ldots, T+n)\,.$$

Wir fassen die n zukünftigen Realisierungen in Matrizenschreibweise zusammen (der Index „$*$" soll stets auf den Vorhersagezeitraum hindeuten):

$$\boldsymbol{y}_* = \boldsymbol{X}_*\boldsymbol{\beta} + \boldsymbol{u}_*\,.$$

Dabei ist

$\boldsymbol{y}_*' = (y_{1*}, \ldots, y_{n*})$ der $1 \times n$-Vektor der zukünftigen (unbekannten) Realisierungen des Regressanden,

$\boldsymbol{X}_*' = (\boldsymbol{x}_{1*}, \ldots, \boldsymbol{x}_{n*})$ die $K \times n$-Matrix der exogenen Variablen in der Vorhersageperiode,

$\boldsymbol{u}_*' = (u_{1*}, \ldots, u_{n*})$ der $1 \times n$-Vektor der zufälligen Fehler.

Über den Fehlervektor $\boldsymbol{u}_*$ treffen wir die Annahmen:

$$\mathsf{E}\boldsymbol{u}_* = 0, \quad \mathsf{E}\boldsymbol{u}_*\boldsymbol{u}_*' = \sigma^2 \underset{n\times n}{\boldsymbol{W}_*}\,,$$

$$\mathsf{E}\boldsymbol{uu}_*' = \sigma^2 \underset{T\times n}{\boldsymbol{W}_0} = \sigma^2(\underset{T\times 1}{\boldsymbol{w}_1}, \ldots, \underset{T\times 1}{\boldsymbol{w}_n})\,.$$

Die letzte Annahme ist von besonderer Bedeutung, stellt sie doch eine Zusatzinformation dar, die von GOLDBERGER [3] erstmalig genutzt wurde. Wenn nämlich die Kovarianzmatrix der Stichprobenresiduen $\boldsymbol{u}$ nicht von Diagonalgestalt ist, die Fehler u_t und $u_{t'}$ für $t \neq t'$ also korreliert sind, so wird man auch mit einer Korrelation zwischen $\boldsymbol{u}$ und $\boldsymbol{u}_*$ rechnen müssen.

Wir erinnern nur an den autoregressiven Prozeß, bei dem die Korrelation zwischen $\boldsymbol{u}_T$ und $\boldsymbol{u}_{T+\tau}$ gerade ϱ^τ war, so daß damit die Matrix $\boldsymbol{W}_0$ die Gestalt hat:

$$\boldsymbol{W}_0 = \begin{pmatrix} \varrho^T & \varrho^{T+1} & \dots & \varrho^{T+n} \\ \vdots & \vdots & & \vdots \\ \varrho & \varrho^2 & \dots & \varrho^n \end{pmatrix}.$$

Die Verwendung der in $\boldsymbol{W}_0$ enthaltenen Information unterscheidet die optimale Vorhersage grundsätzlich von dem bisherigen Vorgehen der sogenannten klassischen Vorhersage. Auf die Vorteile gehen wir noch ein.

Fassen wir unsere Modellannahmen nun zum Vorhersagemodell zusammen:

$$\begin{cases} \boldsymbol{y}_* = \boldsymbol{X}_*\boldsymbol{\beta} + \boldsymbol{u}_*, \\ \mathsf{E}\boldsymbol{u}_* = 0, \quad \mathsf{E}\boldsymbol{u}_*\boldsymbol{u}_*' = \sigma^2\boldsymbol{W}_*, \quad \mathsf{E}\boldsymbol{u}\boldsymbol{u}_*' = \sigma^2\boldsymbol{W}_0\,, \\ \boldsymbol{X}_* \text{ nichtstochastisch, } \boldsymbol{W}_* \text{ und } \boldsymbol{W}_0 \text{ bekannt.} \end{cases} \tag{5.1.2}$$

Wir weisen noch darauf hin, daß die Annahme des gleichen Vektors $\boldsymbol{\beta}$ im Modell der Realisierungen (5.1.1) und im Vorhersagemodell (5.1.2) überhaupt die Grundlage für eine Vorhersage von $\boldsymbol{y}_*$ auf der Basis des Stichprobenmodells (5.1.1) ist.

Klassische Vorhersage

Im klassischen Herangehen wird für $\boldsymbol{y}_*$ eine Vorhersage durch Schätzung des bedingten Erwartungswertes $\mathsf{E}(\boldsymbol{y}_* \mid \boldsymbol{X}_*) = \boldsymbol{X}_*\boldsymbol{\beta}$ bestimmt. Wir bezeichnen eine Vorhersage stets mit $\boldsymbol{p}$ („predictor"), erhalten also bei festem $\boldsymbol{X}_*$

$$\hat{\boldsymbol{p}} = \boldsymbol{X}_*\hat{\boldsymbol{\beta}}\,.$$

Dabei ist $\hat{\boldsymbol{\beta}}$ eine Schätzung von $\boldsymbol{\beta}$. Man wird natürlich nach einer möglichst guten Vorhersage streben, wobei klar ist, daß die beste Schätzung auch die beste klassische Vorhersage liefert. Insbesondere gilt also Satz 3.3. für den Fall, daß nur die Stichprobeninformation aus (5.1.1) vorliegt, d. h.

$$\hat{\boldsymbol{p}}_{\text{klass.}} = \boldsymbol{X}_*\boldsymbol{b}$$

mit

$$\mathsf{V}(\hat{\boldsymbol{p}}_{\text{klass.}}) = \boldsymbol{X}_*\boldsymbol{V}(\boldsymbol{b})\boldsymbol{X}_*'$$

ist die beste lineare erwartungstreue Vorhersage von $\boldsymbol{y}_*$ im klassischen Sinne.

Wir wollen nun zur *Ableitung optimaler Vorhersagen* übergehen, wobei wir uns hier auf *homogene erwartungstreue Vorhersagen* beschränken. Die Ableitung inhomogener bzw. homogener nichterwartungstreuer Vorhersagen führt zu Lösungen, die den unbekannten Parametervektor $\boldsymbol{\beta}$ enthalten und somit zu ihrer praktischen Anwendung den Einsatz sehr starker Zusatzinformation erfordern. Diese Probleme sind mehr von theoretischem Interesse und in Toutenburg [9] ausführlich diskutiert.

Optimale erwartungstreue Vorhersage

Während die klassische Vorhersage nur den bedingten Erwartungswert des unbekannten Regressandenvektors $\boldsymbol{y}_*$ schätzt, sollen nun optimale

Vorausberechnungen der zufälligen Variablen $\boldsymbol{y}_*$ selbst abgeleitet werden, wobei man sich einen *Gewinn an Wirksamkeit* durch die Nutzung der Information verspricht, die in den als bekannt vorausgesetzten (oder ggf. nachträglich zu schätzenden) Matrizen $\boldsymbol{W}_*$ und $\boldsymbol{W}_0$ enthalten ist.

Die Vorhersage $\boldsymbol{p}$ von $\boldsymbol{y}_*$ wird von der in $\boldsymbol{y}$ enthaltenen Stichprobeninformation ausgehen: $\boldsymbol{p}=f(\boldsymbol{y})$. Wir wählen die Statistik $\boldsymbol{p}$ auf Grund der Linearität des Stichproben- und des Vorhersagemodells und wegen der zu erwartenden günstigen statistischen Eigenschaften linear in $\boldsymbol{y}$. Der lineare homogene Ansatz lautet

$$\underset{n\times 1}{\boldsymbol{p}} = \underset{n\times T}{\boldsymbol{C}'}\boldsymbol{y}\,, \tag{5.1.3}$$

wobei $\boldsymbol{C}$ nichtstochastisch ist. Als Risikofunktion von $\boldsymbol{p}$ wählen wir die quadratische Form ($\underset{n\times n}{\boldsymbol{A}}$ positiv definit)

$$R(\boldsymbol{p})=\mathsf{E}\,(\boldsymbol{p}-\boldsymbol{y}_*)'\,\boldsymbol{A}\,(\boldsymbol{p}-\boldsymbol{y}_*)\,. \tag{5.1.4}$$

Dabei sollte $\boldsymbol{A}$ so gewählt sein, daß das Risiko $R(\boldsymbol{p})$ der praktischen Fragestellung angepaßt ist, wobei wir bereits aus der Schätztheorie wissen, daß ein reguläres $\boldsymbol{A}$ ohne Einfluß auf die Vorhersage selbst sein wird.

Beispiel: Es sei $\tau=T+1,\, T+2, \ldots, T+n$ und t ein Zeitindex (Jahre). Das Problem sei die Vorhersage einer ökonomischen Variablen (z. B. Nationaleinkommen) für die Jahre aus τ. Es ist dann vernünftig zu fordern, daß die Güte der Vorhersagen $\hat{p}_\tau$ mit fallender Differenz $\tau-T$ zunimmt. Dieser Forderung wäre die folgende Wahl von $\boldsymbol{A}$ angepaßt:

$$\boldsymbol{A}=\operatorname{diag}(a_1, \ldots, a_n) \quad \text{mit} \quad a_1>a_2>\ldots>a_n>0\,,$$

woraus $R(\boldsymbol{p})=\sum_{\tau=1}^{n} a_\tau \mathsf{E}\,(p_\tau-y_\tau)^2$ folgt.

Die a_τ wären als Gewichte zu deuten.

Mit dem Ansatz (5.1.3) wird

$$\boldsymbol{p}-\boldsymbol{y}_*=(\boldsymbol{C}'\boldsymbol{X}-\boldsymbol{X}_*)\,\boldsymbol{\beta}+(\boldsymbol{C}'\boldsymbol{u}-\boldsymbol{u}_*)\,. \tag{5.1.5}$$

Damit wird die Risikofunktion $R(\boldsymbol{p})=\tilde{R}(\boldsymbol{C})$

$$\begin{aligned}\tilde{R}(\boldsymbol{C}) &= \operatorname{sp}\boldsymbol{A}\,[(\boldsymbol{C}'\boldsymbol{X}-\boldsymbol{X}_*)\,\boldsymbol{\beta}]\,[(\boldsymbol{C}'\boldsymbol{X}-\boldsymbol{X}_*)\,\boldsymbol{\beta}]' \\ &\quad +\sigma^2\operatorname{sp}\boldsymbol{A}\,[\boldsymbol{C}'\boldsymbol{W}\boldsymbol{C}+\boldsymbol{W}_*-2\boldsymbol{C}'\boldsymbol{W}_0]\,.\end{aligned} \tag{5.1.6}$$

Nebenbedingung der Erwartungstreue

Analog zur Schätztheorie setzen wir als ein Mittel zur Ableitung praktikabler Vorhersagen die Nebenbedingung der Erwartungstreue von $\boldsymbol{p}$ ein.

Aus (5.1.5) folgt

$$\begin{aligned}&\mathsf{E}\,(\boldsymbol{p}-\boldsymbol{y}_*)=(\boldsymbol{C}'\boldsymbol{X}-\boldsymbol{X}_*)\,\boldsymbol{\beta}=\boldsymbol{0} \quad \text{genau dann, wenn}\\ &\boldsymbol{C}'\boldsymbol{X}-\boldsymbol{X}_*=\boldsymbol{0}\,.\end{aligned} \tag{5.1.7}$$

Unter dieser Nebenbedingung wird die Risikofunktion $\tilde{R}(\boldsymbol{C})$ (5.1.6)

$$\tilde{R}(\boldsymbol{C})=\sigma^2\operatorname{sp}\boldsymbol{A}\,[\boldsymbol{C}'\boldsymbol{W}\boldsymbol{C}+\boldsymbol{W}_*-2\boldsymbol{C}'\boldsymbol{W}_0]\,, \tag{5.1.8}$$

und wir erhalten das unter (5.1.7) optimale $\boldsymbol{C}=\hat{\boldsymbol{C}}$ als Lösung des quadratischen Optimierungsproblems

$$\min_{\boldsymbol{C}'} R^* = \min_{\boldsymbol{C}'} \left\{\tilde{R}(\boldsymbol{C}) - 2\sum_{\tau=1}^{n} \lambda'_\tau(\boldsymbol{c}'_\tau \boldsymbol{X} - \boldsymbol{x}'_\tau)'\right\} \tag{5.1.9}$$

aus den Normalgleichungen

$$\frac{1}{2}\frac{\partial R^*}{\partial \boldsymbol{C}'} = \boldsymbol{A}\boldsymbol{C}'\boldsymbol{W} - \boldsymbol{A}\boldsymbol{W}'_0 - \sigma^{-2}\boldsymbol{\lambda}\boldsymbol{X}' = \boldsymbol{0}\,,$$

$$\frac{1}{2}\frac{\partial R^*}{\partial \boldsymbol{\lambda}} = \boldsymbol{C}'\boldsymbol{X} - \boldsymbol{X}_* = \boldsymbol{0}$$

[$\boldsymbol{\lambda}_i$: $K\times 1$-Vektor aus Lagrange-Multiplikatoren, $\underset{K\times n}{\boldsymbol{\lambda}'} = (\boldsymbol{\lambda}_1, \ldots, \boldsymbol{\lambda}_n)$]. Es gilt

$$\hat{\boldsymbol{C}}' = \boldsymbol{X}_*\boldsymbol{S}^{-1}\boldsymbol{X}'\boldsymbol{W}^{-1} + \boldsymbol{W}'_0\boldsymbol{W}^{-1}\,(\boldsymbol{I} - \boldsymbol{X}\boldsymbol{S}^{-1}\boldsymbol{X}'\boldsymbol{W}^{-1}) \tag{5.1.10}$$

und

$$\hat{\boldsymbol{C}}'\boldsymbol{X} - \boldsymbol{X}_* = \boldsymbol{0}\,.$$

Damit wird die optimale homogene erwartungstreue Vorhersage

$$\hat{\boldsymbol{p}} = \hat{\boldsymbol{C}}'\boldsymbol{y} = \boldsymbol{X}_*\boldsymbol{b} + \boldsymbol{W}'_0\boldsymbol{W}^{-1}\,(\boldsymbol{y} - \boldsymbol{X}\boldsymbol{b})\,, \tag{5.1.11}$$

wobei $\boldsymbol{b}$ die Aitken-Schätzung (3.1.5) ist: $\boldsymbol{b} = \boldsymbol{S}^{-1}\boldsymbol{X}'\boldsymbol{W}^{-1}\boldsymbol{y}$.

Satz 5.1. *Im verallgemeinerten linearen Regressionsmodell hat die R-optimale homogene erwartungstreue Vorhersage des $n\times 1$-Vektors $\boldsymbol{y}_*$ die Gestalt*

$$\hat{\boldsymbol{p}} = \boldsymbol{X}_*\boldsymbol{b} + \boldsymbol{W}'_0\boldsymbol{W}^{-1}\,(\boldsymbol{y} - \boldsymbol{X}\boldsymbol{b})\,, \tag{5.1.12}$$

$$\mathsf{E}\hat{\boldsymbol{p}} = \boldsymbol{X}_*\boldsymbol{\beta}\,,$$

$$R(\hat{\boldsymbol{p}}) = \sigma^2 \operatorname{sp} \boldsymbol{A}\,(\boldsymbol{W}_* - \boldsymbol{W}'_0\boldsymbol{W}^{-1}\boldsymbol{W}_0) + \operatorname{sp} \boldsymbol{A}\,[(\boldsymbol{X}_* - \boldsymbol{W}'_0\boldsymbol{W}^{-1}\boldsymbol{X})\,\mathsf{V}(\boldsymbol{b})\,(\boldsymbol{X}_* - \boldsymbol{W}'_0\boldsymbol{W}^{-1}\boldsymbol{X})']\,. \tag{5.1.13}$$

Vereinbarung: Analog zur Schätztheorie wollen wir die beste lineare erwartungstreue Vorhersage von $\boldsymbol{y}_*$ als Aitken-Vorhersage bezeichnen (üblich ist auch Gauss-Markoff-Vorhersage oder die Abkürzung **BLUP**: **B**est **L**inear **U**nbiased **P**redictor).

Vergleich klassische-optimale Vorhersage

Wir weisen nun den Effektivitätsgewinn nach, der sich aus der Nutzung der in $\sigma^2\boldsymbol{W}_0$ enthaltenen Information ergibt. Dazu berechnen wir zunächst die Risikofunktion der *klassischen Vorhersage*

$$\hat{\boldsymbol{p}}_{\text{klass.}} = \boldsymbol{X}_*\boldsymbol{b}\,.$$

Es gilt

$$\hat{\boldsymbol{p}}_{\text{klass.}} - \boldsymbol{y}_* = \boldsymbol{X}_*\boldsymbol{S}^{-1}\boldsymbol{X}'\boldsymbol{W}^{-1}\boldsymbol{u} - \boldsymbol{u}_*\,,$$

$$R(\hat{\boldsymbol{p}}_{\text{klass.}}) = \sigma^2 \operatorname{sp} \boldsymbol{A}\,[\boldsymbol{X}_*\mathsf{V}(\boldsymbol{b})\,\boldsymbol{X}'_* + \boldsymbol{W}_* - 2\mathsf{V}(\boldsymbol{b})\,\boldsymbol{X}'\boldsymbol{W}^{-1}\boldsymbol{W}_0]\,.$$

Damit wird die Differenz der Risikofunktionen $R(\hat{p}_{\text{klass.}})$ und $R(\hat{p})$ aus (5.1.13)

$$\begin{aligned} R(\hat{p}_{\text{klass.}}) - R(\hat{p}) &= \sigma^2 \operatorname{sp} AW_0'W^{-1}W_0 \\ &\quad - \operatorname{sp} AW_0'W^{-1}X\mathsf{V}(b)\,X'W^{-1}W_0 \\ &= \sigma^2 \operatorname{sp} A\, W_0'\,[W^{-1/2} - \sigma^{-1}W^{-1}X\mathsf{V}(b)\,X'W^{-1/2}]\,[\;]'\,W_0 \\ &= \sigma^2 \operatorname{sp} [\;]'\,W_0AW_0'[\;] \geqq 0\,. \end{aligned}$$

Die optimale Vorhersage verringert also das Vorhersagerisiko. Dies ist damit zu erklären, daß das zweite Glied in (5.1.12)

$$W_0'W^{-1}\,(y - Xb) = W_0'W^{-1}\hat{u}$$

eine Schätzung von u_* darstellt. Damit wird durch $\hat{p}$ also nicht nur der bedingte Erwartungswert $X_*\beta$, sondern auch der Vorhersagefehler u_* aus $y_* = X_*\beta + u_*$ mitgeschätzt und demzufolge der Grad an Unsicherheit vermindert.

Die genaue Analyse der Fehlerprozesse ist somit eine notwendige Forderung an die Vertreter der Praxis, um eine möglichst effektive Modellanpassung und -identifikation zu erreichen. Gerade bei den relativ kurzen ökonomischen Zeitreihen und auf Grund der in der Ökonomie im Gegensatz zu den Naturwissenschaften fehlenden experimentellen Basis sind alle aus der Theorie und den Stichproben ableitbaren Information konsequent bei der Modellierung, Schätzung und Vorhersage zu nutzen.

Zusammenhang Schätzung – Vorhersage

Die Ähnlichkeit des Aufbaus der beiden Risikofunktionen

$$R(p) = \mathsf{E}\,(p - y_*)'\,A\,(p - y_*) \text{ und } R(\hat{\beta}) = \mathsf{E}\,(\hat{\beta} - \beta)'\,A\,(\hat{\beta} - \beta)\,,$$

die jeweils auf die Minimierung des mittleren quadratischen Abstandes zwischen der Vorhersage p und dem unbekannten (zufälligen) Vektor y_* bzw. zwischen der Schätzstatistik $\hat{\beta}$ und dem unbekannten Parametervektor β orientieren, läßt einen engen mathematischen Zusammenhang der optimalen Vorhersagen und Schätzungen vermuten. Diesen Zusammenhang deckten bereits die klassischen Vorhersagen auf, die wir uns als unter der Annahme $W_0 = 0$ abgeleitete R-optimale Vorhersagen vorstellen können. Ohne den Beweis hier anführen zu müssen, gilt natürlich sofort:

Satz 5.2. *Sind ein Stichprobenmodell und das zugehörige Vorhersagemodell gegeben und unterliegen beide Modelle den gleichen Restriktionen (bzw. Zusatzinformationen über die Parameter), so liefern die optimalen erwartungstreuen Schätzungen auch die optimalen Vorhersagen.*

Beschränken wir uns nämlich auf erwartungstreue Schätzungen, so haben die damit gebildeten Vorhersagen die Gestalt:

$$p(\hat{\beta}) = X_*\hat{\beta} + W_0'W^{-1}\,(y - X\hat{\beta}) \tag{5.1.14}$$

mit

$$\begin{aligned} R[p(\hat{\beta})] &= \sigma^2 \operatorname{sp} A\,(W_* - W_0'W^{-1}W_0) \\ &\quad + \operatorname{sp} A\,[(X_* - W_0'W^{-1}X)\,\mathsf{V}(\hat{\beta})\,(X_* - W_0'W^{-1}X)']\,. \end{aligned} \tag{5.1.15}$$

Liegen zwei alternative erwartungstreue Schätzungen $\hat{\boldsymbol{\beta}}_1, \hat{\boldsymbol{\beta}}_2$ vor, so gilt für die damit gebildeten Vorhersagen gemäß (5.1.15)

$$R[\boldsymbol{p}(\hat{\boldsymbol{\beta}}_1)] - R[\boldsymbol{p}(\hat{\boldsymbol{\beta}}_2)] = \operatorname{sp} \tilde{\boldsymbol{A}} \, [\mathsf{V}(\hat{\boldsymbol{\beta}}_1) - \mathsf{V}(\hat{\boldsymbol{\beta}}_2)] \,, \tag{5.1.16}$$

wobei $\tilde{\boldsymbol{A}} = [\boldsymbol{X}_* - \boldsymbol{W}_0'\boldsymbol{W}^{-1}\boldsymbol{X}] \, \boldsymbol{A} \, [\boldsymbol{X}_* - \boldsymbol{W}_0'\boldsymbol{W}^{-1}\boldsymbol{X}]'$ nichtnegativ definit ist. Also folgt in (5.1.16) aus $\mathsf{V}(\hat{\boldsymbol{\beta}}_1) - \mathsf{V}(\hat{\boldsymbol{\beta}}_2)$ nichtnegativ definit sofort $R[\boldsymbol{p}(\hat{\boldsymbol{\beta}}_1)] - R[\boldsymbol{p}(\hat{\boldsymbol{\beta}}_2)] \geqq 0$. Eine bessere Schätzung liefert also auch eine bessere Vorhersage, oder anders ausgedrückt, die *Rangordnung der Schätzungen überträgt sich auf die damit gebildeten Vorhersagen.*

Betrachten wir zum Beispiel das restriktive Modell (4.2.3), so liefert die dort gefundene optimale Schätzung $\boldsymbol{b}_1$ (4.2.4) auch die optimale restriktive Vorhersage

$$\boldsymbol{p}(\boldsymbol{b}_1) = \boldsymbol{X}_* \boldsymbol{b}_1 + \boldsymbol{W}_0'\boldsymbol{W}^{-1} \, (\boldsymbol{y} - \boldsymbol{X}\boldsymbol{b}_1) \,.$$

Wir wollen noch bemerken, daß auch die für die nichterwartungstreuen Schätzungen nach dem Minimax-Prinzip, d. h. $\hat{\boldsymbol{\beta}}_{\mathrm{I}}$, $\hat{\boldsymbol{\beta}}_{\mathrm{I}}(c)$, $\hat{\boldsymbol{\beta}}_{\mathrm{II}}$, $\hat{\boldsymbol{\beta}}_{\mathrm{II}}(c)$, $\hat{\boldsymbol{\beta}}_{\mathrm{III}}$, $\hat{\boldsymbol{\beta}}_{\mathrm{III}}(c)$, gefundenen Güterelationen in bezug auf die AITKEN-Schätzung erhalten bleiben, wenn wir Vorhersagen $\boldsymbol{p}(\hat{\boldsymbol{\beta}}_{\mathrm{I}})$, $\boldsymbol{p}(\hat{\boldsymbol{\beta}}_{\mathrm{I}}(c))$ usw. bilden. Betrachten wir z. B. die Schätzung $\hat{\boldsymbol{\beta}}_{\mathrm{I}}(2\sigma_1^2)$ aus (4.5.16) und bilden damit die Vorhersage

$$\boldsymbol{p}[\hat{\boldsymbol{\beta}}_{\mathrm{I}}(2\sigma_1^2)] = \boldsymbol{X}_* \hat{\boldsymbol{\beta}}_{\mathrm{I}}(2\sigma_1^2) + \boldsymbol{W}_0'\boldsymbol{W}^{-1} \, (\boldsymbol{y} - \boldsymbol{X}\hat{\boldsymbol{\beta}}_{\mathrm{I}}(2\sigma_1^2)) \,.$$

Dann gilt Satz 4.8. ganz analog:

Die zweistufige Minimax-lineare Vorhersage $\boldsymbol{p}[\hat{\boldsymbol{\beta}}_{\mathrm{I}}(2\sigma_1^2)]$ *ist besser als die* AITKEN-*Vorhersage* $\hat{\boldsymbol{p}} = \boldsymbol{X}_*\boldsymbol{b} + \boldsymbol{W}_0'\boldsymbol{W}^{-1} \, (\boldsymbol{y} - \boldsymbol{X}\boldsymbol{b})$.

Wir verzichten hier auf eine weitere Behandlung der Vorhersageproblematik. Der interessierte Leser sei auf die ausführlichen Untersuchungen in TOUTENBURG [9], [11], [14] verwiesen.

5.2. Prüfen linearer Hypothesen

Im Abschnitt 4.3. sind wir davon ausgegangen, daß die exakte lineare Restriktion $\boldsymbol{r} = \boldsymbol{R}\boldsymbol{\beta}$ gilt. Unter dieser Zusatzinformation war dann die optimale restriktive Schätzung (vgl. (4.3.5))

$$\boldsymbol{b}_2 = \boldsymbol{b} + \boldsymbol{S}^{-1}\boldsymbol{R}'(\boldsymbol{R}\boldsymbol{S}^{-1}\boldsymbol{R}')^{-1} \, (\boldsymbol{r} - \boldsymbol{R}\boldsymbol{b})$$

mit

$$\mathsf{V}(\boldsymbol{b}_2) = \sigma^2\boldsymbol{S}^{-1} - \sigma^2\boldsymbol{S}^{-1}\boldsymbol{R}'(\boldsymbol{R}\boldsymbol{S}^{-1}\boldsymbol{R}')^{-1} \, \boldsymbol{R}\boldsymbol{S}^{-1}$$

abgeleitet worden, die besser als die nur auf der Stichprobeninformation basierende AITKEN-Schätzung $\boldsymbol{b}$ ist:

$\mathsf{V}(\boldsymbol{b}) - \mathsf{V}(\boldsymbol{b}_2)$ nichtnegativ definit.

In der ökonomischen Praxis wird man jedoch häufig nicht mit Sicherheit sagen können, daß $\boldsymbol{r} = \boldsymbol{R}\boldsymbol{\beta}$ erfüllt ist. Dies trifft insbesondere auf den wichtigen Fall der Modellwahl zu, bei dem zwischen einem Gesamtmodell und einem daraus durch Weglassen von exogenen Variablen entstehenden Teilmodell gewählt werden muß. Diese Problemstellung läßt sich als Test auf der Basis der beiden Schätzungen $\boldsymbol{b}$ bzw. $\boldsymbol{b}_2$ formulieren:

Gesamtmodell	$\boldsymbol{y}=\boldsymbol{X\beta}+\boldsymbol{u}$
Aufspaltung	$\underset{T\times K}{\boldsymbol{X}}=(\underset{T\times K_1}{\boldsymbol{X}_1}, \underset{T\times K_2}{\boldsymbol{X}_2})$, $\boldsymbol{\beta}'=(\boldsymbol{\beta}_1', \boldsymbol{\beta}_2')$
wegzulassende exogene Variablen	Teilmatrix $\boldsymbol{X}_2$
Teilmodell	$\boldsymbol{y}=\boldsymbol{X}_1\boldsymbol{\beta}_1+\boldsymbol{u}.$

Dieses Teilmodell läßt sich auch wie folgt formulieren:

$$\{\boldsymbol{y}=\boldsymbol{X\beta}+\boldsymbol{u} \mid \boldsymbol{r}=\boldsymbol{R\beta}: \boldsymbol{r}=\boldsymbol{0}, \boldsymbol{R}=(\boldsymbol{I}_{K_1}, \boldsymbol{0})\}.$$

Damit wird die Wahl zwischen Gesamt- und Teilmodell äquivalent als Wahl zwischen den in beiden Modellen jeweils optimalen Schätzungen $\boldsymbol{b}$ bzw. $\boldsymbol{b}_2$ darstellbar sein. Dabei zeigt sich eine sehr enge Verbindung zum Prüfen der Hypothese $\boldsymbol{r}=\boldsymbol{R\beta}$. Diese Testprobleme behandeln wir jetzt.

Wir setzen das verallgemeinerte lineare Regressionsmodell mit normalverteilten Fehlern voraus:

$$\boldsymbol{y}=\boldsymbol{X\beta}+\boldsymbol{u}, \quad \boldsymbol{u}\sim N(\boldsymbol{0}, \sigma^2\boldsymbol{W}) \tag{5.2.1}$$

und prüfen die lineare Hypothese

$H_0: \boldsymbol{r}=\boldsymbol{R\beta}$; $\sigma^2>0$ *beliebig*

($\boldsymbol{r}$: $J\times 1$-*Vektor*, $\boldsymbol{R}$: $J\times K$-*Matrix vom Rang* J)

gegen die Alternativhypothese

$H_1: \boldsymbol{r}\neq\boldsymbol{R\beta}$; $\sigma^2>0$ *beliebig.*

Als Testverfahren bietet sich der *Likelihood-Quotiententest* an. Das *Maximum-Likelihood-Prinzip* liefert eine Schätzmethode und definiert die *Maximum-Likelihood-Schätzung* (kurz: ML-Schätzung) wie folgt:

Definition: Es sei $\boldsymbol{\xi}=(\xi_1, \ldots, \xi_n)$ eine zufällige Variable mit der Dichtefunktion $f(\boldsymbol{\xi}, \boldsymbol{\vartheta})$, wobei $\boldsymbol{\vartheta}=(\vartheta_1, \ldots, \vartheta_m)'$ im Parameterraum $\boldsymbol{\Omega}$ liegt. Es sei $\boldsymbol{\xi}_0$ eine Stichprobe von $\boldsymbol{\xi}$. Dann ist

$$L(\boldsymbol{\vartheta})=f(\boldsymbol{\xi}_0; \boldsymbol{\vartheta})$$

für jede Realisierung $\boldsymbol{\xi}_0$ eine Funktion des unbekannten Parametervektors $\boldsymbol{\vartheta}$, die sogenannte *Likelihood-Funktion* von $\boldsymbol{\xi}_0$. Das ML-Prinzip wählt als Schätzwert von $\boldsymbol{\vartheta}$ bei festem $\boldsymbol{\xi}_0$ denjenigen Wert $\hat{\boldsymbol{\vartheta}}\in\boldsymbol{\Omega}$ (falls er existiert), für den

$$L(\hat{\boldsymbol{\vartheta}})\geqq L(\boldsymbol{\vartheta}) \quad \text{für alle } \boldsymbol{\vartheta}\in\boldsymbol{\Omega}$$

gilt, wobei $\hat{\boldsymbol{\vartheta}}$ nicht eindeutig bestimmt zu sein braucht. Führt man die Maximierung von $L(\boldsymbol{\vartheta})$ für alle möglichen Realisierungen $\boldsymbol{\xi}_0$ durch, so wird $\hat{\boldsymbol{\vartheta}}$ eine Funktion von $\boldsymbol{\xi}$ und damit selbst eine Zufallsvariable, die wir als ML-Schätzung von $\boldsymbol{\vartheta}$ bezeichnen wollen.

Wir bestimmen die Likelihood-Funktion von $\boldsymbol{y}=\boldsymbol{X\beta}+\boldsymbol{u}$ mit $\boldsymbol{y}\sim N(\boldsymbol{X\beta},\sigma^2\boldsymbol{W})$ (Satz A30) als

$$L(\boldsymbol{\beta},\sigma^2)=\{(2\pi\sigma^2)^{-T/2}\,|\boldsymbol{W}|^{-1/2}\}\exp\left\{-\frac{1}{2\sigma^2}(\boldsymbol{y}-\boldsymbol{X\beta})'\,\boldsymbol{W}^{-1}(\boldsymbol{y}-\boldsymbol{X\beta})\right\},$$

wobei $\boldsymbol{\vartheta}=(\boldsymbol{\beta},\sigma^2)$ der unbekannte, nach dem ML-Prinzip zu schätzende Parameter ist. Auf Grund der Monotonie der logarithmischen Transformation kann man auch $\ln L(\boldsymbol{\beta},\sigma^2)$ maximieren, ohne daß sich der Wert des Maximums ändert:

$$\ln L(\boldsymbol{\beta},\sigma^2)=-\frac{T}{2}\ln(2\pi\sigma^2)+\ln|\boldsymbol{W}|^{-1/2}$$
$$-\frac{1}{2\sigma^2}(\boldsymbol{y}-\boldsymbol{X\beta})'\,\boldsymbol{W}^{-1}(\boldsymbol{y}-\boldsymbol{X\beta})\,.$$

Der volle Parameterraum (also unter H_1) ist

$$\boldsymbol{\Omega}=\{\boldsymbol{\beta},\sigma^2\colon \boldsymbol{\beta}\in\mathrm{R}^K;\ \sigma^2>0\}\,.$$

Der durch die Nullhypothese H_0 eingeschränkte Parameterraum $\omega\in\boldsymbol{\Omega}$ ist

$$\omega=\{\boldsymbol{\beta},\sigma^2\colon \boldsymbol{\beta}\in\mathrm{R}^K \text{ und } \boldsymbol{r}=\boldsymbol{R\beta};\ \sigma^2>0\}\,.$$

Die ML-Schätzungen $\hat{\boldsymbol{\beta}}_\omega$, $\hat{\sigma}^2_\omega$ unter H_0 sind die Lösungen des quadratischen Optimierungsproblems ($\boldsymbol{\lambda}$ ein $J\times 1$-Vektor aus LAGRANGE-Multiplikatoren)

$$\max_{\boldsymbol{\beta},\sigma^2}\{\ln L(\boldsymbol{\beta},\sigma^2)-\boldsymbol{\lambda}'(\boldsymbol{r}-\boldsymbol{R\beta})\}=\max_{\boldsymbol{\beta},\sigma^2}\tilde{L}\,,$$

also Lösung der Normalgleichungen [Sätze A23–A26]

$$\frac{\partial\tilde{L}}{\partial\sigma^2}=-\frac{T}{2\sigma^2}+\frac{1}{2\sigma^4}(\boldsymbol{y}-\boldsymbol{X\beta})'\,\boldsymbol{W}^{-1}(\boldsymbol{y}-\boldsymbol{X\beta})=0\,,$$

$$\frac{\partial\tilde{L}}{\partial\boldsymbol{\beta}}=\boldsymbol{X}'\boldsymbol{W}^{-1}(\boldsymbol{y}-\boldsymbol{X\beta})+\boldsymbol{R}'\boldsymbol{\lambda}=0\,,$$

$$\frac{\partial\tilde{L}}{\partial\boldsymbol{\lambda}}=\boldsymbol{r}-\boldsymbol{R\beta}=0\,.$$

Wir erhalten hieraus die ML-Schätzungen unter H_0

$$\hat{\boldsymbol{\beta}}_\omega=\boldsymbol{b}_2=\boldsymbol{b}+\boldsymbol{S}^{-1}\boldsymbol{R}'(\boldsymbol{RS}^{-1}\boldsymbol{R}')^{-1}(\boldsymbol{r}-\boldsymbol{Rb})\,,$$
$$\hat{\sigma}^2_\omega=\frac{1}{T}(\boldsymbol{y}-\boldsymbol{Xb}_2)'\,\boldsymbol{W}^{-1}(\boldsymbol{y}-\boldsymbol{Xb}_2) \qquad (5.2.2)$$

und (durch Einsetzen von $\boldsymbol{R}=\boldsymbol{0}$) die ML-Schätzungen unter H_1

$$\hat{\boldsymbol{\beta}}_\Omega=\boldsymbol{b}\,,$$
$$\hat{\sigma}^2_\Omega=\frac{1}{T}(\boldsymbol{y}-\boldsymbol{Xb})'\,\boldsymbol{W}^{-1}(\boldsymbol{y}-\boldsymbol{Xb})\,. \qquad (5.2.3)$$

Als Teststatistik verwenden wir den *Likelihood-Quotienten*

$$\lambda(\boldsymbol{\xi})=\frac{\max\limits_{\omega} L(\boldsymbol{\vartheta})}{\max\limits_{\Omega} L(\boldsymbol{\vartheta})}\,.$$

Nach Definition nimmt die Funktion $L(\boldsymbol{\vartheta})$ ihr Maximum aber gerade für die ML-Schätzung $\hat{\boldsymbol{\vartheta}}$ an, so daß in unserem Fall mit $\boldsymbol{\vartheta} = (\boldsymbol{\beta}, \sigma^2)$ gilt:

$$\begin{aligned} \max_{\boldsymbol{\beta},\sigma^2} L(\boldsymbol{\beta}, \sigma^2) &= L(\hat{\boldsymbol{\beta}}, \hat{\sigma}^2) \\ &= \{(2\pi\hat{\sigma}^2)^{-T/2} |\boldsymbol{W}|^{-1/2}\} \exp\left\{-\frac{1}{2\hat{\sigma}^2}(\boldsymbol{y} - \boldsymbol{X}\hat{\boldsymbol{\beta}})' \boldsymbol{W}^{-1} (\boldsymbol{y} - \boldsymbol{X}\hat{\boldsymbol{\beta}})\right\} \\ &= (2\pi\hat{\sigma}^2)^{-T/2} |\boldsymbol{W}|^{-1/2} \exp\left\{-\frac{T}{2}\right\} \end{aligned}$$

und damit

$$\lambda(\boldsymbol{y}) = \left(\frac{\hat{\sigma}_\omega^2}{\hat{\sigma}_\Omega^2}\right)^{-T/2} .$$

$\lambda(\boldsymbol{y})$ liegt zwischen 0 und 1 und ist eine Zufallsvariable. Ist H_0 richtig, so müßte der Zähler von $\lambda(\boldsymbol{y})$ bei wiederholter Stichprobennahme einen im Vergleich zum Nenner hinreichend großen Wert ergeben. Unter H_0 müßte $\lambda(\boldsymbol{y})$ also nahe Eins liegen. Umgekehrt müßte $\lambda(\boldsymbol{y})$ bei Gültigkeit von H_1 vorwiegend Werte nahe 0 annehmen.

Wir führen folgende monotone Transformation durch:

$$\begin{aligned} F &= \{(\lambda(\boldsymbol{y}))^{-2/T} - 1\} (T-K) J^{-1} \\ &= \frac{\hat{\sigma}_\omega^2 - \hat{\sigma}_\Omega^2}{\hat{\sigma}_\Omega^2} \cdot \frac{T-K}{J} . \end{aligned}$$

Für $\lambda \to 0$ gilt $F \to \infty$ und für $\lambda \to 1$ gilt $F \to 0$, so daß eine Stichprobe im Bereich „F nahe 0" für die Gültigkeit von H_0 und im Bereich „F hinreichend groß" für die Gültigkeit von H_1 spricht.

Wenn wir beachten (vgl. (5.2.2), (5.2.3))

$$T(\hat{\sigma}_\omega^2 - \hat{\sigma}_\Omega^2) = (\boldsymbol{r} - \boldsymbol{Rb})' (\boldsymbol{RS}^{-1}\boldsymbol{R}')^{-1} (\boldsymbol{r} - \boldsymbol{Rb}) ,$$

so erhalten wir die Teststatistik

$$F = \frac{(\boldsymbol{r} - \boldsymbol{Rb})' (\boldsymbol{RS}^{-1}\boldsymbol{R}')^{-1} (\boldsymbol{r} - \boldsymbol{Rb})}{(\boldsymbol{y} - \boldsymbol{Xb})' \boldsymbol{W}^{-1} (\boldsymbol{y} - \boldsymbol{Xb})} \cdot \frac{T-K}{J} , \tag{5.2.4}$$

die wie folgt verteilt ist

unter H_0: zentrale $F_{J,T-K}$-Verteilung

unter H_1: nichtzentrale $F_{J,T-K}(\lambda)$-Verteilung mit dem Nichtzentralitätsparameter λ,

$$\lambda = \sigma^{-2} (\boldsymbol{r} - \boldsymbol{R\beta})' (\boldsymbol{RS}^{-1}\boldsymbol{R}')^{-1} (\boldsymbol{r} - \boldsymbol{R\beta}) . \tag{5.2.5}$$

(Der am Beweis interessierte Leser sei auf Toutenburg [9], S. 106–108, verwiesen.)

Bezeichnen wir mit $F_{m,n,\alpha}$ den kritischen Wert der $F_{m,n}$-Verteilung zu vorgegebener Irrtumswahrscheinlichkeit α, also gilt $\mathsf{P}(F \geqq F_{m,n,\alpha}) = \alpha$, so erhalten wir

Annahmebereich für H_0: $\quad 0 \leqq F < F_{J,T-K,\alpha}$

Kritischer Bereich für H_0 (H_0 abzulehnen): $\quad F \geqq F_{J,T-K,\alpha}$.

(Bemerkung: Die kritischen Werte der F-Verteilung sind in vielen Büchern tabelliert, zum Beispiel bei WEBER [1], Tafel 6, S. 629. Dort wird $F_{J,T-K,\alpha}$ als $F(\alpha, J, T-K)$ bezeichnet.)

5.3. Schätzung und Modellwahl

Wenn mehrere Modelle zur Erklärung desselben ökonomischen Phänomens in Betracht kommen, dann ist die Auswahl zwischen den Modellen auf der Basis geeigneter Kriterien und Verfahren eine wesentliche Aufgabe ökonometrischer Untersuchungen. Die Problemstellung vereinfacht sich, wenn alle alternativen Modellansätze Sonderfälle eines gemeinsamen Gesamtmodells sind, wie wir in Abschnitt 5.2. an einem Beispiel demonstriert haben. Nur auf diesen wesentlichen Fall wollen wir uns hier beschränken. Wie wir sahen, läßt sich ein durch Weglassen von exogenen Variablen aus dem Gesamtmodell

$$\boldsymbol{y} = \boldsymbol{X\beta} + \boldsymbol{u}, \quad \boldsymbol{u} \sim N(\boldsymbol{0}, \sigma^2 \boldsymbol{W}) \tag{5.3.1}$$

entstehendes Teilmodell stets als restriktives Modell darstellen:

$$\boldsymbol{y} = \boldsymbol{X\beta} + \boldsymbol{u}, \quad \boldsymbol{r} = \boldsymbol{R\beta}, \quad \boldsymbol{u} \sim N(\boldsymbol{0}, \sigma^2 \boldsymbol{W}), \tag{5.3.2}$$

wobei $\boldsymbol{r} = \boldsymbol{0}$ und $\boldsymbol{R} = (\boldsymbol{I}, \boldsymbol{0})$ sind, wenn die wegzulassenden exogenen Variablen geeignet numeriert werden. Wir wollen den in der Praxis typischen Fall annehmen, daß ein gewisses „*a-priori-Vertrauen*“ zum Gesamtmodell (5.3.1) vorherrscht. Die Reduktion zum Teilmodell (5.3.2) hat häufig ihre Ursache in Zweckmäßigkeitsgründen: Kostenersparnis durch Wegfall von Beobachtungen, Herausarbeiten von wesentlichen exogenen Variablen, Dimensionserniedrigung der Matrizen (Rechenerleicherung).

Die Modellwahl soll also unter dem Aspekt erfolgen, die Möglichkeiten zur Anwendung des kleineren Modells (5.3.2) zu prüfen, wenn die Restriktion $\boldsymbol{r} = \boldsymbol{R\beta}$ *nicht erfüllt* ist. (Wäre sie gültig, so müßte mit dem Teilmodell (5.3.2) in jedem Fall gearbeitet werden.) Wir treffen also die

Voraussetzung: $\boldsymbol{r} \neq \boldsymbol{R\beta}$.

Dann ist die optimale Schätzung von $\boldsymbol{\beta}$ im restriktiven Modell verzerrt:

$$\mathsf{E}\boldsymbol{b}_2 = \boldsymbol{\beta} + \boldsymbol{S}^{-1}\boldsymbol{R}'(\boldsymbol{RS}^{-1}\boldsymbol{R}')^{-1}(\boldsymbol{r} - \boldsymbol{R\beta}),$$

d. h., es gilt

$$\text{Bias}\, \boldsymbol{b}_2 = -\boldsymbol{Z\delta} \tag{5.3.3}$$

mit

$$\boldsymbol{\delta} = \boldsymbol{R\beta} - \boldsymbol{r}, \quad \boldsymbol{Z} = \boldsymbol{S}^{-1}\boldsymbol{R}'(\boldsymbol{RS}^{-1}\boldsymbol{R}')^{-1}.$$

Die Kovarianzmatrix von $\boldsymbol{b}_2$ bleibt von der Verzerrung unberührt, es gilt also stets

$$\begin{aligned}\mathsf{V}(\boldsymbol{b}_2) &= \sigma^2\boldsymbol{S}^{-1} - \sigma^2\boldsymbol{S}^{-1}\boldsymbol{R}'(\boldsymbol{RS}^{-1}\boldsymbol{R}')^{-1}\boldsymbol{RS}^{-1} \\ &= \sigma^2\boldsymbol{S}^{-1} - \sigma^2\boldsymbol{Z}(\boldsymbol{RS}^{-1}\boldsymbol{R}')\boldsymbol{Z}'\end{aligned}$$

und $\mathsf{V}(\boldsymbol{b})-\mathsf{V}(\boldsymbol{b}_2)$ nichtnegativ definit. Damit besitzt $\boldsymbol{b}_2$ auch im fehlspezifizierten Teilmodell eine kleinere Varianz als die erwartungstreue Schätzung $\boldsymbol{b}$, ist aber nichterwartungstreu. Zur Wertung dieses Vor- bzw. Nachteils ist also ein Kriterium heranzuziehen, das sowohl die Varianz als auch den Bias berücksichtigt.

Von WALLACE [1] werden drei Verlustfunktionen vorgeschlagen, auf deren Basis wir die folgenden drei Kriterien zur Modellwahl ableiten können.

Mean-Square-Error-Kriterium 1

Eine Schätzung $\hat{\boldsymbol{\beta}}$ heißt MSE1-*besser* als eine Schätzung $\tilde{\boldsymbol{\beta}}$, wenn

$$\mathsf{E}\,(\tilde{\boldsymbol{\beta}}-\boldsymbol{\beta})\,(\tilde{\boldsymbol{\beta}}-\boldsymbol{\beta})'-\mathsf{E}\,(\hat{\boldsymbol{\beta}}-\boldsymbol{\beta})\,(\hat{\boldsymbol{\beta}}-\boldsymbol{\beta})' \tag{5.3.4}$$

nichtnegativ definit ist.

Das ist erfüllt, wenn für einen beliebigen $K\times 1$-Vektor $\boldsymbol{a}$ $(\boldsymbol{a}\neq\boldsymbol{0})$

$$\mathsf{E}\{\boldsymbol{a}'\,[(\tilde{\boldsymbol{\beta}}-\boldsymbol{\beta})\,(\tilde{\boldsymbol{\beta}}-\boldsymbol{\beta})'-(\hat{\boldsymbol{\beta}}-\boldsymbol{\beta})\,(\hat{\boldsymbol{\beta}}-\boldsymbol{\beta})']\,\boldsymbol{a}\}\geqq 0$$

gilt, d. h. wenn

$$\mathrm{MSE1}\,(\boldsymbol{a}'\hat{\boldsymbol{\beta}})\leqq \mathrm{MSE1}(\boldsymbol{a}'\tilde{\boldsymbol{\beta}})$$

erfüllt ist.

Eine MSE1-bessere Schätzung liefert also auch eine MSE1-bessere klassische Vorhersage $\boldsymbol{X}_*\hat{\boldsymbol{\beta}}$.

Ableitung der Parameterbedingungen

Es gilt $\mathrm{MSE1}\,(\hat{\boldsymbol{\beta}})=\mathsf{V}(\hat{\boldsymbol{\beta}})+(\mathrm{Bias}\,\hat{\boldsymbol{\beta}})\,(\mathrm{Bias}\,\hat{\boldsymbol{\beta}})'$. Damit erhalten wir bei Voraussetzung der Gültigkeit des Gesamtmodells

$$\mathrm{MSE1}(\boldsymbol{b})\;=\mathsf{V}(\boldsymbol{b})=\sigma^2\boldsymbol{S}^{-1},$$
$$\mathrm{MSE1}(\boldsymbol{b}_2)=\mathsf{V}(\boldsymbol{b}_2)+\boldsymbol{Z}\delta\delta'\boldsymbol{Z}' \quad [\text{vgl. (5.3.3)}]$$

und

$$\begin{aligned}\boldsymbol{\Delta}(\boldsymbol{b},\boldsymbol{b}_2)&=\mathrm{MSE1}(\boldsymbol{b})-\mathrm{MSE1}(\boldsymbol{b}_2)\\ &=\sigma^2\boldsymbol{Z}\,[(\boldsymbol{R}\boldsymbol{S}^{-1}\boldsymbol{R}')-\sigma^{-2}\boldsymbol{\delta}\boldsymbol{\delta}']\,\boldsymbol{Z}'\\ &=\sigma^2\boldsymbol{Z}\boldsymbol{A}\boldsymbol{Z}'.\end{aligned} \tag{5.3.5}$$

Die Matrix $\boldsymbol{\Delta}(\boldsymbol{b},\boldsymbol{b}_2)$ ist also genau dann nichtnegativ definit, wenn $\boldsymbol{A}$ nichtnegativ definit ist, d. h. wenn für einen beliebigen $J\times 1$-Vektor $\boldsymbol{h}\neq\boldsymbol{0}$

$$Q(\boldsymbol{h})=\frac{\boldsymbol{h}'\boldsymbol{\delta}\boldsymbol{\delta}'\boldsymbol{h}}{\sigma^2\boldsymbol{h}'(\boldsymbol{R}\boldsymbol{S}^{-1}\boldsymbol{R}')\,\boldsymbol{h}}\leqq 1$$

gilt. Nach RAO [1] (S. 48) wird insbesondere

$$\begin{aligned}\lambda=\sup_{\boldsymbol{h}} Q(\boldsymbol{h})&=Q\,[(\boldsymbol{R}\boldsymbol{S}^{-1}\boldsymbol{R}')^{-1}\boldsymbol{\delta}]\\ &=\sigma^{-2}\boldsymbol{\delta}'(\boldsymbol{R}\boldsymbol{S}^{-1}\boldsymbol{R}')^{-1}\boldsymbol{\delta}\,.\end{aligned}$$

Satz 5.3. *Bei Voraussetzung des nichtrestriktiven Gesamtmodells* (5.3.1) *ist die nichterwartungstreue Schätzung*

$$\boldsymbol{b}_2=\boldsymbol{b}+\boldsymbol{S}^{-1}\boldsymbol{R}'(\boldsymbol{R}\boldsymbol{S}^{-1}\boldsymbol{R}')^{-1}\,(\boldsymbol{r}-\boldsymbol{R}\boldsymbol{b})$$

MSE1-*besser als die erwartungstreue Schätzung* $\boldsymbol{b}$ *genau dann, wenn*

$$\lambda = \sigma^{-2} (\boldsymbol{r} - \boldsymbol{R\beta})' (\boldsymbol{RS}^{-1}\boldsymbol{R}')^{-1} (\boldsymbol{r} - \boldsymbol{R\beta}) \leqq 1 \tag{5.3.6}$$

gilt.

In diesem Fall wird das restriktive Modell (5.3.2) bevorzugt, obwohl $\boldsymbol{r} \neq \boldsymbol{R\beta}$.

Über die Annahme des Teilmodells entscheidet also der folgende Test. Wir prüfen die Hypothese

$$H_0 : \lambda \leqq 1 \quad (\text{oder: } \boldsymbol{b}_2 \text{ ist MSE1-}\textit{besser} \text{ als } \boldsymbol{b})$$

gegen die Alternative

$$H_1 : \lambda > 1$$

auf der Basis der Statistik F aus (5.2.4), die für $\boldsymbol{r} \neq \boldsymbol{R\beta}$ eine nichtzentrale $F_{J,T-K}(\lambda)$-Verteilung mit gerade diesem λ aus (5.3.6) besitzt. Zu vorgegebenem α bestimmen wir aus den Tafeln der nichtzentralen F-Verteilung (vgl. Toro-Viscarrondo/Wallace [1], [2]) einen kritischen Wert F_α gemäß

$$\mathsf{P}\,(F \geqq F_\alpha \mid \lambda = 1) = \alpha\,.$$

Für $F < F_\alpha$ wird H_0 und damit das Teilmodell angenommen, für $F \geqq F_\alpha$ wird die Hypothese „$\boldsymbol{b}_2$ ist MSE1-besser als $\boldsymbol{b}$" verworfen.

MSE-Kriterium 2

$\hat{\boldsymbol{\beta}}$ heißt MSE2-*besser* als $\tilde{\boldsymbol{\beta}}$, wenn

$$\mathsf{E}\,(\tilde{\boldsymbol{\beta}} - \boldsymbol{\beta})' (\tilde{\boldsymbol{\beta}} - \boldsymbol{\beta}) - \mathsf{E}\,(\hat{\boldsymbol{\beta}} - \boldsymbol{\beta})' (\hat{\boldsymbol{\beta}} - \boldsymbol{\beta})$$
$$= \operatorname{sp}\,[\mathrm{MSE1}(\tilde{\boldsymbol{\beta}})] - \operatorname{sp}\,[\mathrm{MSE1}(\hat{\boldsymbol{\beta}})] \geqq 0\,.$$

Es ist klar, daß eine MSE1-bessere Schätzung auch nach dem MSE2-Kriterium besser ist als $\tilde{\boldsymbol{\beta}}$, da die Spur einer nichtnegativ definiten Matrix auch nichtnegativ ist. Wenden wir das MSE2-Kriterium auf die beiden Schätzungen $\boldsymbol{b}$ und $\boldsymbol{b}_2$ an, so ergibt sich als Parameterbedingung für eine Bevorzugung von $\boldsymbol{b}_2$:

$$\operatorname{sp}\,[\mathrm{MSE1}(\boldsymbol{b}) - \mathrm{MSE1}(\boldsymbol{b}_2)] = \operatorname{sp}\,\boldsymbol{\Delta}(\boldsymbol{b}, \boldsymbol{b}_2) \quad [\text{vgl. } (5.3.5)]$$
$$= \sigma^2 \operatorname{sp}\,\boldsymbol{ZRS}^{-1} - \boldsymbol{\delta}'\boldsymbol{Z}'\boldsymbol{Z\delta} \geqq 0\,,$$

also

$$\boldsymbol{\delta}'\boldsymbol{Z}'\boldsymbol{Z\delta} \leqq \sigma^2 \operatorname{sp}\,\boldsymbol{ZRS}^{-1}\,. \tag{5.3.7}$$

Es gilt folgende Beziehung (Möller [1], S. 15), die wir hier nicht beweisen:

$$d_K \leqq \frac{\boldsymbol{\delta}'\boldsymbol{Z}'\boldsymbol{SZ\delta}}{\boldsymbol{\delta}'\boldsymbol{Z}'\boldsymbol{Z\delta}} \leqq d_1, \tag{5.3.8}$$

wobei $d_1 \geqq d_2 \geqq \ldots \geqq d_K$ die K Eigenwerte der Matrix $\boldsymbol{S} = \boldsymbol{X}'\boldsymbol{W}^{-1}\boldsymbol{X}$ sind. Wegen

$$\boldsymbol{\delta}'\boldsymbol{Z}'\boldsymbol{SZ\delta} = \boldsymbol{\delta}'(\boldsymbol{RS}^{-1}\boldsymbol{R}')^{-1}\,\boldsymbol{RS}^{-1}\boldsymbol{SS}^{-1}(\boldsymbol{RS}^{-1}\boldsymbol{R}')^{-1}\,\boldsymbol{\delta}$$
$$= \boldsymbol{\delta}'(\boldsymbol{RS}^{-1}\boldsymbol{R}')^{-1}\,\boldsymbol{\delta} = \sigma^2\lambda$$

läßt sich (5.3.8) schreiben als

$$\frac{1}{d_K}\sigma^2\lambda \geqq \boldsymbol{\delta}'\boldsymbol{Z}'\boldsymbol{Z}\boldsymbol{\delta} \geqq \frac{1}{d_1}\sigma^2\lambda .$$

Daraus folgt als hinreichende Bedingung zur Erfüllung von (5.3.7):
$\boldsymbol{b}_2$ ist sicher dann MSE2-*besser* als $\boldsymbol{b}$, wenn

$$\begin{aligned}\lambda &\leqq d_K\,\mathrm{sp}(\boldsymbol{ZRS}^{-1}) \qquad (5.3.9)\\ &= d_K\,\mathrm{sp}\,(\boldsymbol{S}^{-1}\boldsymbol{R}'(\boldsymbol{RS}^{-1}\boldsymbol{R}')^{-1}\boldsymbol{RS}^{-1})\\ &= d_K\sigma^{-2}\,\mathrm{sp}\,\{\mathsf{V}(\boldsymbol{b})-\mathsf{V}(\boldsymbol{b}_2)\} = \lambda_0\end{aligned}$$

gilt.

Der Test dieser Bedingung erfolgt analog zum MSE1-Kriterium, wobei hier $H_0\colon \lambda \leqq \lambda_0$ gegen $H_1\colon \lambda > \lambda_0$ geprüft wird. Der kritische Wert F_α wird gemäß

$$\mathsf{P}\,(F \geqq F_\alpha \,|\, \lambda = \lambda_0) = \alpha$$

bestimmt.

MSE-Kriterium 3

Die Schätzung $\hat{\boldsymbol{\beta}}$ heißt MSE3-*besser* als $\tilde{\boldsymbol{\beta}}$, wenn

$$\mathsf{E}\,(\tilde{\boldsymbol{\beta}}-\boldsymbol{\beta})'\,S\,(\tilde{\boldsymbol{\beta}}-\boldsymbol{\beta}) - \mathsf{E}\,(\hat{\boldsymbol{\beta}}-\boldsymbol{\beta})'\,S\,(\hat{\boldsymbol{\beta}}-\boldsymbol{\beta}) \geqq 0 .$$

Auf unser Problem angewendet, erhält man: $\boldsymbol{b}_2$ *ist MSE3-besser als* $\boldsymbol{b}$, wenn

$$\mathrm{sp}\,\boldsymbol{S}\,[\mathrm{MSE1}(\boldsymbol{b}_2)] \leqq \mathrm{sp}\,\boldsymbol{S}\,[\mathrm{MSE1}(\boldsymbol{b})] ,$$

also

$$\begin{aligned}\mathrm{sp}\,\boldsymbol{S}\mathsf{V}(\boldsymbol{b}_2) + \boldsymbol{\delta}'\boldsymbol{Z}'\boldsymbol{S}\boldsymbol{Z}\boldsymbol{\delta} &\leqq \sigma^2\,\mathrm{sp}\,\boldsymbol{S}\boldsymbol{S}^{-1} ,\\ \sigma^2\,(K-J) + \sigma^2\lambda &\leqq \sigma^2 K ,\\ \lambda &\leqq J ,\end{aligned}$$

d. h., die Schätzung $\boldsymbol{b}_2$ im Teilmodell und damit das Teilmodell selbst werden nach dem MSE3-Kriterium bevorzugt gegenüber der AITKEN-Schätzung $\boldsymbol{b}$ bzw. gegenüber dem Gesamtmodell, wenn der Nichtzentralitätsparameter λ der Testvariablen F aus (5.2.4) kleiner als J, die Anzahl der Restriktionen an $\boldsymbol{\beta}$, ist. Über die Bevorzugung des Teilmodells entscheidet wieder ein F-Test, wobei $H_0\colon \lambda \leqq J$ (also „$\boldsymbol{b}_2$ ist MSE3-besser als $\boldsymbol{b}$“) für $F < F_\alpha$ mit F_α aus $\mathsf{P}\,(F \geqq F_\alpha \,|\, \lambda = J) = \alpha$ angenommen wird.

Zusammenfassend können wir feststellen:

- die Wirksamkeit von $\boldsymbol{b}_2$ im Vergleich zu $\boldsymbol{b}$ hängt direkt vom Grad der Fehlspezifikation der Restriktion $\boldsymbol{R\beta} - \boldsymbol{r} = \boldsymbol{\delta}$ ab. Je größer $|\boldsymbol{\delta}|$, desto ineffizienter sind $\boldsymbol{b}_2$ und das Teilmodell. Statt $\boldsymbol{\delta}$ läßt sich auch der Nichtzentralitätsparameter $\lambda = \sigma^{-2}\boldsymbol{\delta}'(\boldsymbol{RS}^{-1}\boldsymbol{R}')^{-1}\boldsymbol{\delta}$ als Maß der Fehlspezifikation verwenden.
- sind alle Restriktionen $\boldsymbol{R\beta} - \boldsymbol{r} = \boldsymbol{\delta}$ richtig, d. h., ist $\boldsymbol{\delta} = \boldsymbol{0}$ und damit $\boldsymbol{\lambda} = \boldsymbol{0}$, so ist das Teilmodell richtig spezifiziert. Das Gesamtmodell ist also abzulehnen, da korrekte Restriktionen unberücksichtigt blieben. Man spricht

auch von einem überspezifizierten Gesamtmodell oder von Fehlspezifikation durch Berücksichtigung irrelevanter exogener Variablen.
- ist $\boldsymbol{R\beta} - \boldsymbol{r} = \boldsymbol{\delta} \neq \boldsymbol{0}$ und damit $\lambda \neq \boldsymbol{0}$, so heißt das Teilmodell fehlspezifiziert. Wenn fehlerhafte Nullrestriktionen ($\boldsymbol{R\beta} - \boldsymbol{r} = \boldsymbol{0}$) bei der Schätzung des Teilmodells berücksichtigt werden, so wird dies als Fehlspezifikation durch Vernachlässigung relevanter Regressoren bezeichnet, da Regressoren mit Parameterwerten ungleich Null unberücksichtigt bleiben (Möller [1], S. 18).
- vergleicht man die drei MSE-Kriterien, so liefert das MSE1-Kriterium die strengsten Annahmebedingungen für das Teilmodell. Eine MSE1-bessere Schätzung ist auch MSE2- und MSE3-besser.

Wir werden nun die Modellwahl anhand der jeweils optimalen Vorhersagen durchführen, wobei das MSE1-Kriterium und zwei andere Kriterien angewendet werden.

5.4. Restriktive Vorhersage und Modellwahl

Analog zum Abschnitt 5.3. beschreiben wir die Modellwahl zwischen dem nichtrestriktiven Gesamtmodell und dem restriktiven Teilmodell, nehmen aber hier die Vorhersageperiode mit in das Modell hinein.

Das nichtrestriktive Gesamtmodell hat dann die Gestalt:

$$\begin{cases} \boldsymbol{y} = \boldsymbol{X\beta} + \boldsymbol{u}, \quad \boldsymbol{u} \sim N(\boldsymbol{0}, \sigma^2 \boldsymbol{W}) \\ \underset{1\times 1}{y_*} = \underset{1\times K}{\boldsymbol{x}_*'} \boldsymbol{\beta} + \underset{1\times 1}{u_*}, \quad u_* \sim N(0, \sigma_*^2) \\ \mathsf{E}\boldsymbol{u}u_* = \sigma^2 \underset{T\times 1}{\boldsymbol{w}} . \end{cases} \tag{5.4.1}$$

Die Aitken-Vorhersage von y_* (eine eindimensionale Zufallsvariable, kein Vektor!) ist aus (5.1.12) ableitbar:

$$\hat{p} = \boldsymbol{x}_*'\boldsymbol{b} + \boldsymbol{w}'\boldsymbol{W}^{-1}(\boldsymbol{y} - \boldsymbol{Xb}) \sim N(\mu, \sigma_p^2) \tag{5.4.2}$$

mit

$$\mu = \boldsymbol{x}_*'\boldsymbol{\beta} \quad (\hat{p} \text{ ist erwartungstreu}), \tag{5.4.3}$$

$$\operatorname{var} \hat{p} = \sigma_p^2 = \sigma^2 (\boldsymbol{x}_*'\boldsymbol{S}^{-1}\boldsymbol{x}_* + \boldsymbol{w}'\boldsymbol{W}^{-1}\boldsymbol{w} - \boldsymbol{w}'\boldsymbol{W}^{-1}\boldsymbol{X}\boldsymbol{S}^{-1}\boldsymbol{X}'\boldsymbol{W}^{-1}\boldsymbol{w}) . \tag{5.4.4}$$

Das Teilmodell läßt sich stets als $\boldsymbol{y} = \boldsymbol{X}_1\boldsymbol{\beta}_1 + \boldsymbol{u}$ oder als restriktives Modell darstellen:

$$\begin{cases} \boldsymbol{y} = \boldsymbol{X\beta} + \boldsymbol{u}, \quad \boldsymbol{u} \sim N(\boldsymbol{0}, \sigma^2 \boldsymbol{W}) \\ y_* = \boldsymbol{x}_*'\boldsymbol{\beta} + u_* \sim N(\boldsymbol{x}_*'\boldsymbol{\beta}, \sigma_*^2) \\ \boldsymbol{r} = \boldsymbol{R\beta}, \quad \boldsymbol{r} = 0, \quad \boldsymbol{R} = (\boldsymbol{I}, \boldsymbol{0}), \quad \mathsf{E}\boldsymbol{u}u_* = \sigma^2 \boldsymbol{w} . \end{cases} \tag{5.4.5}$$

Die in diesem Modell optimale Vorhersage ist (vgl. Satz 5.2)

$$\hat{p}_2 = \boldsymbol{x}_*'\boldsymbol{b}_2 + \boldsymbol{w}'\boldsymbol{W}^{-1}(\boldsymbol{y} - \boldsymbol{X}\boldsymbol{b}_2) \tag{5.4.6}$$

mit

$$\boldsymbol{b}_2 = \boldsymbol{b} + \boldsymbol{S}^{-1}\boldsymbol{R}'(\boldsymbol{R}\boldsymbol{S}^{-1}\boldsymbol{R}')^{-1}(\boldsymbol{r} - \boldsymbol{R}\boldsymbol{b}) .$$

Wir führen folgende Bezeichnungen ein:

$$\boldsymbol{z}' = (\boldsymbol{x}'_* - \boldsymbol{w}'\boldsymbol{W}^{-1}\boldsymbol{X})\boldsymbol{Z}\,, \tag{5.4.7}$$

$$\boldsymbol{Z} = \boldsymbol{S}^{-1}\boldsymbol{R}'(\boldsymbol{R}\boldsymbol{S}^{-1}\boldsymbol{R}')^{-1}\,,$$

$$\hat{p}_R = \boldsymbol{z}'\,(\boldsymbol{r} - \boldsymbol{R}\boldsymbol{b})\,,$$

$$\gamma = \boldsymbol{z}'\,(\boldsymbol{r} - \boldsymbol{R}\boldsymbol{\beta}) = \boldsymbol{z}'\boldsymbol{\delta}\,.$$

Wenn wir annehmen müssen, daß $\boldsymbol{r} \neq \boldsymbol{R\beta}$ gilt, das Gesamtmodell (5.4.5) also richtig spezifiziert ist, so hat die Hilfsvariable $\hat{p}_R$ den Erwartungswert γ:

$$\hat{p}_R \sim N(\gamma, \sigma_R^2) \quad \text{mit} \quad \gamma = \boldsymbol{z}'\boldsymbol{\delta} \neq 0\,. \tag{5.4.8}$$

Mit den obigen Bezeichnungen wird

$$\sigma_R^2 = \sigma^2 \boldsymbol{z}'(\boldsymbol{R}\boldsymbol{S}^{-1}\boldsymbol{R}')\,\boldsymbol{z} \tag{5.4.9}$$

und die Kovarianz zwischen $\hat{p}$ und $\hat{p}_R$

$$\begin{aligned} \operatorname{cov}(\hat{p}, \hat{p}_R) &= \mathsf{E}\,(\hat{p} - \mu)\,\hat{p}_R - \gamma) \\ &= -\sigma_R^2 - \sigma^2 \boldsymbol{w}'\boldsymbol{W}^{-1}\boldsymbol{X}\boldsymbol{S}^{-1}\boldsymbol{R}'\boldsymbol{z} \\ &= -1/2\,(\sigma_R^2 + g)\,, \end{aligned}$$

wobei

$$g = \sigma_R^2 + 2\sigma^2 \boldsymbol{w}'\boldsymbol{W}^{-1}\boldsymbol{X}\boldsymbol{S}^{-1}\boldsymbol{R}'\boldsymbol{z}\,.$$

Nun lassen sich die Eigenschaften der Vorhersage $\hat{p}_2$ leicht angeben. Wie man überprüft, gilt

$$\hat{p}_2 = \hat{p} + \hat{p}_R,$$

also ist nach bekannten Sätzen

$$\mathsf{E}(\hat{p}_2) = \mathsf{E}(\hat{p}) + \mathsf{E}(\hat{p}_R) = \mu + \gamma$$

und

$$\begin{aligned} \sigma_2^2 = \operatorname{var}(\hat{p}_2) &= \operatorname{var}(\hat{p}) + \operatorname{var}(\hat{p}_R) + 2\operatorname{cov}(\hat{p}, \hat{p}_R) \\ &= \sigma_p^2 + \sigma_R^2 - \sigma_R^2 - g = \sigma_p^2 - g\,, \end{aligned}$$

$$\hat{p}_2 \sim N(\mu + \gamma, \sigma_p^2 - g) = N(\mu + \gamma, \sigma_2^2)\,. \tag{5.4.10}$$

Im Fall $g > 0$ besitzt $\hat{p}_2$ also eine kleinere Varianz als $\hat{p}$. Liegt ein klassisches Modell vor (d. h. $\boldsymbol{W} = \boldsymbol{I}$ und damit $\boldsymbol{w} = \boldsymbol{0}$), so gilt stets

$$\max_{\boldsymbol{w}} g(\boldsymbol{w}) = g(\boldsymbol{0}) = \sigma_R^2 > 0\,.$$

Nach diesen Vorbetrachtungen läßt sich die Problemstellung formulieren:

Bei Voraussetzung der Gültigkeit des nichtrestriktiven Modells (5.4.5) ist die Vorhersage $\hat{p}$ erwartungstreu. Die restriktive Vorhersage $\hat{p}_2$ ist nichterwartungstreu mit dem Bias γ, besitzt aber im Fall $g > 0$ eine kleinere Varianz als $\hat{p}$. Der Ökonom ist an einer Vorhersage von y_* bzw. einer Schätzung des Erwartungswertes von y_* interessiert, die den unbekannten Wert y_* möglichst gut schätzt. Dabei kann bei praktischen Problemen ein systematischer Fehler (Bias) weniger ins Gewicht fallen als eine große Varianz. Wir wollen den Vergleich von $\hat{p}$ und $\hat{p}_2$ unter Voraussetzung des Modells (5.4.1) anhand von drei Kriterien durchführen, die die Vor- und Nachteile der beiden Vorhersagen, genauer gesagt, den Bias γ und den Anteil σ_R der Varianzdifferenz g gegeneinander abwägen. Eine Bevorzugung der restriktiven Vorhersage und damit des restriktiven Modells

$$\boldsymbol{y} = \boldsymbol{X\beta} + \boldsymbol{u}, \quad \boldsymbol{r} = \boldsymbol{R\beta}, \quad \boldsymbol{u} \sim N(\boldsymbol{0}, \sigma^2 \boldsymbol{W})$$

hängt, wie sich zeigen wird, von einer Parameterbedingung ab, über deren Erfüllung ein nichtzentraler F-Test entscheidet.

Die Vergleichskriterien

Die folgenden Kriterien sind mathematische Äquivalente des Wunsches, mit einer Schätzung $\hat{\mu}$ möglichst „nahe" an die zu schätzende Größe μ heranzukommen.

Kriterium 1

$\hat{\mu}_1$ heißt eine Schätzung von μ mit um a kleinerer mittlerer quadratischer Abweichung als $\hat{\mu}_2$, wenn

$$\mathsf{E}\,(\hat{\mu}_1 - \mu)^2 + a \leqq \mathsf{E}\,(\hat{\mu}_2 - \mu)^2 \tag{5.4.11}$$

gilt. Wir nennen $\hat{\mu}_1$ dann auch *K_1^a-besser* als $\hat{\mu}_2$.

Bei erwartungstreuen Schätzungen $\hat{\mu}_1, \hat{\mu}_2$ und $a=0$ wirkt (5.4.11) wie das Minimum-Varianz-Prinzip, bei $a=0$ und beliebigen Schätzungen ist Kriterium 1 das bekannte MSE1-Prinzip (vgl. (5.3.4) und Teekens [1]). a ist hier ein Steuerparameter; durch die Wahl $a<0$ wird die Annahmebedingung für $\hat{\mu}_1$ abgeschwächt und damit $\hat{\mu}_1$ vom Ökonomen von vornherein bevorzugt behandelt. Ist man nicht an einer zusätzlichen Steuerung interessiert, so wird man im folgenden $a=0$ setzen.

Parameterbedingung

Auf unser Problem angewendet, ergibt sich folgende Parameterbedingung: $\hat{p}_2$ ist eine K_1^a-bessere Vorhersage von y_* als $\hat{p}$, wenn (für $\mu = \boldsymbol{x}'_* \boldsymbol{\beta}$)

$$\mathsf{E}\,(\hat{p}_2 - \mu)^2 + a \leqq \mathsf{E}\,(\hat{p} - \mu)^2\,,$$

also

$$|\gamma/\sigma_R| \leqq \sqrt{\frac{g-a}{\sigma_R^2}} = \delta_1 \tag{5.4.12}$$

gilt. Damit δ_1 existiert, muß notwendig $a<g$ gewählt werden.

Der Parameter δ_1 ist unabhängig von der Gestalt der Verteilung der Größen $\hat{p}_2$, $\hat{p}$, $\hat{p}_R$. Man wird a als Vielfaches von σ vorgeben, damit δ_1 bekannt ist.

Im Fall $g>0$ entspricht die Wahl $a<0$ dem Wunsch des Ökonomen, $\hat{p}_2$ trotz des Bias γ wegen der um g kleineren Varianz zu bevorzugen; $a>0$ würde hier bedeuten, daß man $\hat{p}_2$ nur bevorzugen möchte, wenn die Varianz wesentlich kleiner ist. Auch dieser Standpunkt ist vernünftig, da sich die Erwartungstreue als wünschenswerte Eigenschaft von Statistiken in linearen Modellen eingeführt hat.

Wir wollen noch einmal auf den Zusammenhang zum MSE1-Prinzip hinweisen. Wir wählen $a=0$ (keine Steuerung) und beschränken uns auf eine klassische Vorhersage, d. h. setzen $\boldsymbol{w}=\mathbf{0}$ und erhalten damit $g=\sigma_R^2$ und $\boldsymbol{z}'=\boldsymbol{x}_*'\boldsymbol{Z}$. Dann wird (5.4.12) zu

$$\gamma^2\sigma_R^{-2}\leqq 1\,,\quad \text{oder anders geschrieben}$$

$$Q(\boldsymbol{z})=\frac{\boldsymbol{z}'\boldsymbol{\delta}\boldsymbol{\delta}'\boldsymbol{z}}{\sigma^2\boldsymbol{z}'(\boldsymbol{R}\boldsymbol{S}^{-1}\boldsymbol{R}')\,\boldsymbol{z}}\leqq 1\,.$$

Insbesondere gilt also auch wieder (vgl. Satz 5.3.)

$$\sup_{\boldsymbol{z}} Q(\boldsymbol{z})=\sigma^{-2}\boldsymbol{\delta}'(\boldsymbol{R}\boldsymbol{S}^{-1}\boldsymbol{R}')^{-1}\boldsymbol{\delta}=\lambda\,.$$

Damit haben wir gezeigt, daß im obigen Spezialfall das Kriterium 1 mit dem MSE1-Kriterium übereinstimmt. Die Bedingung $|\gamma/\sigma_R|<1$ hängt von dem jeweiligen Vektor $\boldsymbol{x}_*$ ab, die Bedingung $\lambda\leqq 1$ ist global.

Kriterium 2

Es sei $k>0$ eine nach sachlogischen Gesichtspunkten vorgegebene Konstante. Dann heißt $\hat{\mu}_1$ eine bessere „k–b-benachbarte" Schätzung von μ als $\hat{\mu}_2$ oder $\hat{\mu}_1$ heißt K_2^b-besser als $\hat{\mu}_2$, wenn

$$\mathsf{P}\{|\hat{\mu}_1-\mu|<k\}\geqq \mathsf{P}\{|\hat{\mu}_2-\mu|<k\}+b \tag{5.4.13}$$

gilt.

Im Fall $b=0$ bedeutet die Erfüllung von (5.4.13), daß $\hat{\mu}_1$ bei einer wiederholten Stichprobennahme häufiger in das Intervall $(\mu-k,\mu+k)$ fällt als $\hat{\mu}_2$. Über den Steuerparameter b gelten die gleichen Aussagen wie über a aus Kriterium 1, d. h. $b<0$ entspricht einer a-priori-Bevorzugung von $\hat{\mu}_1$. Bei $b=0$ und erwartungstreuen Schätzungen auf der Basis derselben Stichprobe wirkt Kriterium 2 wie das *Minimum-Varianz-Prinzip.*

Auf unser Problem angewendet, erfordert (5.4.13) die Bestimmung der Parameterbedingungen für

$$\mathsf{P}\{|\hat{p}_2-\mu|<k\}>\mathsf{P}\{|\hat{p}-\mu|<k\}+b\,.$$

Damit ist $\hat{p}_2$ genau dann K_2^b-besser als $\hat{p}$, wenn [Φ: Verteilungsfunktion der $N(0,1)$-Verteilung]

$$\Phi\left(\frac{k-\gamma}{\sigma_2}\right)+\Phi\left(\frac{k+\gamma}{\sigma_2}\right)>2\Phi\left(\frac{k}{\sigma_p}\right)+b \tag{5.4.14}$$

gilt, woraus sich bei Vorgabe von k als Vielfaches von σ durch Gleichsetzen beider Seiten in (5.4.14) ein kritischer Wert δ_2 für $|\gamma/\sigma_R|$ bestimmen läßt. Im Anhang ist eine Tabelle für δ_2 für $\boldsymbol{w}=\mathbf{0}$, d. h. für den Fall der klassischen Vorhersage angegeben (Tabelle 1).

Kriterium 3

Die Schätzung $\hat{\mu}_1$ liegt „c-näher" an μ als $\hat{\mu}_2$ — oder $\hat{\mu}_1$ heißt K_3^c-besser als $\hat{\mu}_2$, wenn

$$\mathsf{P}\{|\hat{\mu}_1-\mu|<|\hat{\mu}_2-\mu|\}>0{,}5+c \tag{5.4.15}$$

mit $-0{,}5<c<0{,}5$ gilt.

Da $\hat{\mu}_1, \hat{\mu}_2$ Zufallsvariablen sind, bedeutet die Erfüllung von (5.4.15), daß $\hat{\mu}_1$ in mehr als $(50 + c100\%)$ der Stichproben näher an μ liegt als $\hat{\mu}_2$. Die Wahl von $c < 0$ begünstigt a-priori die Annahme von $\hat{\mu}_1$. Bei einem Vergleich von $\hat{p}_2$ und $\hat{p}$ nach Kriterium 3 ist die Vorhersage $\hat{p}_2$ (und damit das restriktive Modell (5.4.5)) zu bevorzugen, wenn

$$\mathsf{P}\{|\hat{p}_2 - \mu| < |\hat{p} - \mu|\} > 0{,}5 + c\,, \tag{5.4.16}$$

also $|\gamma/\sigma_R| < \delta_3$ gilt.

Die kritischen Werte δ_3 sind in Tabelle 2 (Anhang) angegeben. (Der an ausführlichen Beweisen interessierte Leser sei auf Toutenburg [9], S. 109–121, verwiesen.)

Das Entscheidungsproblem

Wir definieren einheitlich für die drei Kriterien folgende Teststatistik:

$$F = \left(\frac{\hat{p}_R \sigma}{\sigma_R s}\right)^2. \tag{5.4.17}$$

Dabei ist s^2 die bekannte Fehlerquadratsumme

$$s^2 = (\boldsymbol{y} - \boldsymbol{Xb})' \boldsymbol{W}^{-1} (\boldsymbol{y} - \boldsymbol{Xb})\,(T-K)^{-1} \sim \sigma^2\,(T-K)\,\chi^2_{T-K}\,.$$

F besitzt damit eine nichtzentrale $F_{1,T-K}(\gamma^2\sigma_R^{-2})$-Verteilung. Die Größe des Nichtzentralitätsparameters $\delta^2 = \gamma^2\sigma_R^{-2}$ ist aber gerade die Grundlage für eine Entscheidung zugunsten einer der beiden Vorhersagen $\hat{p}_2$ oder $\hat{p}$ gemäß der drei Kriterien K_i $(i = 1, 2, 3)$:

Satz 5.4. *Bei Voraussetzung der Gültigkeit des nichtrestriktiven Modells* (5.4.1) *gilt für* $i = 1, 2, 3$

$$\begin{array}{lll} \textit{für} & |\gamma/\sigma_R| < \delta_i & \textit{ist } \hat{p}_2\ K_i\textit{-besser als } \hat{p} \\ \textit{für} & |\gamma/\sigma_R| = \delta_i & \textit{sind } \hat{p}_2 \textit{ und } \hat{p}\ K_i\textit{-gleichwertig} \\ \textit{für} & |\gamma/\sigma_R| > \delta_i & \textit{ist } \hat{p}\ K_i\textit{-besser als } \hat{p}_2\,. \end{array} \tag{5.4.18}$$

Die kritischen Parameterwerte δ_i sind δ_1 aus (5.4.12), δ_2 aus Tabelle 1 und δ_3 aus Tabelle 2.

Die angestrebte a-priori-Bevorzugung von $\hat{p}_2$ geschieht durch die Wahl $a < 0$, $b < 0$, $c < 0$ der Steuerparameter. Die kritischen Werte δ_i wachsen monoton mit fallenden Werten a, b, c, wie man (5.4.12) bzw. den Tabellen 1 und 2 entnimmt, wodurch der Annahmebereich für $\hat{p}_2$ vergrößert wird. (Entsprechendes gilt für die Steuerung zugunsten von $\hat{p}$.) Mit der Steuerung legt der Statistiker auch sein Vorgehen beim Testverfahren fest. Wir geben eine Wahrscheinlichkeit α vor und entnehmen den Tafeln der nichtzentralen F-Verteilung einen kritischen Wert

$$F^{(i)}_{1,T-K,\alpha} = F^{(i)}_\alpha\,, \quad (i = 1, 2, 3)$$

so, daß

$$\mathsf{P}(F \geq F^{(i)}_\alpha \mid \delta = \delta_i) = \alpha$$

gilt.

H_0 (d. h., $\hat{p}_2$ ist K_i-besser als $\hat{p}$) wird genau dann angenommen, wenn

$$F = \left[\frac{\hat{p}_R\sigma}{\sigma_R s}\right]^2 < F_\alpha^{(i)}$$

gilt. Dieses Vorgehen liefert einen gleichmäßig besten Test für H_0 in der Klasse aller Tests auf der Basis der Statistik F (vgl. Hodges und Lehmann [1]).

Hinweis: Für die Praxis genügt es, statt der schwer zugänglichen Tafeln der nichtzentralen F-Verteilung Näherungsformeln auf der Basis der zentralen F-Verteilung zu verwenden. Mudholkar [1] gibt einen Überblick über gebräuchliche Näherungen und ihre Güteeigenschaften. Wir zitieren hier eine Formel aus Kendall/Stuart [1]. Danach gilt

$$\chi_\nu^2(\lambda) \sim a\chi_b^2$$

(nichtzentrale χ^2-Verteilung genähert durch eine zentrale χ^2-Verteilung) mit $a = (\nu + 2\lambda)\ (\nu + \lambda)^{-1}$, $b = (\nu + \lambda)^2\ (\nu + 2\lambda)^{-1}$. Damit ist also

$$F_{\nu,n}(\lambda) = aF_{b,n} .$$

Damit haben wir ein einfaches Entscheidungsverfahren begründet, das anhand von drei Kriterien die Wahl zwischen einem restriktiven und einem nichtrestriktiven Modell auf der Basis der Vorhersagen gestattet. Dieses Verfahren schließt damit eine Lücke in der Behandlung von Restriktionen und in dem Verfahren der Modellwahl, die bisher stark auf die MSE-Kriterien und Schätzungen beschränkt waren. Man hat also folgende Möglichkeiten im Umgang mit linearen Restriktionen

- Voraussetzung der Gültigkeit der Restriktionen, optimale Schätzung und Vorhersage unter Restriktionen
- Prüfen der linearen Hypothese $\boldsymbol{r} = \boldsymbol{R\beta}$
- Testen der Verträglichkeit von Stichproben- und Zusatzinformation (vgl. Toutenburg [8] und Toro-Vizcarrondo [1], [2])
- Voraussetzung von $\boldsymbol{r} \neq \boldsymbol{R\beta}$, im Abschnitt 5.4. entwickelte Modellwahl auf der Basis der jeweils optimalen restriktiven und nichtrestriktiven Vorhersage bzw. der entsprechenden Schätzungen unter Verwendung der drei MSE-Kriterien (Abschnitt 5.3.)

Eine neuentwickelte, verallgemeinerungsfähige Methode zur Modellwahl unter Restriktionen soll nun vorgestellt werden.

5.5. 2-Phasen-Schätzung und Modellwahl

Wir knüpfen an die vorangegangenen Betrachtungen an und setzen ein nichtrestriktives klassisches Regressionsmodell mit normalverteilten Fehlern voraus:

$$\boldsymbol{y} = \boldsymbol{X\beta} + \boldsymbol{u}, \quad \boldsymbol{u} \sim N(0, \sigma^2 \boldsymbol{I}) . \tag{5.5.1}$$

Liegt nur diese Information vor, so ist die KQ-Schätzung

$$\boldsymbol{b} = (\boldsymbol{X}'\boldsymbol{X})^{-1}\boldsymbol{X}'\boldsymbol{y} \sim N(\boldsymbol{X\beta}, \sigma^2(\boldsymbol{X}'\boldsymbol{X})^{-1}) \tag{5.5.2}$$

optimal.

Wir nehmen wieder an, der Ökonom sei daran interessiert, die Zahl der exogenen Variablen zu reduzieren und nur mit einem Teilmodell

$$\boldsymbol{y} = \boldsymbol{X}_1\boldsymbol{\beta}_1 + \boldsymbol{u} \tag{5.5.3}$$

zu arbeiten. Die Variablen $\boldsymbol{X}_2$ aus $\boldsymbol{X} = (\boldsymbol{X}_1, \boldsymbol{X}_2)$ sind also entfernt worden. Der Übergang vom vollen Modell (5.5.1) zum reduzierten Modell (5.5.3) läßt sich wieder äquivalent darstellen durch Hinzufügen einer linearen Restriktion

$$\boldsymbol{r} = \boldsymbol{R\beta} \quad \text{mit} \quad \boldsymbol{r} = 0, \quad \boldsymbol{R} = (\boldsymbol{I}, 0)$$

zum Modell (5.5.1).

Im restriktiven Modell

$$\boldsymbol{y} = \boldsymbol{X\beta} + \boldsymbol{u} \mid \boldsymbol{r} = \boldsymbol{R\beta}, \quad \boldsymbol{u} \sim N(0, \sigma^2\boldsymbol{I}) \tag{5.5.4}$$

war $\boldsymbol{b}_2 = \boldsymbol{b} - \boldsymbol{S}^{-1}\boldsymbol{R}'(\boldsymbol{RS}^{-1}\boldsymbol{R}')^{-1}(\boldsymbol{Rb} - \boldsymbol{r})$ die optimale Schätzung. Wenn *nicht* $\boldsymbol{r} = \boldsymbol{R\beta}$ gilt, so ist $\boldsymbol{b}_2$ nichterwartungstreu, besitzt jedoch stets eine kleinere Kovarianzmatrix als die KQ-Schätzung $\boldsymbol{b}$:

$$\mathsf{V}(\boldsymbol{b}_2) - \mathsf{V}(\boldsymbol{b}) = \sigma^2\boldsymbol{S}^{-1}\boldsymbol{R}'(\boldsymbol{RS}^{-1}\boldsymbol{R}')^{-1}\boldsymbol{RS}^{-1} \quad \text{mit} \quad \boldsymbol{S} = \boldsymbol{X}'\boldsymbol{X}$$

ist nichtnegativ definit.

Wir wollen die Wahl zwischen den Modellen (5.5.1) und (5.5.4) über ein Entscheidungsverfahren herbeiführen, das auf folgender *2-Phasen-Schätzung* basiert:

$$\hat{\boldsymbol{\beta}}(\mathfrak{B}) = \begin{cases} \boldsymbol{b}_2, & \text{wenn } \boldsymbol{b}_2 \in \mathfrak{B} \\ \boldsymbol{b} & \text{sonst,} \end{cases} \tag{5.5.5}$$

wobei $\mathfrak{B}$ ein (noch zu wählender) Annahmebereich für die restriktive Schätzung $\boldsymbol{b}_2$ ist. Liegt $\boldsymbol{b}_2$ in $\mathfrak{B}$, so entscheidet sich der Ökonom für das restriktive Modell (5.5.4), also zum Beispiel für ein reduziertes Modell (5.5.3).

Wir definieren das folgende verallgemeinerte MSE-Risiko

$$R(\mathfrak{B}) = \mathsf{E}\,[\hat{\boldsymbol{\beta}}(\mathfrak{B}) - \boldsymbol{\beta}]'\,\boldsymbol{A}\,[\hat{\boldsymbol{\beta}}(\mathfrak{B}) - \boldsymbol{\beta}]\,. \tag{5.5.6}$$

Dann gilt

Satz 5.5. *Falls*

$$\begin{aligned} \mathfrak{B}^* = \{\boldsymbol{b}_2 \colon & 2 \operatorname{sp} \boldsymbol{A}\,(\boldsymbol{b}_2 - \boldsymbol{\beta})\,(\boldsymbol{b}_2 - \boldsymbol{\beta})' \\ & \leqq \operatorname{sp} \boldsymbol{A}\,[\mathsf{V}(\boldsymbol{b}_2) + \mathsf{V}(\boldsymbol{b}) + (\text{Bias } \boldsymbol{b}_2)\,(\text{Bias } \boldsymbol{b}_2)']\} \end{aligned} \tag{5.5.7}$$

mit Bias $\boldsymbol{b}_2 = -\boldsymbol{S}^{-1}\boldsymbol{R}'(\boldsymbol{RS}^{-1}\boldsymbol{R}')^{-1}(\boldsymbol{R\beta} - \boldsymbol{r})$, *so gilt*

$$\min_{\mathfrak{B}} R(\mathfrak{B}) = R(\mathfrak{B}^*)\,. \tag{5.5.8}$$

Beweis: Toutenburg [13].

Der optimale Bereich $\mathfrak{B}^*$, mit dem $\hat{\boldsymbol{\beta}}(\mathfrak{B}^*)$ nach (5.5.5) gebildet wird, hängt jedoch von dem unbekannten Vektor $\boldsymbol{\beta}$ ab. Damit ist es zunächst in der Praxis nicht möglich zu prüfen, ob $\boldsymbol{b}_2 \in \mathfrak{B}^*$ gilt.

Es gibt jedoch bereits Untersuchungen (Mayer, Singh, Willke [1]) für ein ähnliches Problem der Reduktion des Stichprobenumfangs. Bei Kenntnis von Anfangsschätzungen bzw. Kenntnis von Schwankungsbereichen der $\boldsymbol{\beta}_i$ ist eine Überprüfung der Bedingung $\boldsymbol{b}_2 \in \mathfrak{B}^*$ möglich. Setzen wir die Kenntnis einer nichtstochastischen Anfangsschätzung $\boldsymbol{\beta}_0$ voraus, so wird man die Bedingung $\boldsymbol{b}_2 \in \mathfrak{B}^*$ anhand des mit $\boldsymbol{\beta}_0$ gebildeten Bereichs

$$\mathfrak{B}^*(\boldsymbol{\beta}_0) = \{\boldsymbol{b}_2 : 2 \operatorname{sp} \boldsymbol{A}\, (\boldsymbol{b}_2 - \boldsymbol{\beta}_0)\, (\boldsymbol{b}_2 - \boldsymbol{\beta}_0)' \\ \leqq \operatorname{sp} \boldsymbol{A}\, [\mathsf{V}(\boldsymbol{b}_2) + \mathsf{V}(\boldsymbol{b}) + (\text{„Bias“ } \boldsymbol{b}_2)\, (\text{„Bias“ } \boldsymbol{b}_2)]\}$$

überprüfen, wobei „Bias“ $\boldsymbol{b}_2$ dann ebenfalls auf $\boldsymbol{\beta}_0$ bezogen wird: „Bias“ $\boldsymbol{b}_2 = -\boldsymbol{S}^{-1}\boldsymbol{R}'(\boldsymbol{R}\boldsymbol{S}^{-1}\boldsymbol{R}')^{-1}\,(\boldsymbol{R}\boldsymbol{\beta}_0 - \boldsymbol{r})$.

Im Fall $\boldsymbol{b}_2 \in \mathfrak{B}^*(\boldsymbol{\beta}_0)$ entscheidet man sich für das reduzierte Modell (5.5.3).

Über die Güte dieses Verfahrens, d. h. die Güte der mit $\mathfrak{B}^*(\boldsymbol{\beta}_0)$ gebildeten 2-Phasenschätzung

$$\hat{\boldsymbol{\beta}}[\mathfrak{B}^*(\boldsymbol{\beta}_0)] = \begin{cases} \boldsymbol{b}_2 & \text{für } \boldsymbol{b}_2 \in \mathfrak{B}^*(\boldsymbol{\beta}_0) \\ \boldsymbol{b} & \text{sonst} \end{cases} \tag{5.5.9}$$

liegen noch keine Untersuchungen vor. Es ist lediglich aus Stetigkeitsgründen klar, daß die Beziehung

$$\text{MSE}[\hat{\boldsymbol{\beta}}(\mathfrak{B}^*)] \leqq \text{MSE}(\boldsymbol{b})$$

auch für solche Anfangsschätzungen $\boldsymbol{\beta}_0$ gelten wird, die im Sinne einer Norm $\|\boldsymbol{\beta} - \boldsymbol{\beta}_0\|$ „nahe“ am unbekannten Vektor $\boldsymbol{\beta}$ liegen. Die Güte der Anfangsschätzung, d. h. die Stärke der a-priori-Information über $\boldsymbol{\beta}$, beeinflußt entscheidend die Güte der 2-Phasen-Schätzung $\hat{\boldsymbol{\beta}}[\mathfrak{B}^*(\boldsymbol{\beta}_0)]$ und damit die Güte des Verfahrens zur Modellwahl.

6. Probleme der Schätzung und Vorhersage in linearen stochastischen Modellen

6.1. Restriktionen und Systeminformation

In den bisher betrachteten linearen Modellen war als Grundvoraussetzung stets die Annahme enthalten, daß die exogenen (oder auch erklärenden) Variablen nichtstochastisch sind. Diese Situation widerspiegelt jedoch nicht die Gesamtheit ökonomischer Modelle. In der Ökonometrie ist man vor allem an der Schätzung von Parametern sowie an der Vorhersage von endogenen Variablen in Modellen interessiert, deren exogene Variablen stochastisch sind, wobei verschiedene Stufen der Abhängigkeit zwischen den exogenen und den Fehlervariablen auftreten. Diese Modellerweiterungen erfordern neue Schätzprinzipien, da die gewöhnliche KQ-Schätzung nicht länger erwartungstreue oder konsistente Schätzungen liefert. So wurden Systemmethoden entwickelt (unter maßgeblichem Einfluß von Tinbergen, Goldberger und Theil), die dem stochastischen Charakter der exogenen Variablen, der Abhängigkeit zwischen exogenen und Fehlervariablen und der Information über den Modellzusammenhang der strukturellen Gleichungen Rechnung trugen. Wir werden im Abschnitt 7 einige dieser schon klassischen ökonometrischen Methoden anführen. Ein Aspekt soll bereits hervorgehoben werden. Das Ziel der ökonometrischen Schätzverfahren besteht in der Ableitung konsistenter Schätzungen, wobei die asymptotische Eigenschaft der Konsistenz auf Grund der Natur der stochastischen Eigenschaften der Modellvariablen an die Stelle der sonst üblichen Erwartungstreue der Schätzungen tritt. Wie unsere bisherigen Ergebnisse über nichterwartungstreue Schätzungen (u. a. bei der Minimax-linearen Schätzung) zeigen, schränkt das Festhalten an der Erwartungstreue bzw. äquivalent an der Konsistenz den Aktionsradius des Statistikers erheblich ein. Darüber hinaus wird die Konsistenz der ökonometrischen Schätzungen mit einem erheblich größeren Aufwand bei der Modellierung und bei den Schätzverfahren bezahlt. Als Vorteil ist natürlich die Nutzung der Systeminformation sowie der Information bei der Identifikation zu nennen. Allerdings nutzen Einzelgleichungsverfahren automatisch die letztgenannte Information, da sie den Systemzusammenhang vernachlässigen und von vornherein nur mit den in der Gleichung auftretenden Variablen arbeiten.

Die bisher entwickelten Einzelgleichungsverfahren zur Schätzung und Vorhersage verwenden sehr differenzierte und zum Teil recht starke Zusatzinformation über die Parameter. Damit werden, wie in Abschnitt 4.7. an Beispielen nachgewiesen wurde, zum Teil erhebliche Risiko- und Varianzerniedrigungen erzielt, die vermuten lassen, daß die praktische Anwendung von restriktiven Einzelgleichungsmethoden effektiver und wirksamer als die der aufwendigen Systemverfahren sein kann. Diese Vermutung wird auch von Ökonomen und Ökonometrikern geteilt. Ein Weg, um die Vorteile beider Methoden, d. h. die Systembetrachtung der ökonometrischen Verfahren und die damit verbundene Nutzung der Systeminformation sowie die Flexibilität und den hohen Gewinn an Wirksamkeit der restriktiven (zum Teil nicht-erwartungstreuen) Einzelgleichungsmethoden zu verknüpfen und zu nutzen, wäre die Entwicklung von restriktiven ökonometrischen Schätz- und Vorhersageverfahren. Für die von uns entwickelten restriktiven Schätzprinzipien deutet die von DHRYMES [1] vorgelegte Betrachtungsweise (Interpretation der ökonometrischen Schätzverfahren wie 2 Schritt-KQS als AITKEN-Schätzung in einem transformierten Modell) einen Weg an, um die o. g. Verknüpfung der restriktiven Einzelgleichungs- und der Systemverfahren methodisch in den Griff zu bekommen. Der praktische Einsatz dieser Verfahren in größeren Modellen müßte dann zeigen, wie groß der tatsächliche Gewinn an Wirksamkeit durch Verwendung der insgesamt optimalen restriktiven Systemmethoden gegenüber den restriktiven Einzelgleichungsverfahren ist, wobei der Rechenaufwand in die Betrachtung mit einzubeziehen ist (vgl. WARGOWSKE [1]).

Wir wollen diese Problematik noch durch folgende symbolische Darstellung erläutern. Die Tabelle enthält die drei Typen von Information sowie die vier beschriebenen Schätzmethoden.

Schätzmethode	Stichproben-information	Zusatzinformation ($\boldsymbol{r} = \boldsymbol{R\beta} + \boldsymbol{d}$ und/oder $\boldsymbol{\beta}'\boldsymbol{T\beta} \leqq k$)	System-information
KQ-Schätzung (bzw. AITKEN-Schätzung)	×		
Restriktive Einzel-gleichungs-Schätzverfahren (einschl. Minimax-Schätzung)	×	×	
Ökonometrische Methoden (Z. B. 2 SKQS)	×		×
Restriktive ökonometrische Methoden	×	×	×

Es sei $R(.)$ eine geeignet gewählte Risikofunktion. Dann gilt symbolisch

$$R\,(\text{restriktive Schätzung}) \leqq R(\text{KQS}),$$

$$R\,(\text{ökonometrische Schätzung}) \leqq R(\text{KQS}),$$

R (restriktive ökonometrische Schätzung) $\leqq R$ (ökonometrische Schätzung),

R (restriktive ökonometrische Schätzung) $\leqq R$ (restriktive Schätzung).

Die zuletzt genannte Problematik des tatsächlichen Gewinns an Wirksamkeit bezieht sich also auf die Größe der Differenz

R (restriktive Einzelgleichungs-Schätzung) $- R$ (restriktive ökonometrische Schätzung) $\geqq 0$.

Der Übergang vom Regressionsmodell mit nichtstochastischen Regressoren zu den Modellsystemen der Ökonometrie vollzieht sich in zwei Richtungen, einmal über die Einbeziehung stochastischer Regressoren mit verschiedenen Typen von Abhängigkeiten zwischen $\boldsymbol{X}$ und $\boldsymbol{u}$ sowie zum anderen über die Einbettung einer Modellgleichung in ein interdependentes System. Diese beiden Aspekte sollen nun zunächst jeweils für sich betrachtet werden.

Sind die Regressoren stochastisch, so hängt die Möglichkeit, eine Theorie optimaler Schätzungen und Vorhersagen zu entwickeln, wesentlich von der gemeinsamen Verteilung der Regressoren und der Fehler ab. Im ökonometrischen Modell ohne Verteilungsannahmen existiert eine solche Theorie schon nicht mehr, die ökonometrischen Schätzverfahren werden hier unter rein pragmatischem Aspekt und nicht durch Minimierung vorgegebener Risikofunktionen hergeleitet. Damit ist dann noch eine Halbordnung der Schätzungen gegeben, d. h., es ist feststellbar, welche von zwei Schätzungen besser ist im Sinne eines Vergleichskriteriums (z. B. asymptotische Kovarianzmatrix bei konsistenten Schätzungen).

6.2. Lineare Regression mit stochastischen Regressoren

Die bisherigen Regressionsansätze gingen stets davon aus, daß die Matrix der Regressoren $\boldsymbol{X}$ fest bleibt bei wiederholten Stichproben. In ökonomischen Modellen werden die exogenen Variablen jedoch häufig selbst durch stochastische Prozesse erzeugt; sie sind also zeitabhängig und auch abhängig von den zufälligen Fehlern. Diese Abhängigkeit kann nun eine unterschiedliche Struktur aufweisen. Wir wollen einige praktisch interessante Beispiele anführen.

Das *Modell der unabhängigen stochastischen Regression* geht von folgender Annahme aus:

$\boldsymbol{X}$ ist stochastisch, aber unabhängig von $\boldsymbol{u}$. (6.2.1)

Daraus folgt insbesondere, daß

$$\mathsf{E}(\boldsymbol{u} \mid \boldsymbol{X}) = \mathsf{E}\boldsymbol{u} = 0$$
$$\mathsf{E}(\boldsymbol{uu}' \mid \boldsymbol{X}) = \mathsf{E}\boldsymbol{uu}' = \sigma^2 \boldsymbol{W}$$

gilt.

Berechnen wir die KQ-Schätzung, so erhalten wir

$$\begin{aligned} \mathsf{E}(\boldsymbol{b}|\boldsymbol{X}) &= \mathsf{E}\{(\boldsymbol{X}'\boldsymbol{X})^{-1}\boldsymbol{X}'\boldsymbol{y}|\boldsymbol{X}\} \\ &= \boldsymbol{\beta} + \mathsf{E}\{\boldsymbol{S}^{-1}\boldsymbol{X}'\,\boldsymbol{u}|\boldsymbol{X}\} \\ &= \boldsymbol{\beta} + \boldsymbol{S}^{-1}\boldsymbol{X}'\mathsf{E}(\boldsymbol{u}|\boldsymbol{X}) = \boldsymbol{\beta}\,. \end{aligned}$$

Die KQ-Schätzung ist also auch in diesem Modell erwartungstreu. Allerdings kann man nicht mehr von der besten linearen erwartungstreuen Schätzung sprechen, da $\boldsymbol{b}=\boldsymbol{S}^{-1}\boldsymbol{X}'\boldsymbol{y}$ nun eine stochastische Funktion von $\boldsymbol{y}$, also streng genommen, keine lineare Funktion mehr ist. Trotzdem übertragen sich viele der bekannten Eigenschaften, zum Beispiel ist $\boldsymbol{b}$ im Fall normalverteilter Fehler auch die Maximum-Likelihood-Schätzung.

Das *Modell der gleichzeitig unkorrelierten Regression* enthält eine Abhängigkeit zwischen $\boldsymbol{X}$ und $\boldsymbol{u}$, die allerdings recht schwach ist:

Jeder Zeilenvektor $\boldsymbol{x}_t'$ von $\boldsymbol{X}=\begin{pmatrix}\boldsymbol{x}_1'\\ \vdots \\ \boldsymbol{x}_T'\end{pmatrix}$ ist unabhängig (6.2.2)
verteilt von $u_t, u_{t+1}, \ldots, u_T$, kann aber von $u_1, u_2, \ldots, u_{t-1}$ abhängen.

Die KQ-Schätzung ist nicht mehr erwartungstreu. Betrachten wir etwa das folgende einfache Modell

$$y_t = \beta_0 + \beta_1 y_{t-1} + u_t\,,$$

wobei $\{y_t\}$ einen autoregressiven Prozeß 1. Ordnung bildet. Dann ist y_{t-1} unabhängig von $u_t, u_{t+1}, \ldots, u_T$, also unsere Voraussetzung (6.2.2) ist erfüllt. Die KQ-Schätzung von β_1 läßt sich nach bekannten Formeln (vgl. z. B. Schneeweiss [1], S. 59) auch in der Gestalt schreiben:

$$\hat{\beta}_1 = \beta_1 + \frac{\sum y_{t-1}u_t - T\bar{y}\bar{u}}{T\sum y_{t-1}^2 - (\sum y_{t-1})^2} \quad \text{mit} \quad \bar{y} = T^{-1}\sum_{t=1}^{T} y_{t-1}\,, \quad \bar{u} = T^{-1}\sum u_t\,.$$

Betrachten wir nur den Zähler

$$\begin{aligned} &\mathsf{E}\sum y_{t-1}u_t = 0 \quad [\text{nach } (6.2.2)] \\ &T\mathsf{E}\bar{y}\bar{u} = T^{-1}\sum_{s=1}^{T}\sum_{t=1}^{T}\mathsf{E}y_{t-1}u_s \neq 0\,. \end{aligned}$$

Obwohl natürlich der Erwartungswert eines Quotienten nicht einfach der Quotient der Erwartungswerte ist, deutet dieses Beispiel jedoch an, daß die Erwartungstreue im Modell (6.2.2) nicht mehr gewährleistet ist.

Man kann aber zeigen, daß die KQS im Modell (6.2.2) in Wahrscheinlichkeit gegen $\boldsymbol{\beta}$ konvergiert. Die hierfür wesentliche Bedingung ist

$$\operatorname{plim} T^{-1}\boldsymbol{X}'\boldsymbol{u} = 0\,,$$

die wir nun unter der Voraussetzung (6.2.2) beweisen werden. Die j-te Komponente von $T^{-1}\boldsymbol{X}'\boldsymbol{u}$ hat die Gestalt

$$s_j = T^{-1}\sum_{t=1}^{T} x_{tj}u_t\,.$$

Wegen der Unabhängigkeit von x_{tj} und u_t gilt zunächst die Relation

$$\mathsf{E}s_j = T^{-1} \sum \mathsf{E}x_{tj} \mathsf{E}u_t = 0 . \tag{6.2.3}$$

Des weiteren gilt die Identität

$$\mathsf{E}s_j^2 = T^{-2}\mathsf{E}(\sum x_{tj}u_t)^2 = T^{-2} \sum_t \sum_s \mathsf{E}(x_{tj}x_{sj}u_t u_s)$$

$$\mathsf{E}x_{tj}x_{sj}u_t u_s = \begin{cases} \mathsf{E}x_{tj}^2 u_t^2 = \mathsf{E}x_{tj}^2 \mathsf{E}u_t^2 & \text{für } s = t \\ 0 & \text{für } s \neq t . \end{cases} \tag{6.2.4}$$

Für $s \neq t$, o. B. d. A. sei $s > t$, gilt nämlich gemäß (6.2.2)

$$\mathsf{E}(x_{tj}x_{sj}u_t u_s) = \mathsf{E}(x_{tj}x_{sj}u_t)\, \mathsf{E}u_s = 0 .$$

Der Prozeß $\{\boldsymbol{X}_t = (x_{t1}, \ldots, x_{tK})\}$ wird als stationär vorausgesetzt, d. h. $\mathsf{E}x_{tj}^2 = \sigma_{jj}^2$ für alle $t = 1, \ldots, T$ (s. Anhang). Es gilt damit $\mathsf{E}s_j^2 = T^{-2}\sigma_{jj}\sigma_u^2$ und offensichtlich auch

$$\lim_{T\to\infty} \mathsf{E}s_j^2 = 0 .$$

Im Zusammenhang mit (6.2.3) und Satz A44 folgt hieraus, daß

$$\text{l.i.m. } T^{-1}\boldsymbol{X}'\boldsymbol{u} = 0$$

ist. Nach Satz A42 gilt somit auch plim $T^{-1}\boldsymbol{X}'\boldsymbol{u} = 0$. Aus der Beziehung

$$\hat{\boldsymbol{\beta}} = \boldsymbol{\beta} + (\boldsymbol{X}'\boldsymbol{X})^{-1}\, \boldsymbol{X}'\boldsymbol{u}$$

folgt nun unter Berücksichtigung von Satz A45:

$$\begin{aligned} \operatorname{plim}\hat{\boldsymbol{\beta}} &= \boldsymbol{\beta} + \operatorname{plim}(\boldsymbol{X}'\boldsymbol{X})^{-1}\boldsymbol{X}'\boldsymbol{u} \\ &= \boldsymbol{\beta} + \operatorname{plim}\, (T^{-1}\boldsymbol{X}'\boldsymbol{X})^{-1}\, (\operatorname{plim}\, T^{-1}\boldsymbol{X}'\boldsymbol{u}) \\ &= \boldsymbol{\beta} . \end{aligned}$$

Wenn eine Schätzung $\hat{\boldsymbol{\beta}}$ in Wahrscheinlichkeit gegen $\boldsymbol{\beta}$ konvergiert, so nennt man sie konsistente Schätzung für $\boldsymbol{\beta}$. Die KQS $\hat{\boldsymbol{\beta}}$ im Modell (6.2.2) ist also für $\boldsymbol{\beta}$ konsistent.

Asymptotische Erwartungstreue

$\hat{\boldsymbol{\beta}}_T$ heißt asymptotisch erwartungstreu, wenn

$$\lim_{T\to\infty} \mathsf{E}(\hat{\boldsymbol{\beta}}_T) = \bar{\mathsf{E}}\hat{\boldsymbol{\beta}}_T = \beta$$

gilt.

Liegt nun ein Modell vor, in dem auch eine schwache Unabhängigkeit von $\boldsymbol{X}$ und $\boldsymbol{u}$ etwa im Sinne der gleichzeitigen Unkorreliertheit nicht mehr gegeben ist, d. h., gilt plim $T^{-1}\boldsymbol{X}'\boldsymbol{u} \neq 0$, so spricht man von der *allgemeinen stochastischen Regression*.

Hierfür wurde eine spezielle Schätzmethodik entwickelt, die konsistente Schätzungen liefert.

Instrumental-Variablen-Schätzung

Wir setzen voraus, daß zusätzlich zu den Beobachtungen $\boldsymbol{y}$ und $\boldsymbol{X}$ Realisierungen von K „Instrumental-Variablen" $Z_1, \ldots, Z_K$ vorliegen, die gleichzeitig unkorreliert mit den Fehlervariablen $\boldsymbol{u}$ sind. Es sei $\boldsymbol{Z} = (z_{ti})$ die Matrix der T Beobachtungen von $Z_1, \ldots, Z_K$. Dann fordern wir also

$$\operatorname{plim} T^{-1}\boldsymbol{Z}'\boldsymbol{u} = \boldsymbol{0}. \tag{6.2.5}$$

Ferner fordern wir, daß die Instrumental-Variablen mit den Regressoren korreliert sind, so daß

$$\operatorname{plim} T^{-1}\boldsymbol{Z}'\boldsymbol{X} = \boldsymbol{\Sigma}_{\boldsymbol{ZX}} \tag{6.2.6}$$

existiert und regulär ist.

Die Instrumental-Variablen-Schätzung (IVS) wird dann definiert als

$$\boldsymbol{b}_{\mathrm{IVS}} = (\boldsymbol{Z}'\boldsymbol{X})^{-1}\boldsymbol{Z}'\boldsymbol{y}. \tag{6.2.7}$$

$\boldsymbol{b}_{\mathrm{IVS}}$ ist konsistent

$$\begin{aligned} \boldsymbol{b}_{\mathrm{IVS}} &= (\boldsymbol{Z}'\boldsymbol{X})^{-1}\boldsymbol{Z}'(\boldsymbol{X\beta} + \boldsymbol{u}) = \boldsymbol{\beta} + (\boldsymbol{Z}'\boldsymbol{X})^{-1}\boldsymbol{Z}'\boldsymbol{u} \\ &= \boldsymbol{\beta} + (T^{-1}\boldsymbol{Z}'\boldsymbol{X})^{-1}(T^{-1}\boldsymbol{Z}'\boldsymbol{u}), \\ \operatorname{plim} \boldsymbol{b}_{\mathrm{IVS}} &= \boldsymbol{\beta} + \boldsymbol{\Sigma}_{\boldsymbol{ZX}}^{-1} \cdot 0 = \boldsymbol{\beta}. \end{aligned}$$

Als asymptotische Kovarianzmatrix einer Schätzung $\hat{\boldsymbol{\beta}}$ definieren wir

$$\bar{\mathsf{V}}(\hat{\boldsymbol{\beta}}) = \bar{\mathsf{E}}(\hat{\boldsymbol{\beta}} - \boldsymbol{\beta})(\hat{\boldsymbol{\beta}} - \boldsymbol{\beta}) = T^{-1} \operatorname{plim} [\sqrt{T}(\hat{\boldsymbol{\beta}} - \boldsymbol{\beta})\sqrt{T}(\hat{\boldsymbol{\beta}} - \boldsymbol{\beta})']. \tag{6.2.8}$$

Wir berechnen

$$\begin{aligned} (\boldsymbol{b}_{\mathrm{IVS}} - \boldsymbol{\beta})(\boldsymbol{b}_{\mathrm{IVS}} - \boldsymbol{\beta})' &= (\boldsymbol{Z}'\boldsymbol{X})^{-1}\boldsymbol{Z}'\boldsymbol{uu}'\boldsymbol{Z}(\boldsymbol{X}'\boldsymbol{Z})^{-1} \\ \bar{\mathsf{V}}(\boldsymbol{b}_{\mathrm{IVS}}) &= T^{-1} \operatorname{plim} [(T^{-1}\boldsymbol{Z}'\boldsymbol{X})^{-1} T^{-1}\boldsymbol{Z}'\boldsymbol{uu}'\boldsymbol{Z}(T^{-1}\boldsymbol{X}'\boldsymbol{Z})^{-1}] \\ &= T^{-1}\boldsymbol{\Sigma}_{\boldsymbol{ZX}}^{-1} \operatorname{plim} (T^{-1}\boldsymbol{Z}'\boldsymbol{uu}'\boldsymbol{Z})\boldsymbol{\Sigma}_{\boldsymbol{XZ}}^{-1} \\ &= T^{-1}\sigma^2\boldsymbol{\Sigma}_{\boldsymbol{ZX}}^{-1}\boldsymbol{\Sigma}_{\boldsymbol{ZZ}}\boldsymbol{\Sigma}_{\boldsymbol{ZX}}^{-1}, \end{aligned} \tag{6.2.9}$$

wobei $\boldsymbol{\Sigma}_{\boldsymbol{ZZ}} = \operatorname{plim} T^{-1}\boldsymbol{Z}'\boldsymbol{Z}$ die Momentenmatrix von $\boldsymbol{Z}$ ist. (Einen Beweis für die Beziehung $\operatorname{plim} T^{-1}\boldsymbol{Z}'\boldsymbol{uu}'\boldsymbol{Z} = \sigma^2\boldsymbol{\Sigma}_{\boldsymbol{ZZ}}$ liefert Goldberger [1], S. 271, in einem vergleichbaren Fall.)

Die IVS ist von besonderem Interesse in bezug auf die Vereinfachung komplizierter Beweise bei Systemschätzungen. Kann man nämlich verifizieren, daß eine Systemschätzung als IVS darstellbar ist, so folgt sofort ihre Konsistenz, und man hat mit (6.2.9) eine einfache Formel zur Berechnung der asymptotischen Kovarianzmatrix.

Wir wollen uns nun nach Erörterung der Komplikationen, die durch das Auftreten stochastischer Regressoren verursacht werden, dem Aspekt des Systemzusammenhangs zuwenden. Ein ökonometrisches Modell läßt sich auch als System stochastischer, miteinander verbundener Regressionsgleichungen interpretieren.

Wir betrachten zunächst noch ein System von Regressionsgleichungen, deren Regressoren nichtstochastisch sind.

6.3. Multivariate Regression mit nichtstochastischen Regressoren

Wir betrachten nun ein M-dimensionales System von M Einzelregressionen der Regressanden $\boldsymbol{Y}_1, \ldots, \boldsymbol{Y}_M$ auf die K Regressoren $\boldsymbol{X}_1, \ldots, \boldsymbol{X}_K$. In der statistischen Behandlung derartiger Systeme hat sich folgende, auf ZELLNER und THEIL zurückgehende Darstellung bewährt. Die Koeffizienten (Regressionsparameter) werden mit $\tilde{\beta}$ und die Fehlervariablen mit $\boldsymbol{u}$ bezeichnet, es sei also $\boldsymbol{Y} = \boldsymbol{X}\boldsymbol{\pi} + \boldsymbol{V}$ mit $\boldsymbol{\pi} = (\tilde{\beta}_{km})$ und $V = (u_{mt})$. Dann bedeutet $\boldsymbol{Y} = \boldsymbol{X}\boldsymbol{\pi} + \boldsymbol{V}$ ausführlich geschrieben

$$\begin{pmatrix} y_{11} & \cdots & y_{M1} \\ \vdots & & \vdots \\ y_{1T} & \cdots & y_{MT} \end{pmatrix} = \begin{pmatrix} x_{11} & \cdots & x_{K1} \\ \vdots & & \vdots \\ x_{1T} & \cdots & x_{KT} \end{pmatrix} \begin{pmatrix} \tilde{\beta}_{11} & \cdots & \tilde{\beta}_{1M} \\ \vdots & & \vdots \\ \tilde{\beta}_{K1} & \cdots & \tilde{\beta}_{KM} \end{pmatrix} + \begin{pmatrix} u_{11} & \cdots & u_{M1} \\ \vdots & & \vdots \\ u_{1T} & \cdots & u_{MT} \end{pmatrix}$$

oder (nach Zusammenfassung von Spaltenvektoren):

$$(\boldsymbol{y}_1, \ldots, \boldsymbol{y}_M) = \boldsymbol{X}(\tilde{\boldsymbol{\beta}}_1, \ldots, \tilde{\boldsymbol{\beta}}_M) + (\boldsymbol{u}_1, \ldots, \boldsymbol{u}_M) .$$

Wir schreiben die Komponenten (jeweils $T \times 1$-Vektoren) untereinander:

$$\begin{pmatrix} \boldsymbol{y}_1 \\ \boldsymbol{y}_2 \\ \vdots \\ \boldsymbol{y}_M \end{pmatrix} = \begin{pmatrix} \boldsymbol{X} & \boldsymbol{0} & \ldots & \boldsymbol{0} \\ \boldsymbol{0} & \boldsymbol{X} & \ldots & \boldsymbol{0} \\ \vdots & \vdots & & \vdots \\ \boldsymbol{0} & \boldsymbol{0} & \ldots & \boldsymbol{X} \end{pmatrix} \begin{pmatrix} \tilde{\boldsymbol{\beta}}_1 \\ \tilde{\boldsymbol{\beta}}_2 \\ \vdots \\ \tilde{\boldsymbol{\beta}}_M \end{pmatrix} + \begin{pmatrix} \boldsymbol{u}_1 \\ \boldsymbol{u}_2 \\ \vdots \\ \boldsymbol{u}_M \end{pmatrix} . \tag{6.3.1}$$

Die m-te Gleichung dieses Systems hat die Gestalt:

$$\boldsymbol{y}_m = \boldsymbol{X}\tilde{\boldsymbol{\beta}}_m + \boldsymbol{u}_m \quad (m = 1, \ldots, M) . \tag{6.3.2}$$

Damit ist die statistische Abhängigkeit jedes der M Regressanden $\boldsymbol{Y}_m$ von den K Regressoren $\boldsymbol{X}_k$ explizit dargestellt.

In der Praxis wird nicht jeder in $\boldsymbol{X}$ enthaltene Regressor in jeder der M Gleichungen des Systems auftreten. Man nutzt diese Information (die bei ökonometrischen Modellen notwendig zur Identifikation der Parameter ist) dadurch, daß man in der m-ten Gleichung den zu der in der Gleichung nicht auftretenden Variablen $\boldsymbol{X}_k$ gehörenden Koeffizienten $\tilde{\beta}_{km}$ gleich Null setzt. Das führt gemäß der in 4.3. und 4.4. vorgenommenen Untersuchung über die exakte Kenntnis von Koeffizienten zu einem Gewinn an Wirksamkeit bei Schätzung und Vorhersage. Die nach den Streichungen entstehende Matrix der Regressoren der m-ten Gleichung bezeichnen wir mit $\boldsymbol{X}_m$, den aus $\tilde{\boldsymbol{\beta}}_m$ hervorgehenden und zu $\boldsymbol{X}_m$ gehörigen Koeffizientenvektor mit $\boldsymbol{\beta}_m$. Folglich hat die m-te Gleichung die Gestalt:

$$\boldsymbol{y}_m = \boldsymbol{X}_m\boldsymbol{\beta}_m + \boldsymbol{u}_m \quad (m = 1, \ldots, M) . \tag{6.3.3}$$

Dabei ist

$\boldsymbol{y}_m$ der $T \times 1$-Vektor der Beobachtungen des m-ten Regressanden,

$\boldsymbol{X}_m$ die $T \times K_m$-Matrix der Regressoren, die in der m-ten Gleichung verbleiben,

$\boldsymbol{\beta}_m$ der $K_m \times 1$-Vektor der Regressionskoeffizienten der m-ten Gleichung,
$\boldsymbol{u}_m$ der $T \times 1$-Vektor der zufälligen Fehler der m-ten Gleichung.

Mit (6.3.3) wird das System (6.3.2) der M Einzelregressionen zu

$$\begin{pmatrix} \boldsymbol{y}_1 \\ \boldsymbol{y}_2 \\ \vdots \\ \boldsymbol{y}_M \end{pmatrix} = \begin{pmatrix} \boldsymbol{X}_1 & \boldsymbol{0} & \dots & \boldsymbol{0} \\ \boldsymbol{0} & \boldsymbol{X}_2 & \dots & \boldsymbol{0} \\ \vdots & \vdots & & \vdots \\ \boldsymbol{0} & \boldsymbol{0} & \dots & \boldsymbol{X}_M \end{pmatrix} \begin{pmatrix} \boldsymbol{\beta}_1 \\ \boldsymbol{\beta}_2 \\ \vdots \\ \boldsymbol{\beta}_M \end{pmatrix} + \begin{pmatrix} \boldsymbol{u}_1 \\ \boldsymbol{u}_2 \\ \vdots \\ \boldsymbol{u}_M \end{pmatrix} \tag{6.3.4}$$

oder kürzer in Matrizenschreibweise zu

$$\underset{MT\times 1}{\boldsymbol{y}} = \underset{MT\times \tilde{K}}{\boldsymbol{Z}} \; \underset{\tilde{K}\times 1}{\boldsymbol{\beta}} + \underset{MT\times 1}{\boldsymbol{u}} \,. \tag{6.3.5}$$

Die Werte x_{kt} der nichtstochastischen (exogenen) Regressoren $\boldsymbol{X}_k$ seien derart gewählt, daß

Rang $\boldsymbol{X}_m = K_m \quad (m = 1, \dots, M)$ und damit

Rang $\boldsymbol{Z} = \tilde{K}$ mit $\tilde{K} = \sum_{m=1}^{M} K_m$ gilt.

Die zufälligen Fehler u_{mt} werden durch einen MT-dimensionalen regulären stochastischen Prozeß erzeugt, und es gelte

$$\mathsf{E}u_{mt} = 0, \quad \mathsf{E}u_{mt}u_{m't'} = \sigma^2 w_{mm'}(t, t') \tag{6.3.6}$$
$$(m, m' = 1, \dots, M;\, t, t' = 1, \dots, T)\,,$$

also $\mathsf{E}\boldsymbol{u}_m = \boldsymbol{0}$, $\mathsf{E}\boldsymbol{u} = \boldsymbol{0}$,

$$\mathsf{E}\boldsymbol{u}_m\boldsymbol{u}'_{m'} = \sigma^2 \underset{T\times T}{\boldsymbol{W}_{mm'}} = \sigma^2 \begin{pmatrix} w_{mm'}(1,1) & \dots & w_{mm'}(1,T) \\ \vdots & & \vdots \\ w_{mm'}(T,1) & \dots & w_{mm'}(T,T) \end{pmatrix} \tag{6.3.7}$$

$$\mathsf{E}\boldsymbol{u}\boldsymbol{u}' = \sigma^2 \underset{MT\times MT}{\boldsymbol{\Phi}} = \sigma^2 \begin{pmatrix} \boldsymbol{W}_{11} & \dots & \boldsymbol{W}_{1M} \\ \vdots & & \vdots \\ \boldsymbol{W}_{M1} & \dots & \boldsymbol{W}_{MM} \end{pmatrix}. \tag{6.3.8}$$

Die Kovarianzmatrizen $\sigma^2\boldsymbol{W}_{mm}$ der Fehler $\boldsymbol{u}_m$ der m-ten Gleichung und die Kovarianzmatrix $\sigma^2\boldsymbol{\Phi}$ des Fehlers $\boldsymbol{u}$ des Systems seien positiv definit und damit regulär.

Damit hat das Gesamtmodell, das wir als das multivariate (M-dimensionale) multiple lineare Regressionsmodell bezeichnen, die Gestalt

$$\begin{cases} \boldsymbol{y} = \boldsymbol{Z}\boldsymbol{\beta} + \boldsymbol{u} \\ \mathsf{E}\boldsymbol{u} = \boldsymbol{0}, \quad \mathsf{E}\boldsymbol{u}\boldsymbol{u}' = \sigma^2\boldsymbol{\Phi}\,, \\ \boldsymbol{Z} \text{ nichtstochastisch, Rang } \boldsymbol{Z} = \tilde{K}\,. \end{cases} \tag{6.3.9}$$

Das klassische multivariate lineare Regressionsmodell

Einen für die Praxis wesentlichen Spezialfall des Modell (6.3.7) erhält man für einen zeitlich unkorrelierten Fehlerprozeß $\{\boldsymbol{u}\}$, für den die Annahmen (6.3.6)–(6.3.8) die folgende Gestalt haben.

Die zufälligen Fehler u_{mt} werden durch einen MT-dimensionalen regulären stochastischen Prozeß erzeugt, und es gelte

$$\begin{cases} \mathsf{E}u_{mt}=0, \quad \mathsf{E}u_{mt}u_{m't}=\sigma^2 w_{mm'} \\ \mathsf{E}u_{mt}u_{m't'}=0 \quad (t \neq t') \quad \text{also} \\ \mathsf{E}\boldsymbol{u}_m=\boldsymbol{0}, \quad \mathsf{E}\boldsymbol{u}=\boldsymbol{0}, \\ \mathsf{E}\boldsymbol{u}_m\boldsymbol{u}'_{m'}=\sigma^2\boldsymbol{W}_{mm'}=\sigma^2 w_{mm'}\boldsymbol{I} \\ (\boldsymbol{I} \text{ ist die } T\times T\text{-Einheitsmatrix}), \end{cases} \tag{6.3.10}$$

$$\mathsf{E}\boldsymbol{u}\boldsymbol{u}'=\sigma^2\boldsymbol{\Phi}=\sigma^2\begin{pmatrix} w_{11}\boldsymbol{I} & \dots & w_{1M}\boldsymbol{I} \\ \vdots & & \vdots \\ w_{M1}\boldsymbol{I} & \dots & w_{MM}\boldsymbol{I} \end{pmatrix} \tag{6.3.11}$$

$$=\sigma^2\begin{pmatrix} w_{11} & \dots & w_{1M} \\ \vdots & & \vdots \\ w_{M1} & \dots & w_{MM} \end{pmatrix} \otimes \boldsymbol{I}=\sigma^2\boldsymbol{W}_0 \otimes \boldsymbol{I}$$

($\otimes$ bezeichnet das Kronecker-Produkt).

Die Kovarianzmatrix $\sigma^2\boldsymbol{\Phi}$ sei positiv definit und damit regulär.

Das Modell (6.3.9) mit $\boldsymbol{\Phi}$ aus (6.3.11) bezeichnen wir als das klassische multivariate lineare Regressionsmodell.

Unabhängige Einzelregressionen

$\boldsymbol{W}_0$ gibt den korrelativen Zusammenhang zwischen den M Gleichungen des Systems an. Sind die Fehler $\boldsymbol{u}_m$ nicht nur zeitlich, sondern auch gleichungsweise unkorreliert, d. h. gilt zusätzlich

$$\mathsf{E}u_{mt}u_{m't'}=\sigma^2 w_{mm'}=0 \quad \text{für} \quad m \neq m',$$

so wird

$$\boldsymbol{W}_0=\begin{pmatrix} w_{11} & \dots & 0 \\ \vdots & & \vdots \\ 0 & \dots & w_{MM} \end{pmatrix}. \tag{6.3.12}$$

Die M Gleichungen (6.3.9) des Systems sind dann voneinander unabhängig zu behandeln; sie bilden kein echtes System. Ihre Zusammenstellung zu einem M-dimensionalen System von Einzelregressionen ist – wie wir gleich sehen werden – ohne Einfluß auf die Güte der Schätzungen und Vorhersagen.

Vorhersage im multivariaten Modell

Analog zum Stichprobenmodell (6.3.9) gelte zum Vorhersageindex T^*

$$\begin{pmatrix} y_{1*} \\ \vdots \\ y_{M*} \end{pmatrix}=\begin{pmatrix} \boldsymbol{x}'_{1*} & \dots & 0 \\ \vdots & & \vdots \\ 0 & \dots & \boldsymbol{x}'_{M*} \end{pmatrix}\begin{pmatrix} \boldsymbol{\beta}_1 \\ \vdots \\ \boldsymbol{\beta}_M \end{pmatrix}+\begin{pmatrix} u_{1*} \\ \vdots \\ u_{M*} \end{pmatrix}$$

oder in Matrizenschreibweise

$$\begin{cases} \underset{M\times 1}{\boldsymbol{y}_*} = \underset{M\times \tilde{K}}{\boldsymbol{Z}_*}\ \underset{\tilde{K}\times 1}{\boldsymbol{\beta}} + \underset{M\times 1}{\boldsymbol{u}_*} \\ \boldsymbol{Z}_* \text{ nichtstochastisch}, \\ \mathsf{E}\boldsymbol{u}_* = \boldsymbol{0}, \quad \mathsf{E}\boldsymbol{u}_*\boldsymbol{u}_*' = \sigma^2 \underset{M\times M}{\boldsymbol{W}_*}, \\ \mathsf{E}\boldsymbol{u}\boldsymbol{u}_*' = \sigma^2 \underset{MT\times M}{\boldsymbol{W}_0} = \sigma^2(\boldsymbol{w}_1, \ldots, \boldsymbol{w}_M). \end{cases} \tag{6.3.13}$$

Die Vorhersage unterliegt also denselben Nullrestriktionen (notwendig für eine Vorhersage von $\boldsymbol{y}_*$ auf der Basis des Modells (6.3.9)).

Wir wählen für die Vorhersage den Ansatz ($\boldsymbol{C}$ eine $MT \times M$-Matrix)

$$\boldsymbol{p} = \boldsymbol{C}'\boldsymbol{y} = \begin{pmatrix} \boldsymbol{c}_1' \\ \vdots \\ \boldsymbol{c}_M' \end{pmatrix} \boldsymbol{y} = \begin{pmatrix} \boldsymbol{c}_1'\boldsymbol{y} \\ \vdots \\ \boldsymbol{c}_M'\boldsymbol{y} \end{pmatrix} = \begin{pmatrix} p_1 \\ \vdots \\ p_M \end{pmatrix}. \tag{6.3.14}$$

Die Komponenten $p_m = \boldsymbol{c}_m'\boldsymbol{y}$ berücksichtigen also die in $\boldsymbol{y}$ enthaltene Systeminformation für die Vorhersage des Regressanden y_{m*}. Wir fordern die Minimierung der Risikofunktion

$$R(\boldsymbol{p}) = \mathsf{E}(\boldsymbol{p} - \boldsymbol{y}_*)' \boldsymbol{I} (\boldsymbol{p} - \boldsymbol{y}_*),$$

wobei die Wahl $\boldsymbol{A} = \boldsymbol{I}$ die gleichberechtigte Behandlung aller M Gleichungen des Modells (6.3.9) zum Ausdruck bringt. Damit wird

$$R(\boldsymbol{p}) = \sum_{m=1}^{M} R(p_m) = \sum_{m=1}^{M} \mathsf{E}\,(p_m - y_{m*})^2 .$$

Fordern wir zusätzlich die Erwartungstreue von $\boldsymbol{p}$, also äquivalent

$$\boldsymbol{C}'\boldsymbol{Z} - \boldsymbol{Z}_* = \boldsymbol{0},$$

so resultiert als AITKEN-Vorhersage sofort

$$\hat{\boldsymbol{p}} = \boldsymbol{Z}_*\boldsymbol{b} + \boldsymbol{W}_0'\boldsymbol{\Phi}^{-1}(\boldsymbol{y} - \boldsymbol{Z}\boldsymbol{b}). \tag{6.3.15}$$

Dabei ist $\boldsymbol{b} = (\boldsymbol{Z}'\boldsymbol{\Phi}^{-1}\boldsymbol{Z})^{-1}\boldsymbol{Z}'\boldsymbol{\Phi}^{-1}\boldsymbol{y}$ mit

$$\mathsf{V}(\boldsymbol{b}) = \sigma^2(\boldsymbol{Z}'\boldsymbol{\Phi}^{-1}\boldsymbol{Z})^{-1}$$

die AITKEN-Schätzung von $\boldsymbol{\beta}$ im Gesamtmodell, und wir erhalten

$$R(\boldsymbol{p}) = \sigma^2 \operatorname{sp}(\boldsymbol{W}_* - \boldsymbol{W}_0'\boldsymbol{\Phi}^{-1}\boldsymbol{W}_0) + \operatorname{sp}[(\boldsymbol{Z}_* - \boldsymbol{W}_0'\boldsymbol{\Phi}^{-1}\boldsymbol{Z})\,\mathsf{V}(\boldsymbol{b}) \times (\boldsymbol{Z}_* - \boldsymbol{W}_0'\boldsymbol{\Phi}^{-1}\boldsymbol{Z})']. \tag{6.3.16}$$

Güte und Systeminformation

Der Einfluß der Systeminformation, die in $\boldsymbol{y}$ bzw. explizit in der Kovarianzmatrix $\sigma^2\boldsymbol{\Phi}$ enthalten ist, auf die Güte der Vorhersage $\boldsymbol{p}$ bzw. der darin enthaltenen Schätzung $\boldsymbol{b}$ läßt sich direkt nachweisen. Dazu vergleicht man die Systemschätzung $\boldsymbol{b} = (\boldsymbol{Z}'\boldsymbol{\Phi}^{-1}\boldsymbol{Z})^{-1}\boldsymbol{Z}'\boldsymbol{\Phi}^{-1}\boldsymbol{y}$ mit den gleichungsweise gewonnenen KQ- oder AITKEN-Schätzungen, die also den Systemzusammenhang nicht berücksichtigen.

Die m-te Einzelgleichung des Systems (6.3.9) hat die Gestalt

$$\boldsymbol{y}_m = \boldsymbol{X}_m\boldsymbol{\beta}_m = \boldsymbol{u}_m, \quad \boldsymbol{u}_m \sim (0, \sigma^2\boldsymbol{W}_{mm}),$$

wobei $\boldsymbol{W}_{mm}$ der m-te Diagonalblock von $\boldsymbol{\Phi}$ ist (vgl. (6.3.8)). Die AITKEN-Schätzung in diesem Modell ist

$$\check{\boldsymbol{b}}_m = (\boldsymbol{X}'_m \boldsymbol{W}^{-1}_{mm} \boldsymbol{X}_m)^{-1} \boldsymbol{X}'_m \boldsymbol{W}^{-1}_{mm} \boldsymbol{y}_m .$$

Damit konstruieren wir die Einzelgleichungsschätzung des Gesamtsystems

$$\check{\boldsymbol{b}} = \begin{pmatrix} \check{\boldsymbol{b}}_1 \\ \vdots \\ \check{\boldsymbol{b}}_M \end{pmatrix} . \tag{6.3.17}$$

Die m-te Einzelgleichungsvorhersage wird

$$\check{p}_m = \boldsymbol{x}'_{m*} \check{\boldsymbol{b}}_m + \boldsymbol{w}'_m \boldsymbol{W}^{-1}_{mm} (\boldsymbol{y}_m - \boldsymbol{X}_m \check{\boldsymbol{b}}_m) ,$$

die Einzelgleichungsvorhersage des Gesamtvektors $\boldsymbol{y}_*$ ist also

$$\check{\boldsymbol{p}} = \begin{pmatrix} \check{p}_1 \\ \vdots \\ \check{p}_M \end{pmatrix} .$$

Es gilt

Satz 6.1: *Im multivariaten Regressionsmodell ist die Systemschätzung* $\boldsymbol{b} = (\boldsymbol{Z}'\boldsymbol{\Phi}^{-1}\boldsymbol{Z})^{-1}\boldsymbol{Z}'\boldsymbol{\Phi}^{-1}\boldsymbol{y}$ *besser (im Sinne eines MSE-Risikos) als die aus den Einzelgleichungsschätzungen* $\check{\boldsymbol{b}}_m$ *zusammengesetzte Schätzung* $\check{\boldsymbol{b}}$. *Entsprechend ist die Systemvorhersage effizienter als die Einzelgleichungsvorhersage. Beide Methoden liefern dasselbe Resultat, wenn* $\boldsymbol{X}_1 = \boldsymbol{X}_2 = \ldots = \boldsymbol{X}_M = \boldsymbol{X}$ *gilt oder wenn die Kovarianzmatrix* $\sigma^2\boldsymbol{\Phi}$ *des Systems diagonal ist, d. h. wenn unabhängige Einzelregressionen vorliegen.*

Wir wollen diesen Satz hier nicht beweisen, es liegen verschiedene Beweise in der Literatur vor (GOLDBERGER [1], TERÄSVIRTA [1], TOUTENBURG [4]). Einen heuristischen Beweis liefert etwa auch die Anwendung unserer Resultate aus 3.3. zur Fehlspezifikation der Kovarianzmatrix. Die Anwendung der Einzelgleichungsschätzung läßt sich schließlich als Fehlspezifikation von $\sigma^2\boldsymbol{\Phi}$ interpretieren, d. h., man arbeitet mit $\boldsymbol{W} = \mathrm{diag}\,(\boldsymbol{W}_{11}, \ldots, \boldsymbol{W}_{MM})$ anstelle der richtigen Kovarianzstruktur (6.3.8).

6.4. Das multivariate (klassische) gleichzeitig unkorrelierte Regressionsmodell

Dieses Modell ist eine wesentliche Vorstufe zur reduzierten Form eines ökonometrischen Modells. Im multivariaten Modell (6.3.9) waren die Regressoren als nichtstochastisch vorausgesetzt worden, d. h. $\boldsymbol{Z}$ blieb bei wiederholten Stichproben fest. Wir werden jetzt stochastische Regressoren zulassen, jedoch eine wesentlich schwächere Voraussetzung über den Zusammenhang der beiden Prozesse $\{\boldsymbol{x}(t)\}$, $\{\boldsymbol{u}(t)\}$ als in (6.2.1) treffen, wo die stochastische Unabhängigkeit im Sinne $\mathsf{E}(\boldsymbol{u} \mid \boldsymbol{X}) = \boldsymbol{0}$ gefordert wurde. Das multivariate (klassische) gleichzeitig unkorrelierte lineare Regressionsmodell wird durch folgende Annahmen definiert:

$$\underset{T\times 1}{\boldsymbol{y}_m} = \underset{T\times K}{\boldsymbol{X}} \underset{K\times 1}{\boldsymbol{\beta}_m} + \underset{T\times 1}{\boldsymbol{u}_m} \quad (m=1,\ldots,M)\,, \tag{6.4.1}$$

$$\mathsf{E}\boldsymbol{u}_m = \boldsymbol{0}\,, \quad (m=1,\ldots,M) \tag{6.4.2}$$

$$\mathsf{E}\boldsymbol{u}_m\boldsymbol{u}'_{m'} = w_{mm'}\boldsymbol{I} \quad (m, m'=1,\ldots,M)\,, \tag{6.4.3}$$

$$\operatorname{plim} T^{-1}\boldsymbol{u}'_m\boldsymbol{u}_{m'} = w_{mm'}\,, \tag{6.4.4}$$

$$\mathsf{E}\boldsymbol{x}(t)\,\boldsymbol{x}'(t) = \boldsymbol{\Sigma}_{xx} \quad \text{(positiv definit)}\,, \tag{6.4.5}$$

$$\operatorname{plim} T^{-1}\boldsymbol{X}'\boldsymbol{X} = \boldsymbol{\Sigma}_{xx}\,, \tag{6.4.6}$$

$$\operatorname{plim} T^{-1}\boldsymbol{X}'\boldsymbol{u}_m = \boldsymbol{0} \quad (m=1,\ldots,M)\,, \tag{6.4.7}$$

$$\lim_{T\to\infty} \mathsf{E}T^{-1}\boldsymbol{X}'\boldsymbol{X} = \boldsymbol{\Sigma}_{xx}\,. \tag{6.4.8}$$

Definieren wir wieder

$$\underset{1\times MT}{\boldsymbol{y}'} = (\boldsymbol{y}'_1,\ldots,\boldsymbol{y}'_M)\,, \quad \underset{1\times MT}{\boldsymbol{u}'} = (\boldsymbol{u}'_1,\ldots,\boldsymbol{u}'_M)\,,$$

$$\underset{MT\times MK}{\boldsymbol{Z}} = \operatorname{diag}(\boldsymbol{X},\ldots,\boldsymbol{X}), \quad \underset{1\times MK}{\boldsymbol{\beta}'} = (\boldsymbol{\beta}'_1,\ldots,\boldsymbol{\beta}'_M)$$

$$\underset{M\times M}{\boldsymbol{W}} = (w_{mm'})\,,$$

so läßt sich das Modell wie folgt darstellen:

$$\left.\begin{aligned}
&\boldsymbol{y} = \boldsymbol{Z\beta} + \boldsymbol{u}\,,\\
&\mathsf{E}\boldsymbol{u} = \boldsymbol{0}\,,\\
&\mathsf{E}\boldsymbol{uu}' = \boldsymbol{W}\otimes\boldsymbol{I} \quad (\boldsymbol{W} \text{ positiv definit})\,,\\
&\operatorname{plim} T^{-1}\begin{pmatrix} \operatorname{sp}\boldsymbol{u}_1\boldsymbol{u}'_1 & \ldots & \operatorname{sp}\boldsymbol{u}_1\boldsymbol{u}'_M\\ \vdots & & \\ \operatorname{sp}\boldsymbol{u}_M\boldsymbol{u}'_1 & \ldots & \operatorname{sp}\boldsymbol{u}_M\boldsymbol{u}'_M\end{pmatrix} = \boldsymbol{W}\\
&\operatorname{plim} T^{-1}\boldsymbol{Z}'\boldsymbol{u} = \boldsymbol{0}\,,\\
&\operatorname{plim} T^{-1}\boldsymbol{Z}'\boldsymbol{Z} = \lim_{T\to\infty}\mathsf{E}T^{-1}\boldsymbol{Z}'\boldsymbol{Z} = \boldsymbol{\Sigma}_{xx}\otimes\boldsymbol{I}\,.
\end{aligned}\right\} \tag{6.4.9}$$

Die Annahme $\operatorname{plim} T^{-1}\boldsymbol{Z}'\boldsymbol{u} = \boldsymbol{0}$ ist die Formulierung der gleichzeitigen Unkorreliertheit der beiden stochastischen Prozesse $\{\boldsymbol{x}(t)\}$ und $\{\boldsymbol{u}(t)\}$. Sie sichert die Möglichkeit, konsistente Schätzungen der Parameter abzuleiten. Da $\boldsymbol{Z}$ der Bedingung $\boldsymbol{X}_1 = \boldsymbol{X}_2 = \ldots = \boldsymbol{X}$ genügt (hierauf bezieht sich „klassisch“), gilt nach Satz 6.1. $\boldsymbol{b} = \check{\boldsymbol{b}}$, so daß wir die Parametervektoren $\boldsymbol{\beta}_m$ partiell aus der m-ten Gleichung $\boldsymbol{y}_m = \boldsymbol{X\beta}_m + \boldsymbol{u}_m$ schätzen, also Einzelgleichungsschätzungen anwenden können. Wir erhalten

$$\check{\boldsymbol{b}}_m = (\boldsymbol{X}'\boldsymbol{X})^{-1}\boldsymbol{X}'\boldsymbol{y}_m\,, \tag{6.4.10}$$

$$\operatorname{plim} \check{\boldsymbol{b}}_m = \boldsymbol{\beta}_m = \bar{\mathsf{E}}\check{\boldsymbol{b}}_m\,. \tag{6.4.11}$$

$\check{\boldsymbol{b}}_m$ ist damit konsistent und besitzt die asymptotische Korrelationsmatrix ($m = m'$: Kovarianzmatrix)

$$\bar{\mathsf{V}}(\check{\boldsymbol{b}}_m, \check{\boldsymbol{b}}_{m'}) = \bar{\mathsf{E}}\,(\check{\boldsymbol{b}}_m - \bar{\mathsf{E}}\check{\boldsymbol{b}}_m)\,(\check{\boldsymbol{b}}_{m'} - \bar{\mathsf{E}}\check{\boldsymbol{b}}_{m'})'$$
$$= T^{-1} \lim_{T\to\infty} \mathsf{E}[\sqrt{T}\,(\check{\boldsymbol{b}}_m - \mathsf{E}\check{\boldsymbol{b}}_m)]\,[\sqrt{T}\,(\check{\boldsymbol{b}}_{m'} - \mathsf{E}\check{\boldsymbol{b}}_{m'})]'$$
$$= T^{-1} w_{mm'} \boldsymbol{\Sigma}_{xx}^{-1}\,.$$

Die Elemente $w_{mm'}$ von $\boldsymbol{W}$ schätzen wir wie üblich durch

$$\bar{w}_{mm'} = (T-K)^{-1}\,(\boldsymbol{y}_m - \boldsymbol{X}\check{\boldsymbol{b}}_m)'\,(\boldsymbol{y}_{m'} - \boldsymbol{X}\check{\boldsymbol{b}}_{m'})\,. \qquad (6.4.12)$$

$\bar{w}_{mm'}$ ist konsistent. Damit können wir auch $\bar{\mathsf{V}}(\check{\boldsymbol{b}}_m, \check{\boldsymbol{b}}_{m'})$ konsistent schätzen:

$$\boldsymbol{S}(\check{\boldsymbol{b}}_m, \check{\boldsymbol{b}}_{m'}) = \bar{w}_{mm'}\,(\boldsymbol{X}'\boldsymbol{X})^{-1} \qquad (6.4.13)$$

mit

$$\operatorname{plim} \boldsymbol{S}(\check{\boldsymbol{b}}_m, \check{\boldsymbol{b}}_{m'}) = T^{-1} w_{mm'} \boldsymbol{\Sigma}_{xx}^{-1} = \bar{\boldsymbol{V}}(\check{\boldsymbol{b}}_m, \check{\boldsymbol{b}}_{m'})\,.$$

Bemerkung: Die Eigenschaft der Konsistenz einer Schätzung sagt noch nichts über ihre Güte aus. Man benötigt auch im Fall über alle Grenzen wachsender Stichprobenlänge ein zusätzliches Kriterium zur Auswahl einer besten Schätzung aus einer Klasse zulässiger Schätzungen. Beschränkt man sich auf die Klasse der konsistenten Schätzungen $\hat{\boldsymbol{\beta}}$ von $\boldsymbol{\beta}$, so erhält man das folgende Kriterium.

Kriterium der asymptotischen Effizienz

Eine Schätzung $\hat{\boldsymbol{\beta}}$ des Parametervektors $\boldsymbol{\beta}$ heißt asymptotisch effizient, wenn $\hat{\boldsymbol{\beta}}$ konsistent ist und für jede andere konsistente Schätzung $\tilde{\boldsymbol{\beta}}$ die Differenz der asymptotischen Kovarianzmatrizen

$$\bar{\mathsf{E}}\,(\tilde{\boldsymbol{\beta}} - \boldsymbol{\beta})\,(\tilde{\boldsymbol{\beta}} - \boldsymbol{\beta})' - \bar{\mathsf{E}}\,(\hat{\boldsymbol{\beta}} - \boldsymbol{\beta})\,(\hat{\boldsymbol{\beta}} - \boldsymbol{\beta})'$$

nichtnegativ definit ist.

Wie man beweisen kann, ist $\check{\boldsymbol{b}}$ in der Klasse $\{\hat{\boldsymbol{\beta}} = \boldsymbol{C}'\boldsymbol{y} \mid \operatorname{plim} \hat{\boldsymbol{\beta}} = \boldsymbol{\beta}\}$ eine asymptotisch effiziente Schätzung von $\boldsymbol{\beta}$ im Modell (6.4.9), wobei $\boldsymbol{C}$ stochastisch sein kann.

7. Zeitreihenanalyse

7.1. Einführung in die Problemstellung

Die Zeitreihenanalyse ist ein Gebiet der mathematischen Statistik, das sich einerseits der Methoden der Regressionsanalyse bedient, aber andererseits auch speziellere Fragestellungen und Verfahren entwickelt hat.

Man geht im allgemeinen von folgendem Modell aus

$$y_t = m(t) + u_t; \quad t \in \boldsymbol{I}. \tag{7.1.1}$$

Hierbei ist $m(t)$ eine nichtzufällige Größe, die sogenannte *Trendfunktion*, u_t ein stochastischer Prozeß, dessen Erwartungswertfunktion $\mathbf{E}\boldsymbol{u}_t = 0$ ist für $t \in \boldsymbol{I}$. $\boldsymbol{I}$ ist eine Indexmenge, die insbesondere eine Teilmenge des R^K sein kann. Wir beschränken uns bei unseren Ausführungen auf den für die Praxis wichtigsten Fall, daß $\boldsymbol{I}$ eine Teilmenge der ganzen Zahlen ist. Es gelte also in diesem Abschnitt durchweg:

$$\boldsymbol{I} \subseteqq \{\ldots, -2, -1, 0, 1, 2, \ldots\}. \tag{7.1.2}$$

Wir können $\boldsymbol{I}$ als eine Menge von Zeitpunkten interpretieren, in denen die zufällige Größe y_t beobachtbar ist. Die Zufallsgröße y_t nennen wir Zeitreihe.

Die Verbindung zur Regressionsanalyse ist sofort hergestellt, wenn $m(t)$ eine konkrete Gestalt annimmt. Wenn z. B. $m(t)$ ein Polynom p-ten Grades ist, so kann man (7.1.1) in der Form

$$y_t = \sum_{i=0}^{p} \alpha_i t^i + u_t; \quad t \in \boldsymbol{I};$$

schreiben. Die Bestimmung der Trendfunktion $m(t)$ ist also der Schätzung der Regressionskoeffizienten α_i äquivalent. Hierbei wird man im günstigsten Fall auf Beobachtungen $y_1, y_2, \ldots, y_T$ zurückgreifen können, nämlich auf Beobachtungen aus einem zurückliegenden Zeitraum, wenn man eine ökonomische Fragestellung untersucht. Wenn y_t eine Zeitreihe physikalischer Beobachtungen ist, so wird man die Beobachtungszeitpunkte selbst wählen können. Hieraus wird ein wesentlicher Unterschied zur klassischen Regressionsanalyse ersichtlich, daß nämlich in vielen Fällen eine Planung der Versuchspunkte nicht real ist. Die Beobachtungszeitpunkte sind insbesondere in der Ökonomie durch die inhaltliche Fragestellung schon festgelegt. Ökonomische Größen werden in der Regel für feste Zeitabstände ermittelt, nämlich durch monatliche, quartalsweise oder jährliche Abrechnungen. Hierbei gibt im allgemeinen der Wert einer ökonomischen Größe zum Zeitpunkt t gewisse Informationen über ihren Wert zum Zeitpunkt $t+1$. Wenn z. B. die Zeitreihe y_t mit Sicherheit wächst, das heißt, es gilt $y_t \leqq y_{t+1}$, so kann man y_t und y_{t+1} nicht mehr als unabhängig ansehen. Aus diesem Grund werden in der Zeitreihenanalyse gewisse Annahmen über die Abhängigkeitsstruktur des Fehlerprozesses getroffen. Man setzt voraus, daß u_t; $t \in \boldsymbol{I}$; ein im weiteren Sinne stationärer stochastischer Prozeß ist (s. Anhang B):

$$\mathsf{E}u_t = 0 \quad \text{für} \quad t \in \boldsymbol{I}; \qquad (7.1.3)$$

$$k_t(h) = \mathsf{E}u_t u_{t+h} = k(h) \quad \text{für alle} \quad t, h \in \boldsymbol{I}\,.$$

Insbesondere ist hierin auch der klassische Fall enthalten, nämlich daß y_t und $y_{t'}$; $t \neq t'$; unkorreliert sind:

$$k(h) = \begin{cases} k(0) = \sigma_u^2 > 0 & \text{für} \quad h = 0, \\ 0 & \text{für} \quad h \neq 0. \end{cases} \qquad (7.1.4)$$

Die Voraussetzung (7.1.3) soll zum Ausdruck bringen, daß die Abhängigkeiten zwischen den Werten der Zeitreihe y_t in einem gewissen Sinne regelmäßig verlaufen. Das bedeutet insbesondere, daß in der Zeitreihe y_t periodische Vorgänge enthalten sein können.

Die Hauptaufgaben der Zeitreihenanalyse bestehen nun

1. in der Bestimmung der Trendfunktionen,
2. in der Analyse der statistischen Eigenschaften des Fehlerprozesses.

In den Abschnitten 7.2, 7.3 und 7.4 werden Verfahren zur Bestimmung der Trendfunktion beschrieben. Hierbei wird auch kurz die Frage untersucht, wann bei linearer Parametrisierung in der Trendfunktion die Aitken-Schätzung durch die gewöhnliche KQS ersetzt werden kann. Das heißt, wann kann die Abhängigkeitsstruktur (7.1.3) vernachlässigt und durch die „klassische" Annahme (7.1.4) ersetzt werden?

Für die Untersuchung des Fehlerprozesses nehmen wir zunächst an, daß

$$y_t = \text{const.} + u_t$$

gilt, die Zeitreihe y_t also keinen „echten" Trend besitzt. Diese Untersuchungen werden dann auf den Fall übertragen, in dem y_t die Gestalt (7.1.1) hat.

7.2. Die Schätzung der Trendfunktion

Wir nehmen an, daß die Zeitreihe y_t in der Form

$$y_t = \sum_{i=0}^{p} \alpha_i \varphi_i(t) + u_t; \quad t \in \boldsymbol{I}_T = \{1, 2, \ldots, T\}; \qquad (7.2.1)$$

darstellbar ist. Dabei seien die $\varphi_i(t)$ bekannte, linear unabhängige Funktionen. Das heißt, aus der Identität

$$c_0\varphi_0(t) + c_1\varphi_1(t) + \ldots + c_p\varphi_p(t) \equiv 0 \quad (t \in \boldsymbol{I}_t)$$

folgt, daß alle Koeffizienten c_i ($i = 0, 1, \ldots, p$) verschwinden. Es gelte ferner

$$\mathsf{E}u_t = 0; \quad \mathsf{E}u_t u_{t+h} = K(h)\,. \qquad (7.2.2)$$

Die Kovarianzmatrix des Fehlervektors $\boldsymbol{u}' = (u_1, \ldots, u_T)$ lautet demnach

$$\boldsymbol{K} = \begin{pmatrix} \sigma_u^2 & K(1) & K(2) & \ldots K(T-1) \\ K(1) & \sigma_u^2 & K(1) & \ldots K(T-2) \\ K(2) & K(1) & \sigma_u^2 & \ldots K(T-3) \\ \vdots & \vdots & \vdots & \vdots \\ K(T-1) & K(T-2) & K(T-3) \ldots & \sigma_u^2 \end{pmatrix}. \tag{7.2.3}$$

Mit den Bezeichnungen

$$\boldsymbol{\Phi} = (\varphi_{ij})_{\substack{i=1,\ldots,T \\ j=0,\ldots,p}} = (\varphi_j(i))_{\substack{i=1,\ldots,T \\ j=0,\ldots,p}}$$

und $\boldsymbol{Y}' = (y_1, \ldots, y_T)$ erhalten wir die AITKEN-Schätzung für $\boldsymbol{\alpha} = (\alpha_0, \alpha_1, \ldots, \alpha_p)'$

$$\boldsymbol{\alpha}^* = (\boldsymbol{\Phi}'\boldsymbol{K}^{-1}\boldsymbol{\Phi})^{-1}\,\boldsymbol{\Phi}'\boldsymbol{K}^{-1}\boldsymbol{Y}. \tag{7.2.4}$$

Die Schätzung $\boldsymbol{\alpha}^*$ ist beste lineare erwartungstreue Schätzung für $\boldsymbol{\alpha}$. Unglücklicherweise ist jedoch die Kovarianzmatrix $\boldsymbol{K}$ im allgemeinen nicht bekannt. Man verwendet deshalb in diesem Fall die gewöhnliche KQS

$$\hat{\boldsymbol{\alpha}} = (\boldsymbol{\Phi}'\boldsymbol{\Phi})^{-1}\,\boldsymbol{\Phi}'\boldsymbol{Y}. \tag{7.2.5}$$

Die Anwendung dieses Schätzverfahrens bedeutet natürlich einen Genauigkeitsverlust. Das Ausmaß dieses Verlustes hängt von der Gestalt der Kovarianzfunktion $K(h)$, des Prozesses u_t und der Gestalt der Funktionen $\varphi_i(t)$ ab.

Wenn zum Beispiel

$$\varphi_i(t) = t^i \quad (i = 0, 1, 2, \ldots, p) \tag{7.2.6}$$

oder

$$\varphi_{2i-1}(t) = \cos t\lambda_i,\ \varphi_{2i}(t) = \sin t\lambda_i; \quad (i = 1, \ldots, p)$$

und

$$\varphi_0(t) \equiv 1$$

gilt, so ist die Schätzung $\hat{\boldsymbol{\alpha}}$ in dem Sinne „so gut wie $\boldsymbol{\alpha}^*$", daß

$$\lim_{T\to\infty} \boldsymbol{D}_T \mathsf{E}\,(\hat{\boldsymbol{\alpha}} - \boldsymbol{\alpha})\,(\hat{\boldsymbol{\alpha}} - \boldsymbol{\alpha})'\,\boldsymbol{D}_T = \lim_{T\to\infty} \boldsymbol{D}_T \mathsf{E}\,(\boldsymbol{\alpha}^* - \boldsymbol{\alpha})\,(\boldsymbol{\alpha}^* - \boldsymbol{\alpha})'\,\boldsymbol{D}_T \tag{7.2.7}$$

gilt (GRENANDER, ROSENBLATT [1]). Hierbei ist $\boldsymbol{D}_T$ die folgendermaßen definierte Diagonalmatrix:

$$\boldsymbol{D}_T = \operatorname{diag}\left[\left(\sum_{t=1}^{T} \varphi_0^2(t)\right)^{1/2}, \ldots, \left(\sum_{t=1}^{T} \varphi_p^2(t)\right)^{1/2}\right].$$

Die Elemente

$$\sigma_{ij}^{(1)} = \mathsf{E}\,(\hat{\alpha}_i - \alpha_i)\,(\hat{\alpha}_j - \alpha_j)$$

bzw.

$$\sigma_{ij}^{(2)} = \mathsf{E}\,(\alpha_i^* - \alpha_i)\,(\alpha_j^* - \alpha_j)$$

der Kovarianzmatrizen von $\hat{\boldsymbol{\alpha}}$ bzw. $\boldsymbol{\alpha}^*$ werden also mit den Normen der entsprechenden Spalten der Regressorenmatrix $\boldsymbol{\Phi}$ bewichtet. Detailliertere Untersuchungen darüber, unter welchen Bedingungen die Identität (7.2.7) erfüllt ist, findet der interessierte Leser bei GRENANDER und ROSENBLATT [1].

In den Abschnitten 7.3 und 7.4 untersuchen wir nun Zeitreihen, deren Trendfunktionen so aufgebaut sind (vgl. (7.2.6)), daß die Beziehung (7.2.7) erfüllt ist. Wir können deshalb annehmen, daß $\mathsf{E}u_t u_{t'} = 0$ für $t \neq t'$ gilt.

7.3. Die Variate-Difference-Methode von TINTNER. Orthogonale Polynome

Wir nehmen an, daß

$$y_t = \sum_{i=0}^{p} \alpha_i t^i + u_t; \quad t \in \boldsymbol{I}_T; \tag{7.3.1}$$

und $\mathsf{E}u_t u_t' = 0$ für $t \neq t'$ gilt. Falls p bekannt ist, können wir die Koeffizienten auf Grund der Ausführungen des Abschnittes 7.2. durch die KQS bestimmen.

TINTNER [2] hat ein Verfahren angegeben, mit dessen Hilfe man den Grad p des Trendpolynoms schätzen kann. Er geht dabei von folgender Definition aus.

Definition 7.1:

$$\boldsymbol{\Delta}^q y_t = y_{t+q} - \binom{q}{1} y_{t+q-1} + \binom{q}{2} y_{t+q-2} - \ldots + (-1)^q y_t \tag{7.3.2}$$

heißt Differenz der Ordnung q an der Stelle t.

Es ist offensichtlich, daß

$$\boldsymbol{\Delta}^q y_t = \boldsymbol{\Delta}^q \left(\sum_{i=0}^{p} \alpha_i t^i\right) + \boldsymbol{\Delta}^q u_t \tag{7.3.3}$$

ist. Aus der Beziehung

$$\boldsymbol{\Delta}^1 \left(\sum_{i=0}^{p} \alpha_i t_i\right) = \sum_{i=0}^{p} [\alpha_i (t+1)^i - \alpha_i t^i] = \sum_{i=0}^{p} \alpha_i [(t+1)^i - t^i] \tag{7.3.4}$$

geht hervor, daß $\boldsymbol{\Delta}^1 \left(\sum_{i=0}^{p} \alpha_i t^i\right)$ ein Polynom $(p-1)$-ten Grades ist. Das zeigt aber, daß die Beziehung

$$\boldsymbol{\Delta}^q \left(\sum_{i=0}^{p} \alpha_i t^i\right) = 0 \quad \text{für} \quad q > p \tag{7.3.5}$$

gilt.

Aus den Relationen (7.3.3) und (7.3.5) ergeben sich nun die Beziehungen

$$\mathsf{E}\boldsymbol{\Delta}^q y_t = \boldsymbol{\Delta}^q \left(\sum_{i=0}^{p} \alpha_i t^i\right) = 0 \quad \text{für} \quad q > p\,, \tag{7.3.6}$$

$$\begin{aligned} \operatorname{Var} \boldsymbol{\Delta}^q y_t &= \mathsf{E}(\boldsymbol{\Delta}^q u_t)^2 = \mathsf{E}\left(\sum_{i=0}^{q} \binom{q}{i} (-1)^i u_{t+q-i}\right)^2 \\ &= \mathsf{E}\sum_{i=0}^{q} \binom{q}{i}^2 u_{t+q-i}^2 = \sigma_u^2 \sum_{i=0}^{q} \binom{q}{i}^2 = \sigma_u^2 \binom{2q}{q}\,. \end{aligned} \tag{7.3.7}$$

Die Idee des Verfahrens von TINTNER basiert nun auf den Eigenschaften der Statistiken

$$V_r = (T-r)^{-1} \sum_{t=1}^{T-r} (\Delta^r y_t)^2 / \binom{2r}{r}; \quad r = 0, 1, 2, \ldots \tag{7.3.8}$$

Es gilt nämlich gemäß (7.3.6) und (7.3.7):

$$\begin{aligned} \mathsf{E} V_r &= (T-r)^{-1} \binom{2r}{r}^{-1} \sum_{t=1}^{T-r} \mathsf{E}(\Delta^r y_t)^2 \\ &= (T-r)^{-1} \binom{2r}{r}^{-1} \sum_{t=1}^{T-r} \left\{ \sigma_u^2 \binom{2r}{r} + \left[\Delta^r \left(\sum_{i=0}^{p} \alpha_i t^i \right) \right]^2 \right\} \\ &= \sigma_u^2 + (T-r)^{-1} \binom{2r}{r}^{-1} \sum_{t=1}^{T-r} \left[\Delta^r \left(\sum_{i=0}^{p} \alpha_i t^i \right) \right]^2 \\ &= \sigma_u^2 \quad \text{für} \quad r > p \,. \end{aligned}$$

Das heißt, daß für $r > p$ die Erwartungswerte der V_r nicht mehr von r abhängen und den festen Wert σ_u^2 annehmen. Außerdem kann man V_r $(r > p)$ als erwartungstreue Schätzung für σ_u^2 verwenden. Diese Tatsache legt das folgende Verfahren nahe. Man berechnet der Reihe nach die Quotienten

$$V_r / V_{r+1} (r = 1, 2, \ldots, p) \,.$$

Die kleinste Zahl r_0, für die annähernd

$$\frac{V_{r_0}}{V_{r_0+1}} \approx \frac{V_{r_0+1}}{V_{r_0+2}} \approx \ldots \approx 1$$

gilt, können wir als Schätzung $\hat{p}$ für den unbekannten Grad p des Trendpolynoms in folgender Weise verwenden:

$$\hat{p} = r_0 - 1 \,. \tag{7.3.9}$$

Gleichzeitig schätzen wir σ_u^2 durch

$$\hat{\sigma}_u^2 = V_{r_0} \,. \tag{7.3.10}$$

Die Verteilungsfunktion von V_r/V_{r+1} ist nicht ohne weiteres zu bestimmen, denn V_{r+1} und V_r sind nicht unabhängig. TINTNER schlug deshalb vor, V_r und V_{r+1} durch Summen von $(\Delta^r y_t)^2$ und $(\Delta^{r+1} y_t)^2$ so zu ersetzen, daß kein Summand, welcher in der einen Summe auftritt, auch in der anderen vorkommt. Die entsprechenden Summen sind dann unabhängig. Setzt man weiterhin voraus, daß u_t normalverteilt ist, so ist der entsprechende Quotient bis auf einen Proportionalitätsfaktor *F-verteilt*. Diese Methode hat jedoch den Nachteil, daß nur ein Bruchteil der Beobachtungen $y_1, \ldots, y_T$ in die Summation einbezogen wird. Diesen Mangel hat das Testverfahren, welches auf dem folgenden Satz (vgl. ANDERSON [1]) beruht, nicht.

Satz 7.1: *Wenn* $\Delta^r \left(\sum_{i=0}^{p} \alpha_i t^i \right) = 0$ *ist für* $t = 1, 2, \ldots, T-r$ *und die Beobachtungsfehler* $u_1, u_2, \ldots, u_T$ *unabhängig und identisch verteilt sind mit dem Erwartungswert Null,* $\mathsf{E} u_t = 0$, *und endlichem 4. Moment,* $\mathsf{E} u_t^4 < \infty$, *dann ist* *für $q > r$ die Statistik*

$$V_{r,q} = \left\{ \frac{T-q}{2\left[\dfrac{\binom{4r}{r}}{\binom{2r}{r}^2} + \dfrac{\binom{4q}{q}}{\binom{2q}{q}^2} - 2\dfrac{\binom{2q+2r}{q+r}}{\binom{2q}{q}\binom{2r}{r}}\right]} \right\}^{1/2} \frac{V_r - V_q}{V_q} \tag{7.3.11}$$

asymptotisch normalverteilt mit Erwartungswert 0 *und Varianz* 1.

Zum Testen der Hypothese

H_0: *„Die Trendfunktion der Zeitreihe y_t ist ein Polynom höchstens $(r-1)$-ten Grades“*

verfahren wir nun folgendermaßen. Wir ersetzen H_0 durch die Hypothese

$$H_0': \mathbf{\Delta}^r m(t) = 0; \quad t \in \boldsymbol{I}_T;$$

und testen diese Hypothese. Wir lehnen sie ab, falls für $q > r$

$$V_{r,q} \geqq z_\alpha$$

ist. z_α bestimmt man aus der Beziehung

$$1 - \Phi(z_\alpha) = \alpha ,$$

wobei Φ die kumulative standardisierte Normalverteilung bezeichnet; α ist das Signifikanzniveau.

In der Praxis wird man oft wissen, daß der wahre, aber unbekannte Grad p des Trendpolynoms der Restriktion

$$r \leqq p \leqq q \quad (r < q) \tag{7.3.12}$$

genügt. Dies bedeutet insbesondere, daß $\mathbf{\Delta}^{q+1} m(t)$ für alle $t \in \boldsymbol{I}_T$ verschwindet. Es wird empfohlen, in diesem Fall die folgenden Hypothesen der Reihe nach zu testen (vgl. ANDERSON [1]):

$$H_q: \mathbf{\Delta}^q \left(\sum_{i=0}^{p} \alpha_i t^i\right) = 0 ,$$

$$H_{q-1}: \mathbf{\Delta}^{q-1} \left(\sum_{i=0}^{p} \alpha_i t^i\right) = 0 ,$$

$$\vdots$$

$$H_j: \mathbf{\Delta}^j \left(\sum_{i=0}^{p} \alpha_i t^i\right) = 0 ,$$

$$\vdots$$

$$H_{r+1}: \mathbf{\Delta}^{r+1} \left(\sum_{i=0}^{p} \alpha_i t^i\right) = 0 .$$

Falls H_j wahr ist, so ist auch die Hypothese H_k, $k > j$, wahr. Zum Testen der Hypothese H_j verwenden wir die Statistik $V_{j,j+1}$. Es sei i_0 die größte Zahl mit $r+1 \leqq i_0 \leqq q$, für welche wir H_j $(r+1 \leqq j \leqq q)$ ablehnen. Wir setzen dann $p = i_0$. Wenn wir keine der obigen Hypothesen ablehnen, so setzen wir $p = r$. Es sei bemerkt, daß das Signifikanzniveau dieses mehrstufigen Verfahrens mit dem Signifikanzniveau der einzelnen Stufen, das wir jeweils mit einem Wert α festlegen können, nicht übereinstimmt. ANDERSON [1] hat hierfür detailliertere Aussagen für den Fall getroffen, daß u_t normalverteilt ist.

Eine andere Möglichkeit zur Bestimmung des Grades des Trendpolynoms basiert auf der Orthogonalisierung der Funktionen $\varphi_i(t)=t^i$ $(i=0, 1, \ldots, p)$. Man bildet nämlich *orthogonale Polynome*

$$z_{kT}(t)=t^k+a_{k-1}(k, T)\,t^{k-1}+\ldots+a_1(k, T)\,t+a_0(k, T),$$

$$(k=1, \ldots, \tau-1) \quad z_{0T}(t)\equiv 1\,.$$

Die Koeffizienten werden dabei so bestimmt, daß

$$\sum_{t=1}^{T} z_{kT}(t)\, z_{jT}(t)=0$$

für $j=0, \ldots, k-1$ und $k=1, \ldots, T-1$ gilt. Die letzte Bedingung stimmt mit der Beziehung

$$\sum_{t=1}^{T} z_{kT}(t)\, t^j=0 \quad (j=0, \ldots, k-1) \tag{7.3.13}$$

überein. Die Koeffizienten $a_j(k, T)$ können also aus dem Gleichungssystem

$$a_0(k, T)\sum_{t=1}^{T} t^j+a_1(k, T)\sum_{t=1}^{T} t^{j+1}+\ldots+a_{k-1}(k, T)\sum_{t=1}^{T} t^{j+k-1} \tag{7.3.14}$$

$$=-\sum_{t=1}^{T} t^{k+j}; \quad j=0, 1, \ldots, k-1;$$

bestimmt werden. Tafeln für die Werte der *orthogonalen Polynome* bis $k=5$, $T=104$ sind in der Literatur bekannt.

Durch die Verwendung orthogonaler Polynome folgt aus (7.3.1) die Beziehung

$$y_t=\sum_{i=0}^{p} \gamma_i z_{iT}(t)+u_t\,. \tag{7.3.15}$$

Die KQS der Koeffizienten γ_i hat nun wegen der Orthogonalitätsrelationen (7.3.13) die einfache Gestalt

$$\hat{\gamma}_i=\frac{\sum_{t=1}^{T} y_t z_{iT}(t)}{\sum_{t=1}^{T} z_{iT}^2(t)}; \quad i=0, 1, 2, \ldots, p\,. \tag{7.3.16}$$

Die erwartungstreue Schätzung für σ^2 lautet

$$s^2=\frac{\sum_{t=1}^{T}\left(y_t-\sum_{i=0}^{p}\hat{\gamma}_i z_{iT}(t)\right)^2}{T-p-1}=\frac{\sum_{t=1}^{T} y_t^2-\hat{\gamma}_0^2 T-\sum_{i=1}^{p}\hat{\gamma}_i^2\sum_{t=1}^{T} z_{iT}^2(t)}{T-p-1}\,.$$

Die Kovarianzmatrix der KQS $\hat{\boldsymbol{\gamma}}=(\hat{\gamma}_0, \ldots, \hat{\gamma}_p)$ ist eine Diagonalmatrix

$$\mathsf{E}(\hat{\boldsymbol{\gamma}}-\boldsymbol{\gamma})(\hat{\boldsymbol{\gamma}}-\boldsymbol{\gamma})'=\sigma^2\begin{pmatrix} a_{00}^{-1} & & & \\ & a_{11}^{-1} & & 0 \\ & & \ddots & \\ 0 & & & a_{pp}^{-1}\end{pmatrix},$$

wobei

$$a_{ii}=\sum_{t=1}^{T} z_{iT}^2(t)$$

ist. Die Schätzungen $\hat{\gamma}_i$ sind also untereinander unkorreliert und im Falle normalverteilter Fehler u_t sogar unabhängig. Der Test der Hypothese $H: \gamma_p=0$ gegen die Alternative $\gamma_p \neq 0$ zum Signifikanzniveau α hat dann bei normalverteiltem $\boldsymbol{u}$ die Gestalt: Falls

$$\frac{|\hat{\gamma}_p|\sqrt{a_{pp}}}{s}>t_{T-p-1}(\alpha)\,, \tag{7.3.17}$$

so lehne man H ab, anderenfalls nehme man H an. $t_{T-p-1}(\alpha)$ ist der kritische Punkt zum Signifikanzniveau α des zweiseitigen *t-Testes* bei $T-p-1$ Freiheitsgraden. Wir nehmen nun wieder an, daß der wahre aber unbekannte Grad p des Polynoms der Restriktion

$$0 \leqq r \leqq p \leqq q \quad (r<q)$$

genügt und daß $\boldsymbol{u}'=(u_1, \ldots, u_T)$ normalverteilt ist und die Kovarianzmatrix $\sigma^2\boldsymbol{I}$ besitzt. Wir betrachten die sich gegenseitig ausschließenden Parametermengen (s. ANDERSON [1])

$$\begin{aligned}
\boldsymbol{M}_q &=\{\boldsymbol{\gamma}: \gamma_q \neq 0\}\,,\\
\boldsymbol{M}_{q-1} &=\{\boldsymbol{\gamma}: \gamma_q=0, \gamma_{q-1}\neq 0\}\,,\\
&\vdots\\
\boldsymbol{M}_{r+1} &=\{\boldsymbol{\gamma}: \gamma_q=\gamma_{q-1}=\ldots=\gamma_{r+2}=0, \gamma_{r+1}\neq 0\}\,,\\
\boldsymbol{M}_r &=\{\boldsymbol{\gamma}: \gamma_q=\gamma_{q-1}=\ldots=\gamma_{r+1}=0, \gamma_r\neq 0\}\,.
\end{aligned}$$

Die Beziehung $\boldsymbol{\gamma}\in\boldsymbol{M}_i$ besagt, daß der Grad des Trendpolynoms i beträgt. Das Problem ist die Konstruktion einer Entscheidungsregel, die genau eine der Mengen $\boldsymbol{M}_i$ auswählt. Gesucht sind nun disjunkte Mengen $\boldsymbol{R}_r, \boldsymbol{R}_{r+1}, \ldots, \boldsymbol{R}_q$, deren Vereinigung der gesamte „Stichprobenraum" $\mathfrak{Y}=\{(y_1, \ldots, y_T)\}$ ist. Falls die Werte der beobachteten Zeitreihe in $\boldsymbol{R}_i$ liegen, entscheiden wir uns für die Menge $\boldsymbol{M}_i$.

Die Grundlage für die Konstruktion der Mengen $\boldsymbol{R}_i$ bildet die folgende Aussage von ANDERSON [1].

Die Wahrscheinlichkeiten

$$\mathsf{P}(\boldsymbol{R}_i/|\gamma_i|, \gamma_{i+1}=\gamma_{i+2}=\ldots=\gamma_q=0)$$

werden unter den Bedingungen

$$\begin{aligned}
&\mathsf{P}(\boldsymbol{R}_i/\gamma_i=\gamma_{i+1}=\ldots=\gamma_q=0)=p_i, \quad (i=r+1, \ldots, q)\,,\\
&\mathsf{P}(\boldsymbol{R}_r/\gamma_{r+1}=\gamma_{r+2}=\ldots=\gamma_q=0)=p_r\,,\\
&p_r+p_{r+1}+\ldots+p_q=1\,,
\end{aligned}$$

maximal, wenn $\boldsymbol{R}_i$ *der Durchschnitt der Menge*

$$\boldsymbol{T}_i = \left\{(y_1, \ldots, y_T) : r_i = \frac{\hat{\gamma}_i^2 a_{ii}}{\sum_{j=i+1}^{q} \hat{\gamma}_j^2 a_{jj} + S} > \frac{t_{T-i-1}^2(\varepsilon_i)}{T-i-1}\right\}$$

mit dem Komplement von $\boldsymbol{R}_q \cup \ldots \cup \boldsymbol{R}_{i+1}$ *ist. Es wurden* $S = (T-q-1)\, s^2$ *und* $\varepsilon_i = \dfrac{p_i}{1-p_q-\ldots-p_{i+1}}$ *gesetzt.* $t_{T-i-1}(\varepsilon_i)$ ist wie in (7.3.16) definiert. Das Verfahren von Anderson besteht also aus folgenden Schritten:

1. Man bestimme $\hat{\gamma}$ durch die Vorschrift (7.3.16)!
2. Man berechne r_q! $\boldsymbol{R}_q = \boldsymbol{T}_q = \{r_q : r_q > t_{T-q-1}(p_q)\}$. Wenn $r_q \in \boldsymbol{R}_q$ gilt, so setzen wir $p = q$. Andernfalls führen wir Schritt 3 durch.
3. $\boldsymbol{R}_{q-1} = \bar{\boldsymbol{R}}_q \cap \boldsymbol{T}_{q-1}$.
   Falls $r_{q-1} \in \boldsymbol{R}_{q-1}$ gilt, so setzen wir $p = q-1$. Andernfalls führen wir Schritt 4 durch.

$$\vdots$$

i. $\boldsymbol{R}_{q-j} = \bar{\boldsymbol{R}}_q \cap \bar{\boldsymbol{R}}_{q-1} \cap \ldots \cap \bar{\boldsymbol{R}}_{q-j+1} \cap \boldsymbol{T}_{q-j}, \quad j = i-2\,.$

Falls $r_{q-j} \in \boldsymbol{R}_{q-j}$ gilt, setzen wir $p = q-j$. Ist $r_{q-j} \notin \boldsymbol{R}_{q-j}$, so setzen wir das Verfahren fort.

Falls keine der Statistiken r_j in der entsprechenden Menge $\boldsymbol{R}_j$ liegt, so setzen wir $p = r$.

Dieses Verfahren hat die Eigenschaft, die Wahrscheinlichkeit der Entscheidung für die Menge $\boldsymbol{M}_i$ zu maximieren, falls der wahre Grad des Polynoms i beträgt. Die Fehlerwahrscheinlichkeit dafür, daß man den Grad des Polynoms gleich i setzt, obwohl $\gamma_i = \gamma_{i+1} = \ldots = \gamma_q = 0$ ist, beträgt dabei p_i.

Offen ist nun noch die Frage nach der Wahl der p_i. Wenn $\varepsilon_i = \varepsilon$ für alle $i = r+1, \ldots, q$ gelten soll, so gilt

$$p_i = \varepsilon\,(1-\varepsilon)^{q-i}, \quad (i = r+1, \ldots, q)\,,$$
$$p_r = (1-\varepsilon)^{q-r}\,.$$

7.4. Das Modell der verborgenen Periodizitäten

Wir betrachten Zeitreihen, die sich in der Form

$$y_t = a_0 + \sum_{j=1}^{p} (a_j \cos \lambda_j t + b_j \sin \lambda_j t) + u_t; \quad t \in \boldsymbol{I}_T;$$
$$\mathsf{E}u_t = 0, \quad \mathsf{E}u_t^2 = \sigma_u^2, \quad \mathsf{E}u_t u_{t'} = 0 \quad \text{für} \quad t \neq t', \quad 0 < \lambda_j \leqq \pi,$$

darstellen lassen. Die Trendfunktion ist hierbei eine Überlagerung von Schwingungen mit den Amplituden

$$C_j = \sqrt{a_j^2 + b_j^2}$$

und den Frequenzen λ_j. Die Frequenzen λ_j sind in den meisten Fällen unbekannt, und ihre Schätzung mit Hilfe des Kleinste-Quadrat-Prinzips würde auf erhebliche Schwierigkeiten stoßen. Man bedient sich deshalb der von A. Schuster [1] eingeführten Methode, der sogenannten „Periodogrammanalyse". Man geht dabei von der Statistik

$$P_T(\lambda) = \frac{4}{T^2} \left| \sum_{t=1}^{T} y_t \exp(it\lambda) \right|^2 = A^2(\lambda) + B^2(\lambda)\,,$$

dem sogenannten *Periodogramm*, aus. Es wurden hierbei die Bezeichnungen

$$A(\lambda) = \frac{2}{T} \sum_{t=1}^{T} y_t \cos \lambda t$$

und

$$B(\lambda) = \frac{2}{T} \sum_{t=1}^{T} y_t \sin \lambda t$$

verwendet. Man kann nun beweisen, daß

$$\operatorname*{plim}_{T\to\infty} P_T(\lambda) = \begin{cases} C_j^2 & \text{für } \lambda = \lambda_j;\; j = 1, \ldots, p \\ 0 & \text{für } \lambda \neq \lambda_j;\; j = 1, \ldots, p \end{cases}$$

gilt (vgl. Anderson [1] oder Dhrymes [1]).

Für große Werte von T nimmt das Periodogramm also genau an den Stellen λ_j, den Frequenzen der sich überlagernden Schwingungen, positive Werte an und verschwindet sonst. Die Werte λ, für die $P_r(\lambda)$ „markante" Spitzen besitzt, können als Schätzungen für die Frequenzen λ_j benutzt werden. Da diese Schätzungen aber erst für größere Werte von T als real angesehen werden können, empfiehlt es sich, das Auftreten periodischer Komponenten statistisch zu sichern. Üblich ist hierfür ein von R. A. Fisher [1] eingeführtes Testverfahren, das jetzt kurz beschrieben werden soll. Wir nehmen dazu zusätzlich an, daß die Fehlervariablen u_t normalverteilt sind. Die Nullhypothese in Fishers Test lautet

$$H_0\colon y_t = a_0 + u_t;$$

$$(\mathsf{E}y_t = a_0,\ \mathsf{E}y_t^2 = a_0^2 + \sigma_u^2;\ \mathsf{E}y_t y_{t'} = a_0^2 \quad \text{für} \quad t \neq t')$$

oder

H_0: y_t *enthält keine periodischen Komponenten.*

Es sei $l_r = \frac{2\pi r}{T}$. Es sei ferner $m = 1/2T$, falls T eine gerade Zahl ist und $m = 1/2(T-1)$, falls T ungerade ist. Bekanntlich gelten dann die folgenden Orthogonalitätsbeziehungen.

$$\sum_{t=1}^{T} \cos l_r t \cos l_s t = \begin{cases} 0 & 0 \leqq r \neq s \leqq m \\ 1/2T & 0 < r = s \leqq m \end{cases}; \tag{7.4.1}$$

$$\sum_{t=1}^{T} \sin l_r t \sin l_s t = \begin{cases} 0 & 0 \leqq r \neq s \leqq m \\ 1/2T & 0 < r = s \leqq m \end{cases}; \tag{7.4.2}$$

$$\sum_{t=1}^{T} \sin l_r t \cos l_s t = 0 \quad \text{für} \quad r, s = 0, 1, 2, \ldots, m\,. \tag{7.4.3}$$

Indem wir in den Beziehungen (7.4.1) bzw. (7.4.2) $s=0$ setzen, erhalten wir die Relationen

$$\sum_{t=1}^{T} \cos l_r t = 0 \quad (r=0, 1, \ldots, m) \tag{7.4.4}$$

bzw.

$$\sum_{t=1}^{T} \sin l_r t = 0 \quad (r=0, 1, \ldots, m)\,. \tag{7.4.5}$$

Unter der Bedingung, daß die Hypothese H_0 wahr ist, sind damit die folgenden Bedingungen erfüllt.

$$\mathsf{E}A(l_r) = \frac{2}{T}\sum_{t=1}^{T} \mathsf{E}y_t \cos tl_r = \frac{2}{T} a_0 \cdot \sum_{t=1}^{T} \cos tl_r = 0\,. \tag{7.4.6}$$

$$\mathsf{E}B(l_r) = 0\,. \tag{7.4.7}$$

$$\begin{aligned}
\mathsf{E}A(l_r)\,A(l_s) &= \left(\frac{2}{T}\right)^2 \sum_{t,t'=1}^{T} \mathsf{E}y_t y_{t'} \cos tl_r \cos t'l_s \\
&= \left(\frac{2}{T}\right)^2 \left\{\sum_{t=1}^{T} (a_0^2+\sigma_u^2) \cos tl_r \cos tl_s + \sum_{\substack{t,t'=1\\ t\neq t}}^{T} a_0^2 \cos tl_r \cos t'l_s\right\} \\
&= \left(\frac{2}{T}\right)^2 \left\{\sigma_u^2 \sum_{t=1}^{T} \cos tl_r \cos tl_s + a_0^2 \sum_{t=1}^{T} \cos tl_r \sum_{t'=1}^{T} \cos t'l_s\right\} \\
&= \begin{cases} 2\sigma_u^2/T & \text{für } r=s \\ 0 & \text{für } r\neq s \end{cases}; \quad r, s = 1, \ldots, m.
\end{aligned} \tag{7.4.8}$$

Ähnliche Rechnungen ergeben schließlich die Resultate

$$\mathsf{E}B(l_r)\,B(l_s) = \begin{cases} 2\sigma_u^2/T & \text{für } r=s \\ 0 & \text{für } r\neq s \end{cases}; \quad r, s = 1, \ldots, m;$$

und

$$\mathsf{E}A(l_r)\,B(l_s) = 0 \quad \text{für} \quad r, s = 1, \ldots, m.$$

Die zufälligen Größen

$$\frac{S_r}{\sigma_u^2} = \frac{T\,[A^2(l_r) + B^2(l_r)]}{2\sigma_u^2}; \quad r = 1, 2, \ldots, m;$$

sind demnach unabhängige *χ^2-verteilte Zufallsgrößen* mit jeweils 2 Freiheitsgraden. Da in diese Größen die im allgemeinen unbekannte Fehlerstreuung σ_u^2 eingeht, verwenden wir die skaleninvarianten Statistiken

$$g_r = \frac{S_{[r]}}{S_1 + S_2 + \ldots + S_m}\,.$$

Hierbei ist $S_{[r]}$ der $(r-t)$-größte Wert unter den Zufallsgrößen $S_1, \ldots, S_m$. Der größte Wert g_1 besitzt die Verteilungsfunktion

$$F_g(x) = 1 - \mathsf{P}\,(g_1 > x) = 1 - \sum_{j=1}^{M-1} \binom{m}{j} (-1)^{j-1} (1-jx)^{m-1},$$

wobei M die kleinste ganze Zahl ist, für die $1-Mx\leqq 0$ gilt. Entsprechende Tabellen wurden von R. A. FISHER [1] aufgestellt. Wir lehnen nun die Hypothese H_3 ab, falls $g_1 > p_\alpha$ ist, wobei p_α durch das Signifikanzniveau α nach der Vorschrift

$$\mathsf{P}\,(g_1 > p_\alpha) = \alpha$$

bestimmt wird.

Nachdem die Frequenzen λ_j geschätzt worden sind und das Auftreten periodischer Komponenten getestet wurde, ist es nun möglich, mittels der Kleinst-Quadrat-Schätzung die Koeffizienten a_0, a_j und b_j zu schätzen. Die j-te Zeile der $(T, 2p+1)$-Matrix $\boldsymbol{\Phi}$ (vgl. Abschnitt 7.2) hat dabei die folgende Gestalt:

$$\boldsymbol{\Phi}_j = (1 \cos j\lambda_1 \cos j\lambda_2 \ldots \cos j\lambda_p \sin j\lambda_1 \sin j\lambda_2 \ldots \sin j\lambda_p)\,.$$

Der Vektor $\boldsymbol{\alpha}$ der Regressionskoeffizienten gliedert sich demnach wie folgt

$$\boldsymbol{\alpha}' = (a_0, a_1, \ldots, a_p, b_1, \ldots, b_p)\,.$$

Die Kleinst-Quadrat-Schätzung $\hat{\boldsymbol{\alpha}}$ lautet also

$$\hat{\boldsymbol{\alpha}} = (\boldsymbol{\Phi}'\boldsymbol{\Phi})^{-1}\boldsymbol{\Phi}'\boldsymbol{y}; \quad \boldsymbol{y}' = (y_1, \ldots, y_T)\,.$$

Eine besonders einfache Gestalt nimmt die KQS $\hat{\boldsymbol{\alpha}}$ an, wenn

$$\lambda_j = \frac{2\pi k_j}{T}; \quad j = 1, \ldots, p;$$

für gewisse ganze Zahlen k_j gilt, die den folgenden Restriktionen unterliegen:

$$1 \leqq k_j \leqq 1/2\,(T-1), \quad \text{falls } T \text{ ungerade ist, und}$$
$$1 \leqq k_j \leqq 1/2\,T, \quad \text{falls } T \text{ gerade ist.}$$

Es gilt dann nämlich, wie aus den oben angegebenen Orthogonalitätsbeziehungen leicht ersichtlich wird,

$$\boldsymbol{\Phi}'\boldsymbol{\Phi} = \begin{pmatrix} T & 0 & 0 & \ldots & 0 \\ 0 & 1/2T & 0 & \ldots & 0 \\ 0 & 0 & 1/2T & \ldots & 0 \\ \vdots & \vdots & \vdots & & \vdots \\ 0 & 0 & 0 & \ldots & 1/2T \end{pmatrix}_{p+1,p+1}$$

Die KQS $\hat{\boldsymbol{\alpha}}$ ermitteln wir demzufolge aus den Identitäten

$$\hat{a}_0 = \frac{1}{T}\sum_{t=1}^{T} y_t = \bar{y}\,, \tag{7.4.9}$$

$$\hat{a}_j = \frac{2}{T}\sum_{t=1}^{T} y_t \cos\lambda_j t; \quad j = 1, \ldots, p; \quad \lambda_j = \frac{2\pi k_j}{T}\,,$$

$$\hat{b}_j = \frac{2}{T}\sum_{t=1}^{T} y_t \sin\lambda_j t; \quad j = 1, \ldots, p; \quad \lambda_j = \frac{2\pi k_j}{T}\,.$$

Wir betrachten hierzu das folgende Beispiel. Es sei y_t der Quartalsumsatz eines Warenhauses in der Abteilung „Schuhe und Lederwaren". An Hand der folgenden Graphik erkennen wir eine 1-Jahres-Periode und einen zusätzlichen linearen Trend.

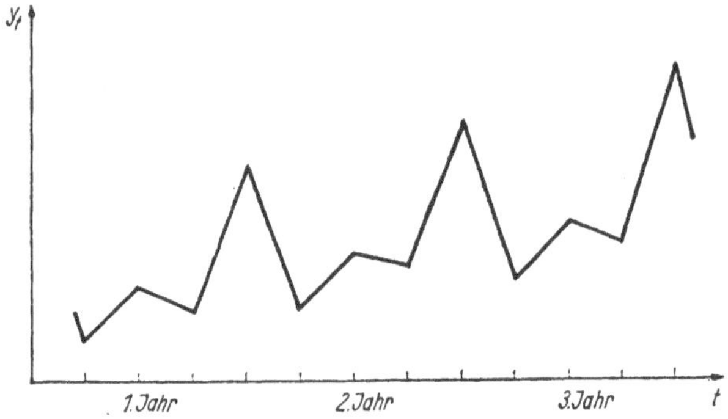

Abb. 7.1. Umsatz der Abteilung „Schuhe und Lederwaren" eines Kaufhauses

Nachdem wir den Trend von den Beobachtungswerten subtrahiert haben, erhalten wir eine Zeitreihe y_t^*, deren Trendfunktion periodisch ist. Den linearen Trend kann man etwa aus einer Zeitreihe von Jahresumsätzen schätzen. Es gilt also

$$y_t^* = f(t) + u_t; \quad t = 1, 2, \ldots, 12;$$

und die Funktion $f(t)$ besitzt eine 1-Jahres-Periode. Eine Zeiteinheit entspricht hier einem Quartal. Jede periodische Funktion besitzt die Darstellung

$$f(t) = a_0 + \sum_{j=1}^{\infty} (a_j \cos j\omega t + b_j \sin j\omega t) .$$

Hierbei ist $\omega = 2\pi/P$, und P ist die Länge der Periode. In unserem Fall ist $P = 4$. Wir setzen deshalb für $f(t)$ näherungsweise

$$f(t) \approx a_0 + \sum_{j=1}^{p} \left(a_j \cos \frac{\pi j}{2} t + b_j \sin \frac{\pi j}{2} t\right) .$$

Die Matrix $\boldsymbol{\Phi}$ hat demnach die Gestalt:

$$\boldsymbol{\Phi} = (\boldsymbol{\Phi}_1, \ldots, \boldsymbol{\Phi}_T)'; \quad \boldsymbol{\Phi}_j' = \left(1 \cos \frac{\pi j}{2} \ldots \cos \frac{\pi p j}{2} \sin \frac{\pi j}{2} \ldots \sin \frac{\pi p j}{2}\right) .$$

Wegen der Periodizität der Winkelfunktionen können wir in dieser Matrix einige Spalten streichen, da diese linear abhängig sind. Die so auf vollen Rang reduzierte Matrix $\boldsymbol{\Phi}^*$ hat dann die Form

$$\boldsymbol{\Phi}^* = \begin{pmatrix} \boldsymbol{\Phi}_1^* \\ \vdots \\ \boldsymbol{\Phi}_T^* \end{pmatrix}; \quad \boldsymbol{\Phi}_j^* = \left(1 \cos \frac{\pi j}{2} \cos \pi j \sin \frac{\pi j}{2}\right) .$$

Es gilt demnach

$$f(t) = a_0 + a_1 \cos \frac{\pi t}{2} + a_2 \cos \pi t + b_1 \sin \frac{\pi t}{2} .$$

Wir könnten nun noch formal $b_2 \sin \pi t$ addieren, aber dieser Term verschwindet für alle t. Die Frequenzen λ_j haben also die Werte

$$\lambda_j = \frac{2\pi k_j}{T} = \frac{2\pi k_j}{12} = \begin{cases} \frac{\pi}{2} & j=1 \\ \pi & j=2 . \end{cases}$$

Die Zahlen k_j ergeben sich hieraus zu

$$k_1 = 3 ; \quad k_2 = 6 .$$

Die Regressionskoeffizienten a_0, a_1, a_2 und b_1 kann man nun leicht aus den Formeln (7.4.9) bestimmen.

7.5. Schätzung des Mittelwertes von Zeitreihen ohne Trend

Es sei

$$y_t = \mu + u_t, \quad t = 1, 2, \ldots, T ;$$
$$\mathsf{E} u_t = 0, \quad \mathsf{E} u_t^2 = \sigma^2, \quad \mathsf{E} u_t u_{t+h} = k(h)$$

eine Zeitreihe, die keinen „echten" Trend besitzt. Das heißt, daß μ eine Konstante ist. Es gilt also

$$\mathsf{E} y_t \equiv \mu .$$

Wir nehmen an, daß μ unbekannt ist und bestimmen die beste lineare erwartungstreue Schätzung dieses Parameters. Jede lineare Schätzung von μ hat die Gestalt:

$$\tilde{\mu} = \sum_{t=1}^{T} \alpha_t y_t . \tag{7.5.1}$$

Da $\tilde{\mu}$ erwartungstreu sein soll, muß die Beziehung

$$\mu = \mathsf{E} \tilde{\mu} = \mathsf{E} \sum_t \alpha_t y_t = \sum_t \alpha_t \mathsf{E} y_t = \mu \sum_t \alpha_t ,$$

d. h.

$$\sum_t \alpha_t = 1$$

gelten.

Die Berechnung der Varianz einer beliebigen erwartungstreuen linearen Schätzung $\tilde{\mu}$ liefert das folgende Ergebnis.

$$\sigma_{\tilde{\mu}}^2 = \mathsf{E} \left(\sum_t \alpha_t y_t - \mu \right)^2$$

$$= \mathsf{E}[\sum_t \alpha_t (y_t - \mu)]^2 = \sum_{s,t=1}^{T} \alpha_s \alpha_t \mathsf{E} u_t u_s$$

$$= \sum_{s,t=1}^{T} \alpha_s \alpha_t k(s-t) = \boldsymbol{\alpha}' \boldsymbol{\Sigma} \boldsymbol{\alpha} ; \qquad (7.5.2)$$

$$\boldsymbol{\alpha}' = (\alpha_1, \ldots, \alpha_T), \quad \sum_t \alpha_t = 1, \quad \boldsymbol{\Sigma} = (k(t-s)) = (k(s-t)) .$$

Wie sind nun die Koeffizienten α_t zu wählen, damit

$$\boldsymbol{\alpha}' \boldsymbol{\Sigma} \alpha$$

unter der Nebenbedingung $\boldsymbol{b}'\boldsymbol{\alpha} = 1$ minimal wird $(\boldsymbol{b}' = (1, 1, \ldots, 1)_{1 \times T})$? Gesucht ist also das *Minimum einer quadratischen Form* unter einer linearen Nebenbedingung. Die Lösung lautet in diesem Fall (vgl. Satz A28)

$$\boldsymbol{\alpha}^* = \frac{\boldsymbol{\Sigma}^{-1} \boldsymbol{b}}{\boldsymbol{b}' \boldsymbol{\Sigma}^{-1} \boldsymbol{b}} . \qquad (7.5.3)$$

Im allgemeinen ist jedoch die Kovarianzfunktion $k(.)$ und damit die Kovarianzmatrix $\boldsymbol{\Sigma}$ unbekannt. Die beste lineare erwartungstreue Schätzung

$$\mu^* = \sum_{t=1}^{T} \alpha_t^* y_t$$

kann im allgemeinen also nicht berechnet werden. In diesem Fall verwendet man die übliche Schätzung

$$\bar{y} = \frac{1}{T} \sum_{t=1}^{T} y_t . \qquad (7.5.4)$$

Hierbei haben die Koeffizienten α_t $(t = 1, \ldots, T)$ den Wert T^{-1}. Die Varianzen der Schätzungen $\bar{y}$ und μ^* betragen nach den Formeln (7.5.2) und (7.5.3)

$$\sigma_{\bar{y}}^2 = \frac{\boldsymbol{b}' \boldsymbol{\Sigma} \boldsymbol{b}}{T^2}$$

bzw.

$$\sigma_{\mu^*}^2 = \boldsymbol{\alpha}^{*\prime} \boldsymbol{\Sigma} \boldsymbol{\alpha}^* = \frac{\boldsymbol{b}' \boldsymbol{\Sigma}^{-1} \boldsymbol{\Sigma} \boldsymbol{\Sigma}^{-1} \boldsymbol{b}}{(\boldsymbol{b}' \boldsymbol{\Sigma}^{-1} \boldsymbol{b})^2} = (\boldsymbol{b}' \boldsymbol{\Sigma}^{-1} \boldsymbol{b})^{-1} .$$

Satz 7.2: *Wenn der Vektor* $\frac{1}{T} \boldsymbol{b}$, $\boldsymbol{b}' = (1, 1, \ldots, 1)_{1 \times T}$, *ein Eigenvektor der Matrix* $\boldsymbol{\Sigma}$ *ist, so ist* $\bar{y}$ *beste lineare erwartungstreue Schätzung für* μ.

Beweis: Laut Voraussetzung gilt die Relation

$$\frac{1}{T} \boldsymbol{\Sigma} \boldsymbol{b} = \frac{\lambda}{T} \boldsymbol{b}, \quad \lambda > 0 .$$

Wenn $T^{-1}\boldsymbol{b}$ ein Eigenvektor zum Eigenwert λ der Matrix $\boldsymbol{\Sigma}$ ist, so ist $\frac{1}{T}\boldsymbol{b}$ auch Eigenvektor der Matrix $\boldsymbol{\Sigma}^{-1}$. Der zugehörige Eigenwert beträgt λ^{-1}.

Wir erhalten hieraus die Gleichung

$$\sigma_{\bar{y}}^2 = \frac{\lambda}{T^2}\, \boldsymbol{b}'\boldsymbol{b} = \frac{\lambda}{T} = (\boldsymbol{b}'\lambda^{-1}\boldsymbol{b})^{-1} = (\boldsymbol{b}'\boldsymbol{\Sigma}^{-1}\boldsymbol{b}) = \frac{\lambda}{\boldsymbol{b}'\boldsymbol{b}} = \frac{\lambda}{T} = \sigma_{\mu^*}^2 ,$$

womit die Behauptung des Satzes bewiesen ist.

7.6. Die Schätzung der Kovarianzfunktion von Zeitreihen ohne Trend

Wir unterscheiden zwei Fälle:

1. μ ist bekannt.
2. μ ist unbekannt.

Im 1. Fall verwenden wir für $k(h)$ die Schätzung

$$c_h = \frac{1}{T-h} \sum_{t=1}^{T-h} (y_t - \mu)\,(y_{t+h} - \mu)\,; \quad h = 0, 1, \ldots, T-1\,. \tag{7.6.1}$$

c_h ist eine erwartungstreue Schätzung:

$$\mathsf{E}c_h = k(h)\,.$$

Die Berechnung der Varianz ist sehr aufwendig. Der interessierte Leser kann Näheres darüber in der Monographie von Anderson [1] finden.

Falls μ unbekannt ist, bedient man sich der Schätzung

$$c_h^* = \frac{1}{T-h} \sum_{t=1}^{T-h} (y_t - \bar{y})\,(y_{t+h} - \bar{y})\,. \tag{7.6.2}$$

Die Berechnung des Erwartungswertes ergibt den Ausdruck (vgl. Anderson [1]):

$$\mathsf{E}c_h^* = k(h) - \frac{1}{T\,(T-h)} \sum_{t=1}^{T-h} \sum_{s=1}^{T} \{k\,(t-s) + k\,(t+h-s)\} + \frac{1}{T^2} \sum_{t,s=1}^{T} k\,(t-s)\,. \tag{7.6.3}$$

Aus den Schätzungen (7.6.1) und (7.6.2) geht deutlich hervor, daß für große Werte von h erhebliche Schätzfehler auftreten werden, da die Anzahl der in die Schätzung eingehenden Summanden zu klein wird. Es wird deshalb sehr oft vorgeschlagen, h der Restriktion

$$h \leqq h_{\max} = T/3$$

zu unterwerfen und c_h bzw. c_h^* für $h > h_{\max}$ gleich Null zu setzen.

7.7. Schätzung der Spektraldichte des Fehlerprozesses bei Zeitreihen ohne Trend

Im Anhang B ist der Zusammenhang zwischen der *Kovarianzfunktion* und der sogenannten *Spektraldichte* $f(\lambda)$ des *stationären* Fehlerprozesses u_t dargestellt worden. Des weiteren findet der Leser dort auch eine inhaltliche Deutung des Begriffes „Spektraldichte“.

Wir nehmen an, daß die Spektraldichte $f(\lambda)$ in der Form

$$f(\lambda)=\frac{1}{2\pi}\sum_{h=-\infty}^{\infty} k(h)\cos\lambda h;\qquad -\pi\leqq\lambda\leqq\pi;$$

darstellbar ist (vgl. Anhang B). Wenn wir in diese Formel eine Schätzung für $k(h)$ einsetzen, so erhalten wir eine natürliche Schätzung für $f(\lambda)$. Es ist hierbei üblich, die Schätzungen c_h bzw. c_h^* durch

$$\hat{k}(h)=\frac{T-|h|}{T}\,c_h$$

bzw.

$$\hat{k}^*(h)=\frac{T-|h|}{T}\,c_h^*$$

zu ersetzen. Bei diesen Schätzungen sind nämlich die Werte für große h sehr niedrig bewichtet, womit dem in diesem Bereich großen Schätzfehler entgegengewirkt wird. Wir erhalten somit die Schätzfunktionen

$$I_T(\lambda)=\frac{1}{2\pi}\sum_{h=-(T-1)}^{T-1}\hat{k}(h)\cos\lambda h\qquad\text{bei bekanntem }\mu$$

bzw.

$$I_T^*(\lambda)=\frac{1}{2\pi}\sum_{h=-(T-1)}^{T-1}\hat{k}^*(h)\cos\lambda h\qquad\text{bei unbekanntem }\mu$$

für $f(\lambda)$.

Es ist natürlich wünschenswert, diese Schätzungen direkt aus den Beobachtungsdaten $y_1, y_2, \ldots, y_T$ zu berechnen. Wir setzen dazu die expliziten Ausdrücke für $\hat{k}(h)$ bzw. $\hat{k}^*(h)$ in $I_T(\lambda)$ bzw. $I_T^*(\lambda)$ ein.

$$\begin{aligned}
I_T(\lambda)&=\frac{1}{2\pi T}\sum_{h=-(T-1)}^{T-1}\sum_{t=1}^{T-h}(y_t-\mu)(y_{t+h}-\mu)\cos\lambda h\\
&=\frac{1}{2\pi T}\sum_{t,s=1}^{T}(y_t-\mu)(y_s-\mu)\cos(s-t)\lambda\\
&=\frac{1}{2\pi T}\sum_{t,s=1}^{T}[(y_t-\mu)(y_s-\mu)(\cos t\lambda\cos s\lambda+\sin t\lambda\sin s\lambda)]\\
&=\frac{1}{2\pi T}\left[\sum_{t=1}^{T}(y_t-\mu)(\cos t\lambda+i\sin t\lambda)\right]\left[\sum_{t=1}^{T}(y_t-\mu)(\cos t\lambda-i\sin t\lambda)\right]\\
&=\frac{1}{2\pi T}\left|\sum_{t=1}^{T}(y_t-\mu)\,e^{it\lambda}\right|^2=\frac{T}{8\pi}P_T(\lambda), \qquad (7.7.1)
\end{aligned}$$

wobei $P_T(\lambda)$ das in Abschnitt 7.4. eingeführte *Periodogramm* ist. Auf die gleiche Weise erhalten wir die Beziehung

$$I_T^*(\lambda)=\frac{1}{2\pi T}\left|\sum_{t=1}^{T}(y_t-\bar{y})\,e^{it\lambda}\right|^2. \qquad (7.7.2)$$

Obwohl die Konstruktion dieser Schätzungen naheliegend ist, sind sie nicht konsistent. Es gilt nämlich (vgl. ANDERSON [], S. 474)

Satz 7.3: *Wenn*

$$\lim_{T\to\infty} \frac{1}{T} \sum_{r,u,v=-(T-1)}^{T-1} |\nu(r, u, v)| = 0$$

gilt, wobei

$$\nu(r, u, v) = \mathsf{E}[(y_t-\mu)(y_{t+r}-\mu)(y_{t+u}-\mu)(y_{t+v}-\mu)] \\ -[k(r)\,k(u-v)+k(v)\,k(r-u)+k(u)\,k(r-v)]$$

ist, dann sind für alle Stetigkeitspunkte λ von $f(\lambda)$ die Bedingungen

$$\lim_{T\to\infty} \mathsf{E} I_T(\lambda) = f(\lambda) \tag{7.7.3}$$

und

$$\lim_{T\to\infty} \mathsf{E}\,(I_T(\lambda) - \mathsf{E} I_T(\lambda))^2 = f^2(\lambda) \tag{7.7.4}$$

erfüllt.

Die Schätzung $I_T(\lambda)$ ist zwar asymptotisch erwartungstreu, aber für alle λ mit $f(\lambda) > 0$ nicht konsistent (vgl. Satz A43). Die gleiche Aussage gilt auch für $I_T^*(\lambda)$. Die Inkonsistenz dieser Schätzungen ist auf die erheblichen Schätzfehler der Stichprobenvarianzfunktionen $\bar{k}(h)$ bzw. $\bar{k}^*(h)$ für große Werte von h zurückzuführen. Durch eine geeignete Bewichtung der einzelnen Summanden kann die Inkonsistenz der Schätzungen beseitigt werden. Wir betrachten also Spektraldichteschätzungen der Form

$$\hat{f}_T(\lambda) = \frac{1}{2\pi} \sum_{r=-(T-1)}^{T-1} w_r c_r \cos \lambda r \tag{7.7.5}$$

bzw.

$$\hat{f}_T^*(\lambda) = \frac{1}{2\pi} \sum_{r=-(T-1)}^{T-1} w_r c_r^* \cos \lambda r\,.$$

Die Schätzungen $I_T(\lambda)$ bzw. $I_T^*(\lambda)$ besitzen diese Gestalt, die entsprechenden Gewichte sind

$$w_r = \frac{T-|r|}{T} = 1 - \frac{|r|}{T}; \quad r = 0, \pm 1, \pm 2, \ldots, \pm (T-1)\,.$$

Wir geben weitere Beispiele für w_r.

1. Das abgeschnittene Periodogramm

$$w_r = 1 - \frac{|r|}{T}; \quad r = 0, \pm 1, \pm 2, \ldots, \pm M < T-1;$$
$$= 0 \quad \text{falls } |r| > M\,.$$

Die Größen $c_{M+1}, \ldots, c_{T-1}$ gehen also nicht in die Schätzung ein.

2. Die Bartlett-Schätzung (Bartlett [1])

$$w_r = \begin{cases} 1 - \frac{|r|}{M}; & r = 0, \pm 1, \pm 2, \ldots, \pm M; \\ 0 \quad \text{für} & |r| > M\,. \end{cases}$$

3. Die modifizierte BARTLETT-Schätzung

$$w_r = \begin{cases} \left(1-\frac{|r|}{M}\right)\left(1-\frac{|r|}{T}\right) & \text{für} \quad |r| \leqq M\,, \\ 0 \quad \text{für} \quad |r| > M\,. \end{cases}$$

4. Die Rechteckschätzung (DANIELL)

$$w_r = \begin{cases} \frac{\sin br}{br}\left(1-\frac{|r|}{T}\right) & \text{für} \quad r = \pm 1, \ldots, \pm T-1 \\ 1 \quad \text{für} \quad r = 0\,. \end{cases}$$

Die hieraus resultierende Größe $\hat{f}_T(\lambda)$ ist eine Schätzung für den Mittelwert

$$\frac{1}{2b} \int\limits_{\lambda-b}^{\lambda+b} f(\lambda)\, d\lambda\,.$$

5. Die BLACKMAN-TUKEY-Schätzung (BLACKMAN, TUKEY [1])

$$w_r = \begin{cases} \left(1-2a+2a\cos\frac{\pi r}{M}\right)\left(1-\frac{|r|}{T}\right) & \text{für} \quad |r| \leqq M\,, \\ 0 \quad \text{sonst}; \quad 0 \leqq a \leqq 1/4\,. \end{cases}$$

Als Spezialfälle ergeben sich
a) für $a = 1/4$ die HANNING-Schätzung und
b) für $a = 0{,}23$ die HAMMING-Schätzung.

6. Die PARZEN-Schätzungen

a) $$w_r = \begin{cases} \left(1-\frac{r^2}{M^2}\right)\left(1-\frac{|r|}{T}\right), & |r| \leqq M\,, \\ 0 \quad \text{sonst} \quad (\text{PARZEN [1]})\,. \end{cases}$$

b) $$w_r = \begin{cases} (1-6r^2/M^2+6|r|^3/M^3)\left(1-\frac{|r|}{T}\right) & \text{für} \quad |r| \leqq M\,, \\ 0 \quad \text{sonst} \quad (\text{PARZEN [2]})\,. \end{cases}$$

Unter welchen Bedingungen sind nun die aufgeführten Schätzungen der Gestalt (7.7.5) konsistent?

Alle angegebenen Gewichte w_r hängen von T und einer gewissen Zahl $M \leqq T-1$ in folgender Weise ab:

$$w_r = w_r^{(T)} = w\left(\frac{|r|}{M}\right) = w_{-r}, \quad \frac{|r|}{M} \leqq 1\,. \tag{7.7.6}$$

Es lassen sich leicht die folgenden Bedingungen nachprüfen:

$$w(0) = 1\,, \tag{7.7.7}$$

$$|w(x)| \leqq 1, \quad \text{falls} \quad |x| \leqq 1\,. \tag{7.7.8}$$

Es ist weiterhin ersichtlich, daß man mit wachsendem T auch die Anzahl M der in die Spektralschätzung eingehenden Stichprobenkovarianzen erhöhen kann, M also von T abhängig ist:

$$M = M(T)\,. \tag{7.7.9}$$

Satz 7.4: (PARZEN [2]). *Unter den Voraussetzungen von Satz 7.3. und den Bedingungen*

$$\lim_{T\to\infty} M(T) = \infty, \quad \lim_{T\to\infty} T^{-1}M(T) = 0\,,$$

$$w(x) = w(-x), \quad \int_{-1}^{+1} w^2(x)\mathrm{d}x < \infty\,, \quad \sum_{r=-\infty}^{\infty} |k(r)| < \infty\,,$$

(7.7.7) *und* (7.8.8) *gelten die Beziehungen*

$$\lim_{T\to\infty} \mathsf{E}\hat{f}_T(\lambda) = f(\lambda) \tag{7.7.10}$$

und

$$\lim_{T\to\infty} \mathsf{E}\,(\hat{f}_T(\lambda) - \mathsf{E}\hat{f}_T(\lambda))^2 = 0\,. \tag{7.7.11}$$

Aus den Beziehungen (7.7.10) und (7.7.11) folgt die Konsistenz der durch (7.7.5) gegebenen Schätzungen [s. Satz A43)

$$\operatorname*{plim}_{T\to\infty} \hat{f}_T(\lambda) = f(\lambda)\,.$$

Die Schätzung $\hat{f}_T^*(\lambda)$ besitzt die gleichen asymptotischen Eigenschaften wie $\hat{f}_T(\lambda)$.

7.8. Schätzung der Spektraldichte bei Zeitreihen mit Trend und ihre asymptotischen Eigenschaften

Wir betrachten nun wieder Zeitreihen

$$y_t = \sum_{i=0}^{p} \alpha_i \varphi_i(t) + u_t; \quad t = 1, \ldots, T\,,$$

mit „echtem Trend", wie sie in den Abschnitten 7.1. bzw. 7.2. vorgestellt wurden. Mit den Bezeichnungen

$$\boldsymbol{\alpha}' = (\alpha_0, \alpha_1, \ldots, \alpha_p)$$

und

$$\boldsymbol{\Phi}_t' = (\varphi_0(t), \varphi_1(t), \ldots, \varphi_p(t))$$

erhalten wir für u_t den Ausdruck

$$u_t = y_t - \boldsymbol{\alpha}'\boldsymbol{\Phi}_t\,.$$

Falls $\boldsymbol{\alpha}$ bekannt ist, können wir die Spektraldichte von u_t durch eine Statistik der Gestalt $\hat{f}_T(\lambda)$ schätzen. Es wird nämlich nur y_t durch $(y_t - \boldsymbol{\alpha}'\boldsymbol{\Phi}_t)$ ersetzt. Anderenfalls substituieren wir für $\boldsymbol{\alpha}$ die KQS

$$\hat{\boldsymbol{\alpha}} = (\boldsymbol{\Phi}'\boldsymbol{\Phi})^{-1}\,\boldsymbol{\Phi}'\boldsymbol{y} \quad \text{(vgl. Abschnitt 7.2.)}\,.$$

Eine Schätzung für die Kovarianzfunktion von u_t ist dann

$$\tilde{c}_r^* = \frac{1}{T-r} \sum_{t=1}^{T-r} (y_t - \hat{\boldsymbol{\alpha}}'\boldsymbol{\Phi}_t)\,(y_{t+r} - \hat{\boldsymbol{\alpha}}'\boldsymbol{\Phi}_{t+r}) = \tilde{c}_{-r}^*;$$

$$r = 0, \pm 1, \ldots, \pm T-1\,.$$

In Anlehnung an Abschnitt 7.7. betrachten wir die Schätzungen

$$\tilde{f}_T^*(\lambda) = \frac{1}{2\pi} \sum_{r=-(T-1)}^{T-1} w_r \tilde{c}_r^* \cos \lambda r \tag{7.8.1}$$

bei unbekanntem $\boldsymbol{\alpha}$ und

$$\tilde{f}_T(\lambda) = \frac{1}{2\pi} \sum_{r=-(T-1)}^{T-1} w_r \tilde{c}_r \cos \lambda r \tag{7.8.2}$$

bei bekanntem $\boldsymbol{\alpha}$, wobei

$$\tilde{c}_r = \frac{1}{T-r} \sum_{t=1}^{T-r} (y_t - \boldsymbol{\alpha}'\boldsymbol{\Phi}_t)(y_{t+r} - \boldsymbol{\alpha}'\boldsymbol{\Phi}_{t+r})$$

ist. Da nun aber unter den Voraussetzungen von Satz 7.4. (vgl. HANNAN (1958)):

$$\operatorname{plim} \sqrt{\frac{T}{M(T)}} \left(\tilde{f}_T^*(\lambda) - \tilde{f}_T(\lambda)\right) = 0 \tag{7.8.3}$$

gilt und für die Schätzung $\tilde{f}_T(\lambda)$ die Aussagen von Satz 7.4. zutreffen, ist auch $\tilde{f}_T^*(\lambda)$ eine für $f(\lambda)$ konsistente Schätzung. Unter den Voraussetzungen des Satzes 7.4. genügt $\tilde{f}_T^*(\lambda)$ nämlich den folgenden Bedingungen (HANNAN [1]):

$$\lim_{T\to\infty} \frac{T}{M(T)} \mathsf{E}\left(\tilde{f}_T^*(\lambda) - \mathsf{E}\tilde{f}_T^*(\lambda)\right)^2 = \sigma^2(\lambda) \tag{7.8.4}$$

$$= \begin{cases} 2f^2(\lambda) \int_{-1}^{+1} w^2(x)\mathrm{d}x; & \lambda = 0, \pm\pi \\ f^2(\lambda) \int_{-1}^{+1} w^2(x)\,\mathrm{d}x; & \lambda \neq 0, \pm\pi, \end{cases}$$

$$\lim_{T\to\infty} \frac{T}{M(T)} \operatorname{cov}\left(\tilde{f}_T^*(\lambda), \tilde{f}_T^*(\nu)\right) = 0 \quad \text{für} \quad \lambda \neq \nu, \tag{7.8.5}$$

$$\sqrt{\frac{T}{M(T)}} \left(\tilde{f}_T^*(\lambda) - f(\lambda)\right) \underset{T\to\infty}{\longrightarrow} N(0, \sigma^2(\lambda)). \tag{7.8.6}$$

Die letzte Beziehung wird zur Konstruktion von Vertrauensintervallen in folgender Weise ausgenutzt:

$$\tilde{f}_T^*(\lambda) - \frac{z_{\alpha/2}\sigma(\lambda)}{\sqrt{\frac{T}{M(t)}}} \leq f(\lambda) \leq \tilde{f}_T^*(\lambda) + \frac{z_{\alpha/2}\sigma(\lambda)}{\sqrt{\frac{T}{M(T)}}}.$$

$Z_{\alpha/2}$ wird hierbei aus der Beziehung

$$\frac{1}{\sqrt{2\pi}} \int_0^{z_{\alpha/2}} \mathrm{e}^{-\frac{x^2}{2}} \mathrm{d}x = \alpha/2$$

bestimmt (Tafel der standardisierten Normalverteilung).

Das Intervall

$$\left(\hat{f}_T^*(\lambda) - \frac{\sigma(\lambda)\, z_{\alpha/2}}{\sqrt{\dfrac{T}{M(T)}}},\ \hat{f}_T^*(\lambda) + \frac{\sigma(\lambda)\, z_{\alpha/2}}{\sqrt{\dfrac{T}{M(T)}}}\right)$$

überdeckt den wahren aber unbekannten Wert der Spektraldichte $f(\lambda)$ mit der Wahrscheinlichkeit α.

7.9. Ein Beispiel

Strohe [1] hat für verschiedene Betriebe der DDR spektralanalytische Untersuchungen über die Warenproduktion durchgeführt. Es wurden Beobachtungen eines Jahres ausgewertet. Die Daten wurden zunächst dadurch ergänzt, daß für Sonnabende und Sonntage Mittelwerte eingesetzt wurden. Danach wurde ein linearer Trend subtrahiert. Aus den so gewonnenen Schätzungen der Residuen wurde dann mittels der (Tukey)-Hanning-Schätzung die *Spektraldichte* geschätzt (s. 7.7).

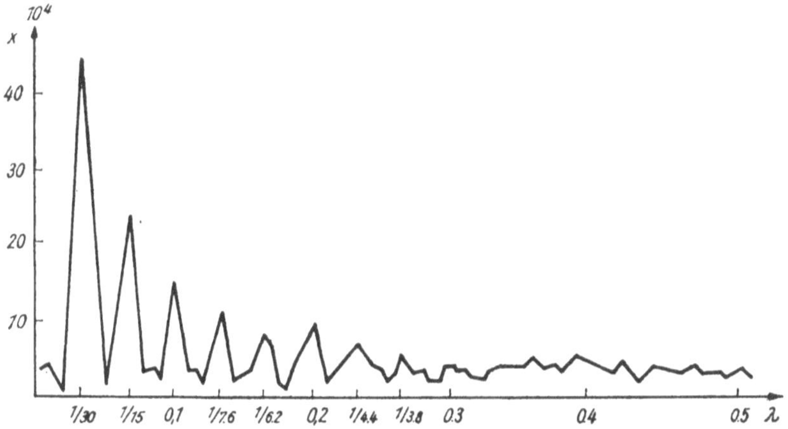

Abb. 7.2. Geschätzte Spektraldichte der Warenproduktion eines Produktionsbetriebes der DDR

Es ist deutlich eine Spitze bei $\lambda = 1/30$ zu erkennen, d. h., ein periodischer Vorgang, der sich über 30 Tage erstreckt. Ebenso sind 15-Tagesperioden, 10-Tagesperioden und wöchentliche Perioden deutlich ablesbar.

7.10. Über die Glättung von Zeitreihen

Wir haben bisher Methoden kennengelernt, die den deterministischen Teil, den Trend, einer Zeitreihe bestimmen und dadurch die Schätzung des zufälligen Teils, des Fehlers u_t, der Zeitreihe ermöglichen. Neben den bisher behandelten Methoden, die im Prinzip auf der Theorie der linearen Regression beruhen, gibt es noch das einfachere Verfahren der gleitenden Mittel. Man geht dabei von dem Zeitreihenmodell

$$y_t = m(t) + p(t) + u_t \quad (t = 1, \ldots, T)$$

aus. Hierbei ist $m(t)$ die sogenannte *glatte Komponente* oder der langfristige Trend und $p(t)$ die sogenannte *Saisonkomponente*. Bei unseren bisherigen Betrachtungen waren beide Teile zur Trendfunktion zusammengefaßt. Die Saisenkomponente erfüllt die Beziehung

$$p\,(t + P) = p(t)\,, \tag{7.10.1}$$

wobei P die Länge einer „Saison" ist. Bei ökonomischen Zeitreihen, die aus Monatswerten bestehen, gilt im allgemeinen $P = 12$.

Durch geeignete Mittelwertbildung möchte man die Zeitreihe y_t in ihre Komponenten zerlegen. Wir nehmen an, daß die Zeitreihe über r Perioden der Länge P beobachtet wurde:

$$y_{ij} = m(t_{ij}) + p_j + u_{ij} \quad (i = 1, \ldots, r;\ j = 1, \ldots, P)\,.$$

Man setzt in diesem Modell die Normierung

$$\sum_{j=1}^{P} p_j = 0 \tag{7.10.2}$$

voraus. Wegen (7.10.1) gilt offensichtlich die Beziehung

$$p(t_{ij}) = p(t_{1j}) = p_j\,.$$

Die Reihe der *gleitenden Durchschnitte* ist dann

$$\tilde{y}_t = \frac{1}{2k+1} \sum_{j=-k}^{k} y_{t+j}, \quad k + 1 \leqq t \leqq T - k\,.$$

Dies ist eine neue Zeitreihe. Wenn $P = 2k + 1$ ist, so ist wegen (7.10.2) die Saisonkomponente ausgeschaltet. Die Reihe $\tilde{y}_t$ heißt saisonbereinigt. Falls $P = 2k$ gilt, so verwendet man die etwas abgeänderte Form

$$\tilde{y}_t = \frac{1}{2k} \left\{ \sum_{j=-k}^{k} y_{t+j} - \frac{y_{t-k} + y_{t+k}}{2} \right\}.$$

Dies wird zum Beispiel bei Wirtschaftsreihen mit $P = 12$ vorgenommen (*gleitender* 12-*Monate-Durchschnitt*). Ein linearer Trend bleibt bei dieser Art der Mittelung unverändert. Die Saisonkomponente läßt sich aber durch gleitende Mittel nur ausschalten, wenn $P = 2k$ bzw. $P = 2k + 1$ bekannt ist. Die geglättete Zeitreihe $\tilde{y}_t$ besitzt $2k$ Werte weniger als die Zeitreihe y_t, denn jeweils am Ende und am Anfang gehen k Werte verloren.

Die allgemeine Gestalt eines *gleitenden Durchschnitts* ist

$$\tilde{y}_t = \sum_{j=-k}^{k} w_j y_{t+j}; \quad \sum w_j = 1\,.$$

Die Gewichte w_j werden nach folgenden Aspekten berechnet:

a) Wenn in der Zeitreihe y_t die Trendfunktion ein Polynom vom Grade $p < 2k+1$ ist, so besitzt auch die Zeitreihe $\tilde{y}_t$ einen Polynomialtrend vom Grade p.

b) Für eine Zeitreihe $y_t = m(t) + p(t) + u_t$ wird

$$D^2(\tilde{y}_t) = \sum_{j=-k}^{k} \sum_{l=-k}^{k} w_j w_l k\,(j-l)$$

minimal.

Falls u_t und $u_{t'}$ für $t \neq t'$ unkorreliert sind, sind diese Gewichte tabelliert (Kendall, Stuart [1]). Für $k=2$, $p=3$ ergibt sich zum Beispiel

$$\tilde{y}_t = \frac{1}{35}\{-3y_{t-2} + 12y_{t-1} + 17y_t + 12y_{t+1} - 3y_{t-2}\}\,.$$

Man erhält diese Mittel auch, indem man durch die Zeitreihenwerte y_{t+j} $(-k \leqq j \leqq k)$ nach der Methode der kleinsten Quadrate ein Polynom

$$(\beta_0 + \beta_1 j + \ldots + \beta_p j^p)$$

die Ordnung p legt. Es gilt dann

$$\tilde{y}_t = \beta_0\,.$$

Die Berechnung gleitender Mittel liefert also geglättete Zeitreihen (Ausschaltung der Saisonkomponente). *Die Differenz zwischen Originalwerten und gleitenden Mitteln liefert dann näherungsweise die Saisonkomponente.* Vom rechnerischen Aufwand her ist die Berechnung gleitender Mittel sehr effektiv. Es gibt jedoch schwerwiegende inhaltliche Einwände gegen ihren universellen Gebrauch. Eine ansprechende Saisonbereinigung ist nur dann möglich, wenn die Periodenlänge bekannt ist. Es ist weiterhin bekannt (s. Grenander [1]), daß durch die Bildung gleitender Mittel die Kovarianzeigenschaften der Zeitreihe verändert werden. Es kann vorkommen, daß in der resultierenden Zeitreihe neue Spitzen im Spektrum auftreten und vorher vorhanden gewesene verschwinden.

8. Simultane Gleichungssysteme – Das allgemeine ökonometrische Modell

8.1. Einführung

Bis jetzt haben wir einzelne funktionelle Beziehungen geschätzt, in denen eine abhängige und eine oder mehrere unabhängige (vorherbestimmte) Variablen auftreten. Vor allem in ökonomischen Modellen können aber mehrere funktionelle Abhängigkeiten gleichzeitig vorliegen, zwischen denen wiederum Bindungen bestehen. Wir betrachten dazu das folgende Beispiel.

Es sei Y_i $(i=1, \ldots, 15)$ die Konsumtion im Bezirk „i" der DDR. Wir nehmen an, daß Y_i $(i=1, \ldots, 15)$ vom durchschnittlichen Einkommen X_i $(i=1, \ldots, 15)$ im Bezirk „i" abhängt:

$$Y_i = \alpha_{0i} + \alpha_{1i} X_i + u_i, \quad (i=1, \ldots, 15).$$

Man könnte nun jede der 15 Konsumtionsgleichungen separat schätzen, würde dabei aber vernachlässigen, daß zwischen den Konsumtionen ebenfalls Abhängigkeiten vorliegen. Denn es gilt zumindest noch die Beziehung

$$Y = Y_1 + Y_2 + \ldots + Y_{15},$$

wobei Y die Konsumtion im gesamten Gebiet der DDR bezeichnet. Wir werden im weiteren Verlauf dieses Kapitels Schätzmethoden beschreiben, die die Relationen zwischen den abhängigen Variablen mehrerer funktioneller Beziehungen berücksichtigen. Die gewöhnliche KQS ist für solche Modelle im allgemeinen nicht konsistent. Wir untersuchen dazu das KEYNESsche Modell, das zwar aus der Sicht der Ökonomen umstritten ist, andererseits aber die mathematische Problemstellung besonders anschaulich klären hilft. Es wird angenommen, daß

$$C = \alpha + \beta Y \tag{8.1.1}$$

und

$$Y = C + I \tag{8.1.2}$$

gilt. Dabei sind C die Konsumtion, Y das Einkommen und I die Investitionen. Die erste Gleichung beschreibt das Verhalten des Verbrauchers, und die zweite Gleichung stellt eine Gleichgewichtsbedingung dar. Die Investitionen werden als vorherbestimmt betrachtet. C und Y sind voneinander und von I abhängig. Die statistische Formulierung dieses Modells lautet

$$C_t = \alpha + \beta Y_t + u_{1t}, \tag{8.1.3}$$

$$Y_t = C_t + I_t; \tag{8.1.4}$$

$$t = 1, 2, \ldots, T; \quad \mathsf{E}u_{1t} = 0, \quad \mathsf{E}u_{1t}^2 = \sigma^2; \quad \mathsf{E}u_{1s}u_{1t} = 0 \quad \text{für} \quad s \neq t.$$

u_{1t} ist hierbei die übliche Fehlervariable im Zeitpunkt t. I_t sei vorherbestimmt. Das führt zu der zusätzlichen Modellannahme

$$\mathsf{E} I_t u_{1s} = 0 \quad (s, t = 1, \ldots, T) .$$

Die explizite Abhängigkeit der Größen Y_t und C_t von I_t hat die folgende Gestalt:

$$C_t = \frac{\alpha}{1-\beta} + \frac{\beta}{1-\beta} I_t + \frac{1}{1-\beta} u_{1t} , \tag{8.1.5}$$

$$Y_t = \frac{\alpha}{1-\beta} + \frac{1}{1-\beta} I_t + \frac{1}{1-\beta} u_{1t} . \tag{8.1.6}$$

Es gilt also

$$\begin{aligned} \mathsf{E} Y_t u_{1t} &= \frac{\alpha}{1-\beta} \mathsf{E} u_{1t} + \frac{\beta}{1-\beta} \mathsf{E} I_t u_{1t} + \frac{1}{1-\beta} \mathsf{E} u_{1t}^2 \\ &= \frac{\sigma^2}{1-\beta} . \end{aligned}$$

Die KQS $\hat{\beta}$ von β aus dem Regressionsansatz (8.1.3) lautet

$$\hat{\beta} = \frac{\sum_{t=1}^{T} C_t (Y_t - \bar{Y})}{\sum_{t=1}^{T} (Y_t - \bar{Y})^2} ; \qquad \bar{Y} = \frac{1}{T} \sum Y_t .$$

Wir bringen zunächst $\hat{\beta}$ in eine etwas andere Form:

$$\begin{aligned} \hat{\beta} &= \frac{\sum_t (\alpha + \beta Y_t + u_{1t})(Y_t - \bar{Y})}{\sum_t (Y_t - \bar{Y})^2} \\ &= \frac{\alpha \sum_t (Y_t - \bar{Y}) + \beta \sum_t Y_t (Y_t - \bar{Y}) + \sum_t u_{1t} (Y_t - \bar{Y})}{\sum_t (Y_t - \bar{Y})^2} \\ &= \beta + \frac{\frac{1}{T} \sum_t u_{1t} (Y_t - \bar{Y})}{\frac{1}{T} \sum_t (Y_t - \bar{Y})^2} = \beta + \frac{S_T}{Q_T} . \end{aligned}$$

Unter schwachen Voraussetzungen gelten nun die Beziehungen

$$\operatorname{plim} S_T = \mathsf{E} u_{1t} Y_t = \frac{\sigma^2}{1-\beta}$$

und

$$\operatorname{plim} Q_T = \mathsf{E} (Y_t - \mathsf{E} Y_t)^2 = \sigma_y^2 .$$

Für den stoachastischen Grenzwert von $\hat{\beta}$ ergibt sich also die Formel

$$\text{plim}\,\hat{\beta} = \beta + \frac{\sigma^2}{(1-\beta)\,\sigma_Y^2}\,.$$

Es muß offensichtlich gelten: $0 < \beta < 1$. Andererseits würde das Einkommen keinen Einfluß auf C_t haben oder, falls $\beta < 0$ wäre, würde ein wachsendes Einkommen die Konsumtion negativ beeinflussen. Der Fall $\beta \geqq 1$ kann aus dem Grund ausgeschlosen werden, daß man nicht mehr konsumieren kann als man über Einkommen verfügt und daß ein gewisser Teil des Einkommens für Spareinlagen verwendet wird. Demzufolge genügt der stochastische Grenzwert der KQS $\hat{\beta}$ der Ungleichung:

$$\text{plim}\,\hat{\beta} > \beta\,;$$

$\hat{\beta}$ ist also nicht konsistent.

Wir werden deshalb in diesem Kapitel zwei weitere Schätzverfahren beschreiben, die indirekte KQS und die zweistufige KQS, die konsistent sind. Bevor wir aber zur allgemeinen Beschreibung ökonometrischer Strukturen übergehen, formulieren wir das KEYNESsche Modell etwas anders:

$$\begin{aligned} &\gamma_{11} Y_t + \gamma_{21} C_t + \beta_{11} \mathbf{1}_t + \beta_{21} I_t + u_{1t} = 0 \\ &\gamma_{12} Y_t + \gamma_{22} C_t + \beta_{12} \mathbf{1}_t + \beta_{22} I_t + u_{2t} = 0; \\ &(t = 1, \ldots, T). \end{aligned}$$

Zwischen der ursprünglichen und dieser Darstellung bestehen die folgenden Korrespondenzen:

$$\begin{aligned} &\gamma_{11} = \beta, \quad \gamma_{21} = -1, \quad \beta_{11} = \alpha, \quad \beta_{21} = 0, \quad \mathbf{1}_t \equiv 1 \\ &\gamma_{12} = 1, \quad \gamma_{22} = -1, \quad \beta_{12} = 0, \quad \beta_{22} = -1, \quad u_{2t} = 0. \end{aligned}$$

In Matrizenschreibweise ergibt sich hieraus das Gleichungssystem

$$\begin{aligned} &(Y_t, C_t)\,\boldsymbol{\Gamma} + (\mathbf{1}_t, I_t)\,\boldsymbol{B} + \boldsymbol{u}_t' = 0, \\ &\boldsymbol{u}_t' = (u_{1t}, u_{2t}), \quad \boldsymbol{\Gamma} = (\gamma_{ij}), \quad i, j = 1, 2, \\ &\boldsymbol{B} = (\beta_{ij}), \quad i, j = 1, 2, \quad t = 1, \ldots, T\,. \end{aligned}$$

Die Größen Y_t und C_t sind, wie schon bemerkt wurde, abhängige Variablen. I_t und die „Variable“ $\mathbf{1}_t$ sind unabhängig oder vorherbestimmt. Im nächsten Abschnitt werden wir dieses Modell verallgemeinern.

8.2. Das allgemeine simultane Gleichungssystem

Wir verallgemeinern nun das im vorigen Abschnitt behandelte Modell. Es sei

$$\boldsymbol{Y}_t'\boldsymbol{\Gamma} + \boldsymbol{X}_t'\boldsymbol{B} + \boldsymbol{u}_t' = 0 \quad (t = 1, 2, \ldots, T) \tag{8.2.1}$$

eine strukturelle Beziehung, in der die einzelnen Größen die folgenden Bedeutungen haben. $\boldsymbol{Y}_t' = (Y_{1t}, Y_{2t}, \ldots, Y_{Mt})$ ist eine Beobachtung des Vektors der *endogenen Variablen* zum Zeitpunkt t. $\boldsymbol{X}'_t = (X_{1t}, X_{2t}, \ldots, X_{Kt})$ ist eine Beobachtung des Vektors der *prädeterminierten* (*exogenen*) *Variablen* zum Zeitpunkt t.

Das Element γ_{ij} $(i=1, \ldots, M; j=1, \ldots, M)$ der Matrix $\boldsymbol{\Gamma}$ ist der Koeffizient der i-ten *endogenen* Variablen Y_{it} in der j-ten *Strukturgleichung*. Das Element β_{km} $(k=1, \ldots, K; m=1, \ldots, M)$ der Matrix $\boldsymbol{B}$ ist der Koeffizient der k-ten *prädeterminierten* Variablen X_{kt} in der m-ten *Strukturgleichung*. Schließlich ist $\boldsymbol{u}'_t = (u_{1t}, \ldots, u_{Mt})$ der Vektor der Beobachtungsfehler in den M Strukturgleichungen zum Zeitpunkt t. Zur Illustration schreiben wir die Beziehung (6.2.1) noch einmal ausführlicher auf

$$\begin{aligned}
&Y_{1t}\gamma_{11} + Y_{2t}\gamma_{21} + \ldots + Y_{Mt}\gamma_{M1} + X_{1t}\beta_{11} + X_{2t}\beta_{21} + \ldots + X_{Kt}\beta_{K1} + u_{1t} = 0 \\
&Y_{1t}\gamma_{12} + Y_{2t}\gamma_{22} + \ldots + Y_{Mt}\gamma_{M2} + X_{1t}\beta_{12} + X_{2t}\beta_{22} + \ldots \\
&\qquad\qquad\qquad\qquad + X_{Kt}\beta_{K2} + u_{2t} = 0 \qquad\qquad (8.2.2) \\
&\qquad\qquad\qquad\qquad \vdots \\
&Y_{1t}\gamma_{1M} + Y_{2t}\gamma_{2M} + \ldots + Y_{Mt}\gamma_{MM} + X_{1t}\beta_{1M} + X_{2t}\beta_{2M} + \ldots + \\
&\qquad\qquad\qquad\qquad + X_{Kt}\beta_{KM} + u_{Mt} = 0 \\
&(t = 1, 2, \ldots, T) .
\end{aligned}$$

Mit den Beziehungen

$$\boldsymbol{Y} = \begin{pmatrix} \boldsymbol{Y}'_1 \\ \vdots \\ \boldsymbol{Y}'_T \end{pmatrix}, \quad \boldsymbol{X} = \begin{pmatrix} \boldsymbol{X}'_1 \\ \vdots \\ \boldsymbol{X}'_T \end{pmatrix} \quad \text{und} \quad \boldsymbol{U} = \begin{pmatrix} \boldsymbol{u}'_1 \\ \vdots \\ \boldsymbol{u}'_T \end{pmatrix}$$

erhält das System (8.2.1) die Gestalt

$$\boldsymbol{Y\Gamma} + \boldsymbol{XB} + \boldsymbol{U} = \boldsymbol{0} . \qquad (8.2.3)$$

Die Hauptanwendung dieses Modells besteht in der Vorhersage von $\boldsymbol{Y}_{T+\tau}$ auf der Grundlage der Kenntnis der prädeterminierten Variablen $\boldsymbol{X}_{T+\tau}$ und der Matrizen $\boldsymbol{\Gamma}$ und $\boldsymbol{B}$. Der zufällige Fehler $\boldsymbol{u}_{T+\tau}$ wird hierbei ignoriert. Um das Gleichungssystem

$$\boldsymbol{Y}'_{T+\tau}\boldsymbol{\Gamma} + \boldsymbol{X}'_{T+\tau}\boldsymbol{B} = \boldsymbol{0}$$

nach $\boldsymbol{Y}_{T+\tau}$ auflösen zu können, müssen wir offensichtlich voraussetzen, daß

$$\boldsymbol{\Gamma}^{-1} \text{ existiert.} \qquad (8.2.4)$$

Die Matrizen $\boldsymbol{\Gamma}$ und $\boldsymbol{B}$ werden im allgemeinen bis auf wenige Koeffizienten unbekannt sein. Die Schätzung der Matrizen $\boldsymbol{B}$ und $\boldsymbol{\Gamma}$ ist das Hauptanliegen dieses Abschnittes. Um sinnvolle Schätzungen konstruieren zu können, sind weitere Annahmen erforderlich

$$\mathsf{E}\boldsymbol{u}_t = \boldsymbol{0} \quad (t = 1, \ldots, T) . \qquad (8.2.5)$$

$$\mathsf{E}\boldsymbol{u}_t\boldsymbol{u}'_t = \boldsymbol{\Sigma} \quad (t = 1, \ldots, T) . \qquad (8.2.6)$$

$$\boldsymbol{\Sigma} \text{ ist positiv definit.} \qquad (8.2.7)$$

$$\mathsf{E}\boldsymbol{u}_t\boldsymbol{u}_\tau' = \boldsymbol{0} \quad \text{für} \quad t \neq \tau\,. \tag{8.2.8}$$

$$\operatorname{plim} T^{-1}\boldsymbol{X}'\boldsymbol{X} = \boldsymbol{\Sigma}_{\boldsymbol{XX}} = (\sigma_{ij})_{i,j=1,\ldots,K}\,.$$

$$\text{Rang}\ \boldsymbol{X} = K. \tag{8.2.9}$$

$$\sigma_{ij} = \mathsf{E}X_{it}X_{jt}\,.$$

$$\boldsymbol{\Sigma}_{\boldsymbol{XX}} \text{ ist positiv definit.} \tag{8.2.10}$$

$$\mathsf{E}\boldsymbol{X}_t\boldsymbol{u}_t' = \boldsymbol{0}\,. \tag{8.2.11}$$

$$\operatorname{plim} T^{-1}\boldsymbol{X}'\boldsymbol{u} = \boldsymbol{0}\,. \tag{8.2.12}$$

Die Voraussetzungen (8.2.5)–(8.2.8) bedürfen keiner weiteren Erläuterung, denn sie sind für Beobachtungsfehler in dieser oder einer ähnlichen Form üblich. Die Bedingung (8.2.9) besagt, daß wir $\{\boldsymbol{X}_t;\, t=1, \ldots, T\}$ als einen mehrdimensionalen stationären Prozeß auffassen können, denn insbesondere hängen die Momente 2. Ordnung σ_{ij} nicht von t ab. Des weiteren wird angenommen, daß die Abhängigkeiten zwischen $\boldsymbol{X}_t$ und $\boldsymbol{X}_\tau$, $t \neq \tau$, so gering sind, daß für die Stichprobenmomente 2. Ordnung das *schwache Gesetz der großen Zahlen* gültig ist. Die Annahmen (8.2.11) und (8.2.12) drücken aus, daß die prädeterminierten Variablen und die Beobachtungsfehler unkorreliert sind und daß die Stichprobenkovarianzen dieser Variablen dem *schwachen Gesetz der großen Zahlen* genügen.

Definition: *Eine Struktur*

$$\boldsymbol{Y\Gamma} + \boldsymbol{XB} + \boldsymbol{U} = \boldsymbol{0},$$

deren Bestandteile die Bedingungen (8.2.4)–(8.2.12) *erfüllen, heißt lineares simultanes Gleichungssystem.*

8.3. Die reduzierte Form

Die Struktur (8.2.3),

$$\boldsymbol{Y\Gamma} + \boldsymbol{XB} + \boldsymbol{U} = \boldsymbol{0},$$

enthält alle Wechselwirkungen zwischen den endogenen Variablen unter sich und zwischen den endogenen und den prädeterminierten Variablen. Die explizite Abhängigkeit der endogenen von den prädeterminierten Variablen können wir wegen der Annahme (8.2.4) durch die Beziehung

$$\boldsymbol{Y} = \boldsymbol{X\Pi} + \boldsymbol{V} \tag{8.3.1}$$

ausdrücken, wobei die folgenden Bezeichnungen verwendet wurden:

$$\boldsymbol{\Pi} = -\boldsymbol{B\Gamma}^{-1}, \tag{8.3.2}$$

$$\boldsymbol{V} = -\boldsymbol{U\Gamma}^{-1}. \tag{8.3.3}$$

Die Struktur (8.3.1) heißt *reduzierte Form des linearen simultanen Gleichungssystems* (8.2.3).

Die Beziehung (8.3.1) läßt sich auch in der Form

$$\boldsymbol{Y}_i = \boldsymbol{X\Pi}_i + \boldsymbol{V}_i \quad (i=1, \ldots, M) \tag{8.3.4}$$

darstellen. $\boldsymbol{Y}_i$ ist hierbei die i-te Spalte der Matrix $\boldsymbol{Y}$, $\boldsymbol{\Pi}_i$ die i-te Spalte der Matrix $\boldsymbol{\Pi}$ und $\boldsymbol{V}_i$ die i-te Spalte der Matrix $\boldsymbol{V}$:

$$\boldsymbol{Y}_i = \begin{pmatrix} Y_{i1} \\ \vdots \\ Y_{iT} \end{pmatrix}; \quad \boldsymbol{\Pi}_i = \begin{pmatrix} \pi_{1i} \\ \vdots \\ \pi_{Ki} \end{pmatrix}; \quad \boldsymbol{V}_i = \begin{pmatrix} V_{i1} \\ \vdots \\ V_{iT} \end{pmatrix}. \tag{8.3.5}$$

Wir untersuchen nun die Eigenschaften der Größen der reduzierten Form. Es ergibt sich mit der Bezeichnung $\boldsymbol{V}_t' = (V_{1t}, \ldots, V_{Mt})$ und unter Berücksichtigung von (8.3.3) die Identität:

$$\boldsymbol{V}_t' = -\boldsymbol{U}_t'\boldsymbol{\Gamma}^{-1}.$$

Hieraus und aus den Annahmen (8.2.4)–(8.2.12) erhalten wir nun die Relationen

$$\mathsf{E}\boldsymbol{V}_t = \mathsf{E}(-\boldsymbol{\Gamma}^{-1\prime}\boldsymbol{U}_t) = -\boldsymbol{\Gamma}^{-1\prime}\mathsf{E}\boldsymbol{U}_t = \boldsymbol{0}, \tag{8.3.6}$$

$$\mathsf{E}\boldsymbol{V}_t\boldsymbol{V}_t' = \mathsf{E}(\boldsymbol{\Gamma}^{-1\prime}\boldsymbol{U}_t\boldsymbol{U}_t'\boldsymbol{\Gamma}^{-1}) = \boldsymbol{\Gamma}^{-1\prime}\mathsf{E}\boldsymbol{U}_t\boldsymbol{U}_t'\boldsymbol{\Gamma}^{-1} = \boldsymbol{\Gamma}^{-1\prime}\boldsymbol{\Sigma}\boldsymbol{\Gamma}^{-1} = \boldsymbol{\Omega}, \tag{8.3.7}$$

$$\boldsymbol{\Omega} \text{ ist positiv definit,} \tag{8.3.8}$$

$$\mathsf{E}\boldsymbol{V}_t\boldsymbol{V}_\tau' = \boldsymbol{\Gamma}^{-1\prime}\mathsf{E}\boldsymbol{U}_t\boldsymbol{U}_\tau'\boldsymbol{\Gamma}^{-1} = \boldsymbol{0} \quad \text{für} \quad t \neq \tau, \tag{8.3.9}$$

$$\mathsf{E}\boldsymbol{V}_t\boldsymbol{X}_t' = \mathsf{E}(-\boldsymbol{\Gamma}^{-1\prime}\boldsymbol{U}_t\boldsymbol{X}_t') = -\boldsymbol{\Gamma}^{-1\prime}\mathsf{E}\boldsymbol{U}_t\boldsymbol{X}_t' = \boldsymbol{0} \tag{8.3.10}$$

und

$$\operatorname{plim} T^{-1}\boldsymbol{X}'\boldsymbol{V} = \operatorname{plim} T^{-1}\boldsymbol{X}'\boldsymbol{U}\boldsymbol{\Gamma}^{-1} = (\operatorname{plim} T^{-1}\boldsymbol{X}'\boldsymbol{U})\boldsymbol{\Gamma}^{-1} = \boldsymbol{0}. \tag{8.3.11}$$

Es ergibt sich daraus insbesondere, daß (8.3.4) für jedes i ein lineares Regressionsmodell mit der stochastischen Regressorenmatrix $\boldsymbol{X}$ ist und daß $\boldsymbol{X}$ und $\boldsymbol{V}_i$ unkorreliert sind. Wir betrachten nun die KQS für $\boldsymbol{\Pi}_i$:

$$\hat{\boldsymbol{\Pi}}_i = (\boldsymbol{X}'\boldsymbol{X})^{-1}\boldsymbol{X}'\boldsymbol{Y}_i.$$

Die Abweichung vom wahren Parameterwert $\boldsymbol{\Pi}_i$ beträgt

$$\hat{\boldsymbol{\Pi}}_i - \boldsymbol{\Pi}_i = (\boldsymbol{X}'\boldsymbol{X})^{-1}\boldsymbol{X}'(\boldsymbol{X\Pi}_i + \boldsymbol{Y}_i) - \boldsymbol{\Pi}_i = (\boldsymbol{X}'\boldsymbol{X})^{-1}\boldsymbol{X}'\boldsymbol{V}_i.$$

Für den stochastischen Grenzwert dieser Differenz ergibt sich durch Anwendung der Voraussetzungen (8.2.9) und (8.3.11) die Rechnung

$$\begin{aligned} \operatorname{plim}(\hat{\boldsymbol{\Pi}}_i - \boldsymbol{\Pi}_i) &= \operatorname{plim}(\boldsymbol{X}'\boldsymbol{X})^{-1}\boldsymbol{X}'\boldsymbol{V}_i \\ &= \operatorname{plim}(T^{-1}\boldsymbol{X}'\boldsymbol{X})^{-1} \cdot \operatorname{plim} T^{-1}\boldsymbol{X}'\boldsymbol{V}_i \\ &= \boldsymbol{\Sigma}_{XX}^{-1} \cdot \boldsymbol{0} = \boldsymbol{0}. \end{aligned} \tag{8.3.12}$$

Zusammenfassend ergibt sich also das Resultat, daß in einem linearen simultanen Gleichungssystem

$$\boldsymbol{Y\Gamma} + \boldsymbol{XB} + \boldsymbol{U} = \boldsymbol{0}$$

mit der reduzierten Form

$$\boldsymbol{Y} = \boldsymbol{X\Pi} + \boldsymbol{V} \ (\boldsymbol{\Pi} = -\boldsymbol{B\Gamma}^{-1}, \boldsymbol{V} = -\boldsymbol{U\Gamma}^{-1})$$

die KQS

$$\hat{\boldsymbol{\Pi}} = (\hat{\boldsymbol{\Pi}}_1, \hat{\boldsymbol{\Pi}}_2, \ldots, \hat{\boldsymbol{\Pi}}_M) = (\boldsymbol{X}'\boldsymbol{X})^{-1}\boldsymbol{X}'\boldsymbol{Y} \tag{8.3.13}$$

konsistent für $\boldsymbol{\Pi}$ *ist.*

In der Praxis interessiert man sich aber weniger für die Schätzung der Matrix $\boldsymbol{\Pi}$ als für die Schätzung der „echten" Strukturparameter $\boldsymbol{B}$ und $\boldsymbol{\Gamma}$, da man mit ihrer Hilfe sämtliche Wechselwirkungen zwischen den auftretenden Faktoren ermitteln kann. Die Schätzung von $\boldsymbol{\Pi}$ ist also nur dann sinnvoll, wenn die Gleichung

$$\hat{\boldsymbol{\Pi}} = -\boldsymbol{B}\boldsymbol{\Gamma}^{-1} \tag{8.3.14}$$

genau eine Lösung $(\hat{\boldsymbol{B}}, \hat{\boldsymbol{\Gamma}})$ besitzt. Dieser Sachverhalt liegt im allgemeinen nicht vor. Es seien nämlich

$$\boldsymbol{Y\Gamma} + \boldsymbol{XB} + \boldsymbol{U} = \boldsymbol{0}, \quad (\boldsymbol{\Sigma} := \boldsymbol{\Sigma}),$$

$$\boldsymbol{Y}\tilde{\boldsymbol{\Gamma}} + \boldsymbol{X}\tilde{\boldsymbol{B}} + \tilde{\boldsymbol{U}} = 0, \quad (\boldsymbol{\Sigma} := \tilde{\boldsymbol{\Sigma}}),$$

zwei lineare simultane Gleichungssysteme, die den Restriktionen

$$\tilde{\boldsymbol{\Gamma}} = \boldsymbol{\Gamma A}, \quad \tilde{\boldsymbol{B}} = \boldsymbol{BA} \quad \text{und} \quad \tilde{\boldsymbol{U}} = \boldsymbol{UA}$$

genügen, wobei $\boldsymbol{A}$ eine M-reihige quadratische nichtsinguläre Matrix ist. Es gilt dann:

$$\tilde{\boldsymbol{\Sigma}} = \boldsymbol{A}'\boldsymbol{\Sigma A},$$

$$\tilde{\boldsymbol{\Pi}} = -\tilde{\boldsymbol{B}}\tilde{\boldsymbol{\Gamma}}^{-1} = -\boldsymbol{BAA}^{-1}\boldsymbol{\Gamma}^{-1} = \boldsymbol{\Pi}$$

und

$$\begin{aligned}\tilde{\boldsymbol{\Omega}} &= \tilde{\boldsymbol{\Gamma}}'^{-1}\tilde{\boldsymbol{\Sigma}}\tilde{\boldsymbol{\Gamma}}^{-1} = (\boldsymbol{\Gamma A})'^{-1}\boldsymbol{A}'\boldsymbol{\Sigma A}(\boldsymbol{\Gamma A})^{-1}\\ &= \boldsymbol{\Gamma}'^{-1}\boldsymbol{A}'^{-1}\boldsymbol{A}'\boldsymbol{\Sigma A A}^{-1}\boldsymbol{\Gamma}^{-1}\\ &= \boldsymbol{\Gamma}'^{-1}\boldsymbol{\Sigma\Gamma}^{-1} = \boldsymbol{\Omega}.\end{aligned}$$

Das heißt aber: *Jede nichtsinguläre lineare Transformation eines linearen simultanen Gleichungssystems besitzt die gleiche reduzierte Form. Wenn umgekehrt zwei simultane lineare Gleichungssysteme die gleiche reduzierte Form haben, so ist das eine System eine nichtsinguläre lineare Transformation des anderen mit der Transformationsmatrix* $\boldsymbol{A} = \boldsymbol{\Gamma}^{-1}\tilde{\boldsymbol{\Gamma}}$.

Wir untersuchen nun, unter welchen Bedingungen das Gleichungssystem (8.3.14) eindeutig nach $\boldsymbol{B}$ und $\boldsymbol{\Gamma}$ auflösbar ist.

8.4. Identifikation

Im vorigen Abschnitt haben wir gesehen, daß es zu einer reduzierten Form mehrere lineare simultane Gleichungssysteme geben kann. Damit also das Gleichungssystem (8.3.13) eindeutig auflösbar ist, müssen weitere Einschränkungen für $\boldsymbol{B}$ und $\boldsymbol{\Gamma}$ vorliegen. Diese Einschränkungen sollen so beschaffen sein, daß die Lösungsmannigfaltigkeit auf eine einzige Lösung reduziert wird.

Definition: *Es sei* $\boldsymbol{\Gamma}_j$ *die* j*-te Spalte von* $\boldsymbol{\Gamma}$, $\boldsymbol{B}_j$ *die* j*-te Spalte von* $\boldsymbol{B}$ *und* $\boldsymbol{U}_j$ *die* j*-te Spalte von* $\boldsymbol{U}$. *Die Identität*

$$\boldsymbol{Y\Gamma}_j + \boldsymbol{XB}_j + \boldsymbol{U}_j = \boldsymbol{0} \tag{8.4.1}$$

heißt j*-te Gleichung des linearen simultanen Gleichungssystems* (8.2.3).

Definition: *Die* j*-te Gleichung eines simultanen linearen Gleichungssystems heißt genau dann identifizierbar, wenn es zur Matrix* $\boldsymbol{\Pi}$ *der reduzierten Form genau einen Vektor* $\boldsymbol{\Gamma}_j \in \mathrm{R}^M$, $\boldsymbol{\Gamma}_j \neq \boldsymbol{0}$, *und genau einen Vektor* $\boldsymbol{B}_j \in \mathrm{R}^K$, $\boldsymbol{B}_j \neq \boldsymbol{0}$, *gibt, so daß die Gleichung*

$$\boldsymbol{\Pi\Gamma}_j = -\boldsymbol{B}_j \tag{8.4.2}$$

gilt. Das simultane Gleichungssystem (8.2.3) *heißt identifizierbar, wenn alle in ihm auftretenden Gleichungen identifizierbar sind.*

Es ist klar, daß ohne weitere Annahmen über die Strukturparameter eine Identifikation nicht möglich ist. Wir betrachten die j-te Gleichung des Systems (8.2.3)

$$\boldsymbol{Y\Gamma}_j + \boldsymbol{XB}_j + \boldsymbol{U}_j = \boldsymbol{0}\,.$$

Mit den Vektoren $\boldsymbol{\Gamma}_j$ und $\boldsymbol{B}_j$ genügen auch alle Vektoren $\alpha\boldsymbol{\Gamma}_j$ und $\alpha\boldsymbol{B}_j$, $\alpha \in \boldsymbol{R}^1$, dieser Gleichung. Wir normieren aus diesem Grund die auftretenden Koeffizienten in der Weise, daß in jeder Gleichung eine Komponente von $\boldsymbol{\Gamma}_j$ den Wert -1 hat. In der j-ten Gleichung bezeichnen wir diese Komponente mit γ_{0j}:

$$\gamma_{0j} = -1\,. \tag{8.4.3}$$

Es sei des weiteren bekannt, daß gewisse Elemente von $\boldsymbol{\Gamma}_j$ und $\boldsymbol{B}_j$ verschwinden. Die Anzahl dieser Elemente betrage J_{01} bzw. J_{02}. Die Anzahl der nichtverschwindenden Elemente sei J_1 bzw. J_2. Es gilt dann: $J_1 + J_{01} = M$ und $J_2 + J_{02} = K$. Durch Umordnung der Variablen $\boldsymbol{Y}$ und $\boldsymbol{X}$ können wir die j-te Gleichung schließlich folgendermaßen darstellen:

$$\begin{gathered}\boldsymbol{Y}^{(1)}\boldsymbol{\Gamma}_j^{(1)} + \boldsymbol{Y}^{(2)}\boldsymbol{\Gamma}_j^{(2)} + \boldsymbol{X}^{(1)}\boldsymbol{B}_j^{(1)} + \boldsymbol{X}^{(2)}\boldsymbol{B}_j^{(2)} + \boldsymbol{U}_j = \boldsymbol{0},\\ \boldsymbol{Y} = (\boldsymbol{Y}^{(1)}, \boldsymbol{Y}^{(2)}), \quad \boldsymbol{X} = (\boldsymbol{X}^{(1)}, \boldsymbol{X}^{(2)}),\\ \boldsymbol{\Gamma}_j = \begin{pmatrix}\boldsymbol{\Gamma}_j^{(1)}\\ \boldsymbol{\Gamma}_j^{(2)}\end{pmatrix}, \quad \boldsymbol{B}_j = \begin{pmatrix}\boldsymbol{B}_j^{(1)}\\ \boldsymbol{B}_j^{(2)}\end{pmatrix}, \quad \boldsymbol{\Gamma}_j^{(2)} = \boldsymbol{0}, \quad \boldsymbol{B}_j^{(2)} = \boldsymbol{0}\,.\end{gathered} \tag{8.4.4}$$

Die einzelnen Größen haben dabei die folgenden Dimensionen:

$$\begin{gathered}\boldsymbol{Y}^{(1)}: (T \times J_1), \quad \boldsymbol{Y}^{(2)}: (T \times J_{01}), \quad \boldsymbol{X}^{(1)}: (T \times J_2),\\ \boldsymbol{X}^{(2)}: (T \times J_{02}), \quad \boldsymbol{\Gamma}_j^{(1)}: (J_1 \times 1), \quad \boldsymbol{\Gamma}_j^{(2)}: (J_{01} \times 1),\\ \boldsymbol{B}_j^{(1)}: (J_2 \times 1), \quad \boldsymbol{B}_j^{(2)}: (J_{02} \times 1)\,.\end{gathered}$$

Die reduzierte Form dieses solchermaßen umgeformten Systems hat die Gestalt

$$\boldsymbol{Y} = (\boldsymbol{Y}^{(1)}, \boldsymbol{Y}^{(2)}) = (\boldsymbol{X}^{(1)}, \boldsymbol{X}^{(2)}) \begin{pmatrix}\boldsymbol{\Pi}_{11} & \boldsymbol{\Pi}_{12}\\ \boldsymbol{\Pi}_{21} & \boldsymbol{\Pi}_{22}\end{pmatrix} + \boldsymbol{V}\,.$$

Die Teilmatrizen $\mathbf{\Pi}_{ij}$ besitzen die Dimensionen:

$$\mathbf{\Pi}_{11}: (J_2 \times J_1), \quad \mathbf{\Pi}_{12}: (J_2 \times J_{01}), \quad \mathbf{\Pi}_{21}: (J_{02} \times J_1), \quad \mathbf{\Pi}_{22}: (J_{02} \times J_{01}) .$$

Die Gleichung (8.4.2) können wir demnach folgendermaßen darstellen:

$$\mathbf{\Pi}\mathbf{\Gamma}_j = \begin{pmatrix} \mathbf{\Pi}_{11} & \mathbf{\Pi}_{12} \\ \mathbf{\Pi}_{21} & \mathbf{\Pi}_{22} \end{pmatrix} \begin{pmatrix} \mathbf{\Gamma}_j^{(1)} \\ \mathbf{\Gamma}_j^{(2)} \end{pmatrix} = \begin{pmatrix} \mathbf{\Pi}_{11}\mathbf{\Gamma}_j^{(1)} + \mathbf{\Pi}_{12}\mathbf{\Gamma}_j^{(2)} \\ \mathbf{\Pi}_{21}\mathbf{\Gamma}_j^{(1)} + \mathbf{\Pi}_{22}\mathbf{\Gamma}_j^{(2)} \end{pmatrix}$$

$$= \begin{pmatrix} \mathbf{\Pi}_{11}\mathbf{\Gamma}_j^{(1)} \\ \mathbf{\Pi}_{21}\mathbf{\Gamma}_j^{(1)} \end{pmatrix} = \begin{pmatrix} -\boldsymbol{B}_j^{(1)} \\ -\boldsymbol{B}_j^{(2)} \end{pmatrix} = \begin{pmatrix} -\boldsymbol{B}_j^{(1)} \\ 0 \end{pmatrix} = -\boldsymbol{B}_j .$$

Hieraus kann man unmittelbar erkennen, daß die j-te Gleichung dann und nur dann identifizierbar ist, wenn das homogene Gleichungssystem

$$\mathbf{\Pi}_{21}\mathbf{\Gamma}_j^{(1)} = 0 \tag{8.4.5}$$

genau eine nichttriviale Lösung $\mathbf{\Gamma}_j^{(1)}$ besitzt. Indem man nämlich diese Lösung in die Gleichung

$$\mathbf{\Pi}_{11}\mathbf{\Gamma}_j^{(1)} = -\boldsymbol{B}_j^{(1)} \tag{8.4.6}$$

einsetzt, wird $\boldsymbol{B}_j^{(1)}$ eindeutig festgelegt. Wir leiten jetzt eine hinreichende und notwendige Bedingung für die Identifizierbarkeit der j-ten Gleichung her.

Satz 8.1: (*Rangbedingung*). *Die j-te Gleichung eines linearen simultanen Gleichungssystems ist genau dann identifizierbar, wenn Rang $\mathbf{\Pi}_{21} = J_1 - 1$ gilt.*

Beweis: In dem linearen homogenen Gleichungssystem (8.4.5) sind J_1 Unbekannte enthalten. Es existiert also eine nichttriviale Lösung genau dann, wenn

$$r = \text{Rang}\, \mathbf{\Pi}_{21} < J_1$$

ist. Der Lösungsraum besitzt die Dimension $J_1 - r$. Wenn der Lösungsraum 1-dimensional ist, die Lösung also bis auf einen Proportionalitätsfaktor eindeutig festgelegt sein soll, so muß $r = J_1 - 1$ gelten. Durch die Festlegung (8.4.3) erhalten wir genau eine Lösungsmöglichkeit.

Folgerung (*Abzählkriterium*): *Wenn die j-te Gleichung eines simultanen linearen Gleichungssystems identifizierbar ist, so muß $J_{02} \geqq J_1 - 1$ gelten.*

Wenn nämlich $J_{02} < J_1 - 1$ wäre, so würde die Ungleichung Rang $\mathbf{\Pi}_{21} < J_1 - 1$ gelten. Dies widerspricht aber der vorausgesetzten Identifizierbarkeit.

8.5. KQS und indirekte KQS

Wir untersuchen zunächst die Eigenschaften der gewöhnlichen KQS für die Strukturparameter $\boldsymbol{B}$ und $\mathbf{\Gamma}$. Aus der Normierungsbedingung (8.4.3) folgt, daß wir die j-te Gleichung des Systems (8.2.3) in der Form

$$\boldsymbol{y}_0^{(j)} = \boldsymbol{Y}^{(j)}\mathbf{\Gamma}_j^{(0)} + \boldsymbol{X}\boldsymbol{B}_j + \boldsymbol{U}_j \tag{8.5.1}$$

darstellen können. Hierbei ist $\boldsymbol{y}_0^{(j)}$ die Spalte der Matrix $\boldsymbol{Y}$, die in (8.2.3) den Koeffizienten $\gamma_{0j} = -1$ besitzt. $\boldsymbol{Y}^{(j)}$ ist die Matrix, die man erhält, indem aus der Matrix $\boldsymbol{Y}$ die Spalte $\boldsymbol{y}_0^{(j)}$ entfernt wird. $\boldsymbol{\Gamma}_j^{(0)}$ ist der Vektor, der durch Streichung der Komponente $\gamma_{0j} = -1$ aus $\boldsymbol{\Gamma}_j$ entsteht. Die KQS für den Parametervektor

$$\begin{pmatrix} \boldsymbol{\Gamma}_j^{(0)} \\ \boldsymbol{B}_j \end{pmatrix}$$

ist nun gerade

$$\begin{pmatrix} \hat{\boldsymbol{\Gamma}}_j^{(0)} \\ \hat{\boldsymbol{B}}_j \end{pmatrix} = [(\boldsymbol{Y}^{(j)}, \boldsymbol{X})' \, (\boldsymbol{Y}^{(j)}, \boldsymbol{X})]^{-1} \, (\boldsymbol{Y}^{(j)}, \boldsymbol{X})' \, \boldsymbol{y}_0^{(j)}$$

$$= \begin{pmatrix} \boldsymbol{Y}^{(j)\prime}\boldsymbol{Y}^{(j)} & \boldsymbol{Y}^{(j)\prime}\boldsymbol{X} \\ \boldsymbol{X}'\boldsymbol{Y}^{(j)} & \boldsymbol{X}'\boldsymbol{X} \end{pmatrix}^{-1} \begin{pmatrix} \boldsymbol{Y}^{(j)\prime} \\ \boldsymbol{X}' \end{pmatrix} \boldsymbol{y}_0^{(j)} .$$

Diese Schätzung ist nicht konsistent, da die endogenen Variablen von $\boldsymbol{U}$ abhängig sind. Es gilt nämlich gemäß (8.3.1), (8.2.12), (8.2.6) und (8.2.8) die Beziehung:

$$\begin{aligned} \operatorname{plim} T^{-1}\boldsymbol{Y}'\boldsymbol{U} &= \operatorname{plim} T^{-1}(\boldsymbol{X\Pi} + \boldsymbol{V})' \, \boldsymbol{U} \\ &= \operatorname{plim} T^{-1}\boldsymbol{\Pi}'\boldsymbol{X}'\boldsymbol{U} + \operatorname{plim} T^{-1}\boldsymbol{V}'\boldsymbol{U} \\ &= \boldsymbol{\Pi}' \operatorname{plim} T^{-1}\boldsymbol{X}'\boldsymbol{U} - \boldsymbol{\Gamma}^{-1\prime} \operatorname{plim} T^{-1}\boldsymbol{U}'\boldsymbol{U} \\ &= -\boldsymbol{\Gamma}^{-1\prime}\boldsymbol{\Sigma} \neq \boldsymbol{0}, \end{aligned}$$

denn aus den Voraussetzungen (8.2.6) und (8.2.8) folgt die Relation

$$\operatorname{plim} T^{-1}\boldsymbol{U}'\boldsymbol{U} = \boldsymbol{\Sigma} . \tag{8.5.2}$$

Es erscheint nun sinnvoll, Schätzungen für $\boldsymbol{\Gamma}$ und $\boldsymbol{B}$ mit Hilfe der KQS $\hat{\boldsymbol{\Pi}}$ für $\boldsymbol{\Pi}$ aus den Gleichungen (8.4.4) und (8.4.5) zu gewinnen. Dazu muß die Matrix $\hat{\boldsymbol{\Pi}}$ für jede Gleichung des simultanen linearen Gleichungssystems die Rangbedingung erfüllen. Da die KQS $\hat{\boldsymbol{\Pi}}$ für $\boldsymbol{\Pi}$ eine konsistente Schätzung ist (vgl. 8.3.), sind die hieraus resultierenden Schätzungen für $\boldsymbol{\Gamma}$ und $\boldsymbol{B}$ dann auch konsistent. Im allgemeinen wird aber die Schätzung $\hat{\boldsymbol{\Pi}}$ die Rangbedingung nicht erfüllen, denn ihre Berechnung ist keinerlei Restriktionen unterworfen. Es können für jedes j die folgenden Fälle zutreffen:

a) Rang $\hat{\boldsymbol{\Pi}}_{21} < J_1 - 1$,

b) Rang $\hat{\boldsymbol{\Pi}}_{21} = J_1 - 1$,

c) Rang $\hat{\boldsymbol{\Pi}}_{21} > J_1 - 1$.

$\hat{\boldsymbol{\Pi}}_{21}$ ist die Teilmatrix von $\hat{\boldsymbol{\Pi}}$, die der Teilmatrix $\boldsymbol{\Pi}_{21}$ von $\boldsymbol{\Pi}$ entspricht. Im Fall a) hat das Gleichungssystem

$$\hat{\boldsymbol{\Pi}}_{21}\tilde{\boldsymbol{\Gamma}}_j^{(1)} = \boldsymbol{0} \tag{8.5.3}$$

mehrere Lösungen; man sagt, daß die j-te Gleichung *unteridentifiziert* ist. Im Fall c) existiert keine nichttriviale Lösung des Gleichungssystems (8.5.3); man nennt die j-te Gleichung dann *überidentifiziert.* Nur im Fall b) können wir aus $\hat{\boldsymbol{\Pi}}$ eindeutige Schätzungen für $\boldsymbol{\Gamma}_j$ und $\boldsymbol{B}_j$ gewinnen.

Definition: *Wenn die KQS* $\hat{\boldsymbol{\Pi}}$ *die Rangbedingung erfüllt, so heißen die durch die Gleichungen*

$$\hat{\boldsymbol{\Pi}}_{21}\tilde{\boldsymbol{\Gamma}}_j^{(1)} = \mathbf{0}, \quad \gamma_{0j} = \tilde{\gamma}_{0j} = -1,$$

und

$$\hat{\boldsymbol{\Pi}}_{11}\tilde{\boldsymbol{\Gamma}}_j^{(1)} = -\boldsymbol{B}_j^{(1)}$$

eindeutig bestimmten Schätzungen $\tilde{\boldsymbol{\Gamma}}_j^{(1)}$ *und* $\tilde{\boldsymbol{B}}_j^{(1)}$ *indirekte KQS für* $\boldsymbol{\Gamma}_j^{(1)}$ *und* $\boldsymbol{B}_j^{(1)}$ *(IKQS)*.

Die IKQS für $\boldsymbol{\Gamma}_j$ und $\boldsymbol{B}_j$ hat dann die Gestalt (vgl. 8.4.3):

$$\tilde{\boldsymbol{\Gamma}}_j = \begin{pmatrix} \tilde{\boldsymbol{\Gamma}}_j^{(1)} \\ 0 \end{pmatrix}, \quad \tilde{\gamma}_{0j} = -1, \quad \tilde{\boldsymbol{B}}_j = \begin{pmatrix} \tilde{\boldsymbol{B}}_j^{(1)} \\ 0 \end{pmatrix}.$$

Die IKQS ist aber, was aus den obigen Überlegungen zu entnehmen ist, im allgemeinen nicht definiert. Man hat deshalb Schätzverfahren entwickelt, die garantieren:

1. Im Falle der Erfüllung der Rangbedingung durch die Matrix $\hat{\boldsymbol{\Pi}}$ stimmen sie mit der IKQS überein.
2. Sie sind in jedem Falle eindeutig bestimmt und konsistent.

8.6. Die zweistufige KQS (2-KQS)

Die KQS der Koeffizienten der Gleichung (8.5.1) war inkonsistent, da die auf der rechten Seite stehenden endogenen Variablen vom Beobachtungsfehler abhängig sind. Wenn man diese endogenen Variablen durch lineare Funktionen der exogenen Variablen ersetzt und erst dann die Strukturparameter der j-ten Gleichung schätzt, so kann man beweisen, daß diese Schätzungen konsistent sind.

Wir betrachten dazu die j-te Strukturgleichung in der Darstellung (8.4.4) und notieren die verschwindenden Summanden nicht mehr.

$$\boldsymbol{Y}^{(1)}\boldsymbol{\Gamma}_j^{(1)} + \boldsymbol{X}^{(1)}\boldsymbol{B}_j^{(1)} + \boldsymbol{U}_j = \mathbf{0}\,. \tag{8.6.1}$$

In Anlehnung an Gleichung (8.5.1) erhalten wir hieraus die Gleichung

$$\boldsymbol{y}_0^{(j)} = \boldsymbol{Y}_{\cdot}^{(1)}\boldsymbol{\Gamma}_{j\cdot}^{(1)} + \boldsymbol{X}^{(1)}\boldsymbol{B}_j^{(1)} + \boldsymbol{U}_j\,. \tag{8.6.2}$$

$\boldsymbol{Y}_{\cdot}^{(1)}$ ist die Matrix, die durch Streichung der Spalte $\boldsymbol{y}_0^{(j)}$ aus $\boldsymbol{Y}^{(1)}$ entsteht. $\boldsymbol{\Gamma}_{j\cdot}^{(1)}$ entsteht durch Streichung der Komponente $\gamma_{0j} = -1$ aus $\boldsymbol{\Gamma}_j^{(1)}$. In dieser Gleichung ersetzen wir $\boldsymbol{Y}_{\cdot}^{(1)}$ durch

$$\boldsymbol{Y}_{\cdot}^{(1)} = \boldsymbol{X}\boldsymbol{\Pi}^{(1)} + \boldsymbol{V}_{\cdot}^{(1)} \tag{8.6.3}$$

und erhalten die Relation

$$\boldsymbol{y}_0^{(j)} = \boldsymbol{X}\boldsymbol{\Pi}^{(1)}\boldsymbol{\Gamma}_{j.}^{(1)} + \boldsymbol{X}^{(1)}\boldsymbol{B}_j^{(1)} + (\boldsymbol{U}_j + \boldsymbol{V}_{.}^{(1)}\boldsymbol{\Gamma}_{j.}^{(1)}) . \tag{8.6.4}$$

Hierbei sind bei bekanntem $\boldsymbol{\Pi}^{(1)}$ alle auf der rechten Seite stehenden Variablen vom Fehlerglied unabhängig. Die KQS für $\boldsymbol{\Gamma}_{j.}^{(1)}$ und $\boldsymbol{B}_j^{(1)}$ wäre also konsistent. Da aber $\boldsymbol{\Pi}^{(1)}$ unbekannt ist, substituieren wir für diese Matrix ihre KQS aus der Beziehung (8.6.3):

$$\hat{\boldsymbol{\Pi}}^{(1)} = (\boldsymbol{X}'\boldsymbol{X})^{-1}\boldsymbol{X}'\boldsymbol{Y}_{.}^{(1)} . \tag{8.6.5}$$

Indem wir diesen Ausdruck in die Gleichung (8.6.4) einsetzen, ergibt sich schließlich die Identität

$$\begin{aligned} \boldsymbol{y}_0^{(j)} &= \boldsymbol{X}\hat{\boldsymbol{\Pi}}^{(1)}\boldsymbol{\Gamma}_{j.}^{(1)} + \boldsymbol{X}^{(1)}\boldsymbol{B}_j^{(1)} + (\boldsymbol{U}_j + \boldsymbol{V}_{.}^{(1)}\boldsymbol{\Gamma}_{j.}^{(1)}) \\ &= \hat{\boldsymbol{Y}}_{.}^{(1)}\boldsymbol{\Gamma}_{j.}^{(1)} + \boldsymbol{X}^{(1)}\boldsymbol{B}_j^{(1)} + (\boldsymbol{U}_j + \boldsymbol{V}_{.}^{(1)}\boldsymbol{\Gamma}_{j.}^{(1)}) . \end{aligned} \tag{8.6.6}$$

Die Normalgleichungen für die Parameter dieser linearen Beziehung lauten

$$\begin{pmatrix} \hat{\boldsymbol{Y}}_{.}^{(1)\prime}\hat{\boldsymbol{Y}}_{.}^{(1)} & \hat{\boldsymbol{Y}}_{.}^{(1)\prime}\boldsymbol{X}^{(1)} \\ \boldsymbol{X}^{(1)\prime}\hat{\boldsymbol{Y}}_{.}^{(1)} & \boldsymbol{X}^{(1)\prime}\boldsymbol{X}^{(1)} \end{pmatrix} \begin{pmatrix} \overset{*}{\boldsymbol{\Gamma}}{}_{j.}^{(1)} \\ \overset{*}{\boldsymbol{B}}{}_j^{(1)} \end{pmatrix} = \begin{pmatrix} \hat{\boldsymbol{Y}}_{.}^{(1)\prime}\boldsymbol{y}_0^{(j)} \\ \boldsymbol{X}^{(1)\prime}\boldsymbol{y}_0^{(j)} \end{pmatrix} . \tag{8.6.7}$$

Dieses Gleichungssystem ist genau dann eindeutig lösbar, wenn die Matrix

$$(\hat{\boldsymbol{Y}}_{.}^{(1)}, \boldsymbol{X}^{(1)})' (\hat{\boldsymbol{Y}}_{.}^{(1)}, \boldsymbol{X}^{(1)}) = \boldsymbol{Z}_1'\boldsymbol{Z}_1 \tag{8.6.8}$$

regulär ist. Die unter dieser Voraussetzung definierte Schätzung $(\overset{*}{\boldsymbol{\Gamma}}{}_{j.}^{(1)\prime}, \overset{*}{\boldsymbol{B}}{}_j^{(1)\prime})'$ heißt *zweistufige KQS* (2-KQS).

Wir zeigen nun, daß

$$\operatorname{plim} T^{-1}\boldsymbol{Z}_1'\boldsymbol{Z}_1$$

existiert.

$$\begin{aligned} \operatorname{plim} T^{-1}\boldsymbol{Z}_1'\boldsymbol{Z}_1 &= \operatorname{plim} T^{-1} \begin{pmatrix} \hat{\boldsymbol{\Pi}}^{(1)\prime}\boldsymbol{X}'\boldsymbol{X}\hat{\boldsymbol{\Pi}}^{(1)} & \hat{\boldsymbol{\Pi}}^{(1)}\boldsymbol{X}'\boldsymbol{X}^{(1)} \\ \boldsymbol{X}^{(1)\prime}\boldsymbol{X}\hat{\boldsymbol{\Pi}}^{(1)} & \boldsymbol{X}^{(1)\prime}\boldsymbol{X}^{(1)} \end{pmatrix} \\ &= \begin{pmatrix} \boldsymbol{\Pi}^{(1)}\boldsymbol{\Sigma}_{XX}\boldsymbol{\Pi}^{(1)} & \boldsymbol{\Pi}^{(1)\prime}\boldsymbol{\Sigma}_{1X} \\ \boldsymbol{\Sigma}_{1X}'\boldsymbol{\Pi}^{(1)} & \boldsymbol{\Sigma}_{11} \end{pmatrix} . \end{aligned} \tag{8.6.9}$$

Die Matrizen $\boldsymbol{\Sigma}_{1X}$ und $\boldsymbol{\Sigma}_{11}$ sind Teilmatrizen von $\boldsymbol{\Sigma}_{XX}$, und die Beziehung (8.6.9) folgt damit aus der Modellannahme (8.2.9). Da wir für die eindeutige Bestimmtheit der Lösungen des Gleichungssystems (8.6.7) die Regularität von $\boldsymbol{Z}'\boldsymbol{Z}$ voraussetzen müssen, muß außerdem gelten:

$$\operatorname{plim} T^{-1}\boldsymbol{Z}_1'\boldsymbol{Z}_1 \text{ ist regulär.} \tag{8.6.10}$$

Satz 8.2: *Die 2-KQS der Parameter der Gleichung* (8.6.2) *ist konsistent.*

Beweis: Wir interpretieren die durch (8.6.7) gegebene Schätzung als *Instrumentalschätzung* der Parameter der Gleichung (8.6.2) mit den Instrumenten

$$\boldsymbol{Z}_1 = (\hat{\boldsymbol{Y}}_{.}^{(1)}, \boldsymbol{X}^{(1)}) .$$

Es sei ferner

$$W = (Y_{\cdot}^{(1)}, X^{(1)}) .$$

Die Gleichung (8.6.2) erhält damit die Gestalt

$$y_0^{(j)} = W \begin{pmatrix} \Gamma_{j\cdot}^{(1)} \\ B_j^{(1)} \end{pmatrix} + U_j .$$

Wir zeigen zunächst, daß Z_1 tatsächlich eine Instrumentalmatrix ist. Dazu überprüfen wir die Bedingungen

$$\operatorname{plim} T^{-1} Z_1' U = \operatorname{plim} T^{-1} \begin{pmatrix} \hat{Y}_{\cdot}^{(1)\prime} U \\ X^{(1)\prime} U \end{pmatrix} = \begin{pmatrix} \operatorname{plim} T^{-1} \hat{\Pi}^{(1)\prime} X' U \\ 0 \end{pmatrix}$$

$$= \begin{pmatrix} \operatorname{plim} \hat{\Pi}^{(1)\prime} \cdot \operatorname{plim} T^{-1} X' U \\ 0 \end{pmatrix} = \begin{pmatrix} \Pi^{(1)\prime} \cdot 0 \\ 0 \end{pmatrix} = 0 . \qquad (8.6.11)$$

Es gilt ferner

$$\hat{Y}_{\cdot}^{(1)\prime} \hat{Y}_{\cdot}^{(1)} = \hat{\Pi}^{(1)\prime} X' X \hat{\Pi}^{(1)}$$

$$= \hat{Y}_{\cdot}^{(1)\prime} X (X'X)^{-1} X' X (X'X)^{-1} X' Y_{\cdot}^{(1)}$$

$$= Y_{\cdot}^{(1)\prime} X (X'X)^{-1} X' Y_{\cdot}^{(1)}$$

$$= Y_{\cdot}^{(1)\prime} \hat{Y}_{\cdot}^{(1)}$$

$$= \hat{Y}_{\cdot}^{(1)\prime} Y_{\cdot}^{(1)} ,$$

und unter Verwendung der Symbolik (8.6.4) erhalten wir schließlich die Identität

$$X' \hat{Y}_{\cdot}^{(1)} = X' X (X'X)^{-1} X' Y_{\cdot}^{(1)} = X' Y_{\cdot}^{(1)}$$

$$= \begin{pmatrix} X^{(1)\prime} \\ X^{(2)\prime} \end{pmatrix} \hat{Y}_{\cdot}^{(1)} = \begin{pmatrix} X^{(1)\prime} \\ X^{(2)\prime} \end{pmatrix} Y_{\cdot}^{(1)} = \begin{pmatrix} X^{(1)\prime} \hat{Y}_{\cdot}^{(1)} \\ X^{(2)\prime} \hat{Y}_{\cdot}^{(1)} \end{pmatrix} = \begin{pmatrix} X^{(1)} Y_{\cdot}^{(1)} \\ X^{(2)\prime} Y_{\cdot}^{(1)} \end{pmatrix} .$$

Es gilt folglich

$$Z_1' Z_1 = Z_1' W . \qquad (8.6.12)$$

Aus der Bedingung (8.6.10) ist deshalb ersichtlich, daß $\operatorname{plim} T^{-1} Z_1' W$ existiert und regulär ist. Die durch das Gleichungssystem

$$(Z_1' W) \begin{pmatrix} \Gamma_{j\cdot}^{(1)} \\ B_j^{(1)} \end{pmatrix} = Z_1' y_0^{(j)} \qquad (8.6.13)$$

definierte Schätzung ist also eine Instrumentalschätzung, und sie stimmt infolge der Identität (8.6.12) mit der durch das Gleichungssystem (8.6.7) definierten 2-KQS überein. Da jede Instrumentalschätzung konsistent ist (vgl. 6.2.), ist der Beweis abgeschlossen.

Von großem Interesse ist nun die Frage nach dem Zusammenhang zwischen 2-KQS und IKQS. Wir werden sehen, daß sie im Falle der Identifizierbarkeit übereinstimmen. Wenn wir nämlich die Gleichung (8.6.2) betrachten, so kann man die reduzierte Form in folgender Weise darstellen (vgl. (8.4.4), (8.4.5)):

$$(\boldsymbol{y}_0^{(j)}, \boldsymbol{Y}_{\cdot}^{(1)}, \boldsymbol{Y}^{(2)}) = \boldsymbol{X}\boldsymbol{\Pi}^{(0)} + \boldsymbol{X}\boldsymbol{\Pi}^{(1)} + \boldsymbol{X}\boldsymbol{\Pi}^{(2)} + \boldsymbol{V}\,.$$

Hierbei ist $\boldsymbol{\Pi}^{(0)}$ der zu $y_0^{(j)}$ gehörige Teil der reduzierten Form und $\boldsymbol{\Pi}^{(1)}$ und $\boldsymbol{\Pi}^{(2)}$ sind in Verbindung mit $\boldsymbol{Y}_{\cdot}^{(1)}$ und $\boldsymbol{Y}^{(2)}$ analog definiert. Weiterhin ergibt sich aus den Betrachtungen im Abschnitt 8.4. die Beziehung

$$(\boldsymbol{\Pi}^{(0)}\boldsymbol{\Pi}^{(1)}) = \begin{pmatrix} \boldsymbol{\Pi}_{11} \\ \boldsymbol{\Pi}_{21} \end{pmatrix},$$

wobei die abhängige Variable der j-ten Gleichung, die den Koeffizienten -1 besitzt, ohne Beschränkung der Allgemeinheit in die 1. Spalte umsortiert wurde. Die 1. Komponente von $\boldsymbol{\Gamma}_j^{(1)}$ hat also a-priori den Wert -1.

Die KQS dieser Teilmatrix von $\boldsymbol{\Pi}$ ist nun gerade

$$\begin{pmatrix} \hat{\boldsymbol{\Pi}}_{11} \\ \hat{\boldsymbol{\Pi}}_{21} \end{pmatrix} = (\boldsymbol{X}'\boldsymbol{X})^{-1}\boldsymbol{X}'(\boldsymbol{y}_0^{(j)}, \boldsymbol{Y}_{\cdot}^{(1)})\,.$$

Wir nehmen an, daß die Rangbedingung erfüllt ist. Die entsprechende IKQS ergibt sich demnach aus dem Gleichungssystem

$$(\boldsymbol{X}'\boldsymbol{X})^{-1}\boldsymbol{X}'(\boldsymbol{y}_0^{(j)}, \boldsymbol{Y}_{\cdot}^{(1)}) \begin{pmatrix} -1 \\ \tilde{\boldsymbol{\Gamma}}_{j.}^{(1)} \end{pmatrix} = -\begin{pmatrix} \tilde{\boldsymbol{B}}_j^{(1)} \\ \boldsymbol{0} \end{pmatrix}. \tag{8.6.14}$$

Durch Multiplikation dieser Gleichung mit $\boldsymbol{Y}_{\cdot}^{(1)\prime}\boldsymbol{X}$ von links ergibt sich die Beziehung

$$\begin{aligned} &-\boldsymbol{Y}_{\cdot}^{(1)\prime}\boldsymbol{X}(\boldsymbol{X}'\boldsymbol{X})^{-1}\boldsymbol{X}'\boldsymbol{y}_0^{(j)} + \boldsymbol{Y}_{\cdot}^{(1)\prime}\boldsymbol{X}(\boldsymbol{X}'\boldsymbol{X})^{-1}\boldsymbol{X}'\boldsymbol{Y}_{\cdot}^{(1)}\tilde{\boldsymbol{\Gamma}}_{j.}^{(1)} \\ &= -\boldsymbol{Y}_{\cdot}^{(1)\prime}(\boldsymbol{X}^{(1)}, \boldsymbol{X}^{(2)}) \begin{pmatrix} \tilde{\boldsymbol{B}}_j^{(1)} \\ 0 \end{pmatrix} = -\boldsymbol{Y}_{\cdot}^{(1)\prime}\boldsymbol{X}^{(1)}\tilde{\boldsymbol{B}}_j^{(1)}\,. \end{aligned} \tag{8.6.15}$$

Indem wir die Identität (8.6.14) von links mit $(\boldsymbol{I}, \boldsymbol{0})\,\boldsymbol{X}'\boldsymbol{X}$ multiplizieren ($\boldsymbol{I}$: (J_2, J_2)-Einheitsmatrix), gelangen wir schließlich zu der Relation

$$-\boldsymbol{X}^{(1)\prime}\boldsymbol{y}_0^{(j)} + \boldsymbol{X}^{(1)\prime}\boldsymbol{Y}_{\cdot}^{(1)}\tilde{\boldsymbol{\Gamma}}_{j.}^{(1)} = -\boldsymbol{X}^{(1)\prime}\boldsymbol{X}^{(1)}\tilde{\boldsymbol{B}}_j^{(1)}\,. \tag{8.6.16}$$

Die Gleichungen (8.6.15) und (8.6.16) sind aber mit der Schätzvorschrift (8.6.7) bzw. mit der dazu äquivalenten Schätzvorschrift (8.6.13) identisch. Wenn die IKQS also eindeutig bestimmt ist, dann stimmt sie mit der 2-KQS überein. Die Formeln (8.6.15) und (8.6.16) geben gleichzeitig die Möglichkeit-die 2-KQS direkt aus den Ausgangsdaten zu berechnen. Die Berechnung von $\hat{\boldsymbol{Y}}_{\cdot}^{(1)}$ ist also nicht erforderlich.

Indem wir die Beziehungen (8.6.15) und (8.6.16) zusammenfassen, erhalten wir nämlich das Gleichungssystem

$$\begin{pmatrix} \boldsymbol{Y}_{\cdot}^{(1)\prime}\boldsymbol{X}(\boldsymbol{X}'\boldsymbol{X})^{-1}\boldsymbol{X}'\boldsymbol{Y}_{\cdot}^{(1)} & \boldsymbol{Y}_{\cdot}^{(1)\prime}\boldsymbol{X}^{(1)} \\ \boldsymbol{X}^{(1)\prime}\boldsymbol{Y}_{\cdot}^{(1)} & \boldsymbol{X}^{(1)\prime}\boldsymbol{X}^{(1)} \end{pmatrix} \begin{pmatrix} \boldsymbol{\Gamma}_{j.}^{*(1)} \\ \boldsymbol{B}_j^{*(1)} \end{pmatrix} = \begin{pmatrix} \boldsymbol{Y}_{\cdot}^{(1)\prime}\boldsymbol{X}(\boldsymbol{X}'\boldsymbol{X})^{-1}\boldsymbol{X}'\boldsymbol{y}_0^{(j)} \\ \boldsymbol{X}^{(1)\prime}\boldsymbol{y}_0^{(j)} \end{pmatrix}.$$

8.7. Asymptotische Eigenschaften der 2-KQS

Die Berechnung der exakten Verteilung der 2-KQS ist bisher nicht gelungen. Es ist weiterhin bekannt, daß für kleines T im allgemeinen nicht einmal ihr Erwartungswert existiert. Es ist aber möglich, für

$$\sqrt{T}\left[\begin{pmatrix}\boldsymbol{\Gamma}_{j.}^{*(1)}\\ \boldsymbol{B}_j^{*(1)}\end{pmatrix}-\begin{pmatrix}\boldsymbol{\Gamma}_{j.}^{(1)}\\ \boldsymbol{B}_j^{(1)}\end{pmatrix}\right]=\sqrt{T}\,(\boldsymbol{\delta}_j^*-\boldsymbol{\delta}_j)$$

die Grenzverteilung für $T\to\infty$ zu bestimmen. Es sei in Anlehnung an (8.6.8)

$$\boldsymbol{\Sigma}_0=\operatorname{plim}\left(\frac{\boldsymbol{Z}_1'\boldsymbol{Z}_1}{T}\right)^{-1},$$

und die Streuung der Fehlervariablen $\boldsymbol{U}_j$ der j-ten Gleichung betrage σ_j^2, dann gilt asymptotisch, d. h. für hinreichend große T (vgl. Dhrymes [1], S. 191),

$$\sqrt{T}\,(\boldsymbol{\delta}_j^*-\boldsymbol{\delta}_j)\sim \boldsymbol{N}(\boldsymbol{0},\sigma_j^2\boldsymbol{\Sigma}_0)\,.$$

Die Existenz der Matrix $\boldsymbol{\Sigma}_0$ wurde im Abschnitt 8.6 bewiesen. Eine Schätzung $\hat\sigma_j^2$ für σ_j^2 kann man auf folgende Weise gewinnen. Wir betrachten dazu die Schätzung $\boldsymbol{y}_0^{*(j)}$ von $\boldsymbol{y}_0^{(j)}$ durch die 2-KQS

$$\boldsymbol{y}_0^{*(j)}=(\boldsymbol{Y}_{.}^{(1)},\boldsymbol{X}^{(1)})\begin{pmatrix}\boldsymbol{\Gamma}_{j.}^{*(1)}\\ \boldsymbol{B}_j^{*(1)}\end{pmatrix}$$

und berechnen

$$\hat\sigma_j^2=T^{-1}\,|\boldsymbol{y}_0^{(j)}-\boldsymbol{y}_0^{*(j)}|^2\,.$$

8.8. Das Keynessche Modell

Wir untersuchen nun als Beispiel die 1. Gleichung des Keynesschen Modells (s. 8.1.)

$$\gamma_{11}Y_{1t}+\gamma_{21}Y_{2t}+\beta_{11}X_{1t}+\beta_{21}X_{2t}+u_{1t}=0,$$
$(Y_{1t}=C_t$ – Konsumtion, $Y_{2t}=Y_t$ – Einkommen,
$X_{1t}\equiv 1$, $X_{2t}=I_t$ – Investitionen, $t=1,\ldots,T)$

a) Prüfung der Identifizierbarkeit

Es ist (vgl. 8.1):

$$\gamma_{11}=-1,\quad \gamma_{21}=\beta,\quad \beta_{11}=\alpha,\quad \beta_{21}=0,$$
$$\gamma_{12}=1,\quad \gamma_{22}=-1,\quad \beta_{12}=0,\quad \beta_{22}=1,$$
$$K=M=2,\quad \boldsymbol{\Gamma}=(\gamma_{ij})_{i,j=1,2},\quad \boldsymbol{B}=(\beta_{ij})_{i,j=1,2},$$
$$\boldsymbol{\Gamma}^{-1}=(\beta-1)^{-1}\begin{pmatrix}1&1\\ \beta&1\end{pmatrix},$$
$$\boldsymbol{\Pi}=-\boldsymbol{B}\boldsymbol{\Gamma}^{-1}=(1-\beta)^{-1}\begin{pmatrix}\alpha&\alpha\\ \beta&1\end{pmatrix}.$$

Die Anzahlen der verbleibenden abhängigen Variablen bzw. prädeterminierten Variablen in der 1. Gleichung betragen (vgl. 8.4)

$$J_1 = 2, \quad J_2 = 1 .$$

Damit gilt $J_{02} = 1 \geqq J_1 - 1 = 1$, das Abzählkriterium ist also erfüllt. Die Matrix $\mathbf{\Pi}$ gliedert sich folgendermaßen

$$\mathbf{\Pi} = \begin{pmatrix} \mathbf{\Pi}_{11} & \mathbf{\Pi}_{12} \\ \mathbf{\Pi}_{21} & \mathbf{\Pi}_{22} \end{pmatrix} .$$

Das $J_{01} = 0$ ist, verschwinden die Matrizen $\mathbf{\Pi}_{12}$ und $\mathbf{\Pi}_{22}$ (vgl. 8.4). Es gilt demnach

$$\mathbf{\Pi}_{21} = (\boldsymbol{\pi}_{21}, \boldsymbol{\pi}_{22}) = \left(\frac{\beta}{1-\beta}, \frac{1}{1-\beta}\right)$$

und folglich Rang $\mathbf{\Pi}_{21} = 1 \geqq J_1 - 1 = 1$. Die Rangbedingung ist also erfüllt.

b) Die 2-KQS.

Da die 1. Gleichung des Keynesschen Modells identifizierbar ist, stimmen IKQS und 2-KQS überein. Wir schätzen also zunächst die Matrix $\mathbf{\Pi}$ der reduzierten Form:

$$\hat{\mathbf{\Pi}} = (\boldsymbol{X}'\boldsymbol{X})^{-1}\boldsymbol{X}'\boldsymbol{Y};$$

$$\boldsymbol{X}' = (\boldsymbol{X}_1, \ldots, \boldsymbol{X}_T)', \quad \boldsymbol{X}_t = (\boldsymbol{X}_{1t}, \boldsymbol{X}_{2t}) = (1, I_t) ,$$

$$\boldsymbol{Y}' = (\tilde{\boldsymbol{Y}}_1, \ldots, \tilde{\boldsymbol{Y}}_T)', \quad \tilde{\boldsymbol{Y}}_t = (\boldsymbol{Y}_{1t}, \boldsymbol{Y}_{2t}) = (C_t, Y_t) .$$

Das Gleichungssystem (8.5.3) hat die Gestalt

$$\hat{\mathbf{\Pi}}_{21} \begin{pmatrix} -1 \\ \tilde{\mathbf{\Gamma}}^{(1)}_{1.} \end{pmatrix} = (\hat{\pi}_{21}, \hat{\pi}_{22}) \begin{pmatrix} -1 \\ \tilde{\gamma}_{21} \end{pmatrix} = 0; \quad \tilde{\gamma}_{01} = \gamma_{01} = \gamma_{11} = -1 ;$$

$$-\hat{\pi}_{21} + \tilde{\gamma}_{21}\hat{\pi}_{22} = 0.$$

Es gilt also:

$$\tilde{\gamma}_{21} = \frac{\hat{\pi}_{21}}{\hat{\pi}_{22}}$$

ist die 2-KQS für β. Die entsprechende Schätzung für $\boldsymbol{B}_1^{(1)} = \beta_{11} = \alpha$ erhalten wir aus der Gleichung

$$\tilde{\beta}_{11} = -\hat{\mathbf{\Pi}}_{11} \begin{pmatrix} -1 \\ \tilde{\gamma}_{21} \end{pmatrix} = -(\hat{\pi}_{11}, \hat{\pi}_{12}) \begin{pmatrix} -1 \\ \dfrac{\hat{\pi}_{21}}{\hat{\pi}_{22}} \end{pmatrix} = \hat{\pi}_{11} - \frac{\hat{\pi}_{12}\hat{\pi}_{21}}{\hat{\pi}_{22}} .$$

8.9. Rekursive Systeme

In speziellen Fällen führt bei simultanen Gleichungssystemen auch die gewöhnliche KQS zu konsistenten Ergebnissen. Wir betrachten dazu das folgende Beispiel.

$$Y_{1t} = \gamma_{21} Y_{2t} + \beta_{11} X_{1t} + \beta_{21} X_{2t} + u_{1t},$$

$$Y_{2t} = \gamma_{12} Y_{1t} + \beta_{12} X_{1t} + \beta_{22} X_{2t} + u_{2t},$$

$$t = 1, 2, \ldots, T; \quad \mathsf{E} u_{it} = 0; \quad \mathsf{E} u_{it} u_{jt'} = \delta_{tt'} \sigma_{ij} .$$

Man überzeugt sich leicht, daß das Abzählkriterium (vgl. Abschnitt 8.4) für keine der beiden Gleichungen erfüllt ist, das obige System also nicht identifizierbar ist. Wenn bekannt ist, daß $\gamma_{21}=0$ ist, so ist die 1. Gleichung identifizierbar, und ihre Parameter können konsistent mit der Kleinst-Quadrat-Methode geschätzt werden. Die KQS der Parameter der 2. Gleichung ist nicht konsistent, denn Y_{1t} und u_{2t} sind nicht unabhängig. Die Berechnung der reduzierten Form ergibt nämlich die Beziehungen

$$Y_{1t}=\frac{\beta_{11}+\beta_{12}\gamma_{21}}{A}X_{1t}+\frac{\beta_{21}+\beta_{22}\gamma_{21}}{A}X_{2t}+\frac{u_{1t}+\gamma_{21}u_{2t}}{A}$$

und

$$Y_{2t}=\frac{\beta_{11}\gamma_{12}+\beta_{12}}{A}X_{1t}+\frac{\beta_{21}\gamma_{12}+\beta_{22}}{A}X_{2t}+\frac{\gamma_{12}u_{1t}+u_{2t}}{A}, \quad A=\frac{1}{1-\gamma_{12}\gamma_{21}}.$$

Hieraus läßt sich die Kovarianz zwischen Y_{1t} und u_{2t} leicht berechnen:

$$\operatorname{cov}(Y_{1t},u_{2t})=\frac{1}{A}(\sigma_{12}+\gamma_{21}\sigma_{22}).$$

Falls $\gamma_{21}=0$ und $\sigma_{12}=0$ gilt, kann man die Variable Y_{1t} in der 2. Gleichung als prädeterminierte Variable auffassen, und die KQS der Parameter dieser Gleichung ist konsistent. Die Ursachen für diese Tatsache liegen darin, daß

1. die Matrix $\mathbf{\Gamma}$ eine obere Dreiecksmatrix ist, d. h., alle Elemente unterhalb der Hauptdiagonalen verschwinden ($\gamma_{21}=0$), und
2. die Beobachtungsfehler der einzelnen Gleichungen unkorreliert sind ($\sigma_{12}=0$).

Definition: *Ein simultanes Gleichungssystem*

$$\boldsymbol{Y\Gamma}+\boldsymbol{XB}+\boldsymbol{U}=0$$

heißt rekursiv, wenn seine Gleichungen und Variablen so numeriert werden können, daß $\mathbf{\Gamma}$ *eine obere Dreiecksmatrix ist und wenn die Kovarianzmatrix des Fehlervektors* $\boldsymbol{u}_t'=(u_{1t},\ldots,u_{Mt})$ *eine Diagonalmatrix ist.*

Lemma 8.3: *In der k-ten Gleichung eines rekursiven Systems sind die Variablen* $Y_{1t},\ldots,Y_{(k-1)t}$ *unkorreliert mit dem Fehlerglied* u_{kt}.

Beweis: In der reduzierten Form

$$\boldsymbol{Y}=-\boldsymbol{XB\Gamma}^{-1}-\boldsymbol{U\Gamma}^{-1}$$

ist auch $\mathbf{\Gamma}^{-1}=(\gamma^{ij})$ eine obere Dreiecksmatrix, d. h. $\gamma^{ki}=0$ für $k>i$. Für $i<k$ gilt damit die Beziehung

$$-\operatorname{cov}(Y_{it},u_{kt})=\mathsf{E}\left(\sum_{r=1}^{M}u_{rt}\gamma^{ri}u_{kt}\right)=\sum_{r=1}^{M}\gamma^{ri}\mathsf{E}(u_{rt}u_{kt})=\gamma^{ki}\sigma_{kk}=0,$$

da die Kovarianzmatrix von $\boldsymbol{u}_t'$ Diagonalform hat.

Folgerung: *In einem rekursiven simultanen Gleichungssystem ist die KQS der Parameter* $\mathbf{\Gamma}$ *und* $\boldsymbol{B}$ *konsistent.*

In vielen Fällen setzt sich ein simultanes Gleichungssystem aus verschiedenen Blöcken zusammen, die ähnliche Bedingungen erfüllen, wie die Gleichungen eines rekursiven Systems. Der Vorteil einer solchen Struktur liegt darin, daß man die einzelnen Blöcke unabhängig voneinander untersuchen kann.

Definition: *Ein simultanes Gleichungssystem*

$$\boldsymbol{Y\Gamma} + \boldsymbol{XB} + \boldsymbol{U} = 0$$

heißt blockweise rekursiv, wenn seine Gleichungen und Variablen so numeriert werden können, daß

$$\boldsymbol{\Gamma} = \begin{pmatrix} \boldsymbol{\Gamma}_{11} & \boldsymbol{\Gamma}_{12} & \dots & \boldsymbol{\Gamma}_{1k} \\ 0 & \boldsymbol{\Gamma}_{22} & \dots & \boldsymbol{\Gamma}_{2k} \\ \vdots & \vdots & \ddots & \vdots \\ 0 & 0 & \dots & \boldsymbol{\Gamma}_{kk} \end{pmatrix}$$

ist, wobei die $\boldsymbol{\Gamma}_{ii}$ k_i*-reihige quadratische reguläre Matrizen sind, und wenn*

$$\mathsf{E}\boldsymbol{u}_{t_1}\boldsymbol{u}'_{t_2} = \delta_{t_1t_2}\boldsymbol{\Sigma}, \quad \boldsymbol{\Sigma} = \begin{pmatrix} \boldsymbol{\Sigma}_{11} & 0 & \dots & 0 \\ 0 & \boldsymbol{\Sigma}_{22} & \dots & 0 \\ \vdots & \vdots & \ddots & \vdots \\ 0 & 0 & \dots & \boldsymbol{\Sigma}_{kk} \end{pmatrix}$$

gilt. Die Matrizen $\boldsymbol{\Sigma}_{ii}$ *haben die gleichen Dimensionen wie die Matrizen* $\boldsymbol{\Gamma}_{ii}$ *und sind positiv definit.*

Der erste Block enthält also die ersten k_1 abhängigen Variablen: $Y_1, \dots, Y_{k_1}$, der zweite Block die $k_1 + k_2$ abhängigen Variablen $Y_1, \dots, Y_{k_1}, Y_{k_1+1}, \dots, Y_{k_1+k_2}$ usw. Auf Grund der angegebenen Kovarianzstruktur kann in einem blockweise rekursiven System jeder Block separat behandelt werden. Hierdurch wird der numerische Aufwand für die Schätzung der unbekannten Parameter im allgemeinen zwar nicht verringert, aber ist in einzelne und in sich abgeschlossene Schritte aufteilbar, indem jeder Block als ein selbständiges System betrachtet wird.

8.10. Ein Beispiel

In den letzten Jahren wurden von den Wirtschaftswissenschaftlern der DDR große Anstrengungen unternommen, um gute ökonometrische Modelle für die Volkswirtschaft zu konstruieren. So wurde zum Beispiel ein blockweise rekursives Modell der Volkswirtschaft erstellt (s. Wölfling u. a. [1]). Die ausführliche Beschreibung dieses Modells würde den Rahmen dieses Buches sprengen. Es gibt aber zahlreiche kleinere ökonometrische Modelle, die Teilgebiete der Volkswirtschaft untersuchen.

Wir betrachten das dynamische ökonometrische Modell DÖM-1 (s. Bilow u. a. [1]), das in hoher Aggregation Bildung und Verwendung des Nationaleinkommens widerspiegelt. Die Gleichungen dieses Modells lauten:

$$Y_{1t} = \gamma_{10,1} Y_{10,t} + u_{1t}, \tag{8.10.1}$$

$$Y_{2t} = Y_{1t} + X_{1t} + u_{2t}, \quad (u_{2t} \equiv 0), \tag{8.10.2}$$

$$Y_{3t} = \gamma_{23} Y_{2t} + \beta_{23} X_{2t} + u_{3t}, \tag{8.10.3}$$

$$Y_{4t} = \gamma_{34} Y_{3t} + \beta_{24} X_{2t} + u_{4t}, \tag{8.10.4}$$

$$Y_{5t} = Y_{3t} - Y_{4t} + u_{5t}, \quad (u_{5t} \equiv 0), \tag{8.10.5}$$

$$Y_{6t} = \gamma_{56} Y_{5t} + \beta_{26} X_{2t} + u_{6t}, \tag{8.10.6}$$

$$Y_{7t} = \gamma_{67} Y_{6t} + \beta_{27} X_{2t} + u_{7t}, \tag{8.10.7}$$

$$Y_{8t} = \gamma_{78} Y_{7t} + \beta_{28} X_{2t} + u_{8t}, \tag{9.10.8}$$

$$Y_{9t} = \gamma_{29} Y_{2t} + \beta_{29} X_{2t} + u_{9t}, \tag{8.10.9}$$

$$Y_{10,t} = Y_{8t} + Y_{9t} + u_{10,t}, \quad (u_{10,t} \equiv 0), \tag{8.10.10}$$

$$Y_{11,t} = Y_{6t} - Y_{7t} + u_{11,t}, \quad (u_{11,t} \equiv 0)\,. \tag{8.10.11}$$

Die einzelnen Variablen haben dabei folgende Bedeutung:

Y_{1t} – jährlicher Grundfondszuwachs (ΔGF_t)
Y_{2t} – jahresdurchschnittlicher Grundfondsbestand (GF_t)
Y_{3t} – gesellschaftliches Gesamtprodukt (BP_t)
Y_{4t} – Produktionsverbrauch (PV_t)
Y_{5t} – produziertes Nationaleinkommen (NEP_t)
Y_{6t} – verwendetes Nationaleinkommen (NEV_t)
Y_{7t} – Akkumulation (AC_t)
Y_{8t} – Nettoinvestitionen (IN_t)
Y_{9t} – Amortisationen (AM_t)
$Y_{10,t}$ – Bruttoinvestitionen (IB_t)
$Y_{11,t}$ – Konsumtion (K_t)
X_{1t} – jahresdurchschnittlicher Grundfondsbestand des Vorjahres (GF_{t-1})
X_{2t} – Scheinvariable, die für alle t den Wert 1 annimmt,

in Klammern befinden sich die Originalbezeichnungen. Die Gleichungen, in denen $u_{it} \equiv 0$ gilt, sind Definitionsgleichungen; in ihnen gibt es nichts zu schätzen. Die Dimensionen des DÖM-1 sind

$$M = 11, \quad K = 2\,.$$

In allen Gleichungen des Systems, in denen unbekannte Parameter auftreten, gilt

$$J_1 = 2, \ J_{01} = 9 \quad J_2 \leqq 1, \ J_{02} \geqq 1\,.$$

Es gilt also für alle Gleichungen, außer den Definitionsgleichungen

$$J_{02} \geqq 1 = J_1 - 1 = 1\,.$$

Das Abzählkriterium ist also erfüllt. Es läßt sich leicht beweisen, daß die Rangbedingung für jede der Gleichungen erfüllt ist:

$$\text{Rang}\ \mathbf{\Pi}_{21} = 1 = J_1 - 1\,.$$

Die Schätzung der Parameter mittels der IKQS bzw. der 2-KQS wäre also angebracht. In der Originalarbeit wurde nur die KQS verwendet. Die 1. Gleichung des DÖM-1 ist allerdings schon in der Originalarbeit ausführlich diskutiert worden. Unter anderem wurde der Vorschlag gemacht, eine neue prädeterminierte Variable, X_{3t}-Bruttoinvestitionen des Vorjahres (IB_{t-1}), zu verwenden und die Gleichung (8.10.1) durch die Beziehung

$$Y_{1t}=\beta_{31}X_{3t}+u_{1t} \tag{8.10.1'}$$

zu ersetzen.

Das neue Gleichungssystem (8.10.1'), (8.10.2), ..., (8.10.11) ist offensichtlich rekursiv, wenn die Unkorreliertheit der Fehler gewährleistet ist. In diesem Modell wäre die KQS konsistent.

Am Beispiel des DÖM-1 ist deutlich zu erkennen, welchen Einfluß geringfügige Änderungen des Modells (Austausch von IB_t durch IB_{t-1}) auf die Eigenschaften der Schätzung der Parameter haben. Zur Vermeidung systematischer Schätzfehler muß man also die Struktur und die statistischen Eigenschaften (z. B. Abhängigkeiten zwischen Fehlern verschiedener Gleichungen) eines simultanen Gleichungssystems genau beachten.

8.11. Restriktive 2-KQS

Wie bereits im Abschnitt 4.7. herausgearbeitet wurde, erfordert die Theorie der ökonometrischen Schätzung zu ihrer Abrundung die Entwicklung von restriktiven Systemschätzungen. Diese Methode vereinigt in sich die Vorteile der restriktiven Technik mit der Güte von Systemschätzungen.

Wir wollen zunächst den methodischen Hintergrund erläutern, den wir dann später für unsere Zwecke einsetzen werden.

Die 2-KQS als Aitken-*Schätzung zu interpretieren*, gestattet der folgende Ansatz von Dhrymes [1].

Wir betrachten die erste Gleichung des strukturellen Systems

$$\boldsymbol{y}_0^{(1)}=\boldsymbol{Y}_{.}^{(1)}\boldsymbol{\Gamma}_{1.}^{(1)}+\boldsymbol{X}^{(1)}\boldsymbol{B}_1^{(1)}+\boldsymbol{U}_1 \quad \text{(vgl. (8.6.2))}\,. \tag{8.11.1}$$

Nach (8.2.9) ist Rang$\boldsymbol{X}=K$ ($\boldsymbol{X}$ war die Matrix aller vorherbestimmten Variablen, die überhaupt im System erscheinen). Dann transformieren wir die Gleichung (8.11.1) wie folgt:

$$\boldsymbol{X}'\boldsymbol{y}_0^{(1)}=\boldsymbol{X}'\boldsymbol{Y}_{.}^{(1)}\boldsymbol{\Gamma}_{1.}^{(1)}+\boldsymbol{X}'\boldsymbol{X}^{(1)}\boldsymbol{B}_1^{(1)}+\boldsymbol{X}'\boldsymbol{U}_1\,. \tag{8.11.2}$$

Der Fehlervektor $\boldsymbol{X}'\boldsymbol{U}_1$ besitzt zumindest näherungsweise die Kovarianzmatrix $\sigma_1^2\boldsymbol{X}'\boldsymbol{X}$, insbesondere wenn wir von normalverteilten Fehlern oder unabhängigen Fehlerprozessen ausgehen können (vgl. hierzu die Ausführungen in Dhrymes [1] und Wargowske [1]).

Wie man leicht auf Grund der getroffenen Annahmen zeigen kann, konvergieren die „Regressoren" in (8.11.2), d. h. $\boldsymbol{X}'\boldsymbol{Y}^{(1)}$ und $\boldsymbol{X}'\boldsymbol{X}^{(1)}$ gegen nichtstochastische Grenzwerte und sind für große Stichproben unkorreliert mit dem Fehlervektor $X'U_1$ der transformierten Gleichung. Damit kann die AITKEN-Schätzung (bei Voraussetzung von $\mathsf{E}X'U_1U_1'X = \sigma_1^2 X'X$) formal für den Parametervektor $\boldsymbol{\delta}_1 = \begin{pmatrix} \Gamma_{1\cdot}^{(1)} \\ B_1^{(1)} \end{pmatrix}$ berechnet werden. Es gilt

Satz 8.3: (DHRYMES [1]) *Die 2-KQS im Modell* (8.11.1) *stimmt mit der* AITKEN-*Schätzung im dazu transformierten Modell* (8.11.2) *überein.*

Beweis: Setzen wir

$$\bar{Z}_1 = (X'Y_{\cdot}^{(1)}, X'X^{(1)})$$

und $\boldsymbol{\delta}_1 = \begin{pmatrix} \Gamma_{1\cdot}^{(1)} \\ B_1^{(1)} \end{pmatrix}$, (ein $(J_1 + J_2) \times 1$ Vektor), so hat die AITKEN-Schätzung von $\boldsymbol{\delta}_1$ in (8.11.2) folgende Gestalt:

$$\hat{\boldsymbol{\delta}}_1 = (\bar{Z}_1'(X'X)^{-1}\bar{Z}_1)^{-1} (\bar{Z}_1'(X'X)^{-1} X'y_0^{(1)}) .$$

Die 2-KQS von $\boldsymbol{\delta}_1$ hat mit diesen Bezeichnungen nach (8.6.7) die Gestalt

$$\bar{\boldsymbol{\delta}}_1 = (Z_1'Z_1)^{-1} Z_1'y_0^{(1)}, \qquad (8.11.3)$$

wenn wir $Z_1 = (Y_{\cdot}^{(1)} - \hat{V}_{\cdot}^{(1)}, X^{(1)}) = (\hat{Y}_{\cdot}^{(1)}, X^{(1)})$ setzen. Wir zeigen zunächst

$$(Z_1'Z_1) = (\bar{Z}_1'(X'X)^{-1}\bar{Z}_1) .$$

Eingesetzt ergibt sich

$$Z_1'Z_1 = \begin{pmatrix} \hat{Y}_{\cdot}^{(1)\prime} \\ X^{(1)\prime} \end{pmatrix} (\hat{Y}_{\cdot}^{(1)}, X^{(1)}) = \begin{pmatrix} Y_{\cdot}^{(1)\prime}X(X'X)^{-1}X'Y_{\cdot}^{(1)} & Y_{\cdot}^{(1)\prime}X^{(1)} \\ X^{(1)\prime}Y_{\cdot}^{(1)} & X^{(1)\prime}X^{(1)} \end{pmatrix},$$

da

$$\hat{Y}_{\cdot}^{(1)} = X\hat{\Pi}^{(1)} = X(X'X)^{-1} X'Y_{\cdot}^{(1)}$$

und

$$X^{(1)\prime}X(X'X)^{-1} X' = X^{(1)\prime}$$

gilt. Andererseits ist

$$\bar{Z}_1'(X'X)^{-1}\bar{Z}_1 = \begin{pmatrix} Y_{\cdot}^{(1)\prime}X \\ X^{(1)\prime}X \end{pmatrix} (X'X)^{-1} (X'Y_{\cdot}^{(1)}, X'X^{(1)})$$

$$= \begin{pmatrix} Y_{\cdot}^{(1)\prime}X(X'X)^{-1} X'Y_{\cdot}^{(1)} & Y_{\cdot}^{(1)\prime}X(X'X)^{-1} X'X^{(1)} \\ X^{(1)\prime}X(X'X)^{-1} X'Y_{\cdot}^{(1)} & X^{(1)\prime}X(X'X)^{-1} X'X^{(1)} \end{pmatrix}$$

$$= \begin{pmatrix} Y_{\cdot}^{(1)\prime}X(X'X)^{-1} X'Y_{\cdot}^{(1)} & Y_{\cdot}^{(1)\prime}X^{(1)} \\ X^{(1)\prime}Y_{\cdot}^{(1)} & X^{(1)\prime}X^{(1)} \end{pmatrix}.$$

Damit stimmen beide Matrizen überein. Wir zeigen nun noch, daß

$$\bar{Z}_1'(X'X)^{-1} X'y_0^{(1)} = Z_1'y_0^{(1)}$$

gilt:

$$Z_1'y_0^{(1)} = \begin{pmatrix} \hat{Y}_{\cdot}^{(1)\prime}y_0^{(1)} \\ X^{(1)\prime}y_0^{(1)} \end{pmatrix} = \begin{pmatrix} Y_{\cdot}^{(1)\prime}X(X'X)^{-1} X'y_0^{(1)} \\ X^{(1)\prime}y_0^{(1)} \end{pmatrix},$$

$$\bar{Z}_1'(X'X)^{-1} X'y_0^{(1)} = \begin{pmatrix} Y_{\cdot}^{(1)\prime}X \\ X^{(1)\prime}X \end{pmatrix} (X'X)^{-1} X'y_0^{(1)} = \begin{pmatrix} Y_{\cdot}^{(1)\prime}X(X'X)^{-1} X'y_0^{(1)} \\ X^{(1)\prime}y_0^{(1)} \end{pmatrix}.$$

Damit ist der Satz bewiesen.

Der Aufwand zur Berechnung der 2-KQS läßt sich also verringern, wenn wir die Transformation (8.11.2) durchführen. Ein weiterer Vorteil ist die sofortige Angabe der Kovarianzmatrizen (aus der Stichprobe bzw. asymptotischen Kovarianzmatrix).

Die Kovarianzmatrix der AITKEN-Schätzung (8.11.3) ist wie üblich

$$\sigma_1^2(\bar{\boldsymbol{Z}}_1'(\boldsymbol{X}'\boldsymbol{X})^{-1}\bar{\boldsymbol{Z}}_1)^{-1},$$

d. h., ausführlich geschrieben gilt für die „Stichproben"-Kovarianzmatrix

$$V(\hat{\boldsymbol{\delta}}_1)=\sigma_1^2\begin{pmatrix}\boldsymbol{Y}_{.}^{(1)\prime}\boldsymbol{X}(\boldsymbol{X}'\boldsymbol{X})^{-1}\boldsymbol{X}'\boldsymbol{Y}_{.}^{(1)} & \boldsymbol{Y}_{.}^{(1)\prime}\boldsymbol{X}^{(1)}\\ \boldsymbol{X}^{(1)\prime}\boldsymbol{Y}_{.}^{(1)} & \boldsymbol{X}^{(1)\prime}\boldsymbol{X}^{(1)}\end{pmatrix}. \tag{8.11.4}$$

Nach diesen vorbereitenden Bemerkungen wollen wir einen weiteren Vorteil des Ansatzes von DHRYMES nutzen, nämlich die Möglichkeit, lineare Restriktionen über das transformierte Modell in die ökonometrischen Schätzverfahren einfließen zu lassen. Wir setzen dabei voraus, daß die Nullrestriktionen (d. h. $\beta_{ij}=0$ für gewisse i, j) bereits für die Identifizierung genutzt wurden, unsere jetzt verwendeten linearen Restriktionen also echt neue Informationen enthalten.

Wir betrachten den Fall stochastischer linearer Restriktionen (vgl. auch 4.2.)

$$\boldsymbol{r}=\boldsymbol{R}\boldsymbol{\delta}_1+\boldsymbol{d}\,. \tag{8.11.5}$$

Dabei ist $\boldsymbol{r}$ ein zufälliger $(J\times 1)$-Vektor, dessen Realisierung bekannt sei,
$\boldsymbol{R}$ eine bekannte $(J\times J_1+J_2)$-Matrix vom Rang $J<J_1+J_2$,
$\boldsymbol{d}$ ein zufälliger $(J\times 1)$-Fehlervektor mit

$$\mathsf{E}\boldsymbol{d}=\boldsymbol{0},\quad \mathsf{E}\boldsymbol{d}\boldsymbol{d}'=\boldsymbol{V}\ \text{(positiv definit)}$$

und

$$\mathsf{E}\boldsymbol{d}\boldsymbol{U}_1'=\boldsymbol{0}\,.$$

Betrachten wir wieder die erste Gleichung (8.11.1) des ökonometrischen Modells:

$$\boldsymbol{y}_0^{(1)}=(\boldsymbol{Y}_{.}^{(1)},\boldsymbol{X}^{(1)})\begin{pmatrix}\boldsymbol{\Gamma}_{1.}^{(1)}\\ \boldsymbol{B}_1^{(1)}\end{pmatrix}+\boldsymbol{U}_1$$

oder, anders geschrieben,

$$\boldsymbol{y}_0^{(1)}=\tilde{\boldsymbol{Z}}_1\boldsymbol{\delta}_1+\boldsymbol{U}_1\,. \tag{8.11.6}$$

Unser Ziel ist die Herleitung einer restriktiven 2-KQS. Wir betrachten deshalb wieder folgenden Ansatz (vgl. auch (4.2.2))

$$\begin{pmatrix}\boldsymbol{y}_0^{(1)}\\ \boldsymbol{r}\end{pmatrix}=\begin{pmatrix}\tilde{\boldsymbol{Z}}_1\\ \boldsymbol{R}\end{pmatrix}\boldsymbol{\delta}_1+\begin{pmatrix}\boldsymbol{U}_1\\ \boldsymbol{d}\end{pmatrix}, \tag{8.11.7}$$

der die Restriktionen mit in das Stichprobenmodell aufnimmt. Wir spalten die Gesamtrestriktionen (8.11.5) auf:

$$\boldsymbol{r}=\boldsymbol{R}_1\boldsymbol{\Gamma}_{1.}^{(1)}+\boldsymbol{R}_2\boldsymbol{B}_1^{(1)}+\boldsymbol{d},$$

wobei $\boldsymbol{R}_1$ eine $(J \times J_1)$-Matrix und

$\boldsymbol{R}_2$ eine $(J \times J_2)$-Matrix mit

$$\text{Rang } \boldsymbol{R}_2 = J_2 \geqq J \tag{8.11.8}$$

ist.

Die (8.11.7) entsprechende Modellerweiterung des Gesamtsystems hätte dann die Gestalt

$$\begin{pmatrix} \boldsymbol{Y} & 0 \\ 0 & \boldsymbol{R}_1 \end{pmatrix} \begin{pmatrix} \boldsymbol{\Gamma} & 0 \\ 0 & \boldsymbol{\Gamma}_{1.}^{(1)} \end{pmatrix} + \begin{pmatrix} \boldsymbol{X} & 0 \\ 0 & \boldsymbol{R}_2 \end{pmatrix} \begin{pmatrix} \boldsymbol{B} & 0 \\ 0 & \boldsymbol{B}_1^{(1)} \end{pmatrix} + \begin{pmatrix} \boldsymbol{U} & 0 \\ 0 & \boldsymbol{d} - \boldsymbol{r} \end{pmatrix} = 0 \,. \tag{8.11.9}$$

Damit ist die Matrix (vom Typ $(T+J) \times (K+J_2)$)

$$\tilde{\boldsymbol{X}} = \begin{pmatrix} \boldsymbol{X} & 0 \\ 0 & \boldsymbol{R}_2 \end{pmatrix},$$

die alle prädeterminierten „Variablen" des Systems enthält, für die Transformation der restriktiven strukturellen Gleichung (8.11.7) einzusetzen. Der Übergang von der restriktiven strukturellen Gleichung (8.11.7) zu

$$\tilde{\boldsymbol{X}}' \begin{pmatrix} \boldsymbol{y}_0^{(1)} \\ \boldsymbol{r} \end{pmatrix} = \tilde{\boldsymbol{X}}' \begin{pmatrix} \tilde{\boldsymbol{Z}}_1 \\ \boldsymbol{R} \end{pmatrix} \boldsymbol{\delta}_1 + \tilde{\boldsymbol{X}}' \begin{pmatrix} \boldsymbol{U}_1 \\ \boldsymbol{d} \end{pmatrix} \tag{8.11.10}$$

entspricht also dem analogen Übergang von (8.11.1) zu (8.11.2), da die Transformation in beiden Fällen mit der jeweiligen Matrix der Variablen, die zur Koeffizientenmatrix $\boldsymbol{B}$ gehören, durchgeführt wurde.

Führen wir die Bezeichnungen $\tilde{\boldsymbol{y}}_1$, $\tilde{\boldsymbol{Z}}$ und $\tilde{\boldsymbol{U}}_1$ für die entsprechenden Vektoren bzw. Matrizen ein, so erhalten wir (8.11.10) in der Gestalt

$$\tilde{\boldsymbol{X}}'\tilde{\boldsymbol{y}}_1 = \tilde{\boldsymbol{X}}'\tilde{\boldsymbol{Z}}\boldsymbol{\delta}_1 + \tilde{\boldsymbol{X}}'\tilde{\boldsymbol{U}}_1 \,.$$

Entsprechend den obigen Ausführungen über die Kovarianzmatrix von $\boldsymbol{X}'\boldsymbol{U}_1$ gilt für die Kovarianzmatrix von $\tilde{\boldsymbol{X}}'\tilde{\boldsymbol{U}}_1$ zumindest approximativ

$$\mathsf{E}\tilde{\boldsymbol{X}}'\tilde{\boldsymbol{U}}_1\tilde{\boldsymbol{U}}_1'\tilde{\boldsymbol{X}} = \tilde{\boldsymbol{X}}'\boldsymbol{\Phi}\tilde{\boldsymbol{X}}$$

mit

$$\boldsymbol{\Phi} = \begin{pmatrix} \sigma_1^2 \boldsymbol{I} & 0 \\ 0 & \boldsymbol{V} \end{pmatrix}.$$

Da Rang $\boldsymbol{X} = K$ und Rang $\boldsymbol{R}_2 = J_2$ vorausgesetzt wurde, gilt Rang $\tilde{\boldsymbol{X}} = K + J_2$, so daß $\tilde{\boldsymbol{X}}'\boldsymbol{\Phi}\tilde{\boldsymbol{X}}$ positiv definit ist (Satz A5). Damit kann die Aitken-Schätzung von $\boldsymbol{\delta}_1$ in der transformierten restriktiven ersten strukturellen Gleichung (8.11.10) gebildet werden:

$$\boldsymbol{d}_1 = [\tilde{\boldsymbol{Z}}'\tilde{\boldsymbol{X}}(\tilde{\boldsymbol{X}}'\boldsymbol{\Phi}\tilde{\boldsymbol{X}})^{-1}\tilde{\boldsymbol{X}}'\tilde{\boldsymbol{Z}}]^{-1}\tilde{\boldsymbol{Z}}'\tilde{\boldsymbol{X}}(\tilde{\boldsymbol{X}}'\boldsymbol{\Phi}\tilde{\boldsymbol{X}})^{-1}\tilde{\boldsymbol{X}}'\tilde{\boldsymbol{y}}_0^{(1)} \,, \tag{8.11.11}$$

wobei folgende Relationen bestehen:

$$(\tilde{\boldsymbol{Z}}'\tilde{\boldsymbol{X}}(\tilde{\boldsymbol{X}}'\boldsymbol{\Phi}\tilde{\boldsymbol{X}})^{-1}\tilde{\boldsymbol{X}}'\tilde{\boldsymbol{Z}}) = \begin{pmatrix} \tilde{\boldsymbol{Z}}_1 \\ \boldsymbol{R} \end{pmatrix}' \tilde{\boldsymbol{X}}(\tilde{\boldsymbol{X}}'\boldsymbol{\Phi}\tilde{\boldsymbol{X}})^{-1}\tilde{\boldsymbol{X}}' \begin{pmatrix} \tilde{\boldsymbol{Z}}_1 \\ \boldsymbol{R} \end{pmatrix} \tag{8.11.12}$$

$$= \begin{pmatrix} \tilde{\boldsymbol{Z}}_1 \\ \boldsymbol{R} \end{pmatrix}' \tilde{\boldsymbol{X}} \begin{pmatrix} \sigma_1^2 \boldsymbol{X}'\boldsymbol{X} & 0 \\ 0 & \boldsymbol{R}_2'\boldsymbol{V}\boldsymbol{R}_2 \end{pmatrix}^{-1} \tilde{\boldsymbol{X}}' \begin{pmatrix} \tilde{\boldsymbol{Z}}_1 \\ \boldsymbol{R} \end{pmatrix}$$

$$= (\tilde{Z}_1'X, R'R_2)\begin{pmatrix}\sigma_1^{-2}(X'X)^{-1} & 0\\ 0 & (R_2'VR_2)^{-1}\end{pmatrix}\begin{pmatrix}X'\tilde{Z}_1\\ R_2'R\end{pmatrix}$$

$$= (\sigma_1^{-2}\tilde{Z}_1'X(X'X)^{-1}, R'R_2\,(R_2'VR_2)^{-1})\begin{pmatrix}X'\tilde{Z}_1\\ R_2'R\end{pmatrix}$$

$$= \sigma_1^{-2}\tilde{Z}_1'X(X'X)^{-1}\,X'\tilde{Z}_1 + R'R_2(R_2'VR_2)^{-1}\,R_2'R$$

$$= B$$

und ferner

$$\tilde{Z}'\tilde{X}(\tilde{X}'\Phi\tilde{X})^{-1}\,\tilde{X}'\tilde{y}_1 = \begin{pmatrix}\tilde{Z}_1\\ R\end{pmatrix}'\,\tilde{X}(\tilde{X}'\Phi\tilde{X})^{-1}\,\tilde{X}'\begin{pmatrix}y_0^{(1)}\\ r\end{pmatrix}$$

$$= (\sigma_1^{-2}\tilde{Z}_1'X(X'X)^{-1}, R'R_2\,(R_2'VR_2)^{-1})\begin{pmatrix}X'y_0^{(1)}\\ R_2'r\end{pmatrix}$$

$$= \sigma_1^{-2}\tilde{Z}_1'X(X'X)^{-1}\,X'y_0^{(1)} + R'R_2\,(R_2'VR_2)^{-1}\,R_2'r\,.$$

Damit nimmt d_1 folgende Gestalt an:

$$d_1 = B^{-1}\,[\sigma_1^{-2}\tilde{Z}_1'X(X'X)^{-1}\,X'y_0^{(1)} + R'R_2(R_2'VR_2)^{-1}\,R_2'r]\,.$$

Da $y_0^{(1)} = \tilde{Z}_1'\delta_1 + U_1$ und $r = R\delta_1 + d$ gelten, ergibt sich für d_1:

$$d_1 = \delta_1 + B^{-1}\,[\sigma_1^{-2}\tilde{Z}_1'X(X'X)^{-1}\,X'U_1 + R'R_2(R_2'VR_2)^{-1}\,R_2'd]\,.$$

Wegen der Identität der 2-KQS des Parameters δ_1 mit der AITKEN-Schätzung im entsprechend transformierten Modell kann die hergeleitete Schätzung d_1 als restriktive 2-KQS aufgefaßt werden (vgl. Satz 8.3.).

Wir überprüfen nun, ob die restriktive Schätzung d_1 (8.11.11) eine Verbesserung der 2-KQS $\bar{\delta}_1$ (8.11.3) im Sinne des Kriteriums der asymptotischen Effizienz darstellt.

Die AITKEN-Schätzung d_1 ist eine konsistente Schätzung, wie man leicht nachprüft. Es ist also zu zeigen, daß $\bar{V}\bar{\delta}_1 - \bar{V}d_1$ nichtnegativ definit ist.

Wir geben hier zunächst (ohne den Beweis auszuführen) die asymptotische Kovarianzmatrix der 2-KQS an:

$$\bar{V}(\bar{\delta}_1) = T^{-1}\sigma_1^2\begin{pmatrix}\Pi^{(1)}\Sigma_{XX}\Pi^{(1)} & \Pi^{(1)\prime}\Sigma_{1X}\\ \Sigma_{1X}'\Pi^{(1)} & \Sigma_{11}\end{pmatrix}^{-1}. \tag{8.11.13}$$

Berechnen wir mit Hilfe der Beziehung (8.11.12) die asymptotische Kovarianzmatrix der restriktiven Zwei-Stufen-Schätzung d_1, so erhalten wir

$$\bar{V}(d_1) = T^{-1}\operatorname{plim} TB^{-1} = T^{-1}\{[\bar{V}(\bar{\delta}_1)]^{-1} + R'R_2(R_2'VR_2)\,R_2'R\}^{-1}. \tag{8.11.14}$$

Der erste Ausdruck in B (8.11.12) und (8.11.5) sind identisch. Ferner sind R, R_2 und V nichtstochastisch, so daß ihr Wert durch den Grenzübergang plim nicht beeinflußt wird. Die Matrix $\boldsymbol{R}'\boldsymbol{R}_2(\boldsymbol{R}_2'\boldsymbol{V}\boldsymbol{R}_2)^{-1}\,\boldsymbol{R}_2'\boldsymbol{R}$ ist nichtnegativ definit.

Wenden wir auf (8.11.14) den Satz A11 an, so erhalten wir das gewünschte Resultat:

$$\bar{\mathsf{V}}(\bar{\boldsymbol{\delta}}_1) - \bar{\mathsf{V}}(\boldsymbol{d}_1) \quad \text{nichtnegativ definit.} \tag{8.11.15}$$

Satz 8.4. *Es seien o. B. d. A. die erste strukturelle Gleichung eines ökonometrischen Modells sowie zusätzliche Restriktionen an die Parameter dieser strukturellen Gleichung gegeben:*

$$\boldsymbol{y}_0^{(1)} = \boldsymbol{Y}^{(1)}_{.}\boldsymbol{\Gamma}^{(1)}_{1.} + \boldsymbol{X}^{(1)}\boldsymbol{B}^{(1)}_{1} + \boldsymbol{U}_1 = \tilde{\boldsymbol{Z}}_1\boldsymbol{\delta}_1 + \boldsymbol{U}_1,$$
$$\boldsymbol{r} = \boldsymbol{R}_1\boldsymbol{\Gamma}^{(1)}_{1.} + \boldsymbol{R}_2\boldsymbol{B}^{(1)}_{1} + \boldsymbol{d}\,,$$

wobei notwendig Rang $\boldsymbol{R}_2 = J_2$ *gelten muß. Dann hat die restriktive* 2-KQS *des Parametervektors* $\boldsymbol{\delta}_1 = \begin{pmatrix}\boldsymbol{\Gamma}^{(1)}_{1.}\\ \boldsymbol{B}^{(1)}_{1}\end{pmatrix}$ *die Gestalt* (8.11.11), *d. h.*

$$\boldsymbol{d}_1 = [\tilde{\boldsymbol{Z}}'\tilde{\boldsymbol{X}}(\tilde{\boldsymbol{X}}'\boldsymbol{\Phi}\tilde{\boldsymbol{X}})^{-1}\,\tilde{\boldsymbol{X}}'\tilde{\boldsymbol{Z}}]^{-1}\,\tilde{\boldsymbol{Z}}'\tilde{\boldsymbol{X}}(\tilde{\boldsymbol{X}}'\boldsymbol{\Phi}\tilde{\boldsymbol{X}})^{-1}\,\tilde{\boldsymbol{X}}'\boldsymbol{y}_0^{(1)}\,.$$

Diese restriktive zweistufige Kleinste-Quadrat-Schätzung ist konsistent und asymptotisch effizienter als die bisher bekannte 2-KQS $\bar{\boldsymbol{\delta}}_1$, *d. h., es gilt*

$$\bar{\mathsf{V}}^{-1}(\boldsymbol{d}_1) - \bar{\mathsf{V}}^{-1}(\bar{\boldsymbol{\delta}}_1) = \boldsymbol{R}'\boldsymbol{R}_2(\boldsymbol{R}_2'\boldsymbol{V}\boldsymbol{R}_2)^{-1}\,\boldsymbol{R}_2'\boldsymbol{R} \tag{8.11.16}$$

nichtnegativ definit.

Beispiel. Wir wollen nun den durch Satz 8.4. gesicherten Gewinn an Wirksamkeit am Beispiel des ökonometrischen Modells der DDR (vgl. 4.7.) demonstrieren. Wir betrachten dazu folgendes 2-Gleichungs-System aus den Gleichungen (4.7.2) und (4.7.3)

$$\text{BIPC} = \beta_{10} + \beta_{11}\text{BIPE} + \boldsymbol{u}_1$$
$$\text{FIPC} = \beta_{20} + \beta_{21}\text{BIPC} + \beta_{22}\text{UIPC}_{-1} + \boldsymbol{u}_2\,.$$

Wir bezeichnen BIPC mit $\boldsymbol{Y}^{(1)}$,
FIPC mit $\boldsymbol{Y}^{(2)}$,
BIPE mit $\boldsymbol{X}^{(1)}$
und UIPC$_{-1}$ mit $\boldsymbol{X}^{(2)}$.

$\boldsymbol{Y}^{(1)}$ und $\boldsymbol{Y}^{(2)}$ sind die gemeinsam abhängigen Variablen, $\boldsymbol{X}^{(1)}$, $\boldsymbol{X}^{(2)}$ und die konstante Scheinvariable 1 sind prädeterminiert.

Die notwendige Bedingung zur Identifizierbarkeit ist in beiden Gleichungen erfüllt:

1. Gleichung: $J_{02} = 1$, $J_1 = 1$,
d. h. $J_{02} \geqq J_1 - 1$ ist erfüllt.
2. Gleichung: $J_{02} = 1$, $J_1 = 2$,
also gilt $J_{02} = J_1 - 1$.

Wir betrachten die zweite Gleichung des Modells und vergleichen die Varianzen der 2-KQS und der restriktiven 2-KQS.

Wir berechnen zunächst die geschätzte Kovarianzmatrix der 2-KQS (vgl. (8.11.5)). Auf Grund der Ausgangsdaten erhalten wir folgende Matrizen:

$$\boldsymbol{X}=\begin{pmatrix}1 & x_{11} & x_{21}\\ \vdots & \vdots & \vdots\\ 1 & x_{19} & x_{29}\end{pmatrix}$$

$$\boldsymbol{X}'\boldsymbol{X}=\begin{bmatrix}9{,}000 & 190{,}095 & 141{,}851\\ 190{,}095 & 4875{,}245 & 3526{,}392\\ 141{,}851 & 3526{,}392 & 2579{,}852\end{bmatrix}$$

$$(\boldsymbol{X}'\boldsymbol{X})^{-1}=\begin{bmatrix}136811{,}720 & 9805{,}194 & -20925{,}166\\ 9805{,}194 & 3096{,}964 & -4772{,}316\\ -20925{,}166 & -4772{,}361 & 7723{,}093\end{bmatrix}$$

$$\boldsymbol{Y}^{(1)\prime}\boldsymbol{X}=[217{,}213 \quad 5136{,}197 \quad 3723{,}902]$$

$$\boldsymbol{Y}^{(1)\prime}\boldsymbol{X}(\boldsymbol{X}'\boldsymbol{X})^{-1}\boldsymbol{X}'\boldsymbol{Y}^{(1)}=5792{,}90$$

$$\boldsymbol{Y}^{(1)\prime}(1,\boldsymbol{X}^{(2)})=[217{,}213 \quad 3723{,}902]$$

$$(1,\boldsymbol{X}^{(2)})'(1,\boldsymbol{X}^{(2)})=\begin{bmatrix}9{,}000 & 147{,}851\\ 147{,}851 & 2579{,}851\end{bmatrix}$$

$$\begin{bmatrix}\boldsymbol{Y}^{(1)\prime}\boldsymbol{X}(\boldsymbol{X}'\boldsymbol{X})^{-1}\boldsymbol{X}'\boldsymbol{Y}^{(1)} & \boldsymbol{Y}^{(1)\prime}(1,\boldsymbol{X}^{(2)})\\ (1,\boldsymbol{X}^{(2)})'\boldsymbol{Y}^{(1)} & (1,\boldsymbol{X}^{(2)})'(1,\boldsymbol{X}^{(2)})\end{bmatrix}^{-1}$$

$$=\begin{bmatrix}0{,}00254 & -0{,}01831 & -0{,}00261\\ -0{,}01831 & 2{,}01440 & -0{,}08901\\ -0{,}00261 & -0{,}08904 & 0{,}00926\end{bmatrix}.$$

Wir berechnen jetzt die KQS für σ_2^2:

$$\hat{\sigma}_2^2=\sqrt{\frac{1}{7}(\boldsymbol{Y}^{(2)}-\boldsymbol{X}\hat{\boldsymbol{\beta}})'(\boldsymbol{Y}^{(2)}-\boldsymbol{X}\hat{\boldsymbol{\beta}})},$$

wobei $\boldsymbol{X}=(\boldsymbol{Y}^{(1)},\boldsymbol{X}^{(2)})$ gilt und $\hat{\boldsymbol{\beta}}$ die gewöhnliche KQS ist. Es ist

$$\hat{\sigma}_2^2=0{,}522.$$

Damit nimmt die geschätzte Kovarianzmatrix der 2-KQS folgenden Wert an:

$$\hat{\sigma}_2^2\begin{bmatrix}\boldsymbol{Y}^{(1)\prime}\boldsymbol{X}(\boldsymbol{X}'\boldsymbol{X})^{-1}\boldsymbol{X}'\boldsymbol{Y}^{(1)} & \boldsymbol{Y}^{(1)\prime}(1,\boldsymbol{X}^{(2)})\\ (1,\boldsymbol{X}^{(2)})'\boldsymbol{Y}^{(1)} & (1,\boldsymbol{X}^{(2)})'(1,\boldsymbol{X}^{(2)})\end{bmatrix}^{-1}$$

$$=\begin{bmatrix}0{,}00136 & -0{,}00956 & -0{,}00127\\ -0{,}00956 & 1{,}05152 & 0{,}04646\\ -0{,}00127 & 0{,}04646 & 0{,}00483\end{bmatrix}. \tag{8.11.17}$$

Für die zweite Gleichung sind uns folgende Restriktionen gegeben:

$$\boldsymbol{r}=\boldsymbol{R}\begin{pmatrix}\beta_{20}\\ \beta_{21}\\ \beta_{22}\end{pmatrix}+\boldsymbol{d}$$

mit

$$\boldsymbol{r}=\begin{bmatrix}0\\ 1{,}5\end{bmatrix};\quad \boldsymbol{R}=\begin{bmatrix}1 & 0 & -3\\ 0 & 1 & 0\end{bmatrix},\quad \text{wobei}\quad \boldsymbol{R}_1=\begin{bmatrix}1\\ 0\end{bmatrix}\quad \text{und}\quad \boldsymbol{R}_2=\begin{bmatrix}0 & -3\\ 1 & 0\end{bmatrix} \tag{8.11.18}$$

sind. J nimmt also den Wert 2 an. Es treten zwei exogene Größen auf. Damit ist die Bedingung Rang $\boldsymbol{R}_2 = J_2 \geqq J$ erfüllt.

Damit wir die geschätzte Kovarianzmatrix der restriktiven 2-KQS berechnen können, ist es notwendig, die Varianz von d_1 und d_2 zu bestimmen. Aus Abschnitt 4.7. ist zu entnehmen, daß β_{20} fast sicher im Intervall [1,2; 1,8) und $\beta_{21} - 3\beta_{22}$ im Intervall [−0,2; 0,2] liegen. (±0,3 und ±0,2 sind ungefähr die 3σ-Grenzen von d_1 und d_2).

Wir berechnen $\sigma_{d_1}^2$ und $\sigma_{d_2}^2$ nach der (bei TOUTENBURG [9], S. 89 angegebenen) Regel: $3\sigma_d = \frac{b-a}{2}$, falls $\beta_i \in [a, b]$.

$$3\sigma_{d_1} = \frac{0,4}{2} = 0,2; \quad \sigma_{d_1}^2 = 0,0044;$$

$$3\sigma_{d_2} = \frac{1,8 - 1,2}{2} = 0,3; \quad \sigma_{d_2}^2 = 0,0100 .$$

Damit nimmt die Matrix $\boldsymbol{V}$ folgende Gestalt an:

$$\mathsf{E}\boldsymbol{d}\boldsymbol{d}' = \boldsymbol{V} = \begin{bmatrix} 0,0044 & 0 \\ 0 & 0,0100 \end{bmatrix}.$$

Wir wollen nun die geschätzte Kovarianzmatrix der restriktiven 2-KQS berechnen. Wir erhalten folgende Matrizen:

$$\boldsymbol{R}'\boldsymbol{R}_2(\boldsymbol{R}_2'\boldsymbol{V}\boldsymbol{R}_2)^{-1}\boldsymbol{R}_2'\boldsymbol{R} = \begin{pmatrix} 227,27273 & 0 & -681,81818 \\ 0 & 99,\bar{9} & 0 \\ -681,81818 & 0 & 2045,45460 \end{pmatrix},$$

$$\left(\hat{\sigma}_2^{-2}\begin{pmatrix} \boldsymbol{Y}^{(1)\prime}\boldsymbol{X}(\boldsymbol{X}'\boldsymbol{X})^{-1}\boldsymbol{X}'\boldsymbol{Y}^{(1)} & \boldsymbol{Y}^{(1)\prime}(\boldsymbol{1}, \boldsymbol{X}^{(2)}) \\ (\boldsymbol{1}, \boldsymbol{X}^{(2)})'\boldsymbol{Y}^{(1)} & (\boldsymbol{1}, \boldsymbol{X}^{(2)})'(\boldsymbol{1}, \boldsymbol{X}^{(2)}) \end{pmatrix} + \boldsymbol{R}'\boldsymbol{R}_2(\boldsymbol{R}_2'\boldsymbol{V}\boldsymbol{R}_2)^{-1}\boldsymbol{R}_2'\boldsymbol{R}\right)^{-1}$$

$$= \begin{pmatrix} 0,00019434 & -0,00028425 & -0,00016807 \\ -0,00024425 & 0,00987058 & -0,00013766 \\ -0,00016807 & -0,00013766 & 0,00030380 \end{pmatrix}. \tag{8.11.19}$$

Aus der geschätzten Kovarianzmatrix (8.11.17) der 2-KQS ergeben sich für die geschätzten Parameter folgende Varianzen:

$$\mathrm{Var}\,\bar{\beta}_{21} = 0,00136, \quad \mathrm{Var}\,\bar{\beta}_{20} = 1,05152, \quad \mathrm{Var}\,\bar{\beta}_{22} = 0,00483.$$

Aus der geschätzten Kovarianzmatrix (8.11.19) der restriktiven 2-KQS ergeben sich für die geschätzten Parameter folgende Varianzen:

$$\mathrm{Var}\,b_{21} = 0,00019434, \quad \mathrm{Var}\,b_{20} = 0,00987058, \quad \mathrm{Var}\,b_{22} = 0,00030380.$$

Damit erniedrigt die restriktive 2-KQS die Varianz der Schätzung
von β_{20} um 99,06%,
von β_{21} um 85,71%,
von β_{22} um 93,71%.

Wir berechnen jetzt das Risiko der ex-post-Vorhersage zum Index der letzten Beobachtung.

Für die 2-KQS erhalten wir:

$$\boldsymbol{a}'\left(\hat{\sigma}_2^2\begin{bmatrix}\boldsymbol{Y}^{(1)\prime}\boldsymbol{X}(\boldsymbol{X}'\boldsymbol{X})^{-1}\boldsymbol{X}'\boldsymbol{Y}^{(1)} & \boldsymbol{Y}^{(1)\prime}(1, \boldsymbol{X}^{(2)}) \\ (1, \boldsymbol{X}^{(2)})'\boldsymbol{Y}^{(1)} & (1, \boldsymbol{X}^{(2)})'(1, \boldsymbol{X}^{(2)})\end{bmatrix}^{-1}\right)\boldsymbol{a} = 4{,}80461,$$

wobei $\boldsymbol{a}$ der Vektor der letzten Beobachtungen von $(\boldsymbol{Y}^{(1)}, 1, \boldsymbol{X}^{(2)})$ ist.

Für die restriktive 2-KQS erhalten wir:

$$\boldsymbol{a}'\left(\hat{\sigma}_2^{-2}\begin{bmatrix}\boldsymbol{Y}^{(1)\prime}\boldsymbol{X}(\boldsymbol{X}'\boldsymbol{X})^{-1}\boldsymbol{X}'\boldsymbol{Y}^{(1)} & \boldsymbol{Y}^{(1)\prime}(1, \boldsymbol{X}^{(2)}) \\ (1, \boldsymbol{X}^{(2)})'\boldsymbol{Y}^{(1)} & (1, \boldsymbol{X}^{(2)})'(1, \boldsymbol{X}^{(2)})\end{bmatrix}\right.$$

$$\left.+\boldsymbol{R}'\boldsymbol{R}_2(\boldsymbol{R}_2'\boldsymbol{V}\boldsymbol{R}_2)^{-1}\boldsymbol{R}_2'\boldsymbol{R}\right)^{-1}\boldsymbol{a} = 0{,}095338\,.$$

Die ex-post-Vorhersage mit der restriktiven 2-KQS vermindert das Vorhersagerisiko gegenüber der ex-post-Vorhersage mit der 2-KQS um 98,02%.

Wir sehen also, daß bei Verwendung von linearen Restriktionen an eine Gleichung des ökonometrischen Modells die Varianzen der Schätzungen erheblich erniedrigt werden können.

Wie aus dem Beispiel hervorgeht, kann auch das Vorhersagerisiko der ex-post-Vorhersage bei Verwendung linearer Restriktionen erheblich vermindert werden.

Tabellen

Tabelle 1

Entscheidung zwischen dem vollen Modell $\boldsymbol{y} = \boldsymbol{X}_1\boldsymbol{\beta}_1 + \boldsymbol{X}_2\boldsymbol{\beta}_2 + \boldsymbol{u}$, $\boldsymbol{u} \sim N(0, \sigma^2\boldsymbol{W})$ und dem reduzierten Modell

$$\boldsymbol{y} = \boldsymbol{X}_1\boldsymbol{\beta}_1 + \boldsymbol{u}$$

anhand der jeweils optimalen klassischen Vorhersagen

$$\hat{p} = \boldsymbol{x}_*'\boldsymbol{b} \quad \text{mit} \quad \boldsymbol{b} = \boldsymbol{S}^{-1}\boldsymbol{X}'\boldsymbol{W}^{-1}\boldsymbol{y}, \quad \hat{p} \sim N(\mu, \sigma_p^2)$$

und

$$\hat{p}_2 = \boldsymbol{x}_*'\boldsymbol{b}_2 \quad \text{mit} \quad \boldsymbol{b}_2 = \boldsymbol{b} + \boldsymbol{S}^{-1}\boldsymbol{R}'(\boldsymbol{R}\boldsymbol{S}^{-1}\boldsymbol{R}')^{-1}(\boldsymbol{r} - \boldsymbol{R}\boldsymbol{b}),$$

$$\boldsymbol{r} = \boldsymbol{0}, \quad \boldsymbol{R} = (\boldsymbol{I}, \boldsymbol{0}), \quad \hat{p}_2 \sim N(\mu + \gamma, \sigma_2^2)$$

nach dem Kriterium

$$\mathsf{P}\{|\hat{p}_2 - \mu| < k\} \geqq \mathsf{P}\{|\hat{p} - \mu| < k\} + b\,.$$

Das reduzierte Modell wird bevorzugt, wenn $|\gamma/\sigma_R| < \delta_2$ gilt (vgl. (5.4.18)).

Kritische Werte $\boldsymbol{\delta_2}$

b	$\frac{k}{\sigma}$	$\frac{\sigma_p}{\sigma} = 1$			$\frac{\sigma_p}{\sigma} = 2$		
		$\frac{\sigma_2}{\sigma} = 0{,}25$	0,5	0,8	0,5	1	1,5
−0,2	1	1,04	1,18	1,70	0,75	1,10	1,70
−0,2	2	1,89	1,91	2,41	1,04	1,18	1,54
−0,2	3	2,88	2,92	3,89	1,44	1,48	1,78
−0,1	1	0,98	1,03	1,35	0,63	0,90	1,30
−0,1	2	1,79	1,70	2,05	0,98	1,03	1,25
−0,1	3	2,77	2,73	3,32	1,36	1,31	1,44
0	1	0,91	0,89	0,93	0,59	0,73	0,88
0	2	1,63	1,33	1,08	0,91	1,46	0,92
0	3	2,32	1,73	1,31	1,26	1,09	1,01
0,1	1	0,83	0,71	0,21	0,53	0,57	0,30
0,2	1	0,73	0,47	*	0,46	0,39	*
0,3	1	0,49	*	*	0,39	*	*

(* Die obige Gleichung ist für diese Eingangswerte nicht erfüllbar, d. h., $\hat{p}$ ist immer zu bevorzugen.)

Tabelle 2

Das reduzierte Modell $\boldsymbol{y} = \boldsymbol{X}_1\boldsymbol{\beta}_1 + \boldsymbol{u}$ wird gegenüber dem vollen Modell $\boldsymbol{y} = \boldsymbol{X}_1\boldsymbol{\beta}_1 + \boldsymbol{X}_2\boldsymbol{\beta}_2 + \boldsymbol{u}$ bevorzugt, wenn (vgl. (5.4.16))

$$\mathsf{P}\,\{|\hat{p}_2 - \mu| < |\hat{p} - \mu|\} > 0{,}5 + c,$$

also $|\gamma/\sigma_R| < \delta_3$ gilt.

Die folgende Tabelle enthält bei Voraussetzung von $\boldsymbol{w} = \boldsymbol{0}$ die Werte der Steuervariablen c für kritische Werte δ_3 und Werte $\varrho = 0, 0{,}1, \ldots, 0{,}9$ so, daß

$$\mathsf{P}\,\{|\hat{p}_2 - \mu| < |\hat{p} - \mu|\} = 0{,}5 + c = 2 - \{\Phi(\delta_3) + \Phi(\delta_3\varrho) + 2P^*(\delta_3\varrho, \delta_3)\}$$

gilt. Dabei ist Φ die Verteilungsfunktion der $N(0,1)$-Verteilung und P^* die Verteilungsfunktion der zweidimensionalen Normalverteilung $N\left[(0,0), \begin{pmatrix} 1 & \varrho \\ \varrho & 1 \end{pmatrix}\right]$ mit

$$\varrho = \frac{1}{2}\sigma_R \left(\sigma_p^2 - \frac{3}{4}\sigma_R^2\right)^{-1/2} \quad (\sigma_p, \sigma_R \text{ aus (5.4.4), (5.4.9) mit } \boldsymbol{w} = \boldsymbol{0}).$$

$\delta_3 \backslash \varrho$	0,1	0,2	0,3	0,4	0,5	0,6	0,7	0,8	0,9
0	0,032	0,065	0,097	0,131	0,167	0,205	0,247	0,296	0,357
0,2	0,030	0,061	0,094	0,123	0,158	0,189	0,226	0,265	0,310
0,4	0,025	0,051	0,073	0,098	0,121	0,144	0,167	0,185	0,137
0,6	0,017	0,032	0,054	0,059	0,070	0,080	0,083	0,081	0,069
0,8	0,004	0,006	0,011	0,012	0,009	0,002	−0,011	−0,030	−0,053
1,0	−0,008	−0,017	−0,028	−0,041	−0,058	−0,078	−0,103	−0,130	−0,158
1,2	−0,022	−0,044	−0,068	−0,094	−0,123	−0,154	−0,186	−0,217	−0,245
1,4	−0,035	−0,070	−0,107	−0,145	−0,183	−0,221	−0,256	−0,288	−0,316
1,6	−0,048	−0,096	−0,144	−0,191	−0,236	−0,278	−0,314	−0,345	−0,371
1,8	−0,061	−0,119	−0,181	−0,231	−0,280	−0,325	−0,361	−0,400	−0,412
2	−0,072	−0,141	−0,210	−0,267	−0,319	−0,363	−0,397	−0,423	−0,442

Anhang A

Projektionen

Satz A1. *Es sei* $\boldsymbol{A}$ *eine* $m \times n$*-Matrix und* $\boldsymbol{x}$ *ein* $n \times 1$*-Vektor. Dann gilt*

$$\boldsymbol{A}'\boldsymbol{A}\boldsymbol{x} = \boldsymbol{0} \quad \textit{genau dann, wenn} \quad \boldsymbol{A}\boldsymbol{x} = \boldsymbol{0}.$$

Beweis:

a) Aus $\boldsymbol{A}\boldsymbol{x} = \boldsymbol{0}$ folgt durch Linksmultiplikation mit $\boldsymbol{A}'$

$$\boldsymbol{A}'\boldsymbol{A}\boldsymbol{x} = \boldsymbol{0}\,.$$

b) Mit $\boldsymbol{A}'\boldsymbol{A}\boldsymbol{x} = \boldsymbol{0}$ gilt auch $\boldsymbol{x}'\boldsymbol{A}'\boldsymbol{A}\boldsymbol{x} = (\boldsymbol{A}\boldsymbol{x})'\,(\boldsymbol{A}\boldsymbol{x}) = \boldsymbol{0}$.
Es sei $\boldsymbol{A}\boldsymbol{x} = \boldsymbol{y}$, so folgt aus $\boldsymbol{y}'\boldsymbol{y} = \Sigma y_i^2 = 0$ direkt $\boldsymbol{y} = \boldsymbol{0}$.

Satz A2. *Es sei* $\boldsymbol{V}$ *ein Vektorraum,* $\boldsymbol{V} \subset \mathrm{R}^T$*, und* $\boldsymbol{P}$ *die orthogonale Projektion des* R^T *auf* $\boldsymbol{V}$*. Dann gilt* $R[\boldsymbol{P}] = \boldsymbol{V}$.

Definite Matrizen

Definition A3. Eine symmetrische Matrix $\boldsymbol{A}$ ist genau dann *positiv definit,* wenn

$$\boldsymbol{x}'\boldsymbol{A}\boldsymbol{x} > 0 \quad \text{für alle} \quad \boldsymbol{x} \neq \boldsymbol{0}\,.$$

Satz A4. *Wenn* $\boldsymbol{A}$ *eine positiv definite* $n \times n$*-Matrix ist, dann gilt*

$$\det(\boldsymbol{A}) = |\boldsymbol{A}| > 0, \quad \text{Rang}\ \boldsymbol{A} = n \quad \textit{und}\ \boldsymbol{A}\ \textit{regulär}.$$

Beweis: siehe Goldberger [1], S. 34–35.

Satz A5. *Es sei* $\boldsymbol{A}$ *eine positiv definite* $n \times n$*-Matrix und* $\boldsymbol{P}$ *eine* $n \times m$*-Matrix vom* Rang $\boldsymbol{P} = m$*. Dann ist* $\boldsymbol{P}'\boldsymbol{A}\boldsymbol{P}$ *positiv definit.* (Speziell gilt also $\boldsymbol{P}'\boldsymbol{P}$ positiv definit.)

Beweis: Es sei $\boldsymbol{y} \neq \boldsymbol{0}$ ein beliebiger Vektor. Dann wird $\boldsymbol{y}'(\boldsymbol{P}'\boldsymbol{A}\boldsymbol{P})\,\boldsymbol{y} = (\boldsymbol{P}\boldsymbol{y})'\boldsymbol{A}(\boldsymbol{P}\boldsymbol{y}) = \boldsymbol{x}'\boldsymbol{A}\boldsymbol{x} > 0$, da $\boldsymbol{A}$ positiv definit ist. Wegen Rang $\boldsymbol{P} = m$ ist nach bekannten Sätzen über lineare inhomogene Gleichungen $\boldsymbol{x} = \boldsymbol{P}\boldsymbol{y} = \boldsymbol{0}$ genau dann, wenn $\boldsymbol{y} = \boldsymbol{0}$.

Satz A6. *Mit* $\boldsymbol{A}$ *ist auch* $\boldsymbol{A}^{-1}$ *positiv definit.*

Beweis: Wir setzen in A5 $\boldsymbol{P} = \boldsymbol{A}^{-1}$, so daß $\boldsymbol{P}'\boldsymbol{A}\boldsymbol{P} = \boldsymbol{A}^{-1}$ wird.

Definition A7. Eine symmetrische Matrix $\boldsymbol{A}$ ist *nichtnegativ definit* (oder positiv semidefinit) genau dann, wenn

$$\boldsymbol{x}'\boldsymbol{A}\boldsymbol{x} \geqq 0 \text{ für alle } \boldsymbol{x} .$$

Satz A8. *Es sei $\boldsymbol{A}$ eine positiv definite $n \times n$-Matrix und $\boldsymbol{P}$ eine $n \times m$-Matrix. Dann ist $\boldsymbol{P}'\boldsymbol{A}\boldsymbol{P}$ mindestens nichtnegativ definit; im Fall $m = n$ und* Rang $\boldsymbol{P} = n$ *ist $\boldsymbol{P}'\boldsymbol{A}\boldsymbol{P}$ positiv definit.*

Beweis: Es ist $\boldsymbol{x}'\boldsymbol{P}'\boldsymbol{A}\boldsymbol{P}\boldsymbol{x} = (\boldsymbol{P}\boldsymbol{x})'\,\boldsymbol{A}(\boldsymbol{P}\boldsymbol{x}) = \boldsymbol{y}'\,\boldsymbol{A}\boldsymbol{y} \geqq 0$, da $\boldsymbol{A}$ positiv definit ist und somit $\boldsymbol{y}'\,\boldsymbol{A}\boldsymbol{y} > 0$ für $\boldsymbol{y} \neq \boldsymbol{0}$ und $\boldsymbol{y}'\boldsymbol{A}\boldsymbol{y} = 0$ für $\boldsymbol{y} = \boldsymbol{0}$ gilt.

Satz A9. *Ist $\boldsymbol{P}$ eine beliebige Matrix, so ist $\boldsymbol{P}'\boldsymbol{P}$ nichtnegativ definit.*

Beweis: Setze in Satz A8 speziell $\boldsymbol{A} = \boldsymbol{I}$.

Satz A10. *Es sei $\boldsymbol{A}$ eine positiv definite $n \times n$-Matrix und $\boldsymbol{B}$ eine nichtnegativ definite $n \times n$-Matrix. Dann ist $\boldsymbol{C} = \boldsymbol{A} + \boldsymbol{B}$ positiv definit.*

Beweis: $\boldsymbol{x}'\boldsymbol{C}\boldsymbol{x} = \boldsymbol{x}'(\boldsymbol{A} + \boldsymbol{B})\,\boldsymbol{x} = \boldsymbol{x}'\boldsymbol{A}\boldsymbol{x} + \boldsymbol{x}'\boldsymbol{B}\boldsymbol{x} > 0$ für $\boldsymbol{x} \neq \boldsymbol{0}$.

Satz A11. *Wenn $\boldsymbol{C} = \boldsymbol{A} + \boldsymbol{B}$ mit $\boldsymbol{A}$ positiv definit und $\boldsymbol{B}$ nichtnegativ definit ist, so gilt*
a) $|\boldsymbol{A}| \leqq |\boldsymbol{C}|$ *und*
b) $\boldsymbol{A}^{-1} - \boldsymbol{C}^{-1}$ *nichtnegativ definit.*

Beweis: siehe Goldberger [1], S. 38.

Spur einer Matrix

Definition A12. Die Hauptdiagonalelemente der $n \times n$-Matrix $\boldsymbol{A}$ seien $a_{11}, \ldots, a_{nn}$. Die *Spur* der Matrix $\boldsymbol{A}$ ist dann

$$\operatorname{sp}(\boldsymbol{A}) = \sum_{i=1}^{n} a_{ii} .$$

Satz A13. *Es seien $\boldsymbol{A}$ und $\boldsymbol{B}$ $n \times n$-Matrizen und c ein Skalar. Dann gilt:*
a) $\operatorname{sp}(\boldsymbol{A} + \boldsymbol{B}) = \operatorname{sp}(\boldsymbol{A}) + \operatorname{sp}(\boldsymbol{B})$,
b) $\operatorname{sp}(\boldsymbol{A}') = \operatorname{sp}(\boldsymbol{A})$,
c) $\operatorname{sp}(c\boldsymbol{A}) = c \operatorname{sp}(\boldsymbol{A})$,
d) $\operatorname{sp}(\boldsymbol{A}\boldsymbol{B}) = \operatorname{sp}(\boldsymbol{B}\boldsymbol{A})$.
[d) gilt auch für den Fall, daß $\boldsymbol{A}$ eine $n \times m$-Matrix und $\boldsymbol{B}$ eine $m \times n$-Matrix ist. Der Beweis von a)–d) ist trivial.]

Satz A14. *Für das Skalarprodukt eines $1 \times n$-Vektors $\boldsymbol{a}' = (a_1, \ldots, a_n)$ gilt*

$$\boldsymbol{a}'\boldsymbol{a} = \sum_{i=1}^{n} a_i^2 = \operatorname{sp}(\boldsymbol{a}\boldsymbol{a}') .$$

Idempotente Matrizen

Definition A15. Eine $n \times n$-Matrix $\boldsymbol{A}$ heißt *idempotent*, wenn sie die beiden Bedingungen erfüllt:

$$\boldsymbol{A}' = \boldsymbol{A}, \quad \boldsymbol{A}^2 = \boldsymbol{A}\boldsymbol{A} = \boldsymbol{A} .$$

Für idempotente Matrizen gelten folgende Sätze (Graybill [1]).

Satz A16. *Die charakteristischen Wurzeln (Eigenwerte) einer idempotenten Matrix sind entweder* 0 *oder* 1.

Beweis: Es sei λ ein Eigenwert von $\boldsymbol{A}$ und $\boldsymbol{x} \neq \boldsymbol{0}$ der entsprechende Eigenvektor. Dann gilt

$$\boldsymbol{A}\boldsymbol{x} = \lambda \boldsymbol{x} .$$

Wir multiplizieren beide Seiten mit $\boldsymbol{A}$:

$$\boldsymbol{A}^2\boldsymbol{x} = \lambda \boldsymbol{A}\boldsymbol{x} = \lambda^2 \boldsymbol{x} .$$

Wegen der Idempotenz von $\boldsymbol{A}$ gilt ferner

$$\boldsymbol{A}^2\boldsymbol{x} = \boldsymbol{A}\boldsymbol{x} = \lambda \boldsymbol{x}$$

und damit $(\lambda^2 - \lambda)\,\boldsymbol{x} = \boldsymbol{0}$.

Da $\boldsymbol{x} \neq \boldsymbol{0}$, folgt hieraus $\lambda^2 - \lambda = \boldsymbol{0}$. Damit ist λ entweder 0 oder 1.

Satz A17. *Ist* $\boldsymbol{A}$ *idempotent und regulär, so gilt* $\boldsymbol{A} = \boldsymbol{I}$.

Beweis: $\boldsymbol{A}\boldsymbol{A} = \boldsymbol{A}$, Linksmultiplikation mit $\boldsymbol{A}^{-1}$ liefert $\boldsymbol{A} = \boldsymbol{I}$.

Satz A18. *Ist* $\boldsymbol{A}$ *idempotent vom Rang r, so existiert eine orthogonale Matrix* $\boldsymbol{P}$ *derart, daß* $\boldsymbol{P}'\boldsymbol{A}\boldsymbol{P} = \boldsymbol{E}_r$ *gilt, wobei* $\boldsymbol{E}_r$ *eine Diagonalmatrix mit r Diagonalelementen gleich Eins und Nullen sonst ist.*

Beweis: Nach bekannten Sätzen existiert für jede symmetrische Matrix $\boldsymbol{A}$ eine orthogonale Matrix $\boldsymbol{C}$ mit $\boldsymbol{C}'\boldsymbol{A}\boldsymbol{C} = \boldsymbol{D}$, wobei $\boldsymbol{D}$ eine Diagonalmatrix mit den Eigenwerten von $\boldsymbol{A}$ als Diagonalelemente ist. Die Zahl der von Null verschiedenen Eigenwerte ist gleich dem Rang von $\boldsymbol{A}$.

Satz A19. *Ist* $\boldsymbol{A}$ *idempotent vom Rang r, so gilt*

$$\mathrm{sp}\,(\boldsymbol{A}) = \mathrm{Rang}\,\boldsymbol{A} = r .$$

Beweis: Nach Satz A18 ist $\boldsymbol{P}'\boldsymbol{A}\boldsymbol{P} = \boldsymbol{E}_r$, nach Satz A13, d) gilt

$$\mathrm{sp}\,(\boldsymbol{P}'\boldsymbol{A}\boldsymbol{P}) = \mathrm{sp}\,(\boldsymbol{A}\boldsymbol{P}\boldsymbol{P}') = \mathrm{sp}\,(\boldsymbol{A})$$

wegen der Orthogonalität von $\boldsymbol{P}$. Damit wird

$$\mathrm{sp}\,(\boldsymbol{A}) = \mathrm{sp}\,(\boldsymbol{P}'\boldsymbol{A}\boldsymbol{P}) = \mathrm{sp}\,(\boldsymbol{E}_r) = r.$$

Satz A20. *Sind* $\boldsymbol{A}$ *und* $\boldsymbol{B}$ *idempotent und gilt* $\boldsymbol{A}\boldsymbol{B} = \boldsymbol{B}\boldsymbol{A}$, *so ist auch* $\boldsymbol{A}\boldsymbol{B}$ *idempotent.*

Beweis: Aus $\boldsymbol{A}\boldsymbol{B} = \boldsymbol{B}\boldsymbol{A}$ folgt

$$(\boldsymbol{A}\boldsymbol{B})(\boldsymbol{A}\boldsymbol{B}) = (\boldsymbol{A}\boldsymbol{A})(\boldsymbol{B}\boldsymbol{B}) = \boldsymbol{A}\boldsymbol{B} .$$

Satz A21. *Ist* $\boldsymbol{A}$ *idempotent und* $\boldsymbol{P}$ *orthogonal, so ist* $\boldsymbol{P}'\boldsymbol{A}\boldsymbol{P}$ *idempotent.*

Beweis: $(\boldsymbol{P}'\boldsymbol{A}\boldsymbol{P})(\boldsymbol{P}'\boldsymbol{A}\boldsymbol{P}) = \boldsymbol{P}'\boldsymbol{A}\boldsymbol{I}\boldsymbol{A}\boldsymbol{P} = \boldsymbol{P}'\boldsymbol{A}\boldsymbol{P}$.

Satz A22. *Ist* $\boldsymbol{A}$ *idempotent und gilt* $\boldsymbol{A} + \boldsymbol{B} = \boldsymbol{I}$, *so ist* $\boldsymbol{B}$ *idempotent und* $\boldsymbol{A}\boldsymbol{B} = \boldsymbol{B}\boldsymbol{A} = \boldsymbol{0}$.

Beweis: Aus $\boldsymbol{A}+\boldsymbol{B}=\boldsymbol{I}$ folgt $\boldsymbol{B}=\boldsymbol{I}-\boldsymbol{A}$. $\boldsymbol{B}$ ist idempotent:

$$\boldsymbol{B}^2=(\boldsymbol{I}-\boldsymbol{A})(\boldsymbol{I}-\boldsymbol{A})=\boldsymbol{I}+\boldsymbol{A}^2-2\boldsymbol{A}=\boldsymbol{I}-\boldsymbol{A}=\boldsymbol{B}\,.$$

Aus $\boldsymbol{A}+\boldsymbol{B}=\boldsymbol{I}$ folgt durch Linksmultiplikation mit $\boldsymbol{A}$ $\boldsymbol{A}^2+\boldsymbol{A}\boldsymbol{B}=\boldsymbol{A}$ und damit $\boldsymbol{A}\boldsymbol{B}=\boldsymbol{0}$. Linksmultiplikation von $\boldsymbol{A}+\boldsymbol{B}=\boldsymbol{I}$ mit $\boldsymbol{B}$ liefert

$$\boldsymbol{B}\boldsymbol{A}+\boldsymbol{B}^2=\boldsymbol{B} \quad \text{und damit} \quad \boldsymbol{B}\boldsymbol{A}=\boldsymbol{0}\,.$$

Differentiation von quadratischen und Bilinearformen

Definition A23. Es sei $f(\boldsymbol{X})$ eine reelle Funktion einer $m\times n$-Matrix $\boldsymbol{X}=[x_{ij}]$. Dann wird die partielle Ableitung von f nach $\boldsymbol{X}$ definiert als $m\times n$-Matrix der partiellen Ableitungen $\dfrac{\partial f}{\partial x_{ij}}$:

$$\frac{\partial f(\boldsymbol{X})}{\partial \boldsymbol{X}}=\begin{pmatrix} \dfrac{\partial f}{\partial x_{11}} & \cdots & \dfrac{\partial f}{\partial x_{1n}} \\ \vdots & & \vdots \\ \dfrac{\partial f}{\partial x_{m1}} & \cdots & \dfrac{\partial f}{\partial x_{mn}} \end{pmatrix}.$$

Satz A24. *Es seien $\boldsymbol{x}$ ein $n\times 1$-Vektor und $\boldsymbol{A}$ eine symmetrische $n\times n$-Matrix. Dann gilt*

$$\frac{\partial}{\partial x}\boldsymbol{x}'\boldsymbol{A}\boldsymbol{x}=2\boldsymbol{A}\boldsymbol{x}.$$

Beweis:

$$\boldsymbol{x}'\boldsymbol{A}\boldsymbol{x}=\sum_{r,s=1}^{n} a_{rs}x_r x_s\,,$$

$$\begin{aligned}\frac{\partial}{\partial x_i}\boldsymbol{x}'\boldsymbol{A}\boldsymbol{x}&=\sum_{\substack{s=1\\(s\neq i)}}^{n} a_{is}x_s+\sum_{\substack{r=1\\(r\neq i)}}^{n} a_{ri}x_r+2a_{ii}x_i\\ &=2\sum_{s=1}^{n} a_{is}x_s \quad (\text{da } a_{ij}=a_{ji})\\ &=2\boldsymbol{a}_i'\boldsymbol{x} \quad (\boldsymbol{a}_i'\text{: } i\text{-ter Zeilenvektor von } \boldsymbol{A}).\end{aligned}$$

Nach Definition A23 ist dann

$$\frac{\partial \boldsymbol{x}'\boldsymbol{A}\boldsymbol{x}}{\partial \boldsymbol{x}}=\begin{pmatrix}\dfrac{\partial}{\partial x_1}\\ \vdots \\ \dfrac{\partial}{\partial x_n}\end{pmatrix}(\boldsymbol{x}'\boldsymbol{A}\boldsymbol{x})=2\begin{pmatrix}\boldsymbol{a}_1'\\ \vdots \\ \boldsymbol{a}_n'\end{pmatrix}\boldsymbol{x}=2\boldsymbol{A}\boldsymbol{x}\,.$$

Satz A25. *Es seien $\boldsymbol{x}$ ein $n\times 1$-, $\boldsymbol{y}$ ein $m\times 1$-Vektor und $\boldsymbol{C}$ eine $n\times m$-Matrix. Dann gilt*

$$\frac{\partial}{\partial \boldsymbol{C}}\boldsymbol{x}'\boldsymbol{C}\boldsymbol{y}=\boldsymbol{x}\boldsymbol{y}'\,.$$

Beweis:

$$\boldsymbol{x}'\boldsymbol{C}\boldsymbol{y} = \sum_{r=1}^{m} \sum_{s=1}^{n} x_s c_{sr} y_r,$$

$$\frac{\partial}{\partial c_{k,\lambda}} \boldsymbol{x}'\boldsymbol{C}\boldsymbol{y} = x_k y_\lambda \text{ (das } (k, \lambda)\text{-te Element von } \boldsymbol{x}\boldsymbol{y}'), \quad \frac{\partial}{\partial \boldsymbol{C}} \boldsymbol{x}'\boldsymbol{C}\boldsymbol{y} = [x_k y_\lambda] = \boldsymbol{x}\boldsymbol{y}'.$$

Satz A26. *Es seien $\boldsymbol{x}$ ein $K \times 1$-Vektor, $\boldsymbol{A}$ eine symmetrische $T \times T$-Matrix, $\boldsymbol{C}$ eine $T \times K$-Matrix. Dann gilt*

$$\frac{\partial}{\partial \boldsymbol{C}} \boldsymbol{x}'\boldsymbol{C}'\boldsymbol{A}\boldsymbol{C}\boldsymbol{x} = 2\boldsymbol{A}\boldsymbol{C}\boldsymbol{x}\boldsymbol{x}'.$$

Beweis: Es ist

$$\boldsymbol{x}'\boldsymbol{C}' = \left(\sum_{i=1}^{K} x_i c_{1i}, \ldots, \sum_{i=1}^{K} x_i c_{Ti}\right),$$

$$\frac{\partial}{\partial c_{k\lambda}} \boldsymbol{x}'\boldsymbol{C}' = (0, \ldots, 0, x_\lambda, 0, \ldots, 0)$$

(x_λ steht in der Spalte k). Nach der Produktregel gilt

$$\frac{\partial}{\partial c_{k\lambda}} \boldsymbol{x}'\boldsymbol{C}'\boldsymbol{A}\boldsymbol{C}\boldsymbol{x} = \left(\frac{\partial}{\partial c_{k\lambda}} \boldsymbol{x}'\boldsymbol{C}'\right) \boldsymbol{A}\boldsymbol{C}\boldsymbol{x} + \boldsymbol{x}'\boldsymbol{C}'\boldsymbol{A} \left(\frac{\partial}{\partial c_{k\lambda}} \boldsymbol{C}\boldsymbol{x}\right).$$

Es ist

$$\boldsymbol{x}'\boldsymbol{C}'\boldsymbol{A} = \left(\sum_{t=1}^{T} \sum_{i=1}^{K} x_i c_{ti} a_{t1}, \ldots, \sum_{t=1}^{T} \sum_{i=1}^{K} x_i c_{ti} a_{Tt}\right)$$

und damit

$$\boldsymbol{x}'\boldsymbol{C}'\boldsymbol{A} \left(\frac{\partial}{\partial c_{k\lambda}} \boldsymbol{C}\boldsymbol{x}\right) = \sum_{t,i} x_i x_\lambda c_{ti} a_{kt} = \sum_{t,i} x_i x_\lambda c_{ti} a_{tk}$$

$$= \left(\frac{\partial}{\partial c_{k\lambda}} \boldsymbol{x}'\boldsymbol{C}'\right) \boldsymbol{A}\boldsymbol{C}\boldsymbol{x} \quad \text{(da } \boldsymbol{A} \text{ symmetrisch)}.$$

$\sum_{t,i} x_i x_\lambda c_{ti} a_{tk}$ ist aber gerade das (k, λ)-te Element der **Matrix** $\boldsymbol{A}\boldsymbol{C}\boldsymbol{x}\boldsymbol{x}'$.

Satz A27. *Es sei $\boldsymbol{A} = \boldsymbol{A}(x)$ eine $n \times n$-Matrix, deren Elemente $a_{ij}(x)$ reelle Funktionen des Skalars x sind. $\boldsymbol{B}$ sei eine $n \times n$-Matrix, deren Elemente nicht von x abhängen. Dann gilt*

$$\frac{\partial}{\partial x} \operatorname{sp}(\boldsymbol{A}\boldsymbol{B}) = \operatorname{sp}\left(\frac{\partial \boldsymbol{A}}{\partial x} \boldsymbol{B}\right).$$

Beweis:

$$\operatorname{sp}(\boldsymbol{A}\boldsymbol{B}) = \sum_{i=1}^{n} \sum_{j=1}^{n} a_{ij} b_{ji}$$

$$\frac{\partial}{\partial x} \operatorname{sp}(\boldsymbol{A}\boldsymbol{B}) = \sum_{i=1}^{n} \sum_{j=1}^{n} \frac{\partial a_{ij}}{\partial x} b_{ji} = \operatorname{sp}\left(\frac{\partial \boldsymbol{A}}{\partial x} \boldsymbol{B}\right),$$

wobei $\frac{\partial \boldsymbol{A}}{\partial x} = \left(\frac{\partial a_{ij}}{\partial x}\right)$ ist.

Satz A28. *Es seien $\boldsymbol{A}$ eine n-reihige positiv definite Matrix, $\boldsymbol{b} \in \mathrm{R}^n$ und $\boldsymbol{C} = \{\boldsymbol{x} \in \mathrm{R}^n : \boldsymbol{b}'\boldsymbol{x} = 1\}$. Dann gilt*

$$\min_{\boldsymbol{x} \in \boldsymbol{C}} \boldsymbol{x}'\boldsymbol{A}\boldsymbol{x} = (\boldsymbol{b}'\boldsymbol{A}^{-1}\boldsymbol{b})^{-1},$$

und für $\boldsymbol{x}^* = \boldsymbol{A}^{-1}\boldsymbol{b}(\boldsymbol{b}'\boldsymbol{A}^{-1}\boldsymbol{b})^{-1}$ wird das Minimum angenommen.

Beweis: Da das Minimum für alle $\boldsymbol{x} \in \boldsymbol{C}$ gesucht wird, betrachten wir die Funktion

$$F(\boldsymbol{x}) = \boldsymbol{x}'\boldsymbol{A}\boldsymbol{x} - \mu\,(\boldsymbol{b}'\boldsymbol{x} - 1),$$

wobei μ ein LAGRANGEscher Multiplikator ist. Den Vektor der partiellen Ableitungen setzen wir gleich Null,

$$\frac{\partial F}{\partial \boldsymbol{x}'} = 2\boldsymbol{A}\boldsymbol{x} - \mu\boldsymbol{b} = 0,$$

und erhalten

$$\boldsymbol{x}^* = \frac{\mu}{2}\,\boldsymbol{A}^{-1}\boldsymbol{b}\,.$$

Da $\boldsymbol{b}'\boldsymbol{x}^* = 1$ gilt, hat der LAGRANGEsche Multiplikator den Wert

$$\mu = 2(\boldsymbol{b}'\boldsymbol{A}^{-1}\boldsymbol{b})^{-1},$$

woraus sich sofort $\boldsymbol{x}^*$ ergibt. Die Berechnung von $\boldsymbol{x}^{*\prime}\boldsymbol{A}\boldsymbol{x}^*$ vervollständigt den Beweis.

Verteilung von Funktionen normalverteilter Variablen

Satz A29. a) *Es sei $\boldsymbol{x}' = (x_1, \ldots, x_n)$ ein Vektor aus unabhängig und identisch $N(0, 1)$-verteilten Komponenten x_i, d. h. $\boldsymbol{x} \sim N(\boldsymbol{0}, \boldsymbol{I})$. Dann besitzt $w = \boldsymbol{x}'\boldsymbol{x} = \sum_{i=1}^{n} x_i^2$ eine (zentrale) χ^2-Verteilung mit n Freiheitsgraden, d. h. $w \sim \chi_n^2$.*

b) *Es sei $\boldsymbol{x} \sim N(\boldsymbol{\mu}, \boldsymbol{I})$. Dann ist*

$$w = \boldsymbol{x}'\boldsymbol{x} = \sum_{i=1}^{n} x_i^2$$

nichtzentral χ_n^2-verteilt mit dem Nichtzentralitätsparameter

$$\lambda = \boldsymbol{\mu}'\boldsymbol{\mu} = \sum_{i=1}^{n} \mu_i^2, \quad d.\,h. \quad w \sim \chi_n^2(\lambda)\,.$$

Satz A30. *Es seien $x \sim N(\boldsymbol{\mu}, \boldsymbol{\Sigma})$ und $\boldsymbol{\Sigma}$ positiv definit. $\boldsymbol{A}$ sei eine $n \times n$-Matrix und $\boldsymbol{b}$ ein $n \times 1$-Vektor ($\boldsymbol{A}$, $\boldsymbol{b}$ nichtstochastisch). Dann gilt*

$$\boldsymbol{y} = \boldsymbol{A}\boldsymbol{x} + \boldsymbol{b} \sim N(\boldsymbol{A}\boldsymbol{\mu} + \boldsymbol{b}, \boldsymbol{A}\boldsymbol{\Sigma}\boldsymbol{A}')\,.$$

Beweis: Nach bekannten Sätzen sind lineare Funktionen normalverteilter Variablen wieder normalverteilt. Wir berechnen

$$\mathsf{E}\boldsymbol{y} = \boldsymbol{A}\mathsf{E}\boldsymbol{x} + \boldsymbol{b} = \boldsymbol{A}\boldsymbol{\mu} + \boldsymbol{b}$$

$$\mathsf{E}\,(\boldsymbol{y} - \mathsf{E}\boldsymbol{y})\,(\boldsymbol{y} - \mathsf{E}\boldsymbol{y})' = \boldsymbol{A}\mathsf{E}\,(\boldsymbol{x} - \boldsymbol{\mu})\,(\boldsymbol{x} - \boldsymbol{\mu})'\boldsymbol{A}' = \boldsymbol{A}\boldsymbol{\Sigma}\boldsymbol{A}'\,.$$

Satz A31. *Es seien* $\boldsymbol{x} \sim N(\boldsymbol{\mu}, \underset{n\times n}{\boldsymbol{\Sigma}})$ *und* $\boldsymbol{\Sigma}$ *positiv definit. Dann gilt*

a) $(\boldsymbol{x}-\boldsymbol{\mu})' \boldsymbol{\Sigma}^{-1} (\boldsymbol{x}-\boldsymbol{\mu}) \sim \chi_n^2$,

b) $\boldsymbol{x}'\boldsymbol{\Sigma}^{-1}\boldsymbol{x} \sim \chi_n^2 (\boldsymbol{\mu}'\boldsymbol{\Sigma}^{-1}\boldsymbol{\mu})$.

Beweis:

a) Nach bekannten Sätzen existiert für die positiv definite und damit (Satz A4) reguläre Matrix $\boldsymbol{\Sigma}$ eine Produktdarstellung $\boldsymbol{\Sigma} = \boldsymbol{R}\boldsymbol{R}'$ ($\boldsymbol{R}$ regulär). Damit wird

$$(\boldsymbol{x}-\boldsymbol{\mu})' \boldsymbol{\Sigma}^{-1} (\boldsymbol{x}-\boldsymbol{\mu}) = (\boldsymbol{x}-\boldsymbol{\mu})' \boldsymbol{R}'^{-1}\boldsymbol{R}^{-1} (\boldsymbol{x}-\boldsymbol{\mu})$$
$$= [\boldsymbol{R}^{-1} (\boldsymbol{x}-\boldsymbol{\mu})]' [\boldsymbol{R}^{-1} (\boldsymbol{x}-\boldsymbol{\mu})] = \boldsymbol{y}'\boldsymbol{y} = \chi_n^2 ,$$

da nach Satz A30 gilt

$$\boldsymbol{y} = \boldsymbol{R}^{-1}\boldsymbol{x} - \boldsymbol{R}^{-1}\boldsymbol{\mu} \sim N (\boldsymbol{R}^{-1}\boldsymbol{\mu} - \boldsymbol{R}^{-1}\boldsymbol{\mu}, \boldsymbol{R}^{-1}\boldsymbol{\Sigma}\boldsymbol{R}'^{-1}) = N(\boldsymbol{0}, \boldsymbol{I}).$$

b) Entsprechend gilt

$$\boldsymbol{x}'\boldsymbol{\Sigma}^{-1}\boldsymbol{x} = [\boldsymbol{R}^{-1}\boldsymbol{x}]' [\boldsymbol{R}^{-1}\boldsymbol{x}]$$
$$= \boldsymbol{y}'\boldsymbol{y} = \chi_n^2(\boldsymbol{\mu}'\boldsymbol{\Sigma}^{-1}\boldsymbol{\mu}) ,$$

da nach Satz A30 gilt

$$\boldsymbol{y} = \boldsymbol{R}^{-1}\boldsymbol{x} \sim N(\boldsymbol{R}^{-1}\boldsymbol{\mu}, \boldsymbol{I}), \quad \text{also} \quad (\mathsf{E}\boldsymbol{y})'(\mathsf{E}\boldsymbol{y}) = \lambda = \boldsymbol{\mu}'\boldsymbol{\Sigma}^{-1}\boldsymbol{\mu} .$$

Satz A32. *Es sei* $Q_1 \sim \chi_n^2(\lambda)$ *und* $Q_2 \sim \chi_m^2$, *und beide Variablen* Q_1, Q_2 *seien unabhängig.*

a) *Dann besitzt der Quotient*

$$F = \frac{Q_1/n}{Q_2/m}$$

eine nichtzentrale F-Verteilung mit (n, m)*-Freiheitsgraden und dem Nichtzentralitätsparameter* λ, *d. h.*

$$F = \frac{Q_1/n}{Q_2/m} \sim F_{n,m}(\lambda) .$$

b) *Ist* $\lambda = 0$, *so ist* $F \sim F_{n,m}$ *(zentral F-verteilt).*

c) *Ist* $n=1$, *so besitzt* $\sqrt{F}$ *eine nichtzentrale* $t_m(\sqrt{\lambda})$*-Verteilung bzw. im Fall* $\lambda = 0$ *eine zentrale* t_m*-Verteilung.*

Satz A33. *Es seien* $\boldsymbol{x}$ *ein* $n\times 1$*-Vektor mit* $\boldsymbol{x} \sim N(\boldsymbol{\mu}, \boldsymbol{I})$ *und* $\boldsymbol{A}$ *eine idempotente* $n\times n$*-Matrix vom Rang* $r \leqq n$. *Dann ist*

$$\boldsymbol{x}'\boldsymbol{A}\boldsymbol{x} \sim \chi_r^2 (\boldsymbol{\mu}'\boldsymbol{A}\boldsymbol{\mu}) .$$

Beweis: Nach bekannten Sätzen über idempotente Matrizen existiert eine orthogonale Matrix $\boldsymbol{C}$ so, daß

$$\boldsymbol{C}'\boldsymbol{A}\boldsymbol{C} = \begin{pmatrix} \boldsymbol{I}_r & 0 \\ 0 & 0 \end{pmatrix}$$

gilt, wobei $\boldsymbol{I}_r$ die $r\times r$-Einheitsmatrix ist. Wir unterteilen $\boldsymbol{C}$ in

$$\underset{n\times n}{\boldsymbol{C}} = (\underset{n\times r}{\boldsymbol{C}_1}, \underset{n\times(n-r)}{\boldsymbol{C}_2})$$

und setzen

$$y = \begin{pmatrix} y_1 \\ y_2 \end{pmatrix} = C'x = \begin{pmatrix} C_1'x \\ C_2'x \end{pmatrix},$$

wobei y_1 damit ein $r \times 1$-Vektor wird. Wegen $y \sim N(C'\mu, I)$ [Satz A30] ist $y \sim N(C_1'\mu, I_r)$ und damit [Satz A29b] wird $y_1'y_1 \sim \chi_r^2(\mu' C_1 C_1' \mu)$.

Auf Grund der Orthogonalität von C gilt $C'C = CC' = I$, und wir erhalten durch Links- bzw. Rechtsmultiplikation mit C bzw. C'

$$\begin{aligned} A &= (CC')\, A(CC') = C(C'AC)\, C' \\ &= (C_1, C_2) \begin{pmatrix} I_r & 0 \\ 0 & 0 \end{pmatrix} \begin{pmatrix} C_1' \\ C_2' \end{pmatrix} = C_1 C_1' \end{aligned}$$

und damit

$$x'Ax = x'C_1C_1'x = y_1'y_1 \sim \chi_r^2(\mu' A \mu)\,.$$

Satz A34. *Es sei* $\underset{n\times 1}{x} \sim N(\mu, I)$, $\underset{n\times n}{A}$ *sei idempotent vom Rang* r, B *sei eine* $m \times n$-*Matrix, und es gelte* $BA = 0$. *Dann ist die Linearform* Bx *unabhängig von der quadratischen Form* $x'Ax$ *verteilt.*

Beweis: Es sei C die Matrix aus A33. Es gilt $BCC'AC = BAC = 0$ (da $BA = 0$) und andererseits mit $BC = D = (D_1, D_2)$

$$BCC'AC = (D_1, D_2) \begin{pmatrix} I_r & 0 \\ 0 & 0 \end{pmatrix} = (D_1, 0) = (0, 0)$$

und damit $D_1 = 0$.

Daraus erhalten wir ($C'x = y$ wie in A33)

$$Bx = BCC'x = Dy = (0, D_2) \begin{pmatrix} y_1 \\ y_2 \end{pmatrix} = D_2 y_2\,.$$

Wegen $y \sim N(C'\mu, I)$ sind alle Komponenten von y unabhängig, so daß

$$Bx = D_2 y_2 \quad \text{und} \quad x'Ax = y_1'y_1$$

unabhängig verteilt sind.

Satz A35. *Es sei* $\underset{n\times 1}{x} \sim N(0, I)$. A *bzw.* B *seien idempotente* $n \times n$-*Matrizen vom Rang* r *bzw.* s, *und es gelte* $BA = 0$. *Dann sind die quadratischen Formen* $x'Ax$ *und* $x'Bx$ *unabhängig verteilt.*

Beweis: Es sei C die Matrix aus A33. Wir setzen $D = C'BC$, D ist offenbar symmetrisch, und wir erhalten mit der Voraussetzung $BA = 0$:

$$DC'AC = C'BCC'AC = C'BAC = 0\,.$$

Unterteilen wir D in $D = \begin{pmatrix} D_1 & D_2 \\ D_2' & D_3 \end{pmatrix}$, wobei die Teilmatrizen von D und $C'AC$ jeweils die gleiche Dimension besitzen, so läßt sich diese Beziehung wie folgt darstellen:

$$DC'AC = \begin{pmatrix} D_1 & D_2 \\ D_2' & D_3 \end{pmatrix} \begin{pmatrix} I & 0 \\ 0 & 0 \end{pmatrix} = \begin{pmatrix} D_1 & 0 \\ D_2' & 0 \end{pmatrix} = \begin{pmatrix} 0 & 0 \\ 0 & 0 \end{pmatrix},$$

woraus $D_1 = 0$ und $D_2 = 0$ folgt.

Damit erhalten wir

$$\boldsymbol{x}'\boldsymbol{B}\boldsymbol{x} = \boldsymbol{x}'(\boldsymbol{C}\boldsymbol{C}')\,\boldsymbol{B}(\boldsymbol{C}\boldsymbol{C}')\,\boldsymbol{x} = \boldsymbol{x}'\boldsymbol{C}(\boldsymbol{C}'\boldsymbol{B}\boldsymbol{C})\,\boldsymbol{C}'\boldsymbol{x}$$

$$= (\boldsymbol{y}_1', \boldsymbol{y}_2') \begin{pmatrix} 0 & 0 \\ 0 & \boldsymbol{D}_3 \end{pmatrix} \begin{pmatrix} \boldsymbol{y}_1 \\ \boldsymbol{y}_2 \end{pmatrix} = \boldsymbol{y}_2'\boldsymbol{D}_3\boldsymbol{y}_2 .$$

Hieraus folgt, daß auf Grund der Unabhängigkeit der Teilvektoren $\boldsymbol{y}_1$ und $\boldsymbol{y}_2$ von $\boldsymbol{y}$ die beiden quadratischen Formen

$$\boldsymbol{x}'\boldsymbol{B}\boldsymbol{x} = \boldsymbol{y}_2'\boldsymbol{D}_3\boldsymbol{y}_2 \quad \text{und} \quad \boldsymbol{x}'\boldsymbol{A}\boldsymbol{x} = \boldsymbol{y}_1'\boldsymbol{y}_1$$

(Satz A33) voneinander unabhängig verteilt sind.

Partielle Inversion einer Matrix

Satz A36 (Goldberger [1], S. 27). *Es sei $\boldsymbol{A}$ eine reguläre $n \times n$-Matrix, die wie folgt unterteilt wird:*

$$\boldsymbol{A} = \begin{pmatrix} \boldsymbol{E} & \boldsymbol{F} \\ \boldsymbol{G} & \boldsymbol{H} \end{pmatrix},$$

wobei $\boldsymbol{E}$ vom Typ $n_1 \times n_1$, $\boldsymbol{F}: n_1 \times n_2$, $\boldsymbol{G}: n_2 \times n_1$ und $\boldsymbol{H}: n_2 \times n_2$ sind $(n_1 + n_2 = n)$. $\boldsymbol{E}$ und $\boldsymbol{D} = \boldsymbol{H} - \boldsymbol{G}\boldsymbol{E}^{-1}\boldsymbol{F}$ werden als regulär vorausgesetzt. Dann gilt

$$\boldsymbol{A}^{-1} = \begin{pmatrix} \boldsymbol{E}^{-1}(\boldsymbol{I} + \boldsymbol{F}\boldsymbol{D}^{-1}\boldsymbol{G}\boldsymbol{E}^{-1}) & -\boldsymbol{E}^{-1}\boldsymbol{F}\boldsymbol{D}^{-1} \\ -\boldsymbol{D}^{-1}\boldsymbol{G}\boldsymbol{E}^{-1} & \boldsymbol{D}^{-1} \end{pmatrix}.$$

Beweis: Durch Ausmultiplizieren errechnet man leicht

$$\boldsymbol{A}\boldsymbol{A}^{-1} = \boldsymbol{A}^{-1}\boldsymbol{A} = \boldsymbol{I}.$$

Satz A37. *Es sei $\alpha = \operatorname{sp}(\boldsymbol{A}\boldsymbol{C}'\boldsymbol{W}\boldsymbol{C})$ mit $\underset{K\times K}{\boldsymbol{A}}$ symmetrisch, $\underset{T\times T}{\boldsymbol{W}} = (\boldsymbol{w}_1, \ldots, \boldsymbol{w}_T)$ symmetrisch und $\underset{T\times K}{\boldsymbol{C}} = (\boldsymbol{c}_1', \ldots, \boldsymbol{c}_K')$. Dann gilt $\dfrac{\partial\alpha}{\partial \boldsymbol{C}'} = 2\boldsymbol{A}\boldsymbol{C}'\boldsymbol{W}$.*

Beweis: Es ist

$$\frac{\partial}{\partial c_{ij}} \boldsymbol{C}'\boldsymbol{W}\boldsymbol{C} = \frac{\partial}{\partial c_{ij}} \begin{pmatrix} \boldsymbol{c}_1'\boldsymbol{W}\boldsymbol{c}_1 & \ldots & \boldsymbol{c}_1'\boldsymbol{W}\boldsymbol{c}_K \\ \vdots & & \vdots \\ \boldsymbol{c}_K'\boldsymbol{W}\boldsymbol{c}_1 & \ldots & \boldsymbol{c}_K'\boldsymbol{W}\boldsymbol{c}_K \end{pmatrix}$$

$$= (i) \begin{pmatrix} & & \overset{(j)}{\boldsymbol{c}_1'\boldsymbol{w}_j} & & \\ & 0 & \vdots & 0 & \\ \boldsymbol{c}_1'\boldsymbol{w}_j \ldots & \boldsymbol{c}_{i-1}'\boldsymbol{w}_j & 2\boldsymbol{c}_i'\boldsymbol{w}_j & \boldsymbol{c}_{i+1}'\boldsymbol{w}_j & \ldots \boldsymbol{c}_K'\boldsymbol{w}_j \\ & 0 & \vdots & 0 & \\ & & \boldsymbol{c}_K'\boldsymbol{w}_j & & \end{pmatrix}$$

und damit (Satz A27)

$$\frac{\partial\alpha}{\partial c_{ij}} = \operatorname{sp}\left(\boldsymbol{A}\,\frac{\partial}{\partial c_{ij}}\,\boldsymbol{C}'\boldsymbol{W}\boldsymbol{C}\right) = 2\sum_{\mu=1}^{K} a_{\mu i}\boldsymbol{c}_i'\boldsymbol{w}_j .$$

Das ist aber gerade das (i, j)-te Element von $2\boldsymbol{A}\boldsymbol{C}'\boldsymbol{W}$.

Satz A38. (KRONECKER-Produkt). *Es sei* $\underset{m\times n}{A} = (a_{ij})$ *und* $\underset{p\times q}{B} = (b_{rs})$. *Dann ist das* KRONECKER-*Produkt von* A *und* B *definiert als*

$$\underset{mp\times nq}{C} = A \otimes B = \begin{pmatrix} a_{11}B & a_{12}B & \dots & a_{1n}B \\ \vdots & \vdots & & \vdots \\ a_{m1}B & a_{m2}B & \dots & a_{mn}B \end{pmatrix},$$

und es gelten folgende Regeln:
a) $c(A \otimes B) = (cA) \otimes B = A \otimes (cB)$ (c ein Skalar),
b) $A \otimes (B \otimes C) = (A \otimes B) \otimes C$,
c) $A \otimes (B + C) = (A \otimes B) + (A \otimes C)$,
d) $(A \otimes B)' = A' \otimes B'$.

Die TSCHEBYSCHEFFsche Ungleichung

Satz A39. *Für beliebige Zufallsgrößen* $X \in \mathrm{R}^k$ *und* $\varepsilon > 0$ *gilt die* TSCHEBYSCHEFF-*sche Ungleichung*

$$\mathsf{P}\{|X| \geqq \varepsilon\} \leqq \frac{\mathsf{E}|X|^2}{\varepsilon^2}.$$

Beweis: Es sei $F(x)$ die Verteilungsfunktion von $X = (X_1, \dots, X_k)'$. Die Behauptung ergibt sich auf Grund der Abschätzung

$$\begin{aligned} \mathsf{E}|X|^2 &= \int_{\mathrm{R}^k} |x|^2 \,\mathrm{d}F(x) = \int_{\{x:|x|\geqq\varepsilon\}} |x|^2 \mathrm{d}F(x) + \int_{\{x:|x|<\varepsilon\}} |x|^2 \mathrm{d}F(x) \\ &\geqq \varepsilon^2 \int_{\{x:|x|\geqq\varepsilon\}} \mathrm{d}F(x) = \varepsilon^2 \mathsf{P}\,(|X| \geqq \varepsilon). \end{aligned}$$

Stochastische Konvergenz und Konvergenz im quadratischen Mittel

Definition A40. Eine Folge von Zufallsvektoren $\{X_n \in \mathrm{R}^K; n = 1, 2, \dots\}$ konvergiert im quadratischen Mittel gegen einen Zufallsvektor $X_0 \in \mathrm{R}^K$, wenn

$$\lim_{n\to\infty} \mathsf{E}|X_n - X_0|^2 = 0$$

gilt. Als Abkürzung für die Konvergenz im quadratischen Mittel verwenden wir die Bezeichnung l.i.m. $X_n = X_0$.

Definition A41. Eine Folge von Zufallsvektoren $\{X_n \in \mathrm{R}^K; n = 1, 2, \dots\}$ konvergiert stochastisch (oder in Wahrscheinlichkeit) gegen einen Zufallsvektor $X_0 \in \mathrm{R}^K$, wenn $\lim_{n\to\infty} \mathsf{P}\,(|X_n - X_0| \geqq \delta) = 0$ für jedes positive δ gilt. Als Abkürzung verwenden wir die Bezeichnung plim $X_n = X_0$.
Der zufällige Vektor X_0 kann insbesondere auch konstant sein.

Satz A42. *Aus* l.i.m. $X_n = X_0$ *folgt* plim $X_n = X_0$.

Beweis: Durch Anwendung der TSCHEBYSCHEFFschen Ungleichung (s. Satz A39) erhalten wir die Abschätzung

$$0 \leqq \lim_{n\to\infty} \mathsf{P}\,(|X_n - X_0| \geqq \varepsilon) \leqq \lim_{n\to\infty} \frac{\mathsf{E}\,|X_n - X_0|^2}{\varepsilon^2} = 0,$$

womit der Beweis erbracht ist.

Satz A43. *Wenn die Beziehungen* $\text{l.i.m.}\,(\boldsymbol{X}_n - \mathsf{E}\boldsymbol{X}_n) = \mathbf{0}$ *und* $\lim_{n\to\infty} \mathsf{E}\boldsymbol{X}_n = \boldsymbol{c}$ *erfüllt sind, dann gilt* $\operatorname{plim} \boldsymbol{X}_n = \boldsymbol{c}$.

Beweis:

$$\begin{aligned}\lim_{n\to\infty} \mathsf{P}(|\boldsymbol{X}_n - \boldsymbol{c}| \geqq \varepsilon) &\leqq \varepsilon^{-2} \lim_{n\to\infty} \mathsf{E}\, |\boldsymbol{X}_n - \boldsymbol{c}|^2 \\ &= \varepsilon^{-2} \lim_{n\to\infty} \mathsf{E}\, |\boldsymbol{X}_n - \mathsf{E}\boldsymbol{X}_n + \mathsf{E}\boldsymbol{X}_n - \boldsymbol{c}|^2 \\ &= \varepsilon^{-2} \lim_{n\to\infty} |\boldsymbol{X}_n - \mathsf{E}\boldsymbol{X}_n|^2 + \varepsilon^{-2} \lim_{n\to\infty} |\mathsf{E}\boldsymbol{X}_n - \boldsymbol{c}|^2 \\ &\quad + 2\varepsilon^{-2} \lim_{n\to\infty} \mathsf{E}\{(\mathsf{E}\boldsymbol{X}_n - \boldsymbol{c})'\,(\boldsymbol{X}_n - \mathsf{E}\boldsymbol{X}_n)\} = 0\,.\end{aligned}$$

Die Umkehrung dieses Satzes ist nicht richtig.

Satz A44. $\boldsymbol{X}_n$ *konvergiert im quadratischen Mittel genau dann gegen den konstanten Vektor* $\mathbf{c}$, *wenn die Beziehungen*

$$\text{l.i.m.}\,(\boldsymbol{X}_n - \mathsf{E}\boldsymbol{X}_n) = \mathbf{0} \quad \textit{und} \quad \lim_{n\to\infty} \mathsf{E}\boldsymbol{X}_n = \boldsymbol{c}$$

gelten.

Beweis:

$$\begin{aligned}\lim_{n\to\infty} \mathsf{E}\,|\boldsymbol{X}_n - \boldsymbol{c}|^2 &= \lim_{n\to\infty} \mathsf{E}\,|\boldsymbol{X}_n - \mathsf{E}\boldsymbol{X}_n + \mathsf{E}\boldsymbol{X}_n - \boldsymbol{c}|^2 \\ &= \lim_{n\to\infty} [\mathsf{E}\,|\boldsymbol{X}_n - \mathsf{E}\boldsymbol{X}_n|^2 + |\mathsf{E}\boldsymbol{X}_n - \boldsymbol{c}|^2 + 2\mathsf{E}\{(\mathsf{E}\boldsymbol{X}_n - \boldsymbol{c})'\,(\boldsymbol{X}_n - \mathsf{E}\boldsymbol{X}_n)\}] \\ &= \lim_{n\to\infty} |\boldsymbol{X}_n - \mathsf{E}\boldsymbol{X}_n|^2 + |\lim_{n\to\infty} \mathsf{E}\boldsymbol{X}_n - \boldsymbol{c}|^2 = 0.\end{aligned}$$

Folgerung: Wenn $\{\boldsymbol{X}_n;\, n = 1, 2, \ldots\}$ eine Folge von Schätzungen für einen Parameter $\boldsymbol{\theta}$ ist, so folgt aus $\text{l.i.m.}\,(\boldsymbol{X}_n - \boldsymbol{\theta}) = \mathbf{0}$, daß $\boldsymbol{X}_n$ asymptotisch erwartungstreu ist: $\lim_{n\to\infty} \mathsf{E}\boldsymbol{X}_n = \boldsymbol{\theta}$.
Wenn $\operatorname{plim} \boldsymbol{X}_n = \boldsymbol{\theta}$ ist, so folgt im allgemeinen nicht, daß $\boldsymbol{X}_n$ für $\boldsymbol{\theta}$ asymptotisch erwartungstreu ist.

Satz A45: *Für den stochastischen Grenzwert gelten die folgenden Rechenregeln*

a) *Ist* $\mathbf{c}$ *ein konstanter Vektor, so gilt* $\operatorname{plim} \mathbf{c} = \mathbf{c}$.

b) *Falls* $\operatorname{plim} \boldsymbol{X}_n = \boldsymbol{c}$ *gilt und* $y = f(x)$ *eine stetige Funktion von* x *ist, so gilt*

$$\operatorname{plim} f(\boldsymbol{X}_n) = f(\operatorname{plim} \boldsymbol{X}_n) = f(\boldsymbol{c})$$

(*Theorem von* Slutsky).

Folgerung: Wenn $\{\boldsymbol{A}_n;\, n = 1, 2, \ldots\}$ und $\{\boldsymbol{B}_n;\, n = 1, 2, \ldots\}$ Folgen zufälliger Matrizen sind und die Existenz der folgenden Grenzwerte vorausgesetzt wird, so gilt

$$\operatorname{plim}(\boldsymbol{A}_n \boldsymbol{B}_n) = (\operatorname{plim} \boldsymbol{A}_n)\,(\operatorname{plim} \boldsymbol{B}_n)$$

und

$$\operatorname{plim}(\boldsymbol{A}_n^{-1}) = (\operatorname{plim} \boldsymbol{A}_n)^{-1}\,.$$

Anhang B

Stationäre stochastische Prozesse

Es sei $\{y_t, t \in \boldsymbol{I}\}$ eine Familie von reellwertigen Zufallsgrößen, wobei $\boldsymbol{I}$ eine beliebige Indexmenge ist. Wir betrachten für alle natürlichen Zahlen n die endlichdimensionalen Verteilungsfunktionen

$$\mathsf{P}(y_{t_1} < a_1, y_{t_2} < a_2, \ldots, y_{t_n} < a_n) = F_{t_1,\ldots,t_n}(a_1, \ldots, a_n)$$

$$(t_i \in \boldsymbol{I};\ i = 1, \ldots, n)$$

und fordern, daß die Bedingungen

(1) $$F_{t_1,\ldots,t_m,\, t_{m+1},\ldots,t_n}(a_1, \ldots, a_m, \infty, \ldots, \infty) = F_{t_1,\ldots,t_m}(a_1, \ldots, a_m)$$

und

(2) $$F_{t_1,\ldots,t_n}(a_1, \ldots, a_n) = F_{t_{i_1},\ldots,t_{i_n}}(a_{i_1}, \ldots, a_{i_n})$$

erfüllt sind.

Definition B1: Eine Familie $\{y_t; t \in \boldsymbol{I}\}$ heißt *stochastischer Prozeß*, wenn alle endlichdimensionalen Verteilungsfunktionen $F_{t_1,\ldots,t_n}(a_1, \ldots, a_n)$ den Bedingungen (1) und (2) genügen.

Definition B2: Ein stochastischer Prozeß heißt *stationär*, wenn alle endlichdimensionalen Verteilungen die Eigenschaft

$$F_{t_1+h,\ldots,t_n+h}(a_1, \ldots, a_n) = F_{t_1,\ldots,t_n}(a_1, \ldots, a_n)\ [t_i + h \in \boldsymbol{I}]$$

besitzen.

Definition B3: Ein stochastischer Prozeß heißt im *weiteren Sinne stationär,* wenn

$$\mathsf{E}y_t = \mu(t) \equiv \mu < \infty$$

und

$$\mathsf{E}\,(y_t - \mu(t))\,(y_s - \mu(s)) = \operatorname{cov}\,(y_t, y_s) = k\,(|t-s|) < \infty$$

für alle $t, s \in \boldsymbol{I}$ gilt. Die Funktion $k(.)$ nennen wir Kovarianzfunktion des stochastischen Prozesses y_t.

Beispiel B4: Die Zufallsgrößen y_t seien identisch und unabhängig verteilt mit

$$\mathsf{E}y_t = \mu = \text{const.} < \infty$$

und

$$\mathsf{E}\,(y_t-\mu)^2=\sigma_{y_t}^2=\sigma^2<\infty$$

für alle $t\in\boldsymbol{I}$. Es gilt dann

$$k\,(|t-s|)=\begin{cases}\sigma^2 & \text{für } t=s\\ 0 & \text{für } t\neq s,\end{cases}$$

da die Kovarianz unabhängiger Zufallsgrößen verschwindet. Der Prozeß $\{y_t;\, t\in\boldsymbol{I}\}$ ist offensichtlich im weiteren Sinne stationär.

Beispiel B5: Wir definieren y_t folgendermaßen

$$(3)\qquad y_t=\mu+\sum_{j=1}^{q}(A_j\cos\lambda_j t+B_j\sin\lambda_j t);\quad t=\ldots,-1,0,1,2,\ldots$$

Hierbei sind μ und die λ_j konstante Größen und $A_1,\ldots,A_q$, $B_1,\ldots,B_q$ sind Zufallsgrößen, deren Momente 1. und 2. Ordnung die folgenden Eigenschaften besitzen.

$$\begin{aligned}
&\mathsf{E}A_j=\mathsf{E}B_j=0, && j=1,\ldots,q;\\
&\mathsf{E}A_j^2=\mathsf{E}B_j^2=\sigma_j^2, && j=1,\ldots,q;\\
&\mathsf{E}A_iA_j=\mathsf{E}B_iB_j=0, && i\neq j,\quad i,j=1,\ldots,q;\\
&\mathsf{E}A_iB_j=0, && i,j=1,\ldots,q\,.
\end{aligned}$$

Die Berechnung des Mittelwertes und der Kovarianzfunktion führt zu den Ergebnissen:

$$\mathsf{E}y_t=\mu,\quad t=\ldots,-1,0,1,2,\ldots$$

O. B. d. A. setzen wir $\mu=0$.

$$\begin{aligned}
k\,(|t-s|)&=\mathsf{E}y_ty_s\\
&=\mathsf{E}\sum_{i,j}(A_i\cos\lambda_i t+B_i\sin\lambda_i t)\,(A_j\cos\lambda_j s+B_j\sin\lambda_j s)\\
&=\sum_j(\mathsf{E}A_j^2\cos\lambda_j t\cos\lambda_j s+\mathsf{E}B_j^2\sin\lambda_j t\sin\lambda_j s)\\
&=\sum_j\sigma_j^2\cos\lambda_j\,(t-s)=\sum\sigma_j^2\cos\lambda_j\,(s-t)\\
&=\sum_j\sigma_j^2\cos\lambda_j\,|t-s|\,.
\end{aligned}$$

Der Prozeß $\{y_t;\, t=\ldots,-1,0,1,\ldots\}$ ist also im weiteren Sinne stationär.

Die Spektralfunktion eines im weiteren Sinne stationären Prozesses

Ein im weiteren Sinne stationärer Prozeß $\{y_t;\, t=\ldots,-1,0,1,\ldots\}$ definiert eine Folge von Kovarianzen $k(0)$, $k(1)$, $k(2)$, ... Wir setzen

$$\begin{aligned}
f(\lambda)&=\frac{1}{2\pi}k(0)+\frac{1}{\pi}\sum_{h=1}^{\infty}k(h)\cos\lambda h \qquad (4)\\
&=\frac{1}{2\pi}\sum_{h=-\infty}^{\infty}k(h)\cos\lambda h,\quad -\pi\leqq\lambda\leqq\pi,
\end{aligned}$$

wenn die der auf rechten Seite stehende Reihe konvergiert. (4) konvergiert gleichmäßig, wenn die Beziehung

$$\sum_{h=-\infty}^{\infty} |k(h)| < \infty \tag{5}$$

gilt. Wir multiplizieren (4) mit $\cos \lambda s$ und können unter der Annahme der gleichmäßigen Konvergenz gliedweise über λ integrieren:

$$\frac{1}{2\pi} \sum_{h=-\infty}^{\infty} k(h) \int_{-\pi}^{\pi} \cos \lambda h \cos \lambda s \, d\lambda = \int_{-\pi}^{\pi} \cos \lambda s f(\lambda) \, d\lambda .$$

Es gilt weiter

$$\int_{-\pi}^{\pi} \cos \lambda h \cos \lambda s d\lambda = \begin{cases} 0 & \text{für } |h| \neq |s| , \\ \pi & \text{für } |h| = |s| . \end{cases}$$

Wir erhalten somit die Formel

$$k(s) = \int_{-\pi}^{\pi} \cos \lambda s f(\lambda) \, d\lambda . \tag{6}$$

Die Funktion $f(\lambda)$ enthält demzufolge die gleiche Information wie die Folge der Kovarianzen.

Definition B6: Wenn die Funktion $f(\lambda)$ existiert, so heißt sie *Spektraldichte* des im weiteren Sinne stationären Prozesses $\{y_t\}$.

Die Funktion

$$F(\lambda) = \int_{-\pi}^{\lambda} f(\nu) \, d\nu \tag{7}$$

heißt *Spektralfunktion.*

Wenn (5) gilt, so können wir (4) gliedweise integrieren und erhalten die Formeln

$$F(\lambda) = \frac{k(0)}{2\pi} (\lambda + \pi) + \frac{1}{\pi} \sum_{h=1}^{\infty} \frac{k(h) \sin \lambda h}{h} \tag{8}$$

und

$$k(s) = \int_{-\pi}^{\pi} \cos \lambda s dF(\lambda) . \tag{9}$$

Es lassen sich weiterhin die folgenden Aussagen beweisen

1. $F(\lambda)$ ist monoton nicht fallend $(-\pi \leqq \lambda \leqq \pi)$.
2. $F(\lambda)$ ist rechtsseitig stetig $(-\pi \leqq \lambda \leqq \pi)$.
3. Zu jeder Folge von Kovarianzen $\{k(s)\}$ gibt es genau eine Funktion $F(.)$ mit diesen Eigenschaften.

Wir berechnen nun die Spektralfunktionen der angegebenen Beispiele.

Beispiel B7: (Identisch mit Beispiel B4):

$$k(h) = \begin{cases} \sigma^2 & \text{für } h = 0, \\ 0 & \text{für } h \neq 0 . \end{cases}$$

Die Spektraldichte errechnet sich gemäß (4) zu $f(\lambda)=\frac{\sigma^2}{2\pi}$, woraus die Spektralfunktion

$$F(\lambda)=\frac{\sigma^2}{2\pi}(\lambda+\pi)$$

resultiert.

Beispiel B8: (Identisch mit Beispiel B5):

$$k(h)=\sum_{j=1}^{q}\sigma_j^2 \cos \lambda_j h \quad (h=0,\ \pm 1,\ \pm 2,\ldots;\ 0\leqq\lambda_1<\ldots<\lambda_q=\pi).$$

Die Spektralfunktion ist in diesem Fall eine Stufenfunktion. Sie hat Sprünge der Höhe $0{,}5\sigma_j^2$ in den Punkten $\lambda=\pm\lambda_j$ ($j=1,\ldots,q$), falls $\lambda_1\neq 0$ ist. Wenn $\lambda_1=0$ ist, so beträgt der Sprung in $\lambda=\lambda_1$ dagegen σ_1^2. Die Spektraldichte kann man folgendermaßen definieren:

$$f(\lambda)=\begin{cases}0{,}5\sigma_j^2 & \text{für} \quad \lambda=\pm\lambda_j, \quad j=1,\ldots,q\\ 0{,}5\sigma_1^2 & \text{für} \quad \lambda=\pm\lambda_1\neq 0\\ \sigma_1^2 & \text{für} \quad \lambda=\lambda_1=0\\ 0 & \text{sonst.}\end{cases} \tag{10}$$

Indem wir die Sprünge an den Stellen $\lambda=\pm\lambda_j$ mit s_j bezeichnen, erhalten wir für $F(\lambda)$ die Darstellung:

$$F(\lambda)=\int_{-\pi}^{\lambda} f(\nu)\,\mathrm{d}\nu=\sum_{\{j:-\lambda_j\leqq\lambda\}} s_j+\sum_{\{j:\lambda_j\leqq\lambda\}} s_j .$$

Insbesondere gilt die Beziehung

$$\sigma^2=k(0)=F(\pi)=\sum_j \sigma_j^2 .$$

Aus den Beziehungen (4), (6) und (10) folgen weitere Eigenschaften der Spektraldichte eines im weiteren Sinne stationären Prozesses $\{y_t\}$:

$$f(-\lambda)=f(\lambda),$$

$$k(s)=\int_{-\pi}^{\pi} \mathrm{e}^{i\lambda s} f(\lambda)\,\mathrm{d}\lambda, \tag{11}$$

$$f(\lambda)=\frac{1}{2\pi}\sum_{h=-\infty}^{\infty} k(h)\,\mathrm{e}^{-i\lambda h}. \tag{12}$$

Die Gleichungen (11) und (12) lassen sich unter Berücksichtigung der Identitäten

$$\mathrm{e}^{i\lambda h}=\cos h\lambda+i\sin h\lambda,$$

$$k(h)=k(-h),$$

$$\sin h(\lambda)=-\sin(-h\lambda)$$

und

$$\int_{-\pi}^{\pi} \sin h\lambda \cos k\lambda \mathrm{d}\lambda=0; \quad k, h=0,\ \pm 1,\ \pm 2,\ldots$$

leicht beweisen.

Wir haben nun einige analytische Eigenschaften von Spektralfunktionen bzw. -dichten kennengelernt. Zumindest ebenso interessant ist aber die Frage nach einer inhaltlichen Deutung dieser Funktionen. Dazu nutzen wir die Tatsache aus, daß

$$\lim_{q\to\infty} \mathsf{E}\left(y_t-\mu-\sum_{j=1}^{q}(A_j\cos\lambda_j t+B_j\sin\lambda_j t)\right)^2=0$$

gilt für alle $t=0, \pm 1, \pm 2, \ldots$, falls $\{y_t\}$ im weiteren Sinne stationär ist und die A_i bzw. B_j wie in Beispiel B5 definiert sind. Die Folge der Prozesse

$$y_t^q=\mu+\sum_{j=1}^{q}(A_j\cos\lambda_j t+B_j\sin\lambda_j t)$$

besitzt demnach Spektralfunktionen, die an den Stellen λ_j Sprünge besitzen. Jeden Prozeß y_t^q können wir aber als eine Überlagerung von „harmonischen" Schwingungen betrachten, die die zufälligen Amplituden

$$R_j=\sqrt{A_j^2+B_j^2}$$

und die Frequenzen

$$\lambda_j, \quad -\pi\leqq\lambda_j\leqq\pi$$

besitzen. Sprünge der Spektralfunktion deuten also auf das Vorhandensein periodischer Komponenten mit entsprechenden Frequenzen innerhalb des Prozesses y_t hin. Die Kenntnis der Spektralfunktion ist damit wesentlich für das Auffinden periodischer Bestandteile eines im weiteren Sinne stationären Prozesses.

Mehrdimensionale im weiteren Sinne stationäre Prozesse

Es sei $\boldsymbol{y}_t'=(y_{1t}, y_{2t}, \ldots, y_{kt})$, $t\in\boldsymbol{I}$, eine Familie k-dimensionaler Zufallsgrößen. $\{y_t, t\in\boldsymbol{I}\}$ heißt k-dimensionaler im weiteren Sinne stationärer Prozeß, wenn

1. jedes y_{it} $(i=1, \ldots, k)$ im weiteren Sinne stationär ist
   und
2. $B_{ij}(s, t)=\mathsf{E}y_{is}y_{it}-\mathsf{E}y_{is}\mathsf{E}y_{it}$
   $=B_{ij}(|s-t|)$
   gilt.

Literaturverzeichnis

AHRENS, H. [1]: Varianzanalyse, Akademie-Verlag, Berlin 1967.

AMEMIYA, T. [1]: Specification analysis in the estimation of parameters of a simultaneous equation model with autoregressive residuals. Econometrica **34**, 283–306, 1966.

ANDERSON, T. W. [1]: The Statistical Analysis of Time Series, John Wiley, New York, 1971.

BARTLETT, M. S. [1]: Periodogram analysis and continuous spectra, Biometrica **37**, 1–16, 1950.

BIBBY, J. [1]: Minimum square error estimation, ridge regression, and some unanswered questions. Proceedings of the European meeting of statisticians, Budapest, 1972.

BIBBY, J., TOUTENBURG, H. [2]: Prediction and improved estimation in linear models. John Wiley, London, 1977.

BILOW, W., P. FRANKEN, B. GRAHL, D. WALTER, M. WÖLFLING [1]: Erfahrungen und Probleme bei der Nutzung mathematisch-statistischer Methoden für die mittel- und langfristige Planung. Wirtschaftswiss., Heft 1, 58–75, 1974.

BLACKMAN, R. B., TUKEY, J. W. [1]: The Measurement of Power Spectra from the Point of View of Communications Engineering, Dover Publications, New York, 1959.

BUNKE, O. [1]: Minimax linear, ridge and shrunken estimators. Math. Operationsf. Statist. **6**, 697–702, 1975.

CHIPMAN, J. S., RAO, M. M. [1]: The treatment of linear restrictions in regression analysis. Econometrica **32**, 198–209, 1964.

DHRYMES, P. [1]: Econometrics, Springer-Verlag, New York, 1974.

DRAPER, N., SMITH, H. [1]: Applied regression analysis, John Wiley, New York, 1966.

DURBIN, J., WATSON, G. S. [1]: Testing for serial correlation in least squares regression I. Biometrika **37**, 409–428, 1950.

DURBIN, J., WATSON, G. S. [2]: Testing for serial correlation in least squares regression II. Biometrika **38**, 159–178, 1951.

MCELROY, F. W. [1]: A necessary and sufficient condition that ordinary least-squares estimators be best linear unbiased. J. Amer. Statist. Ass. **62**, 1302–1304, 1967.

FISHER, R. A. [1]: Tests of significance in harmonic analysis, Proc. Roy. Soc. London Ser. A **125**, 54–59, 1929.

GAVER, K. M., GEISEL, M. S. [1]: Discriminating among alternative models, Bayesian and Non-Bayesian methods. Submitted in Frontiers in Econometrics, ed. by P. Zarembka, London, 1974.

GOLDBERGER, A. S. [1]: Econometric Theory, John Wiley, New York, 1964.

GOLDBERGER, A. S., NAGAR, A. L., ODEH, H. S. [1]: The covariance matrices of reduced-form coefficients and of forecasts for a structural econometric model. Econometrica **29**, 556–573, 1961.

GOLDBERGER, A. S. [2]: Best linear unbiased prediction in the generalized linear regression model. J. Amer. Statist. Assoc. **57**, 369–375, 1962.

GRENANDER, U., ROSENBLATT, U. [1]: Statistical Analysis of Stationary Time Series, John Wiley, New York, 1957.

HANNAN, E. J. [1]: The estimation of the spectral density after trend removal, J. Roy. Stat. Soc. Ser. B **20**, 323–333, 1958.

HODGES, J. L. Jr., LEHMANN, E. L. [1]: Testing the approximate validity of statistical hypotheses, J. Royal statist. Soc., Ser. B **16**, 261–268, 1954.

HOERL, A. E., KENNARD, R. W. [1]: Ridge regression: Biased estimation for non-orthogonal problems, Technometrics **12**, 55–67, 1970.

KADIYALA, K. R. [1]: An exact small sample property of the k-class estimators, Econometrica **38**, 930–932, 1970.

KENDALL, M. G., STUART, A. [1]: The advanced theory in statistics, Vol. 1, 2, Griffin, London, 1961.

KENDALL, M. G., STUART, A. [2]: The advanced theory of statistics, Vol. 3, Griffin, London, 1966.

KUKS, J., OLMAN, W. (Я. Кукс, В. Ольман) [1]: Минимаксная линейная оценка коэффициентов регрессии. II изв. акад. наук эстонской ССР **20**, 480–482, 1971.

KUKS, J., OLMAN, W. (Я. Кукс, В. Ольман) [2]: Минимаксная линейная оценка коэффициентов регрессии изв. акад. наук эстонской ССР **21**, 66–72, 1972.

KUKS, J. (Я. Кукс) [1]: Минимаксная оценка коэффициентов регрессии изв. акад. наук эстонской ССР **21**, 73–78, 1972.

LÄUTER, H. [1]: Optimale Vorhersage und Schätzung in regulären und singulären Regressionsmodellen, Math. Operationsf. Statist. **3**, 229–243, 1970.

LÄUTER, H. [2]: Optimale Schätzung bei stochastischen Prozessen mit linearem Regressionsanteil, Math. Operationsf. Statist. **2**, 237–246, 1971.

LÄUTER, H. [3]: A minimax linear estimator for linear parameters under restrictions in form of inequalities. Math. Operationsf. Statist. **5**, 689–696, 1975.

LÜDECKE, D. [1]: Schätzprobleme in der Ökonometrie, Physica-Verlag, Würzburg-Wien, 1964.

MAYER, L., SINGH, J., WILLKE, T. [1]: Utilizing initial estimates in estimating the coefficients in a linear model. J. Amer. Statist. Ass. **69**, 219–222, 1974.

MÖLLER, H.-D. [1]: Probleme der statistischen Spezifikation der Struktur von Eingleichungsmodellen, Vandenhoeck & Ruprecht, Göttingen, 1976.

MUDHOLKAR, G. S., CHAUBEY, Y. P., LIN, C. [1]: Some approximations for the noncentral F-distribution. Technometrics **18**, 351–358, 1976.

NAGAR, A. L., KAKWANI, N. C. [1]: Note on the use of prior information in statistical estimation of economic relations. Sankhya, Ser. A **27**, 105–112, 1965.

PARZEN, E. [1]: On consistent estimates of the spectrum of a stationary time series, Ann. Math. Stat. **28**, 329–348, 1957.

PARZEN, E. [2]: Mathematical considerations in the estimation of spectra, Technometrics **3**, 167–190, 1961.

RAO, C. R. [1]: Lineare statistische Methoden und ihre Anwendungen. Akademie-Verlag, Berlin 1973.

SCHNEEWEISS, H. [1]: Ökonometrie, Vandenhoeck & Ruprecht, Würzburg-Wien, 1971.

SCHÖNFELD, P. [1]: Methoden der Ökonometrie, Bd. I, Verlag Franz Vahlen, Berlin, Frankfurt a. M., 1969.

SCHÖNFELD, P. [2]: Methoden der Ökonometrie, Bd. II, Verlag Franz Vahlen, München, 1971.

SCHUSTER, A. [1]: On the investigation of hidden periodicities with application to a supposed 26-day period of meteorological phenomena, Terr. Mag. Atmos. Elect. 3, 13 (1898).

STROHE, H. G. [1]: Untersuchungen ökonomischer Zeitreihen mit spektralanalytischen Methoden, Dissertation an der Wirtschaftswissenschaftlichen Fakultät der Humboldt-Universität zu Berlin, 1969.

TERÄSVIRTA, T. [1]: A note on prediction with seemingly unrelated regression equations. Math. Operationsf. Statist. 5, 709–712, 1975.

THEIL, H. [1]: Economic forecasts and policy, North-Holland Publ. Co., Amsterdam, 1961.

THEIL, H. [2]: On the use of incomplete prior information in regression analysis. J. Amer. Statist. Ass. 58, 401–414, 1963.

TINTNER, G. [1]: Handbuch der Ökonometrie, Springer, Berlin, 1960.

TINTNER, G. [2]: The Variate Difference Method, Bloomington, 1940.

TORO-VIZCARRONDO, C., WALLACE, T. D. [1]: A test of the mean square error criterion for restrictions in linear regression. J. Amer. Statist. Ass., 63, 558–572, 1968.

TORO-VIZCARRONDO, C., WALLACE, T. D. [2]: Tables for the mean square error test for exact linear restrictions in regression. Workshop discussion papers, Dept. of economics, North Carolina State University, 1969.

TOUTENBURG, H. [1]: Vorhersage im allgemeinen linearen Regressionsmodell mit Zusatzinformation über die Koeffizienten. Operationsf. Math. Statist., Sb I, 107–120, Akademie-Verlag, Berlin, 1968.

TOUTENBURG, H. [2]: Vorhersage im allgemeinen linearen Regressionsmodell mit stochastischen Regressoren. Math. Operationsf. Statist. 2, 105–116, 1970.

TOUTENBURG, H. [3]: Probleme linearer Vorhersagen im allgemeinen linearen Regressionsmodell. Biometrische Zeitschrift 12, 242–252, 1970.

TOUTENBURG, H. [4]: Optimale Vorhersage von endogenen Variablen in einem linearen System von strukturellen Gleichungen. Math. Operationsf. Statist. 1, 69–75, 1970.

TOUTENBURG, H. [5]: Über die Wahl zwischen erwartungstreuen oder nichterwartungstreuen Vorhersagen. Operationsf. Math. Statist. Sb II, 107–118, Akademie-Verlag, Berlin, 1970.

TOUTENBURG, H. [6]: Vorhersagebereiche im allgemeinen linearen Regressionsmodell, Biometrische Zeitschrift 12, 1–13, 1970.

TOUTENBURG, H. [7]: Probleme der Intervallvorhersage von normalverteilten Variablen, Biometrische Zeitschrift 13, 261–273, 1971.

TOUTENBURG, H. [8]: Lineare Restriktionen und Modellwahl im allgemeinen linearen Regressionsmodell, Biometrische Zeitschrift 15, 325–342, 1973.

TOUTENBURG, H. [9]: Vorhersage in linearen Modellen, Akademie-Verlag, Berlin 1975.

TOUTENBURG, H. [10]: The use of mixed prior information in regression analysis. Biometrische Zeitschrift 17, 365–372, 1975.

TOUTENBURG, H. [11]: Minimax-linear and MSE-estimators in generalized regression. Biometrische Zeitschrift 18, 91–100, 1976.

TOUTENBURG, H. [12]: Minimax-linear estimation (MMLE) and 2-phase MMLE in a restricted linear regression model. Math. Operationsf. Statist. 6, 703–706, 1975.

TOUTENBURG, H. [13]: Two-step procedures for estimation and model choice in regression. Biometrische Zeitschrift 14, 245–252, 1977.

WALLACE, T. D. [1]: Weaker criteria and tests for restrictions in regression. Econometrica 40, 689–698, 1972.

WARGOWSKE, B. [1]: Die 2-Schritt-Schätzung im ökonometrischen Modell unter Verwendung von linearen Restriktionen. Diplomarbeit, Humboldt-Universität zu Berlin, 1977.

WEBER, E. [1]: Grundriß der Biologischen Statistik, 7. Auflage, Fischer-Verlag Jena 1972.

WICKENS, M. R. [1]: The consistency and efficiency of generalized least squares in simultaneous equation system with autocorrelated errors. Econometrica 37, 651–659, 1969.

WÖLFLING, M., BIEBLER, E., SCHIELE, K. [1]: Ein ökonometrisches Modell der Volkswirtschaft der DDR. Forschungsbericht (unveröff.), 1975.

Sachverzeichnis

Abzählkriterium 148
AITKEN-Schätzung 26
–, zweistufige 31
AITKEN-Vorhersage 85
asymptotische Effizienz 115
– Erwartungstreue 107
– Kovarianzmatrix 108
Autokorrelationskoeffizient, empirischer 32
autokorrelierter Fehlerprozeß 24
Autoregression 29, 106
–, Prognose bei 34
–, Test auf 32
autoregressiver Fehlerprozeß 24
– Prozeß 1. Ordnung 106

BARTLETT-Schätzung 133
–, modifizierte 134
bedingt erwartungstreue Schätzung 48
Beobachtungsmatrix 13
beste lineare erwartungstreue Schätzung 26
Bestimmtheitsmaß 18
Bias 53, 55, 75, 91, 96
Bilinearform 173
BLACKMAN-TUKEY-Schätzung 134
blockdiagonale Kovarianzmatrix 36
blocksweise rekursives Gleichungssystem 157
BLUP 85

Chi-Quadrat-Verteilung 100, 175
c-näher 98

Definitheit von Matrizen 170
Differentiation von Matrizen 173
Differenzen, erste 32
–, q-ter Ordnung 119
Differenzen-Regression 32
DURBIN-WATSON-Test 32
Durchschnitte, gleitende 138

Effizienz 42
–, asymptotische 115
empirische KQS 18
empirischer Autokorrelationskoeffizient 32
einseitiger Test 33
Einzelgleichungsschätzung 65, 113
Einzelgleichungsvorhersage 113
endogene Variable 13, 143
erwartungstreue Schätzung 22
– Vorhersage 83
exogene Variable 13, 143
ex-post-Vorhersage 28

Fehlerprozeß, autokorrellierter 24
Fehlerquadratsumme 16, 18, 99
Fehlervariable 14
Funktionen normalverteilter Variablen 175
F-Verteilung 176
–, nichtzentrale 176

GAUSS-MARKOFF-AITKEN-Theorem 26
GAUSS-MARKOFF-Vorhersage 85
Gesetz der großen Zahlen 144
gewichtete Quadratsumme 27
glatte Komponente 138
Glättung von Zeitreihen 137
Gleichungssystem, lineares simultanes 144
–, blockweise rekursives 156
–, rekursives 156
gleitende Durchschnitte 138
– Mittel 138

HAMMING-Schätzung 134
heteroskedastischer Fehlerprozeß 24, 35
homogenes Regressionsmodell 19
homoskedastisch 31
Hyperebene 17
Hypothese, lineare 87

idempotente Matrix 171
Identifikation 146
identifizierbare Gleichung 146
identifizierbares Gleichungssystem 148
indirekte KQS 142, 150
inhomogenes Regressionsmodell 19, 37
Instrumental-Variablen 107, 152
Inversion einer Matrix 178

K-b-benachbart 98
K_1^a-besser 97
K_2^b-besser 98
K_3^c-besser 98
KEYNESsches Modell 140, 154
klassische Vorhersage 28
Kleinste-Quadrat-Schätzung 17
–, empirische 18
–, indirekte 142, 148
–, zweistufige 142
–, – restrikte 159
Komponente, glatte 138
konsistente Schätzung 46, 107, 115, 134, 151
Konvergenz im quadratischen Mittel 179
– in Wahrscheinlichkeit 179
Konzentrationsellipsoid 52
Korrelationskoeffizient 21
Korrelogramm 30
Kovarianz 15
–, blockdiagonale 36
Kovarianzfunktion 118, 131
– des stochastischen Prozesses 182
KRONECKER-Produkt 179

Likelihood-Funktion 88
Likelihood-Quotiententest 88
lineare Schätzfunktion 22
lineares Modell 13

Matrix, Ableitung einer 173
Maximum-Likelihood-Prinzip 88
Mean-Square-Error-Prinzip 25, 55, 92
Minimax-Kriterium 53
Minimax-Prinzip 52
Minimum-Eigenschaft der Kovarianzmatrix 23
Minimum-Varianz-Prinzip 98
ML-Schätzung 88
MMLS 53
–, homogene 53
–, zweistufige 56, 62
Modell, lineares 13
– der unabhängigen stochastischen Regression 105
– – gleichzeitig unkontrollierten Regression 106
Modellwahl 91, 97, 10
– unter Restriktionen 91, 95
MSE-Prinzip 25, 55, 92
MSE 1-besser 92
MSE 2-besser 93
MSE 3-besser 94
MSE-Risiko 101
multipler Korrelationskoeffizient 21
multivariate Regression 109

nichtnegativ definit 181
Nichtzentralitätsparameter 176
Normalgleichung 16
Nullrestriktion 40, 51, 109

ökonometrisches Modell 140
orthogonale Polynome 122
– Projektion 170
Orthogonalitätsrelation 21

partielle Inversion einer Matrix 178
PARZEN-Schätzung 134
Periodizitäten, verborgene 125
Periodogramm 125, 132
–, abgeschnittenes 133
positiv definit 170
– semidefinit 171
prädeterminierte Variable 143
Prinzip der zweistufigen Schätzung 31
Produktionsfunktion 41
Prognose bei Autoregression 34
Prüfen linearer Hypothesen 87

Rangbedingung 148
Rechteckschätzung 134

Regression, schrittweise 48
Regressionskoeffizient, empirischer 18
Regressionsmodell, homogenes 19
–, inhomogenes 19, 37
Regressionsparameter 13
Regressoren, stochastische 105
rekursives Gleichungssystem 156
Residuum 15
Restriktion 40
–, exakte 47
–, nichtlineare 51
–, stochastische 41, 63, 145
Risikofunktion 22
Ridge-Regression 59

Saisonkomponente 139
Satz von Mc Elroy 37
Schätzfunktion 22
Schätzung der Kovarianzmatrix 28
–, optimale lineare 25
– und Modellwahl 91
– – Vorhersage 86
– unter Restriktionen 64
– von linearen Funktionen 28
– – σ^2
–, zweistufige 31
Scheinvariable 19, 33
schrittweise Regression 48
– Schätzung 24
schwach stationärer stochastischer Prozeß 30
Schwankungsbereich 41
Signifikanzpunkt bei Autoregression 33
simultanes Gleichungssystem 142, 14
Skalarprodukt 171
SMMLS 62
Spektraldichte 131, 184
Spektraldichteschätzung 133
Spektralfunktion 183
Spezifikationsfehler 81
Spur einer Matrix 171
stationärer Prozeß 131, 183
– – im weiteren Sinne 117
Stichprobenindex 28
Stichprobenvarianz 20
stochastische Konvergenz 179
– Regressoren 105
– Restriktion 41
stochastischer Prozeß 182
– –, im weiteren Sinne stationärer 182
––, –––mehrdimensionaler
––, stationärer 182
Streuungszerlegung 18
Strukturbruch 81
Strukturgleichung 143

Theorem von Slutsky 181
trendbehafteter Fehlerprozeß 24
Trendfunktion 14, 116
–, lineare 128
–, periodische 128
Trendpolynom 119
Tschebyscheff-Ungleichung 179
t-Verteilung 176

überidentifizierte Gleichung 150
unabhängige Einzelregression 111, 113
Unkorreliertheit 15
unteridentifizierte Gleichung 150

Variable, endogene 13, 143
–, exogene 13, 143
Variante-Difference-Methode von Tintner 112
verallgemeinerte KQS 35
Verfahren von Anderson 124
Vorhersage, klassische 83
–, multivariate 111
–, optimale erwartungstreue 83
–, restriktive 95
– und Modellwahl 95
–––, Kriterien 97
–––, Tabellen für 168, 169
–– Schätzung 86
Vorhersagefehler 81
Vorhersageindex 28
Vorhersagemodell 82

zeitabhängiger Fehlerprozeß 24
Zeitreihe 117
– ohne Trend 129
Zerlegung der KQS 50
Zweiphasen-Schätzung 100
zweistufige KQS 31, 35, 150
– Minimax-lineare Schätzung 62
–– Vorhersage 87

Kolibri 360 GmbH
Ferdinand-Jühlke-Straße 7
99095 Erfurt, Deutschland
produktsicherheit@kolibri360.de